国家出版基金项目
NATIONAL PUBLICATION FOUNDATION

新技术法学研究丛书

丛书主编：张保生 郑飞

民事司法的数字化
变革与重塑

戴曙 —— 著

中国政法大学出版社

2025 · 北京

图书在版编目（CIP）数据

民事司法的数字化变革与重塑 / 戴曙著. -- 北京：中国政法大学出版社, 2025. 1. -- ISBN 978-7-5764-1874-3

Ⅰ. D925.104-39

中国国家版本馆 CIP 数据核字第 2024Z6W622 号

书　名	民事司法的数字化变革与重塑 MINSHI SIFA DE SHUZIHUA BIANGE YU CHONGSU
出版者	中国政法大学出版社
地　址	北京市海淀区西土城路 25 号
邮　箱	bianjishi07public@163.com
网　址	http://www.cuplpress.com（网络实名：中国政法大学出版社）
电　话	010-58908466(第七编辑部) 010-58908334(邮购部)
承　印	固安华明印业有限公司
开　本	720mm×960mm　1/16
印　张	21
字　数	320 千字
版　次	2025 年 1 月第 1 版
印　次	2025 年 1 月第 1 次印刷
定　价	98.00 元

总　序

21世纪以来，科技迅猛发展，人类社会进入了新技术"大爆发"的时代。互联网、大数据、人工智能、区块链、元宇宙等数字技术为我们展现了一个全新的虚拟世界；基因工程、脑机接口、克隆技术等生物技术正在重塑我们的生物机体；火箭、航天器、星链等空天技术助力我们探索更宽阔的宇宙空间。这些新技术极大地拓展了人类的活动空间和认知领域，丰富了我们的物质世界和精神世界，不断地改变着人类社会生活的面貌。正如罗素所言，通过科学了解和掌握事物，可以战胜对于未知事物的恐惧。

然而，科学技术本身是一柄"双刃剑"。诺伯特·维纳在《控制论》序言中说，科学技术的发展具有为善和作恶的巨大可能性。斯蒂芬·霍金则警告，技术"大爆炸"会带来一个充满未知风险的时代。的确，数字技术使信息数量和传播速度呈指数级增长，在给人类生产和生活带来信息革命的同时，也催生出诸如隐私泄露、网络犯罪、新闻造假等问题。克隆技术、基因编辑等生物技术在助力人类攻克不治之症、提高生活质量的同时，也带来了诸如病毒传播、基因突变的风险，并给社会伦理带来巨大挑战。

奥马尔·布拉德利说："如果我们继续在不够明智和审慎的情况下发展技术，我们的佣人可能最终成为我们的刽子手。"在享受新技术带来的便利和机遇的同时，提高风险防范和应对能力是题中应有之义。我们需要完善立法来保护隐私和知识产权，需要通过技术伦理审查确保新技术的研发和应用符合人类价值观和道德规范。尤为重要的是，当新技术被积极地应用于司法领域时，我们更要保持清醒的头脑，不要为其表面的科学性和查明事实真相方面的精确性所诱，陷入工具崇拜的泥潭，而要坚持相关性与可靠性相结合的科学证据采信标准，坚守法治思维和司法文明的理念，严守司法的底线，不能让新技术成为践踏人权的手段和工具。

不驰于空想，不骛于虚声。在这样一个机遇与挑战并存的时代，我们应以开放的胸襟和创新的精神迎接新技术带来的机遇，也需要以法治理念和公序良俗应对新技术带来的挑战。弗里德里奇·哈耶克曾反思道："我们这一代人的巨大不幸是，自然科学令人称奇的进步所导致的人类对支配的兴趣，并没有让人们认识到这一点，即人不过是一个更大过程的一部分，也没有让人类认识到，在不对这个过程进行支配，也不必服从他人命令的情形下，每一个人都可以为着共同的福祉做出贡献。"因此，在新技术"大爆发"的新时代，我们需要明确新技术的应用价值、应用风险和风险规制方式。本丛书的宗旨就在于从微观、中观和宏观角度"究新技术法理，铸未来法基石"。阿尔伯特·爱因斯坦说过："人类精神必须置于技术之上。"只有良法善治，新技术才能真正被用于为人类谋福祉。

张伟里

2023 年 12 月

序

当今网络化、数字化、智能化的迅猛发展，正深刻地改变着人类的生存状态，全世界都面临着前所未有的、具有颠覆意义的数字化转型。与此相应，则开启了从现代法治向数字法治、从现代法学向数字法学的迭代变革。近年来，我国的"数字司法"改革与建设取得了突出成绩，走到了世界前列，推动了对传统司法体制机制的系统性升级和革命性重塑。然而，数字司法的理论研究却相对滞后，因此，需要立足人类的数字化生存逻辑和数字生活规律，从数字司法创新实践中提炼理论命题，深化数字法学和数字法治的理论研究。戴曙博士的学术专著《民事司法的数字化变革与重塑》，就是这方面的一个重要努力和尝试。

该著作系作者在其博士学位论文基础上精心修改完善而成。全书从"民事司法的概念内涵与数字化变革背景""民事司法的数字化转向及其正义价值""民事司法面临的数字化变革与挑战""域外民事司法数字化图景与启示""民事司法数字化之重塑与构建"五个方面，对"民事司法的数字化变革与重塑"这一主题进行了系统分析和论证，形成了鲜明的研究特色。

其一，具有较强的时代感。作者立足"网络强国""数字中国""智慧社会"等国家重要战略，深入分析了"人们生活与交往的场景化""思维方式与逻辑的颠覆化""社会连接与运行的去中心化"等数字化变革对民事司法的颠覆性影响；立足中国式现代化发展战略，提出运用数字技术提升民事司法数字化水平，更好推进审判工作现代化的理论方案；立足"构建中国自主的法学知识体系"时代要求，提出以"顺应民事司法数字化变革之势""借助民事司法数字化变革之力""重塑民事司法数字化变革之路"来着力构建中国特色的数字化民事司法新模式。这些研究，都具有十分鲜明的时代感和使命感。

其二，具有浓重的人本情怀。"以人为本"精神是贯彻该书的一条主线，主要表现在：一是坚持权利保障原则。作者提出应将"当事人权利保障原则"确立为民事司法数字化的核心原则之一。即民事司法数字化应当坚持以当事人为中心，增量性地保障当事人的程序选择权、平等参与权、知情权、信息隐私权、被遗忘权、肖像权等相关权益。二是坚守法官主体地位。作者针对智能裁判可能带来的司法权责分化风险，以及智慧管理可能带来的司法自主弱化风险，提出应坚守法官的司法权力主体地位和司法责任主体地位，坚持人工智能"无论发展到何种水平，都不得代替法官裁判"的辅助定位。三是恪守司法伦理准则和司法人文精神。作者针对数字司法可能带来的算法偏见、隐私泄露、歧视性画像等伦理道德风险，以及智慧诉讼服务与在线诉讼可能导致的情感与关怀缺失等司法人文流失风险，提出应坚守人工智能应用通用伦理准则，加强个人司法数据保护制度建设，同时坚持数字技术辅助主义，加强数字司法人性化建设，满足和保障当事人的司法人文需求，让数字司法不仅拥有智慧的力量，更加拥有人性的光辉。

其三，具有创新的学术勇气。该书的研究内容十分庞杂，涉及诸多理论，从中作出学术创新实为不易。但作者还是做了很多努力：首先，阐释数字正义概念。作者尝试性地提出在民事司法领域，数字正义应包括"数字化接近正义""数字化实体正义""数字化可视正义"三个方面内涵。认为与传统的"场域正义"或"物理正义"相比，数字正义可以让"接近正义"不再依赖于传统物理的、面对面的场域环境，让当事人足不出户就可以完成所有的诉讼事项；数字正义可以让实体正义更好地帮助法官发现事实、寻找法律、提升能力，作出更为高效一致、更为客观公正的司法裁判；数字正义可以让可视正义通过诉讼流程全节点的数字化可视、司法裁判全过程的数字化可视、司法监督全时空的数字化可视，这不仅能更好地实现传统程序公正意义上的"看得见的正义"，而且能够让当事人看得见程序本身的全部过程和具体内容，从本质上丰富和发展了这种"看得见的正义"，并升华成为一种新型的"数字化可视正义"。其次，探索数字解纷机制。面对数字时代的海量数字纠纷，作者提出应当建立健全"数字化的纠纷预防—数字化的非诉控制—数字化的诉讼快审"这一分层递进的数字解纷机制，并强调要实现从"以纠纷解决为主"到"以纠纷预防为主"，从"诉讼与非诉讼纠纷解决机制有机衔接"到"坚持把非诉讼纠纷解决机制挺在前面"的理念转变，切实加强数字化前端治理，从源头上减少诉讼增量，努力让人民群众在每一个司法案件中感受到更高水平的数字正义。

当然，该著作还存在着可以进一步研究和提升的空间，比如，在数字司法理论尤其是数字正义理论研究上，以及在数字审判或者说智能裁判研究上，还可以作出进一步拓展和深化研究。《最高人民法院工作报告——2024 年 3 月 8 日在第十四届全国人民代表大会第二次会议上》明确提出，要"推进全国法院'一张网'建设，以数字法院助力提质增效"。这无疑为数字司法建设提供了新的动力和目标，希望作者能够继续立足数字司法创新实践，深入开展相关重大理论和实践问题研究，为中国特色数字法治与数字司法理论研究贡献一份力量。

是为序。

华东政法大学教授、博士生导师
数字法治研究院院长

2024 年 8 月于青岛

目　录

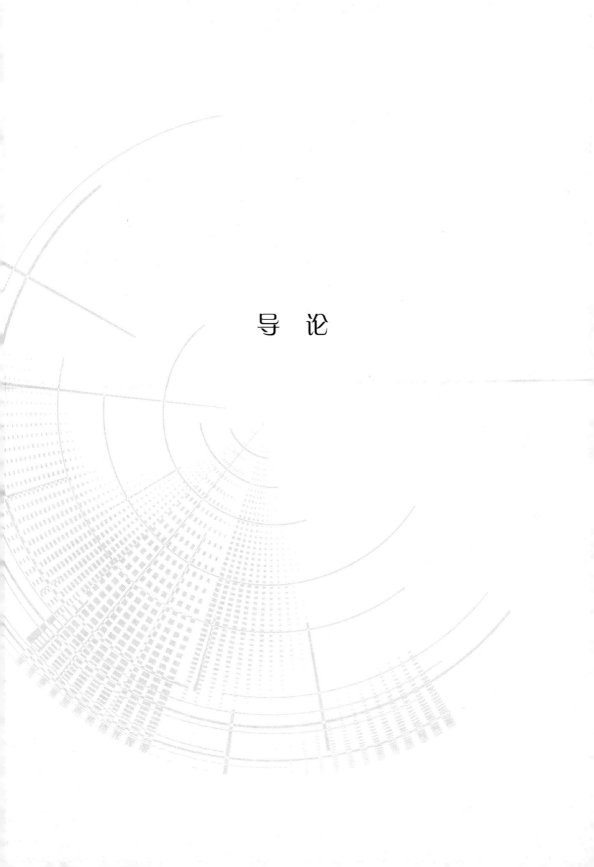

导　论

一、问题提出

2017年10月，党的十九大报告正式提出建设智慧社会，这也宣示了智慧社会时代已经到来。随着互联网、云计算、大数据、人工智能等现代新型数字化生产工具在智慧社会的广泛运用，必然引发新的生产力与生产关系的变革、经济基础和上层建筑的变革，并进而引发法律世界包括司法领域的数字化变革。2021年3月，《中华人民共和国国民经济和社会发展第十四个五年规划和2035年远景目标纲要》提出，迎接数字时代，推进网络强国建设，以数字化转型整体驱动生产方式、生活方式和治理方式变革。2022年10月，党的二十大报告提出，要加快建设网络强国、数字中国。2022年11月，习近平总书记向2022年世界互联网大会乌镇峰会致贺信再次指出，"当今时代，数字技术作为世界科技革命和产业变革的先导力量，日益融入经济社会发展各领域全过程，深刻改变着生产方式、生活方式和社会治理方式"。2023年2月，中共中央、国务院印发《数字中国建设整体布局规划》，再次明确指出要以数字化驱动生产生活和治理方式变革，并提出构建普惠便捷的数字社会。

实际上，早在2016年7月，《国家信息化发展战略纲要》就提出建设"智慧法院"，提高案件受理、审判、执行、监督等各环节信息化水平，推动执法司法信息公开，促进司法公平正义。2017年4月，最高人民法院发布《关于加快建设智慧法院的意见》，开始正式部署建设智慧法院，要求实现全业务网上办理、全流程依法公开、全方位智能服务。2017年7月，国务院印发《新一代人工智能发展规划》，明确提出"建设集审判、人员、数据应用、司法公开和动态监控于一体的智慧法庭数据平台，促进人工智能在证据收集、案例分析、法律文件阅读与分析中的应用，实现法院审判体系和审判能力智能化"。2019年2月，最高人民法院印发《关于深化人民法院司法体制综合配套改革的意见——人民法院第五个五年改革纲要（2019—2023）》，再次提出要全面推进建设智慧法院，并要求在司法实践中，建立大数据办案系统，深度运用语音识别、智能辅助等现代科技创新成果，扩大电子诉讼覆盖范围，推动实现审判方式、诉讼制度等与现代科技深度融合。为此，最高人民法院开发上线了中国审判流程信息公开网、中国裁判文书网、中国执行信息公开网、中国庭审公开网四大公开平台，以及"法信"平台〔1〕、类案智能推送系统、移动微法院、法答网、全国法院裁判文书库、人民法院案例库等数字化平台与系统，全国各地方法院也纷纷上线了不少诉讼服务平台、智能辅助办案系统等数字化司法系统。

随着数字技术的迅速发展和广泛应用，智慧社会和数字社会日益呈现出数字化经济、数字化生产、数字化生活、数字化生存等一系列数字化转型态势，人们的观念和思维也随之发生了新变革，对民事司法的需求更出现了重大变化。人们不仅要求能够诉诸正义，而且要求能够更加高效、及时、经济地接近正义，如要求像在线购物一样，足不出户就能完成所有诉讼事项。人们不仅要求足不出户完成诉讼事项，还要求提供多元化、个性化、精准化的诉讼服务，如像微信视频或语音聊天一样，要求"全流程在线"就能参加庭审，甚至还要求"线上线下相结合""分阶段、非同步"进行庭审，以及全流程的诉讼节点告知和公开、高效、便捷、普惠、均等的诉讼服务。〔2〕为顺应数字化转型的智慧社会时代变革，满足民众的数字化司法需求，不仅我国传统法院的民事司法加速转向了数字化，国家还先后设立了杭州、北京、广州三家互联网法院，实行"网上案件网上审"互联网司法新模式，以实现民事司法全面数字化。特别是 2020 年初新冠疫情发生以来，为使"审判执行不停摆、公平正义不止步"，最高人民法院于2020 年 2 月 14 日及时发布《关于新冠肺炎疫情防控期间加强和规范在线诉讼工作的通知》（以下简称《疫情防控期间加强和规范在线诉讼工作通知》），要求全国法院推行在线诉讼，为疫情防控提供有力司法保障，其间全国法院的民事案件在线审理数量与往年相比明显呈现出大幅上升态

---

〔1〕 即"法信——中国法律应用数字网络服务平台"，本书中简称"法信"平台。

〔2〕 陈国猛："互联网时代资讯科技的应用与司法流程再造——以浙江省法院的实践为例"，载《法律适用》2017 年第 21 期；李占国："'全域数字法院'的构建与实现"，载《中外法学》2022 年第 1 期。

势。传统的民事司法也逐步实现了从"现场立案"到"网上立案"，从"线下送达"到"电子送达"，从"出庭诉讼"到"视频庭审"，从"书证物证"到"电子证据"，从"类案检索"到"智能推送"，从"法官裁判"到"智能辅助"，全新的"数字化民事司法新模式"已经形成，并日趋完善。

与此同时，最高人民法院于 2021 年 6 月、2021 年 12 月、2022 年 1 月相继发布《人民法院在线诉讼规则》《人民法院在线调解规则》《人民法院在线运行规则》，在世界范围内率先构建起全方位、系统化的互联网司法规则体系。2022 年 5 月，最高人民法院发布《关于加强区块链司法应用的意见》，提出到 2025 年，建成人民法院与社会各行各业互通共享的区块链联盟，形成中国特色、世界领先的区块链司法领域应用模式。2022 年 12 月，最高人民法院发布《关于规范和加强人工智能司法应用的意见》，提出到 2030 年，建成具有规则引领和应用示范效应的司法人工智能技术应用和理论体系。2023 年 5 月，最高人民法院办公厅又印发《关于深入开展司法大数据分析工作的通知》，要求以"数助决策"为目标，创新运用"数字体检""深度问诊"等方式，深入分析挖掘数据背后隐含的规律性特征，为法院审判管理和地方社会治理提供强有力的决策支撑。

然而，毕竟传统的民事司法系基于工业时代的法权关系和封闭的物理空间建构起来的，而智慧社会时代的数字化民事司法则突破了工业时代的法权关系和封闭的物理空间，走向了在线场景的单纯虚拟空间或虚实同构的双层空间。因此，传统民事司法转向数字化是否具有正当性，正当性来源是什么，或者说民事司法数字化的正义价值是什么，则是本书首先需要解决的问题。在数字化转型过程中，传统的民事司法会不会面临着一系列的挑战和变革，如司法场域会不会从传统的物理剧场化走向虚拟广场化，在线庭审会不会对传统民事司法的直接言词等基本原则造成冲击，数字方式诉讼会不会对诉讼的制度规则造成挑战，数字技术应用会不会对司法审判造成冲击，在线纠纷解决机制（Online Dispute Resolution，ODR）兴起会不会对司法中心造成分解弱化，等等，都需要具体研究分析。上述挑战和变革又具体表现在哪些方面，也需要进一步深入分析。如何应对上述挑战和变革，或者说如何解决上述变革过程中出现的问题，不仅需要立足国内，可能还需放眼全球，进行比较借鉴后，对我国的民事司法数字化进行重塑。为此，首先要梳理考察域外民事司法是否出现了数字化变革。如果域外民事司法也出现了数字化变革，那么域外民事司法数字化的发展式样、实践样态和发展趋势则需进一步详细考察，其中有什么样的经验模式和有益启示可供借鉴，也需进一步总结提炼。其次，针对已经出现或可能出现的挑战与变革，以什么理论为主导，如何有针对性地从基本理念、核心原则、解纷机制、诉讼规则、风险防范等路径进行重塑，构建什么样的数字化民事司法，则是本书最后需要解决的问题。

二、研究综述

（一）国内相关研究综述

1. 关于现代司法的相关研究成果

国内对现代司法的研究，主要集中于现代司法的概念与内涵、司法权、司法公正、司法理念、司法正义、司法范式等方面。一般认为，现代司法脱胎于现代法治，是与立法、行政相对应而言的一个概念，在内涵上分为狭义、较广义、广义的司法。[1]对司法权的研究主要集中于司法权的性质、司法权的构成与要素、司法权的运行及运行类型等方面；[2]对司法公正的研究主要集中于司法公正与社会认同、司法公正与同理心、司法公正的理论与制度等方面；[3]对司法理念的研究主要集中于司法理念的历史

---

〔1〕 左卫民主编：《中国司法制度》，中国政法大学出版社 2012 年版，第 2 页；马长山主编：《法理学导论》，北京大学出版社 2014 年版，第 282 页；张文显主编：《法理学》，高等教育出版社、北京大学出版社 2003 年版，第 276 页；等等。

〔2〕 孙万胜：《司法权的法理之维：司法改革的体系化理论思考》，法律出版社 2001 年版；汪习根主编：《司法权论——当代中国司法权运行的目标模式、方法与技巧》，武汉大学出版社 2006 年版；等等。（作者参考整个作品中的相应观点，因此不逐一标注参考文献页码，后文同，不再一一说明）

〔3〕 李瑜青："司法公正社会认同的价值、内涵和标准"，载《东方法学》2017 年第 2 期；杜宴林："司法公正与同理心正义"，载《中国社会科学》2017 年第 6 期；胡玉鸿：《司法公正的理论根基——经典作家的分析视角》，社会科学文献出版社 2006 年版；肖建国：《司法公正的理念与制度研究》，中国人民公安大学出版社 2006 年版；等等。

变革、司法理念的法治与人权理论基础、司法理念的具体类型与内容等方面；[1]对司法正义的研究主要集中于司法正义的概念与内涵、司法正义与分配正义、司法正义与矫正正义、司法正义与程序正义等方面；[2]对司法范式的研究主要集中于司法范式的历史形态与演变、司法范式的时代转型等方面。[3]司法作为民事司法的上位概念，上述关于现代司法的研究成果，为本书准确界定和论述民事司法提供了很好的理论基础。例如，舒国滢教授将司法活动类型分为"司法的广场化"和"司法的剧场化"，并提出应把"司法的剧场化"作为发展方向，[4]这为本书分析民事司法数字化的司法场域变革提供了最直接的论证依据。还如，帅奕男博士在其专著《智慧社会的司法范式转型》中，系统分析了智慧社会时代司法范式面临的数字化挑战与智慧化转型趋向，以及面向智慧社会的司法范式重塑，[5]为本书系统分析民事司法面临的数字化变革与挑战，以及设计民事司法数字化的重塑路径提供了很好的借鉴和启发。

2. 关于民事司法的相关研究成果

国内对民事司法的研究，主要集中于民事司法的概念与内涵、民事司法的目的与功能、[6]民事司法改革、民事司法模式、民事司法的副作用等方面。对民事司法改革的研究主要集中于民事审判方式改革、[7]诉讼效率改革[8]和多元化纠纷解决机制改革[9]方面，如邹亚莎老师认为，可以借鉴传统的和为贵等无讼思想，大力培育发展民间社会组织等非诉解纷力量，

---

[1]　卞建林主编：《现代司法理念研究》，中国人民公安大学出版社 2012 年版；等等。

[2]　杨一平：《司法正义论》，法律出版社 1999 年版；等等。

[3]　帅奕男：《智慧社会的司法范式转型》，知识产权出版社 2021 年版；韩德明：《司法现代性及其超越》，人民出版社 2011 年版；等等。

[4]　舒国滢："从司法的广场化到司法的剧场化——一个符号学的视角"，载《政法论坛》1999 年第 3 期。

[5]　帅奕男：《智慧社会的司法范式转型》，知识产权出版社 2021 年版。

[6]　占善刚、胡辉：《民事司法的理论与实务》，中国政法大学出版社 2016 年版，第 10-21 页。

[7]　张卫平："改革开放四十年民事司法改革的变迁"，载《中国法律评论》2018 年第 5 期。

[8]　凌永兴："民事司法改革中的诉讼效率研究"，南京师范大学 2007 年博士学位论文。

[9]　周翠："我国民事司法多元化改革的现状与未来"，载《中国法学》2018 年第 1 期；范愉等：《多元化纠纷解决机制与和谐社会的构建》，经济科学出版社 2011 年版；等等。

实现诉与非诉解纷机制的有机衔接。[1]在民事司法模式的研究上，如肖建国教授认为，民事司法模式包括政策实施型和回应型，我国的民事司法模式应从政策实施型转向回应型，即应当呼唤和强调民事诉讼程序的自治性和主体性，赋予当事人程序选择权。[2]在民事司法的副作用上，崔拓寰博士认为，民事司法存在着解纷范围有限、解纷成本高、程序耗时长、对抗性强、接近司法障碍多、易泄露隐私、逼近客观真实难等副作用，应从宏观制度层面和微观操作层面进行预防和消减。[3]对民事司法的研究还集中于与民事司法密切相关的民事诉讼相关问题，比如民事诉讼的目的、理念、基本原则、制度规则等方面。[4]上述研究成果，为本书界定民事司法的现代概念和内涵，分析民事司法在原则、规则等方面面临的数字化变革与挑战，以及如何重塑数字化民事司法提供了理论基础和论证参照。

3. 关于民事司法数字化的相关研究成果

对民事司法数字化的研究，主要集中于互联网法院建设、智慧法院建设、智慧司法与司法智能化、在线诉讼或电子诉讼、ODR 等方面。

（1）对互联网法院建设的研究，主要集中于互联网法院定位、管辖规则、审理模式、诉讼规则等方面。例如，李松杰博士认为，互联网法院属于专业化审判机构的一种，应明确其非专门人民法院地位。[5]但杨秀清教授、自正法副教授等人均认为，互联网法院属于专门法院性质，为提升其审判专业化水平，应回归专门法院的定位。[6]肖建国教授等人认为，由于

---

〔1〕 邹亚莎：“传统无讼理念与当代多元化纠纷解决机制的完善”，载《法学杂志》2016 年第 10 期。

〔2〕 肖建国：“回应型司法下的程序选择与程序分类——民事诉讼程序建构与立法的理论反思”，载《中国人民大学学报》2012 年第 4 期。

〔3〕 崔拓寰：“论我国民事司法的副作用及其预防与消减”，载齐树洁主编：《东南司法评论（2017 年卷·总第 10 卷）》，厦门大学出版社 2017 年版，第 180-192 页。

〔4〕 何文燕等：《民事诉讼理念变革与制度创新》，中国法制出版社 2007 年版；杨荣馨主编：《民事诉讼原理》，法律出版社 2003 年版；王琦：“民事诉讼诚实信用原则的司法适用”，载《中国法学》2014 年第 4 期；等等。

〔5〕 李松杰：“互联网法院是专门人民法院吗——以《人民法院组织法》第 15 条为中心展开”，载《西南政法大学学报》2021 年第 6 期。

〔6〕 杨秀清：“互联网法院定位之回归”，载《政法论丛》2019 年第 5 期；自正法：“互联网法院的演进逻辑与功能定位”，载《浙江工商大学学报》2022 年第 2 期。

网络空间存在虚拟性和无限性等特征，传统的地域管辖规则在适用于涉网案件时，存在当事人住所地难查找、管辖连接点难界定等挑战，应当调整优化"原告就被告"的一般管辖规则，赋予双方当事人所在地法院相同地位的管辖权。[1]针对互联网法院最早探索的异步审理模式，肖建国教授等人认为，为消解其对直接审理原则的冲击，宜借鉴德国的"斯图加特模式"，将其定位为集中审理前的书面程序，并从理念和程序规则等方面进行重构。[2]最高人民法院刘峥、何帆、李承运则认为，"非同步审理"不等于"书面审理"。[3]党昭博士、王庆宇博士则分别论证了互联网异步审理的法理定位、性质及正当性证成。[4]而程雪梅博士则从诉讼仪式感欠佳、庭审秩序易失控、辩论与对抗的空洞化危机三个方面对互联网异步审理模式提出了疑问。[5]杨瑞副教授亦认为，异步审理模式会对法庭的威严性和仪式感造成一定程度的降低甚至削弱，并会对集中审理原则和直接言词原则造成一定的冲突。[6]林洋博士则认为，异步审理方式除对言词原则有冲突外，与诉讼仪式感和集中审理原则并无冲突，并以规范出发型诉讼构造为基础，对互联网异步审理方式的规则进行了系统化建构。[7]陶杨教授等人则以异步审理模式与直接言词原则的冲突与协调为主题，着重论述了异步审理模式适用的合理性基础与完善路径。[8]而谢登科教授和赵航博

---

〔1〕 肖建国、庄诗岳："论互联网法院涉网案件地域管辖规则的构建"，载《法律适用》2018 年第 3 期。

〔2〕 肖建国、丁金钰："论我国在线'斯图加特模式'的建构——以互联网法院异步审理模式为对象的研究"，载《法律适用》2020 年第 15 期。

〔3〕 刘峥、何帆、李承运："《人民法院在线诉讼规则》的理解与适用"，载《人民司法》2021 年第 19 期。

〔4〕 党昭："互联网异步审理方式法理定位论析"，载《南海法学》2021 年第 6 期；王庆宇："民事异步审理的性质及其正当性证成"，载《贵州师范大学学报（社会科学版）》2021 年第 4 期。

〔5〕 程雪梅："互联网异步审理模式的质疑与思辨"，载李峰主编：《司法智库 2019 年第 1 卷·总第 1 卷》，厦门大学出版社 2019 年版。

〔6〕 杨瑞："异步审理模式对民事诉讼法理的挑战与回应"，载李峰主编：《司法智库 2019 年第 1 卷·总第 1 卷》，厦门大学出版社 2019 年版。

〔7〕 林洋："互联网异步审理方式的法理思辨及规则建构"，载《甘肃政法学院学报》2020 年第 4 期。

〔8〕 陶杨、付梦伟："互联网法院异步审理模式与直接言词原则的冲突与协调"，载《法律适用》2021 年第 6 期。

士则认为，异步审理模式并未改变法官的亲历性和裁判形成机制，虽然削弱了法官的直观体验，但并未损害法官的心证，故其并未背离直接言词原则的基本精神。[1]林剑锋、张喜彪则认为，异步审理是一种直接与间接相结合的一类完整的审理程序，并非集中审理前的书面准备程序等程序片段。但它与直接原则冲突，有悖集中审理原则，侵害了法定庭审顺序，难以实现庭审公开。因此，应当从分类调和或消解冲突、纠正庭审顺序、构建事后公开机制等方面进行异步审理规则建构。[2]郝晶晶老师、郑旭江博士、占善刚教授等人则从互联网法院的审理程序规则、在线审理机制、对传统民事诉讼制度的挑战及应对等方面出发，分析存在的问题，并提出完善对策。[3]

（2）对智慧法院建设的研究，主要集中于理论基础、法理审思、审判体系与审判能力现代化、司法主体性、审判管理信息化、审判流程转型升级、审判管理改革等方面。例如，李鑫副教授从智慧法院建设的基础理论层面出发，认为智慧法院建设的主要目标为：通过技术赋能全面提升司法生产力和司法效率；通过智能化技术共享法律知识与法律方法，实现司法统一；通过司法过程和结果公开，以及司法行为全程留痕，提升审判监督管理有效性；通过现代科技促进司法现代化和专业化，提升法院和法官的司法能力。[4]徐骏副教授认为，智慧法院存在四个方面的威胁挑战和法理困境，即工具理性对司法本意的消解、智慧管理对司法自主的弱化、智慧应用对司法平等的分化以及技术外包对司法公信的威胁。[5]郑戈教授认为，中国智慧法院建设是更大的国家现代化（包括国家治理现代化）战略

---

〔1〕 谢登科、赵航："论互联网法院在线诉讼'异步审理'模式"，载《上海交通大学学报（哲学社会科学版）》2022年第2期。

〔2〕 林剑锋、张喜彪："在线诉讼视域下的民事异步审理：性质定位、问题反思与规则建构"，载《南海法学》2023年第3期。

〔3〕 郝晶晶："互联网法院的程序法困境及出路"，载《法律科学（西北政法大学学报）》2021年第1期；占善刚、王译："互联网法院在线审理机制之检讨"，载《江汉论坛》2019年第6期；郑旭江："互联网法院建设对民事诉讼制度的挑战及应对"，载《法律适用》2018年第3期；等等。

〔4〕 李鑫："智慧法院建设的理论基础与中国实践"，载《政法论丛》2021年第5期。

〔5〕 徐骏："智慧法院的法理审思"，载《法学》2017年第3期。

的一部分。[1]刘艳红教授认为，应当依托大数据等现代数字技术驱动以及技术与司法融合，实现包括诉讼服务、案件审判、司法公开、司法管理体系与能力在内的审判体系与能力现代化。[2]刘艳红和王禄生教授等人的专著《大数据与审判体系和审判能力现代化研究》，对大数据视角下审判体系和审判能力现代化前沿理论、审判体系和审理能力现代化的大数据技术路线与战略规划、大数据驱动的审判体系和审判能力现代化改革创新路径、审判体系和审判能力现代化建设的支撑生态体系进行了系统研究。[3]陈洪杰教授从主体哲学视野出发，以"类案强制检索机制"为例，对智慧法院建设中的司法主体性进行反思，指出应通过承认和关照他者的交往理性，避免出现司法主体沦为受信息技术控制的"工具化对象"。[4]胡昌明研究员认为，审判管理信息化有助于提升审判管理的精细化、精准化、科学化和系统化，应当进一步加强应用范围和深度，全国各地法院之间的信息兼容共享，向服务审判延伸。[5]刘雁鹏研究员则分析了目前各地法院在审判管理信息化上所采取的具体举措，在司法公信、司法效率等方面取得的成效，并针对可能存在的问题，提出应进一步加强信息融合、安全保障以及深化司法大数据深度挖掘与应用等。[6]李晓倩老师从信息公开的角度，论述了应实现审判流程管理的从公开到公正、从管控到治理、从统计到应用的转型升级。[7]高一飞教授等人则认为，虽然信息技术有助于增强审判管理效能，但由于信息技术不具有价值判断性，容易造成人工智能决定论等错误认识，并可能淡化司法人员的审判主体地位，因此应当对信息技术应用进行规制，既要发挥其优势，又要避免出现技术取代，实现技术

---

〔1〕 郑戈："在法律与科技之间——智慧法院与未来司法"，载《中国社会科学评价》2021年第1期。

〔2〕 刘艳红："大数据时代审判体系和审判能力现代化的理论基础与实践展开"，载《安徽大学学报（哲学社会科学版）》2019年第3期。

〔3〕 刘艳红等：《大数据与审判体系和审判能力现代化研究》，人民法院出版社2023年版。

〔4〕 陈洪杰："从技术智慧到交往理性：'智慧法院'的主体哲学反思"，载《上海师范大学学报（哲学社会科学版）》2020年第6期。

〔5〕 胡昌明："中国智慧法院建设的成就与展望——以审判管理的信息化建设为视角"，载《中国应用法学》2018年第2期。

〔6〕 刘雁鹏："审判管理信息化：路径、效果和展望"，载《中国应用法学》2017年第4期。

〔7〕 李晓倩："信息公开与审判流程管理的转型升级"，载《法律适用》2018年第17期。

理性和司法主体理性高效融合。[1]

（3）对智慧司法与司法智能化的研究，主要集中于大数据、区块链、人工智能等现代数字技术司法运用相关法律问题，以及在线诉讼、ODR 等方面。

在智慧司法的研究上。冯姣老师和胡铭教授认为智慧司法有助于程序公正和实体公正，但也存在着智能化环节信息审核乏力、庭审剧场化效应减弱、程序亲历性不够、类案推送和同案同判对法官自由裁量权的侵蚀、机械参照类案对法官主动释法填补法律漏洞的动力不足等缺陷，因此智慧司法的定位应为补充而非替代。[2]马靖云博士认为由于人工智能司法中的概率建模无法涵盖司法裁判的全部要素，且存在着算法偏见、算法黑洞等智能技术局限性，将导致智慧司法面临着技术与司法无法充分耦合的难题，以及可能出现因算法决策下的机械裁判而有损裁判公正、司法机关与个人之间的"数字鸿沟"而不利于司法监督的风险，因此应当设置算法论证程序、确立算法解释规则、限定智能技术辅助性质和应用空间、构建司法商谈机制等。[3]刘品新教授认为，智慧司法创新需要强力铲除妨碍司法公正的各种"病灶"，修缮不合时宜的现有司法正义架构，必要时打造全新的司法正义工程，包括以数据为支撑的新型正义观，以机器智慧实现司法正义的新景象。[4]魏斌研究员、徐娟博士、刘雁鹏研究员等人分别从智慧司法的法理反思、实施风险、负面效应忧虑角度出发，进行了分析论证，并提出了针对性的应对策略与规制措施，以及合理的未来展望。[5]刘薇、孙占利、王婧合著的《智慧司法的理论与实践研究》，将智慧司法中的问题分为规范性问题、描述性问题和建构性问题三种类型；并针对智慧司法中的规范性问题，从智慧司法的时代背景、实践价值、

---

[1] 高一飞、高建："智慧法院的审判管理改革"，载《法律适用》2018 年第 1 期。

[2] 冯姣、胡铭："智慧司法：实现司法公正的新路径及其局限"，载《浙江社会科学》2018 年第 6 期。

[3] 马靖云："智慧司法的难题及其破解"，载《华东政法大学学报》2019 年第 4 期。

[4] 刘品新："智慧司法的中国创新"，载《国家检察官学院学报》2021 年第 3 期。

[5] 魏斌："智慧司法的法理反思与应对"，载《政治与法律》2021 年第 8 期；徐娟、杜家明："智慧司法实施的风险及其法律规制"，载《河北法学》2020 年第 8 期；刘雁鹏："智慧司法中的忧虑：想象、剖析与展望"，载《理论与改革》2020 年第 3 期。

建设目标和实施原则四个维度对智慧司法的正当性进行了回应；针对智慧司法中的描述性问题，从智慧司法的基础理论与建设成就两个方面对智慧司法的现状进行了探讨；最后针对智慧司法中的建构性问题，从智慧司法的创新发展和风险防范两个视角，对智慧司法的未来发展进行了谋划。[1]

在大数据与人工智能司法的研究上。王禄生教授认为，大数据与人工智能司法应用中，一是存在着官方话语积极性与司法人员话语消极性之间的冲突现象，并提出应从推动技术知识与专业知识的深度融合、明晰技术权力与专业权力的介入边界着手，加强现代科技在司法中的正向作用。[2]二是存在法官主体地位被削弱等多重风险，应从强化法官主体地位等方面加强伦理规制。[3]但也有学者认为，人工智能司法决策只会强化并不会削弱或危及法官的主体性。[4]关于司法人工智能，普遍认为其在推动实现同案同判等方面存在正向效能，也存在着诸多内在限度。例如，马长山教授认为，司法人工智能有助于从"接近正义"迈向"可视正义"，但其自身也存在着算法偏见、算法黑箱、算法错误，司法数据的采集、标注和阐释的主观性，难以对正义进行建模计算、难以穷尽正义样本、难以对人性进行关怀等正义判断困境等内在限度，因此应坚持法官主体地位和科技向善。[5]但也有学者认为，人工智能司法确实存在算法黑箱，但不造成逻辑困难；司法的歧视，在智慧司法系统应用之前，就已天然地存在于司法裁判之中，因此，歧视并不是算法造成的，智能审判系统中的算法反而能够在一定程度上削弱歧视的程度。[6]孙海波教授认为，人工智能通过类案检索与推送为法官裁判提供参照以及裁判偏离预警为法官裁判进行提醒等，

---

〔1〕　刘薇、孙占利、王婧：《智慧司法的理论与实践研究》，中国政法大学出版社 2021 年版。

〔2〕　王禄生："大数据与人工智能司法应用的话语冲突及其理论解读"，载《法学论坛》2018 年第 5 期。

〔3〕　王禄生："司法大数据与人工智能技术应用的风险及伦理规制"，载《法商研究》2019 年第 2 期。

〔4〕　陈锐、孙庆春："人工智能司法决策的合法性辨疑"，载《西安交通大学学报（社会科学版）》2021 年第 3 期。

〔5〕　马长山："司法人工智能的重塑效应及其限度"，载《法学研究》2020 年第 4 期。

〔6〕　刘雁鹏："智慧司法中的忧虑：想象、剖析与展望"，载《理论与改革》2020 年第 3 期。

有助于促进同案同判，但也存在是否属于类案的判断偏差、无法进行价值判断与衡量而难以实现实质正义以及面对法律理论和法律适用争议时无法解决等限度，因此不可过度夸大司法人工智能的作用，防止出现"自动售货机式"的机械司法。[1]宋旭光博士认为，因为算法专家法律系统的自身限度以及司法裁判并不能根据大数据分析被预测，司法裁判人工智能化，无论是基于形式主义推演论的"自动判决机"进路，还是基于大数据预测论的"裁判学习器"进路，都存在着其局限性而难以成功。[2]在人工智能司法的责任归结上，刘艳红教授认为，法律责任的本质是自我答责，不具有可解释性的人工智能无法自我答责，也无法承担法律责任。[3]张琳琳副教授则认为，人工智能司法面临着能否追究产品责任、责任主体不明等责任衔接链条中断，法官审判责任、人工智能产品责任认定困境，以及法官向人工智能推诿责任、人工智能各相关主体间相互推卸责任等责任归结困境。而人工智能不具有责任主体资格，因此应合理分配司法人工智能产品各相关主体的产品责任以及人工智能司法应用中的法官责任。[4]在人工智能裁判能否替代人类法官裁判问题上，目前国内绝大多数学者均持否定观点。如郑曦教授认为，司法裁判本质上是人的工作，即便是生成式人工智能也不能代替人类法官的裁判职能。[5]王玉薇副教授认为，"无论算法技术如何升级，智能裁判终将只能由人类作出"。[6]此外，吴习彧博士、程凡卿博士、冯洁博士、雷磊教授、郑曦教授、高可博士、张凌寒教授、王勇旗博士等人分别对裁判人工智能化，[7]司法人工智能建设，[8]人工智能

---

〔1〕 孙海波："反思智能化裁判的可能及限度"，载《国家检察官学院学报》2020年第5期。

〔2〕 宋旭光："论司法裁判的人工智能化及其限度"，载《比较法研究》2020年第5期。

〔3〕 刘艳红："人工智能的可解释性与AI的法律责任问题研究"，载《法制与社会发展》2022年第1期。

〔4〕 张琳琳："人工智能司法应用的责任归结困境与解决路径"，载《当代法学》2023年第5期。

〔5〕 郑曦："生成式人工智能在司法中的运用：前景、风险与规制"，载《中国应用法学》2023年第4期。

〔6〕 王玉薇："智能裁判风险的技术正当程序控制"，载《求是学刊》2022年第4期。

〔7〕 吴习彧："裁判人工智能化的实践需求及其中国式任务"，载《东方法学》2018年第2期。

〔8〕 程凡卿："我国司法人工智能建设的问题与应对"，载《东方法学》2018年第3期。

司法裁判理论，[1]人工智能能否实现司法公正，[2]司法人工智能的应用、风险与规制、难题与应对，[3]司法人工智能与人类法官的互补之道[4]等相关问题进行了研究。

在区块链司法的研究上，主要集中于区块链存证、区块链证据规则体系、区块链诉源治理、区块链司法的内涵价值等方面。例如，史明洲博士认为，区块链技术通过解决电子数据认定难问题，可以在案件事实认定问题上完全替代法官，是司法领域中一次深刻的生产力变革。[5]张玉洁博士认为，区块链技术证据化应用，是对证据真实性、合法性、关联性认定、证据原件标准以及证明范式等传统证据法体系的一次全面革新，应在技治主义证据观和法治主义证据观互动基础上，构建一种符合网络技术特征和在线审查要求的新型的线上证据审查认定规则。[6]广州互联网法院原院长张春和等人认为，一方面，互联网上各类行为主体通过区块链系统或区块链平台对自身网络行为进行全链路可信加密记录，有助于行为主体树立合法、守法意识，要求自己依法行为，从而在源头上可以避免产生纠纷；另一方面，区块链技术可以帮助建立网络空间的信任机制，也可以抑制纠纷的发生，共同起到纠纷诉源治理作用。因此，应当加强司法区块链存证平台和司法区块链信用共治平台建设，促进诉源治理。[7]马明亮教授、李伟

---

〔1〕　冯洁："人工智能对司法裁判理论的挑战：回应及其限度"，载《华东政法大学学报》2018年第2期。

〔2〕　雷磊："司法人工智能能否实现司法公正？"，载《政法论丛》2022年第4期。

〔3〕　郑曦："人工智能技术在司法裁判中的运用及规制"，载《中外法学》2020年第3期；高可："司法智能化的功能、风险与完善"，载《西安交通大学学报（社会科学版）》2020年第6期；张凌寒："智慧司法中技术依赖的隐忧及应对"，载《法制与社会发展》2022年第4期；王勇旗："人工智能在司法审判领域的融合应用——现状、难题与应对"，载《法理——法哲学、法学方法论与人工智能》2021年第1期；江苏省高级人民法院课题组："数字经济背景下人工智能的司法应用"，载《法律适用》2023年第5期。

〔4〕　唐丰鹤："司法人工智能与人类法官的互补之道——以当事人公正感为中心的思考"，载《求是学刊》2023年第4期。

〔5〕　史明洲："区块链时代的民事司法"，载《东方法学》2019年第3期。

〔6〕　张玉洁："区块链技术的司法适用、体系难题与证据法革新"，载《东方法学》2019年第3期。

〔7〕　张春和、林北征："司法区块链的网络诉源治理逻辑、困惑与进路"，载《中国应用法学》2019年第5期。

博士在其合著《链上正义　区块链司法的中国方案》中指出，根据不同的底层技术，线上司法又可分为基于传统互联网技术的"互联网司法"与基于区块链技术的"区块链司法"；并系统论述了区块链司法的内涵、生发逻辑与价值；率先提出"分布式正义理论"和"链上正义"概念，并分析了"链上正义"的技术、法律与社会价值三个方面评价要素以及可能面临的内部与外部挑战；最后系统论证了司法区块链的技术标准、算法规制、安全评估等技术治理与伦理风险防范等问题。[1]

（4）对在线诉讼或电子诉讼的研究，主要集中于在线诉讼或者电子诉讼的法理分析与实证分析，及其对传统民事诉讼的影响与冲击、在线诉讼制度构建与规则完善等方面。例如，关于在线诉讼中"当事人同意"的法律性质，学者们提出了"诉讼契约说""同意授权说""程序选择权说"三种不同观点。[2]在实证分析上，如左卫民教授指出当前绝大多数纠纷仍是线下纠纷，"在线诉讼时代"尚未完全到来。但民事诉讼程序繁简分流改革试点，为在线诉讼的发展提供了制度契机，新冠疫情防控为在线诉讼的拓展提供了外部契机，在线诉讼开始广泛适用于不同类型、不同程序的案件，且整体上各方当事人对在线诉讼的态度较为积极，在线诉讼效果比较明显，但部分案件在线庭审的实质效果没有线下诉讼好。当前在线诉讼已经具备了广泛推行的各方面基础，应当更加积极地推行在线诉讼，但也需从国家层面构建统一规范的在线诉讼规则体系。[3]陈锦波博士认为，现代科技的发展与应用虽然引起了传统民事诉讼制度的深刻变革，但仍应在尊

---

〔1〕　马明亮、李伟：《链上正义　区块链司法的中国方案》，社会科学文献出版社 2023 年版。

〔2〕　"诉讼契约说"认为，民事诉讼法直接以"经当事人同意"规范在线诉讼的适用范围，当事人自愿实施且法院没有强制的在线诉讼行为具有类似契约上的合法性。参见曹建军："在线诉讼规则与民事诉讼法典化"，载《河北法学》2022 年第 8 期。"同意授权说"认为，当事人同意在性质上属于一种授权行为，它意味着法院可以在法律规定的民事制度的目的之下，确定一种对当事人有利的纠纷解决方式。参见张卫平："在线诉讼：制度建构及法理——以民事诉讼程序为中心的思考"，载《当代法学》2022 年第 3 期。"程序选择权说"认为，在线诉讼规则在法律性质上是一种对于当事人的诉讼赋权，那么在在线诉讼方式的选择与适用方面，也应当首先交给当事人，作为当事人程序选择权的组成部分，由当事人来选择适用，而不是由法院依职权或裁量来决定适用。参见肖建国："在线诉讼的定位与《民事诉讼法》的修改"，载《北京航空航天大学学报（社会科学版）》2022 年第 2 期。

〔3〕　左卫民："中国在线诉讼：实证研究与发展展望"，载《比较法研究》2020 年第 4 期。

重基本的民事司法规律以及坚守当事人中心主义理念的前提下，对传统民事诉讼进行本质性的改造或者结构性重塑。具体而言，应当在调整传统民事诉讼价值顺位基础上，建构全新的电子诉讼原则，并重新阐释和塑造传统民事诉讼部分原则的具体内涵。[1]郑世保教授在其专著《电子民事诉讼行为研究》中，系统地论述了电子民事诉讼行为的概念和特征、电子民事诉讼行为的实务运用和价值、电子民事诉讼行为与传统民事诉讼行为的异同，全面分析了电子民事诉讼行为面临的法律困境、技术困境以及电子民事诉讼行为与传统民事诉讼理论、制度、原则、规则之间的冲突，并提出了相应的对策与协调方案，最后设计了我国电子民事诉讼行为的发展完善路径。此外，还有一些专家学者如段厚省教授、洪冬英教授、王福华教授、周翠教授、张兴美研究员、高翔博士、陈锦波博士、张卫平教授、谢登科教授等人还分别针对远程审判、互联网司法、电子法院、电子诉讼、民事电子诉讼规则等方面进行了相关实证考察和理论研究。[2]

（5）对 ODR 的研究，主要集中于实证分析与多元化纠纷解决机制的衔接等相关方面。最高人民法院龙飞法官在其论文中，梳理了域外主要国

〔1〕 陈锦波："论信息技术对传统诉讼的结构性重塑——从电子诉讼的理念、价值和原则切入"，载《法制与社会发展》2018 年第 3 期。

〔2〕 段厚省："远程审判的双重张力"，载《东方法学》2019 年第 4 期；段厚省："远程审判的程序正当性考察——以交往行为理论为视角"，载《政法论丛》2020 年第 2 期；洪冬英："司法如何面向'互联网+'与人工智能等技术革新"，载《法学》2018 年第 11 期；王福华："电子法院：由内部到外部的构建"，载《当代法学》2016 年第 5 期；王福华："电子诉讼制度构建的法律基础"，载《法学研究》2016 年第 6 期；周翠："中国民事电子诉讼年度观察报告（2016）"，载《当代法学》2017 年第 4 期；张兴美："电子诉讼中的诉讼参与人真实性问题——基于外观主义的分析"，载《广东社会科学》2016 年第 4 期；张兴美："中国民事电子诉讼年度观察报告（2017）"，载《当代法学》2018 年第 6 期；张兴美："电子诉讼制度建设的观念基础与适用路径"，载《政法论坛》2019 年第 5 期；高翔："民事电子诉讼规则构建论"，载《比较法研究》2020 年第 3 期；陈锦波："在线庭审的实践检视与规则重塑"，载《安徽大学学报（哲学社会科学版）》2021 年第 1 期；张卫平："在线民事诉讼的法律规制——基本框架与思路"，载《法学评论》2022 年第 2 期；谢登科："在线诉讼的中国模式与未来发展"，载《中国应用法学》2022 年第 4 期；谢登科："在线诉讼中证人出庭作证的场域变革与制度发展"，载《法制与社会发展》2023 年第 1 期；刘峥："数字时代背景下在线诉讼的发展路径与风险挑战"，载《数字法治》2023 年第 2 期；杨继文："在线诉讼场景理论的建构"，载《法制与社会发展》2023 年第 3 期；章扬、谢子柔："在线诉讼制度的检视与完善"，载《法律适用》2023 年第 4 期；程睿："双轨并行模式中在线诉讼的同意规则"，载《现代法学》2023 年第 5 期。

家和我国 ODR 在电子商务领域和司法领域的发展现状，认为 ODR 的未来发展应着眼于解纷平台更加统一多元、解纷服务更加亲民便捷、解纷规则更加普适中立、解纷类型更加全面多样、解纷资源更加分享共享。[1]程琥博士从推进国家治理现代化、保障电子商务健康发展、破解 ODR 自身发展难题等角度出发，论证了加强 ODR 与多元化纠纷解决机制衔接的重要性，并提出应以在线调解、在线仲裁、在线司法等"互联网+"的方式推进完善我国 ODR 机制，实现多元化纠纷解决机制数字化转型升级。[2]韩烜尧博士在其论文中，介绍分析了我国司法 ODR 的创新情况及实践挑战，并以"闲鱼小法庭"为例分析了我国非司法 ODR 的探索与适用现状，并从个人、组织和社会三个维度，论述了非司法 ODR 在实现当事人的非诉效益、司法机关的资源优配、多元解纷的非诉福祉等方面的积极作用，最后提出应当立法支持非司法 ODR 发展，通过司法确认等方式建立健全司法 ODR 与非司法 ODR 的衔接机制，充分发挥非司法 ODR 的诉源治理作用。[3]

上述研究成果，总体上为本书提供了很好的经验事实素材、不同观点争鸣、理论论证基础以及理论比较和启发。

（二） 对国外相关研究综述

1. 关于民事司法的相关研究成果

对国外民事司法的研究，相关论著主要集中于民事司法制度与民事司法改革方面。如相关的著作有《美国联邦民事诉讼规则的新发展》[4]、《美国民事司法制度》[5]、《英国民事司法制度》[6]等，前一本编著不仅介绍分析了美国联邦民事诉讼的各种制度，还论述了美国联邦民事诉讼程

---

〔1〕 龙飞："中国在线纠纷解决机制的发展现状及未来前景"，载《法律适用》2016 年第 10 期。

〔2〕 程琥："在线纠纷解决机制与我国矛盾纠纷多元化解机制的衔接"，载《法律适用》2016 年第 2 期。

〔3〕 韩烜尧："我国非司法 ODR 的适用与完善——以闲鱼小法庭为例"，载《北京工商大学学报（社会科学版）》2020 年第 5 期。

〔4〕 吴如巧编著：《美国联邦民事诉讼规则的新发展》，中国政法大学出版社 2011 年版。

〔5〕 齐树洁主编：《美国民事司法制度》，厦门大学出版社 2011 年版。

〔6〕 齐树洁主编：《英国民事司法制度》，厦门大学出版社 2011 年版。

序及其发展，包括利用计算机技术情况和案件管理制度。相关的译著有《福利国家与接近正义》《危机中的民事司法　民事诉讼程序的比较视角》。前者主要介绍分析了西方国家三次接近正义运动情况，[1]后者主要从司法/正义的三个维度：判决正确真实维度、时间维度和成本维度，并以比较的视角，分析美国、英国、德国等十多个国家的民事司法在面临接近正义等方面的危机时所采取的主要措施。相关的论文有《法国民事司法改革论纲》[2]、《接近正义与英国的民事司法改革》[3]等。上述研究成果，为本书梳理考察域外民事司法数字化变革提供了最基础的理论支撑。

2. 关于民事司法数字化的相关研究成果

（1）对世界各国民事司法数字化的总体考察与个别研究。译著《当事人基本程序保障权与未来的民事诉讼》一书第三部分，[4]系统地介绍了1999年前后美国、英国等十多个国家在民事诉讼程序中运用现代科技的情况。徐昕教授在其论文中从比较法的视角，系统分析比较了美国、英国、德国等多个国家在民事诉讼中包括提起诉讼、文书送达、案件和案卷管理、审前准备、开庭审理和证据、判决、上诉等多个方面利用现代科技的情况，并提出信息时代虚拟法院必将兴起，21世纪的发展潮流必然是民事司法的数字化。[5]刘敏教授在其论文中，考察了美国、英国、奥地利、德国、韩国、新加坡等国家民事电子诉讼情况，提出电子诉讼已经成为一种势不可挡的世界潮流。[6]

对美国民事司法数字化的研究。杨怡和杨微波先生在其论文中，均介绍了美国网上立案制度的由来和发展状况，并在分析评价基础上提出了可

〔1〕　［意］莫诺·卡佩莱蒂编：《福利国家与接近正义》，刘俊祥等译，法律出版社2000年版。

〔2〕　周建华："法国民事司法改革论纲"，载《北京理工大学学报（社会科学版）》2013年第6期。

〔3〕　刘敏："接近正义与英国的民事司法改革"，载南京师范大学法制现代化研究中心编：《法制现代化研究（第九卷）》，南京师范大学出版社2004年版，第119-165页。

〔4〕　［意］M.卡佩莱蒂等：《当事人基本程序保障权与未来的民事诉讼》，徐昕译，法律出版社2000年版，第173-333页。

〔5〕　徐昕："信息时代的民事诉讼：一个比较法的视角"，载张卫平主编：《司法改革论评　第2辑》，中国法制出版社2002年版，第105-126页；徐昕："虚拟法院——司法的数字化生存"，载《人民法院报》2002年2月4日，第5版。

〔6〕　刘敏："电子诉讼潮流与我国民事诉讼法的应对"，载《当代法学》2016年第5期。

供我国构建完善网上立案制度的有益启示。[1]杨剑博士在其论文中回顾了美国联邦民事诉讼中，文书送达对人的管辖权历史，介绍了《美国联邦民事诉讼规则》有关境外电子送达的规定以及相关判例、境外向境内延伸的新趋势。[2]

对英国民事司法数字化的研究。徐昕教授在其论文中，考察了英国民事诉讼运用信息技术的过程，并介绍了推动英国民事司法数字化不同阶段的改革报告或者方案。[3]江和平、蒋丽萍翻译了《英国在线法院发展报告》，报告系统介绍了在线法院的设计理念、具体框架以及试点 ODR 项目等。[4]赵蕾教授在其编译论文中，介绍了英国旨在建设的在线法院的设计理念、受理范围和基本程序。[5]

对德国民事司法数字化的研究。周翠教授在其论文中，系统介绍了德国民事电子诉讼的立法情况，以及德国在法院与当事人之间的文书递交与送达的电子化、案卷的电子化、庭审方式的电子化改革情况，以及在线庭审的现状与前景，并分析了德国电子文书证明力制度以及尝试引入电子准备程序情况。[6]周翠教授还系统研究了德国的电子督促程序，并对我国完善电子督促程序提出了一些建设性方案。[7]

对韩国民事司法数字化的研究。方丽妍老师的译作，介绍了韩国电子诉讼的立法情况，以及《韩国关于民事诉讼等程序中电子文书使用等的法

---

〔1〕 杨怡："美国网上立案制度初探"，载《北京邮电大学学报（社会科学版）》2018年第1期；杨微波："论美国的网上立案及其启示"，载《网络法律评论》2011年第1期。

〔2〕 杨剑："美国联邦民事诉讼中采用电子送达的新趋势"，载陈光中、江伟主编：《诉讼法论丛 第11卷》，法律出版社2006年版，第380—394页。

〔3〕 徐昕："信息社会的挑战：英国民事诉讼中现代科技之运用"，载樊崇义主编：《诉讼法学研究（第3卷）》，中国检察出版社2002年版，第405—425页。

〔4〕 英国在线纠纷解决顾问小组："英国在线法院发展报告（节选）"，江和平、蒋丽萍译，载《人民法院报》2017年5月5日，第8版。

〔5〕 ［英］布里格斯勋爵："生产正义方式以及实现正义途径之变革——英国在线法院的设计理念、受理范围以及基本程序"，赵蕾编译，载《中国应用法学》2017年第2期。

〔6〕 周翠："德国司法的电子应用方式改革"，载《环球法律评论》2016年第1期；周翠："德国在线庭审的现状与前景"，载《人民司法》2021年第25期。

〔7〕 周翠："电子督促程序：价值取向与制度设计"，载《华东政法大学学报》2011年第2期；周翠："再论督促程序电子化改革的重点"，载《当代法学》2016年第6期。

律》（以下简称《韩国电子诉讼法》）和《韩国民事诉讼等电子文书的利用相关规则》（以下简称《韩国电子诉讼规则》）的相关内容，分析了韩国在专利案件、家事案件、申请案件、破产重整案件等案件的电子诉讼实践现状，以及未来完善方向。[1]

上述研究成果为本书系统梳理考察域外国家民事司法数字化发展式样和实践样态提供了原始素材，并为本书总结提炼域外民事司法数字化不同发展模式和立法模式提供了很好的比较基础。

（2）对 ODR 的研究。赵蕾教授等人翻译的 ODR 专著，导论部分指出线上和线下的边界日益模糊，包括法院在内的传统纠纷解决方式已经无法适应数字时代的发展需求，且随着纠纷的激增，对于纠纷的预防越来越迫切。全书先后对 ODR 以及在线纠纷预防机制进行了历史性梳理，对接近数字正义理论进行了简要介绍，对电子商务与法院等五个领域内的纠纷解决和预防机制进行了详细论述。作者最后指出，运用现代科技可以提高司法效率和程序质量，以克服公正与效率之间固有的负相关矛盾关系，未来的法院和其他公共机构必将更多地运用 ODR。作者最后认为，新型的"数字正义"超越了人们对正式和非正式之间根深蒂固的认识区别，个人和社会可能不再区分公权力还是私权利解决纠纷的差异，或者线上纠纷与线下纠纷的区别，并都会加强数字技术的运用，以在法院内外共同促进接近正义的实现。[2]

（3）对司法人工智能的研究。在人工智能法官能否替代人类法官问题上，有学者持肯定观点。例如，英格兰和威尔士上诉法院大法官 Briggs 即认为，人工智能可以辅助法官，甚至作出判决。[3]德国汉堡大学法学院 Jasper Ulenaers 亦认为，机器人法官可以在完全自动化的法庭诉讼中代替人类法官，自主地决定案件。[4]也有学者持否定观点，如塔妮娅·索丁

---

〔1〕［韩］郑永焕："韩国电子诉讼现状及完善方向"，方丽妍译，载齐树洁、张勤主编：《东南司法评论（2018 年卷·总第 11 卷）》，厦门大学出版社 2018 年版，第 277-297 页。

〔2〕［美］伊森·凯什、［以色列］奥娜·拉比诺维奇·艾尼：《数字正义 当纠纷解决遇见互联网科技》，赵蕾、赵精武、曹建峰译，法律出版社 2019 年版，第 251-264 页。

〔3〕曹建峰："'人工智能+法律'十大趋势"，载《机器人产业》2017 年第 5 期。

〔4〕 Jasper Ulenaers, The Impact of Artificial Intelligence on the Right to a Fair Trial：Towards a Robot Judge? *Asian Journal of Law and Economics*Volume 0, Issue 0. 2020.

（Tania Sourdin）教授认为，新型的变革性技术正在通过对支持性、替代性和破坏性三种方式改变并重塑着司法体系，未来需要考虑的问题，不是"技术能否重塑司法功能"，而是于"何时"以及"何种程度上"重塑着司法功能。随着创新型技术的有效应用以及 ODR 对人工智能的支持表明，法院系统引入人工智能是可行的。随着人工智能对小型民事纠纷的处理，及其在复杂争议领域中的普遍应用，势必限缩人类在司法审判中的参与程度。技术进步可能会改变法官角色本质上的互动性，改变审判功能，甚至有可能使法官从审判功能中完全消失。但法官肯定不会被人工智能所替代，因为影响司法决策的因素有很多，而法官的作用绝不仅仅是作出司法裁判，他们在管理案件和解决民事纠纷中发挥着不可或缺的作用。而且人工智能法官作出决策能否被民众所接受值得质疑，法律语言的模糊性和法律条文的频繁修订带来的法律代码化的精确度问题，以及计算机程序固有的逻辑体系与自由裁量权之间的矛盾如何解决，也都决定着人工智能无法替代法官。[1]在人工智能是否会影响司法公正上，爱尔兰学者莫吉安·诺埃尔（Morgiane Noel）认为，"人工智能系统可以避免人类心理可能出现的错误，甚至可以说，人工智能可能比人类法官更公正"。[2]美国学者德马莱（Desmarais）则认为，法院不直接编写人工智能算法，直接从科技公司购买设计好的算法，这意味着算法是专有的，或者类似于黑箱，因此，算法的决策权可能最终落入软件公司手中。[3]美国哥伦比亚大学法学院教授李本（Benjamin L. Liebman）则认为，公众对司法的信任建立在司法透明的基础上。如果这些算法继续保持神秘并且 AI 发展的重心始终围绕着公司的利润而非公正与平等，那么 AI 将很难取得公众对其在司法中运用的信任。因此，需要增加人工智能技术的透明性。[4]此外，有学者认为，

---

〔1〕 Tania Sourdin, Judge V. Robot, Artificial Intelligence and Judicial Decision-Making, *University of New South Wales Law Journal*，（2018）41. pp. 1114–1133.

〔2〕 参见赵琪编译："规范人工智能在司法系统的应用"，载《中国社会科学报》2023 年 6 月 30 日，第 3 版。

〔3〕 参见曹奕阳："域外人工智能在司法领域的应用"，载《人民法院报》2021 年 9 月 10 日，第 8 版。

〔4〕 ［美］李本（Benjamin L. Liebman）："美国司法实践中的人工智能：问题与挑战"，载《中国法律评论》2018 年第 2 期。

对机器人隐喻的使用可以强化正义，但从实际理解程度看，法官对机器人的心理构建已经落后于技术发展，法官们需要与时俱进更新这种思维模式。[1]在人工智能辅助司法上，有学者认为，在法律上作出决定的是独立的第三方专家系统，没有主观的人的特征，这将使作出决定与以前的判例完全一致，从而建立法律确定性和对司法的信心。[2]

（4）对在线法院与未来司法的研究。英国的理查德·萨斯坎德（Richard Susskind）教授在其专著《线上法院与未来司法》（Online Courts and the Future of Justice）中，对在线法院进行了系统论述，并对未来司法进行了展望。他认为，一系列普及的技术使法院发生了改变，这些改变远远超出了许多国家目前为实现法院和司法体制现代化所做的零碎努力。今天的法院系统，从根本上仍然是 19 世纪和 20 世纪的制度，它在 21 世纪是不合适的，是不充分的，现在是进行彻底改革的时候了。他在专著中提出了一个在线法院的通用框架，并回应了对在线法院最常见的批评，因为在线法院比传统法院更透明，而且网上审判可以是公平的，很少有人会被排除在外，而且它不会导致一种轻易兴讼的文化。他还讨论了各种新兴技术在司法中的运用，如增强现实、虚拟现实、预测机器与人工智能，以及先进的在线争议解决技术等。其最后的结论是，应考虑在全球范围内部署在线法院的可能性，以确保更广泛的司法触达。[3]

三、理论与方法

（一）主要理论工具

学术研究应站在巨人的肩膀上，把已有研究成果和经典理论作为论证的起点和工具，以及对话和反思的基础。因此，本书主要选取接近正义论、可视正义论、法律商谈论作为理论工具。

---

[1] Ryan Calo, Robots as legal metaphors [J]. *Harvard Journal of Law&Technology*, 2016（1）: 209-237.

[2] Rincon Cardenas Erick, Martinez Molano Valeria, A Study on the Possibility of Applying Artificial Intelligence in Judicial Decisions [J]. Revista Direito GVVolume 17, Issue 1. 2021.

[3] ［英］理查德·萨斯坎德：《线上法院与未来司法》，何广越译，北京大学出版社 2021 年版，第 15-16 页。

1. 接近正义论

"接近正义",也称"接近司法"或者"实现正义",一般指帮助当事人进入法院诉讼,是为实现更经济、更简便、更便捷的司法程序所作出的各种努力的总称。无救济就无权利,就民事司法而言,每一个当事人在多大程度上能够"接近"法院并获得司法的公正救济,反映着一个国家民事司法的水平高低和文明程度。杰诺维兹教授曾指出,"如果只有富人才能够消费得起,那么即使用公式精心保障的司法制度也基本上没有什么价值可言"。[1]接近正义论普遍认为,司法应当保障当事人实效性地接近司法救济,克服以下障碍:一是律师费;二是法院运行成本;三是小额诉讼案件中当事人的诉讼成本与诉讼请求金额比例失衡;四是诉讼过分迟延;五是缺乏法律援助等。此外,接近正义还存在地理上、心理上、语言上以及文化上等方面的障碍。第二次世界大战之后,西方国家先后出现了"接近正义运动"的三次浪潮。分别旨在克服"接近正义"存在的经济障碍,为当事人提供法律援助;通过公益诉讼和集团诉讼,增强弱势群体的诉讼能力;发展替代性纠纷解决机制并努力简化诉讼程序。[2]与传统的接近正义方式不同,《数字正义 当纠纷解决遇见互联网科技》一书作者则认为,与早期替代性纠纷解决机制倡导者所提出的物理上的多门法院相比,当今新技术可以让我们有更多机会去创设一个虚拟的"多门法院",让当事人更容易实现正义。[3]

2. 可视正义论

程序正义一般被称为"看得见的正义",它体现于法律程序的设计以及司法裁判的过程之中,它要求法官不仅要查明案件事实,作出客观公正的实体判决,符合实体法的规定和精神,而且还要确保案件审理过程符合

〔1〕 参见〔意〕M.卡佩莱蒂等:《当事人基本程序保障权与未来的民事诉讼》,徐昕译,法律出版社 2000 年版,第 40 页。

〔2〕 刘敏:"接近正义与英国的民事司法改革",载南京师范大学法制现代化研究中心编:《法制现代化研究(第九卷)》,南京师范大学出版社 2004 年版,第 119-165 页;〔美〕伊森·凯什、〔以色列〕奥娜·拉比诺维奇·艾尼:《数字正义 当纠纷解决遇见互联网科技》,赵蕾、赵精武、曹建峰译,法律出版社 2019 年版,第 57-60 页。

〔3〕 〔美〕伊森·凯什、〔以色列〕奥娜·拉比诺维奇·艾尼:《数字正义 当纠纷解决遇见互联网科技》,赵蕾、赵精武、曹建峰译,法律出版社 2019 年版,第 54 页。

程序法的规定和精神，让当事人切实感受到整个裁判过程的公平公正。[1]因为人们不仅追求结果正义，还追求诉讼公开、公平、高效、便捷的过程正义和程序正义；不仅追求获得合法公正的裁判，还希望裁判依据与社会公序良俗及其本人的心理预期相一致。可视正义理论，则建立于看得见的程序正义基础之上，是对"看得见的正义"的丰富发展和质的升华。例如，最高人民法院时任副院长景汉朝就认为，互联网庭审直播公开使司法公开从静态到动态，从传统庭审旁听的"现场正义"、报纸广播的"转述正义"，到电视和网络的"可视正义"，是一次质的飞跃。[2]国内专家学者多认为，司法公开有助于实现可视正义。[3]马长山教授则认为，网络化、智能化、阳光化的数字司法，通过优化重组现实空间当中的司法资源和司法要素，利用数字技术可以克服或者瓦解"接近正义"之路上的部分障碍，并消解或者化解部分因实体物理空间的条件制约而难以实现的司法正义，从而实现从传统物理空间意义上的"接近正义"到网络虚拟空间意义上的数字化的"可视正义"的转化。这种"可视正义"体现为司法平台化的分享可视、超时空的司法场景可视以及全要素的司法数据可视。[4]

在权力相互分立制衡的观念中，正义可以通过立法、行政、司法三种途径和方式得以实现，而其中通过司法实现正义是最重要的方式。司法正义将合理的确定性和法则的可预见性与适度的自由相结合，这种形式优于实施正义的其他任何形式。[5]上述接近正义论和可视正义论，既可作为本书民事司法数字化的法理支撑，也是本书民事司法的数字化变革与重塑应当坚持和努力的方向。也就是说，智慧社会背景下的民事司法的数字化变革与重塑，都必须向着增强和实现"接近正义""可视正义"这一方向前进。

---

〔1〕 陈瑞华：《看得见的正义》，北京大学出版社 2013 年版，第 2—3 页。

〔2〕 参见吴学安："'可视正义'是质的飞跃"，载《中国纪检监察报》2016 年 7 月 11 日，第 4 版。

〔3〕 参见和静钧："司法公开迈向'可视正义'"，载《深圳特区报》2016 年 7 月 8 日，第 A02 版；符向军："庭审网络直播实现'可视正义'"，载《江苏法制报》2018 年 5 月 25 日，第 A07 版；"打造'阳光法庭' 实现'可视正义'——人民法院庭审公开工作研讨会发言摘登"，载《人民法院报》2018 年 8 月 10 日，第 2 版。

〔4〕 马长山："司法人工智能的重塑效应及其限度"，载《法学研究》2020 年第 4 期。

〔5〕 杨一平：《司法正义论》，法律出版社 1999 年版，第 52—53 页。

3. 法律商谈论

哈贝马斯认为，在司法领域，法律的合法性和实证性的张力在内容的层面上被作为这样一个问题来处理：要作出的判决应该既是正确的，同时又是自洽的。从反面来理解，也就是说，现实中可能存在着司法判决确定性与合理性之间的张力。至于如何消除这种张力，哈贝马斯以德沃金的理论为基础，试图从法律商谈理论的角度解决上述问题。他认为，对于判决的确定性与合理性或者说判决的正确性与自洽性的有机统一的理想要求，可以将其作为一种判决形成程序的理想要求，而这种程序必须是合作的理论形成程序。[1]也就是说，可以把上述理想要求转换为一种符合特定标准的法律商谈要求，而这种特定标准是，它既要符合判决结果唯一正确性的范导性理想，也要符合司法实践中判决的可容错性原理。合作的理论形成程序要求，要使判决具有可接受性，不仅要重视论据的质量，还要重视论辩过程的结构。也就是说，法律商谈论将衡量司法判决的正确与自洽标准，从判决的实质性说理或者简单的形式逻辑推理，转移到了司法主体和诉讼当事人对于判决形成程序的一种讨论。法律商谈理论引入了一个程序主义的法律范式，这种范式，将走向资产阶级自由主义形式法和社会福利国家实质法这两种范式之间对立的超越。哈贝马斯的法律商谈论，还要求行为人的言谈要符合交往行为理论标准，鼓励行为人采取真诚的交往行为，抑制不真诚的策略行为。法律商谈论比较符合在线诉讼中法官与当事人协商选择庭审方式，以及重塑在线庭审诚实信用原则等，可为本书民事司法的数字化重塑提供理论指引。

（二）主要研究方法

1. 实证分析法

一个完整的社会科学研究，要学会从经验事实出发。[2]在进行理论提升之前，一定要对经验事实尽可能全面透彻地掌握。研究民事司法的数字

---

〔1〕〔德〕哈贝马斯：《在事实与规范之间　关于法律和民主法治国的商谈理论》，童世骏译，生活·读书·新知三联书店 2003 年版，第 273—290 页。

〔2〕陈瑞华：《论法学研究方法》，法律出版社 2017 年版，第 26 页。

化变革与重塑问题，国内有着丰富的司法实践与经验需要梳理提炼。本书不仅从全国各级法院官方网站、权威报道、现有实证研究成果等途径获取基础资料，还采取工作访谈、个案解剖、实地调研等方式获取第一手资料，进行实证性分析研究，从中梳理出我国传统法院民事司法加速数字化、互联网法院民事司法全面数字化的主要表现、实践样态和存在的问题情况，并分析我国传统民事司法面临的具体的数字化挑战与变革，最后找出能够在民事司法的数字化重塑中可复制可推广的经验。

2. 比较分析法

"与规范性的研究相比，只有描述性的分析才更能经受住时空的考验。模式化和因果化的研究往往可以拥有跨越时空的生命力。"〔1〕研究民事司法的数字化变革与重塑问题，除了国内的实践经验，还有着更为广泛的域外经验可供借鉴。本书不仅详细考察了域外两大法系代表性国家民事司法数字化的发展过程、实践样态和改革趋势，更尝试从中概括提炼出域外民事司法数字化的不同发展模式和立法模式，将之与我国数字化民事司法进行对照启发，找出可供借鉴的具体内容，为我国民事司法的数字化重塑提供可供参照的有益经验。换句话说，本书不再停留于或满足于描述性分析或描述性比较层面，更加追求一种模式化和因果化的比较研究。

四、框架结构安排

党的二十大报告明确提出，以中国式现代化全面推进中华民族伟大复兴。而审判工作现代化既是政法工作现代化的重要内容，也是中国式现代化的重要保障，必须围绕"公正与效率"工作主题，做实为大局服务、为人民司法，从审判理念、审判机制、审判体系、审判管理等方面整体推进、系统落实，努力以审判工作现代化服务保障中国式现代化。〔2〕习近平总书记多次指出，没有信息化，就没有现代化。因此，推进审判工作现代化，需要在民事司法中积极运用互联网、人工智能、大数据等现代科技，

---

〔1〕　陈瑞华：《论法学研究方法》，法律出版社 2017 年版，第 52 页。
〔2〕　张军："深入学习贯彻习近平法治思想　加快推进审判工作现代化"，载《法律适用》2024 年第 1 期。

提升民事司法的数字化水平，实现民事司法的数字化变革。民事司法由于其所具有的更适合数字化的独有特性，理应荣膺推进审判工作现代化的重任。民事司法数字化的过程，必然导致民事司法运行场域从传统封闭的物理实体单一空间迈入现代开放的网络虚拟与实体同构的双层空间，这也必将带来民事司法的一系列数字化变革与挑战。但公平正义是人类追求的永恒主题，也是民事司法的永恒价值，因此必须在考察借鉴域外民事数字化实践经验基础上，从基本理念、核心原则、解纷机制、诉讼规则、风险防范等方面对民事司法的数字化变革进行重塑，以确保最大限度地提高或增加司法公平正义的变量，同时最大限度地避免、降低或减少可能有损司法公平正义的风险，创造更高水平的数字正义。全书框架结构共分为五章和结语。

第一章为民事司法的概念内涵与数字化变革背景。首先，界定本书所要研究的民事司法的现代概念与内涵，并将本书研究的民事司法范畴主要限定在除民事执行以外的民事审判层面。其次，厘清作为民事司法数字化变革时代背景的智慧社会本身的基本内涵、根本特征和时代变革，并从马克思主义经济基础变革决定上层建筑变革这一理论意义和角度上，界定本论题中"民事司法的数字化变革"之含义。本章包括三节，分别为"民事司法的现代法治语境""民事司法的现代概念与内涵""民事司法数字化变革的智慧社会背景"。

第二章为民事司法的数字化转向及其正义价值。在梳理传统法院和互联网法院民事司法数字化实践状况，并进行问题反思基础上，分析论证民事司法数字化转向正当性的三个方面正义价值基础。本章包括三节，分别为"传统法院民事司法加速数字化""互联网法院民事司法全面数字化""民事司法数字化的正义价值"。

第三章为民事司法面临的数字化变革与挑战。在分析在线诉讼场域、司法工具、电子方式诉讼、数字技术应用、多种类型 ODR 等情况基础上，论述传统民事司法可能面临的一系列数字化变革与挑战。本章包括五节，分别为"网络虚拟空间对司法场域的三重改变""场域工具改变对司法原则的多维冲击""电子方式诉讼对司法规则的全面挑战""数字技术应用对司法审判的潜在风险""多型 ODR 兴起对司法中心的分解弱化"。

第四章为域外民事司法数字化图景与启示。在考察两大法系典型国家民事司法数字化发展式样和实践样态的基础上，提炼出域外民事司法数字化的不同发展模式与立法模式，并找出可供借鉴的经验启示。本章包括三节，分别为"域外民事司法数字化发展式样""域外民事司法数字化实践样态""域外民事司法数字化模式异同与启示"。

第五章为民事司法数字化之重塑与构建。在回应民事司法数字化变革过程中的问题和挑战，以及借鉴域外实践经验的基础上，系统性设计我国民事司法数字化的重塑与构建方案和路径。本章包括五节，分别为"更新民事司法数字化的基本理念""确立民事司法数字化的核心原则""优化民事司法数字化的解纷机制""重塑民事司法数字化的诉讼规则""防范民事司法数字化的潜在风险"。

结语在论述数字化民事司法应从"场域正义"走向"数字正义"，并以"数字正义"为主导的基础上，提出从三个方面入手构建中国特色、世界领先的数字化民事司法新模式。一是顺应民事司法数字化变革之势，确立数字正义主导地位；二是借助民事司法数字化变革之力，推动数字正义更好实现；三是重塑民事司法数字化变革之路，彰显数字正义应有光芒。

五、可能创新之处

一个完整的社会科学研究的最后阶段，就是要跟最前沿、最经典、最权威的理论进行对话，发现这些理论的例外，并进行反思和理论创新。[1]笔者虽囿于学识与能力局限，但也力图循着这个思路，尝试着进行理论对话和理论创新。笔者认为，本书可能的创新之处在于以下三个方面。

（一）丰富并发展了学术界和官方提出的"数字正义"概念理论

《数字正义　当纠纷解决遇见互联网科技》一书作者伊森·凯什在世界范围内首次提出"数字正义"理论，其认为，"数字正义是一个关于法律作用以及促使个人参与处理和解决纠纷的理论，旨在厘清科学技术如何

---

〔1〕　陈瑞华：《论法学研究方法》，法律出版社 2017 年版，第 26 页。

产生出各种类型的纠纷，并且致力于如何利用技术来解决和预防这些纠纷的产生"。[1]首先，伊森·凯什把数字正义范畴内的纠纷主要限定于因科学技术产生的各种纠纷；其次，他主要论述了如何通过 ODR 机制预防和解决这些纠纷；最后，他强调利用科技增强"正义实现方式"和正义，重点在促进"接近正义"上。2020 年 5 月，《最高人民法院工作报告——2020年 5 月 25 日在第十三届全国人民代表大会第三次会议上》中也正式提出"数字正义"概念。本书对"数字正义"的内涵进行了丰富和发展，提出数字正义应指顺应时代变革和科技发展，利用数字化、网络化、智能化的现代技术，增强正义的实现途径，改变正义的生产方式，更加高效、便捷、经济地预防纠纷和解决纠纷，同时积极防范数字技术应用本身可能带来的诸如算法歧视、算法偏见等数字非正义，推动实现更高水平的公平正义。首先，数字正义范畴内的纠纷并不限于因科学技术产生的纠纷。其次，在民事司法领域，数字正义不仅包括"数字化的接近正义"，而且包括"数字化的实体正义"与"数字化的可视正义"。在数字化的实体正义方面，本书提出应充分运用数字技术帮助法官提升司法能力、发现认定事实、正确适用法律，作出更为高效一致、客观公正的实体裁判。在数字化的可视正义方面，本书提出它并不简单地等同于程序公正意义上的"看得见的正义"，而是对其的一种发展和升华，不仅实现传统意义上的程序公正，而且要求程序本身的具体过程和内容能够为当事人看得见。它具体包括诉讼流程全节点数字化可视、司法裁判全过程数字化可视、司法监督全时空数字化可视三个层面意义上的可视正义。

（二）提出并论证了应以"数字正义"主导构建数字化民事司法

智慧社会时代已经日益呈现出各行各业、各种各样的数字化转型新态势和数字经济新形态，经济基础已经发生了深刻变革。本书运用马克思主义关于"正义概念内容的时代性和所处社会经济基础决定论"的法律观点，提出正义概念的内涵应当具有智慧社会的时代特征，并由智慧社会的经济基础所决定。也即，随着智慧社会自身相比传统社会所发生的深刻变

---

[1] ［美］伊森·凯什、［以色列］奥娜·拉比诺维奇·艾尼：《数字正义 当纠纷解决遇见互联网科技》，赵蕾、赵精武、曹建峰译，法律出版社 2019 年版，第 4 页。

革，智慧时代的正义内涵应当被重塑并被赋予新的内容。而"数字正义"正是互联网社会下的正义理论，理应荣膺这个时代重任。也就是说，正义理论应从传统社会时代的"场域正义"理论走向智慧社会时代的"数字正义"理论。而在民事司法领域，"数字正义"理论所具有"数字化接近正义""数字化实体正义""数字化可视正义"等方面的优势，是传统的"场域正义"所无法比拟的，或者说传统的"场域正义"理论所不能够解决或者所不能够很好地解决的问题，可以通过"数字正义"得到解决或者更好地解决。因此，本书提出在智慧社会时代中，应确立"数字正义"理论的主导地位。在民事司法领域，就是要以"数字正义"为主导，构建数字化民事司法，努力形成中国特色、世界领先的数字化民事司法新模式。

（三）设计并描绘了系统化的民事司法数字化的重塑与构建路径

数字化的民事司法虽然能够更好地实现"数字正义"，创造更高水平的公平正义。但就像任何一枚硬币都有两面一样，数字化民事司法过程中，也可能会因为司法理念不当、司法原则不明、解纷机制不优、诉讼规则不妥、技术运用不当等原因，出现数字非正义的现象、有所减损正义的现象或者未能超越"场域正义"的现象等。因此，本书运用辩证主义观点与思路，从正反两个方面，全面系统地设计并描绘了民事司法数字化的五条重塑与构建之路。既加强"数字正义"，又防范"数字不正义"；既论证其必要性与可行性，又注重其可操作性与可复制可推广性。一是更新民事司法数字化的三个基本理念，即要树立与智慧社会时代相适应相契合的数字司法理念、数字正义理念、商谈司法理念，作为数字化民事司法的主导价值观。二是确立民事司法数字化的三个核心原则，即重大变革合法性原则、安全与真实并重原则、当事人权利保障原则，作为数字化民事司法的最低价值准则。三是优化民事司法数字化的三层解纷机制，即构建"数字化的纠纷预防—数字化的非诉控制—数字化的诉讼快审"分层递进在线多元解纷机制。最最重要的是，要着力从源头上避免或减少纠纷发生，或者说从源头上避免或减少不正义的发生，然后是加强在线非诉分流解纷效率与效能，切实减少诉讼环节的纠纷数量，让真正需要司法救济的纠纷能够及时进入法律之门。四是重塑民事司法数字化的各项诉讼规则，重点在于进一步健全在线诉讼规则。五是防范民事司法数字化的四个潜在风险，即要防范智能数字技术应用可能带来的司法权责分化风险、司法自主弱化风险、司法伦理失却风险、司法人文流失风险。

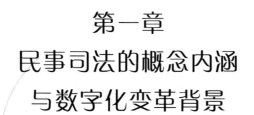

第一章
民事司法的概念内涵
与数字化变革背景

"概念乃是解决法律问题所必需的和必不可少的工具，没有限定严格的专门概念，我们便不能清楚地和理性地思考法律问题。"[1]一个概念还包含着一定的内涵和外延，而一定的内涵和外延，指明了它所包含的特定范畴和研究对象。[2]因此，概念是科学研究的起点，一切研究都始于概念的界定。同时，法学研究要有时代情怀，应立足于时代变革，回应时代需求，提炼时代命题，解决时代问题。当前我国社会已经加速进入智慧社会时代，并面临着从信息社会到智慧社会的重大时代变革。而民事司法的概念生成于现代法治时代，深入研究民事司法的数字化变革与重塑问题，首先必须从界定民事司法的现代概念出发，并立足于智慧社会时代的变革背景。因此，本章内容将主要探讨民事司法的现代概念内涵和所面临的智慧社会时代变革。

第一节　民事司法的现代法治语境

民事司法作为现代司法的重要组成部分，都是现代法治的共同文明成果。因此，探讨民事司法的现代概念，还必须弄清民事司法所生成的现代法治语境。也就是说，探讨民事司法的数字化变革与重塑，首先必须在现代法治语境下展开，并遵循现代法治的基本原则、基本共识和基本要素。法治作为一种理想、学说和实践以及人类文明的共有成果，是经过漫长的历史积淀逐步形成的，特别是在西方国家经济社会发展过程中，国家与社会、权力与权利等广泛持久的互动、冲突、整合，以及特定的法律思想与社会实践之间的互动促进、共生的过程中形成的。在当今社会，蕴含着自由与人权、权力制约和权利保障等的现代法治理念已经成为全球法治国家的基本共识，或者说它具有可通约性。在司法和民事司法领域，现代法治

---

[1]　[美] E. 博登海默：《法理学　法律哲学与法律方法》，邓正来译，中国政法大学出版社 1998 年版，第 486 页。

[2]　刘作翔：《法律文化理论》，商务印书馆 1999 年版，第 9 页。

理念无疑在整个现代司法制度建设和良性运行中起着基石性的作用。

一、现代法治的源头回溯

法治是一个见仁见智的问题。《牛津法律大辞典》认为，法治是"一个无比重要的，但未被定义，也不是随便定义的概念"。[1]因此，我们应当回溯法治的源头，弄清它的来源，方能有助于准确界定法治的概念。

一般认为，法治思想和理论的源头来自古希腊先哲柏拉图和亚里士多德，尤其是亚里士多德的法治观奠定了西方法治思想的理论框架。[2]柏拉图最早在《法律篇》中描述了一种新的国家统治形式，即"法治国"。在柏拉图看来，"法治国"的政府以法律为最高的衡量标准和行动准则，无论是国家统治者，还是社会臣民都要遵守和服从法律，包括统治者在内的所有人们都应受到法律的约束和统治而非权力或者武力的强迫性制约和统治。正如柏拉图自己所言，"如果一个国家的法律处于从属地位，没有权威，我敢说，这个国家一定要覆灭；然而，我们认为一个国家的法律如果在官吏之上，而这些官吏服从法律，这个国家就会获得诸神的保佑和赐福"。[3]

亚里士多德在批判继承柏拉图法治思想的基础上，提出了一套较为系统完整的法治理论。首先，他认为，"法治是最优良的统治者"，"法治优于一人之治"。[4]其次，他认为，"法治应包含两重意义：已成立的法律获得普遍的服从，而大家所服从的法律又应该本身是制定得良好的法律"。[5]这句话对法治的内涵作了经典的概括，但亚里士多德的法治理论还散见在一些其他的论述中，萨拜因对其作了很好的归纳：其一，根据法治所实行的统治，其目的是社会公众的利益，或者说社会所有人广泛而普遍的利益，并不是某个特定阶级或者社会阶层的利益，更不是实现个人的专横或

---

〔1〕 ［英］戴维·M. 沃克：《牛津法律大辞典》，北京社会与科学发展研究所组织翻译，光明日报出版社1988年版，第790页。

〔2〕 参见马长山：《国家、市民社会与法治》，商务印书馆2002年版，第16页。

〔3〕 法学教材编辑部《西方法律思想史编写组》编：《西方法律思想史资料选编》，北京大学出版社1983年版，第25页。

〔4〕 ［古希腊］亚里士多德：《政治学》，吴寿彭译，商务印书馆1965年版，第167-168页。

〔5〕 ［古希腊］亚里士多德：《政治学》，吴寿彭译，商务印书馆1965年版，第199页。

专制统治。其二，它要求统治者依法统治，并遵守法律。也就是说，统治权的行使依据，必须是具有普遍适用性的法律法规，而不是特殊性、随意性、专断性的命令，而且普遍适用的法律隐含着经法律所确认的惯例和常规，尽管它是不成文的，但法治也要求统治者不应该轻视它。其三，法治意味着，或者说它更强调被统治者对法律统治的自愿，而不是仅仅依靠国家机器的强制性统治，这也是法治的统治与仅仅依靠武力支持的专制统治不同的地方。从萨拜因的归纳来看，法治包含着目的、依据和方式这三项要素，即法治的统治目的是人们，统治的依据是法律，统治的方式是自愿，以区别于"统治目的是个人、统治的依据是命令、统治的方式是强制"的专制统治。

二、现代法治的概念界定

14 世纪至 16 世纪文艺复兴运动以后，在新兴资产阶级的推动下，资本主义社会政治、经济、社会各方面体制、机制和制度不断发展，自由主义、人文主义、理性主义思潮开始盛行，开始涌现出诸如霍布斯、洛克、孟德斯鸠、卢梭、潘恩等一大批启蒙思想家，他们对宗教神学和封建专制制度进行了深刻的揭露和批判，极大地推动了近代法治理念的形成与完善。

19 世纪后期，一些学者开始摒弃思辨、哲学式的法治理论探讨，实证研究和微观分析受到更多的重视，现代法治的概念开始被界定出来。英国著名的宪法学家戴雪（A. V. Dicey）第一次系统地阐述了现代法治的概念，他认为法治包含着三层相互关联的含义：其一，法律具有绝对权威，而且这种权威是至高无上的，任何国家权力都不能超越它，都要在它之下。也就是说，不仅政府的自由裁量权不能超越它，而且政府的其他任何专制权力也不能超越它。其二，任何公民都必须服从国家的法律，而且这种法律不是个别的法律，它是在一般法院里能够普遍实施的具有广泛性的一般法律。其三，权力的建立基础不是抽象性和规范性的宪法性文件，而是法院在司法实践中对具体案件作出的实际判决。[1]简言之，戴雪认为，法律具

---

〔1〕 ［英］罗杰·科特威尔：《法律社会学导论》，潘大松等译，华夏出版社 1989 年版，第184 页。

有至高无上的权威，人们必须服从能够经由法院实施的一般法律，权力不应是抽象的，而应是依法具体实践的。

第二次世界大战后，法治思想得到了新发展。1959年，世界法学家大会所通过的《德里宣言》概括了法治的三条原则：其一，立法机关的职能，不是简单地进行规则制定，而在于创设各种条件，以保障每个人都能享有"人类尊严"，而且能够维护这种尊严。其二，法治不仅要为公民权利提供保障，防止并能够制止政府滥用行政权，而且要使政府必须履行好其职责，有效地维护法律秩序，形成有条不紊的社会关系，保证人们能够具有生产生活和个人发展所需要的充分的社会和经济条件。其三，法治能够得以实施的条件，最少包括两个方面，一是司法必须从立法、执法中分离出来，二是律师自由，即律师能够在法律的框架内依法活动。[1]这一经典概念从立法、执法、司法三个层面对法治进行了诠释，明显地体现出维护正义、保障人权的实质价值取向。1961年在尼日利亚举行的世界法学家大会重申了《德里宣言》的法治观点。1962年、1965年及1966年世界法学家大会又在此基础上，将消除贫困、饥饿与失业以及保护人权作为与法治相关联的内容。20世纪90年代，一些学者开始进一步强调，宪法和法律不仅要限制国家权力，而且要保障国家权力有效运转，使法治的内涵又得到了新的发展。[2]

三、现代法治的基本内涵

美国哲学家约翰·罗尔斯（John Rawls）曾对法治作过一个较为精辟的论述，他将法治定义为"一致的、公允的以及在此意义上公平的"，依照"公开原则"的治理。罗尔斯论述的法治观念主要包括五个方面的内容。一是遵守可能性之要求，即法律制度应当谨守"应当意味着可能"的戒律。首先，法律规则所要求或者所禁止的行动必须是人类可以理性期待的；其次，制定和颁行法律的人应当以诚信的态度行事；最后，法律制度

---

〔1〕 张文显：《二十世纪西方法哲学思潮研究》，法律出版社1996年版，第623-624页。

〔2〕 ［美］斯蒂芬·L.埃尔金、卡罗尔·爱德华·索乌坦编：《新宪政论——为美好的社会设计政治制度》，周叶谦译，生活·读书·新知三联书店1997年版，第153页。

应认可无法履行的抗辩或至少使严苛的规定得以缓和。二是一致性之要求，即法律制度应遵守"相同案件相同对待"的戒律。也就是说，法官应当以相关法律规则及原则来论证区别对待的合理性，并且在解释所有法律规则时必须符合法律前后一致性的要求。三是公开性之要求，即法律制度应当谨守"法律应公开"之戒律。也就是说，法律应当明示公布广为人知，法律的意义应当清晰界定。四是一般性之要求，即制定法和其他法律规则在陈述上应当具有一般性，不得针对特定的人。五是正当程序之要求，即法律制度应当为案件的裁决过程提供公平且有序的程序。[1]

尽管对法治很难形成统一的概念，但我国学者还是对现代法治的发展规律达成了一些共识性的认识，认为现代法治的内涵至少应包括五个方面。[2]一是法治的前提是法律至上，即法律具有最高的地位，无论是公权力部门，还是社会组织以及个人都不能凌驾于法律之上，都必须在法律的范围内活动，以法律作为行动准则和行为评判标准。正如潘恩（T. Paine）所言，"在专制政府中国王便是法律，同样地，在自由国家中法律便应成为国王，而且不应该有其他的情况"。[3]二是法治的重点是依法治权。因为"一切有权力的人都容易滥用权力，这是万古不易的一条经验"。[4]因此，法治理念所强调的是，权力的行使必须根据法律规定，统治者也在法律支配之下。三是法治的价值取向是保障公民权利。法治制度的基础是人民主权，人民是国家权力的源泉和基础，因此，法治首要注重的是对人民权利的保障。四是法治的条件是法律自身公正，也就是说，法治首先是良法之治。所谓良法，从实体上而言，法律的内容符合正义和善的目的，法律的制定和实施必须能够保障基本人权。从程序上而言，良好的法律的形式也必须符合正义和善的要求，如法律应当具有普遍性，而不是为特定群体或者个人立法；法律应当不溯既往，不应当用现在的法律来评判人们过往的行为；法律规定的权利义务内容与责任以及语词含义都应当具有明确性；法

---

〔1〕　［美］劳伦斯·索伦：《法理词汇：法学院学生的工具箱》，王凌皞译，中国政法大学出版社 2010 年版，第 89 页。

〔2〕　蔡定剑："法治与宪政"，载《北京市政法管理干部学院学报》2002 年第 4 期。

〔3〕　［英］潘恩：《潘恩选集》，马清槐等译，商务印书馆 1981 年版，第 35-36 页。

〔4〕　［法］孟德斯鸠：《论法的精神　上册》，张雁深译，商务印书馆 1961 年版，第 154 页。

律应当对社会公开，未经公开的法律不得施行；法律应当保持体系和内容的统一，避免出现相互矛盾；法律应当具有可行性，法律对人的要求应当是人们通常可以做到的，不能强人所难；法律应当具有稳定性，不能朝令夕改，让人们无所适从；法律还应当具有可诉性，使人们能够得到及时的救济；等等。[1]五是法治的保障是司法正义。因为即使在法治社会，也可能出现违反法治、损害法治的行为和现象，这时就需要通过司法进行制裁和矫正。因此，司法机关必须依法独立、公正、中立地行使职权，维护法律的权威与尊严，真正成为社会公平正义的最后一道防线。

第二节　民事司法的现代概念与内涵

民事司法的概念生成于现代法治时代，现代司法制度是现代性的重要成果。因此对民事司法进行数字化重塑，必须在现代法治的基本原则和底层逻辑上展开。

一、司法与民事司法的现代概念

司法是民事司法的上位概念，先有司法，才有民事司法。因此在界定民事司法的现代概念之前，应当先弄清司法的现代概念。

（一）司法的现代概念

目前，国内对司法这一概念的界定，大致存在以下三种观点：一是最狭义的司法概念，仅指法院的审判活动。[2]例如，在美国，"司法的"（judicial）指的是那些从属于法官职位的东西，如在正式诉讼中作出判决的权力；而"司法部门"一词可以指一般意义上的法院系统，也可以指任职于各种法院的全体法官。[3]二是较广义上的司法概念，是指"国家司法

---

〔1〕 周永坤：《法理学——全球视野》，法律出版社2000年版，第529页。
〔2〕 马长山主编：《法理学导论》，北京大学出版社2014年版，第282页。
〔3〕 ［美］彼得·G.伦斯特洛姆编：《美国法律辞典》，贺卫方等译，中国政法大学出版社1998年版，第22页。

机关根据法定职权和法定程序，具体应用法律处理案件的专门活动"。[1]在我国，目前一般将司法机关界定为人民法院和人民检察院。这种观点也得到了党的十五大以来党的全国代表大会报告等官方文件的肯定和认可。[2]因此，我国的司法活动，具体包括人民法院对民事、行政、刑事案件的审判、执行活动以及人民检察院在民事、行政、刑事案件中的检察活动。三是最广义的司法概念，还包括侦查、司法行政、法律服务、公证、仲裁、司法鉴定、调解等活动。[3]总体而言，广义的司法概念，主要基于现行体制和现行法律的规定。而狭义的司法概念更多的是基于司法和司法权的中立性、被动性、专属性、程序性、终局性等本质属性与行政权相区别的角度。应当说，从本质上看，司法权就是审判权，司法就是审判，[4]也就是狭义上的司法概念。

（二）民事司法的现代概念

经在"法信"平台检索发现，我国现行法律中尚未出现过"民事司法"这一概念，只在中华人民共和国于 1987 年至 1994 年分别与法兰西共和国、比利时王国、西班牙王国、保加利亚共和国、泰王国签署的关于民事司法协助的协定或条约中出现了"民事司法协助"这一概念。[5]"民事司法"这一概念最早出现在 2005 年《最高人民法院关于增强司法能力提高司法水平的若干意见》第 14 条规定之中。[6]2007 年，最高人民法院时任院长肖扬在第七次全国民事审判工作会议上的讲话再次提到"民

---

〔1〕　张文显主编：《法理学》，高等教育出版社、北京大学出版社 2003 年版，第 276 页。

〔2〕　党的十五大报告明确提出，"推进司法改革，从制度上保证司法机关依法独立公正地行使审判权和检察权"。由此可见，官方文件将我国司法权界定为审判权和检察权，相对应地，司法机关也就被界定为人民法院和人民检察院。

〔3〕　马长山主编：《法理学导论》，北京大学出版社 2014 年版，第 282 页。

〔4〕　李军、薛少峰、韩红俊编著：《中国司法制度》，中国政法大学出版社 2009 年版，第 2 页。

〔5〕　参见《中华人民共和国和法兰西共和国关于民事、商事司法协助的协定》《中华人民共和国和比利时王国关于民事司法协助的协定》《中华人民共和国和西班牙王国关于民事、商事司法协助的条约》《中华人民共和国和保加利亚共和国关于民事司法协助的协定》《中华人民共和国和泰王国关于民商事司法协助和仲裁合作的协定》。

〔6〕　《最高人民法院关于增强司法能力提高司法水平的若干意见》第 14 条规定，依法处理矛盾纠纷案件，做到定分止争，案结事了，这是人民法院司法能力的重要内容和标志，是检验民事司法活动的重要标准……

事司法"这一概念。[1]2020 年 5 月 22 日，全国人大常委会时任副委员长王晨在《关于〈中华人民共和国民法典（草案）〉的说明》中，又一次使用了"民事司法"这一概念。[2]2020 年 5 月 25 日，最高人民法院时任院长周强在《最高人民法院工作报告——2020 年 5 月 25 日在第十三届全国人民代表大会第三次会议上》中也使用了"民事司法"这一概念。[3]

上述文件中虽使用了"民事司法"这一概念，但并未对民事司法的概念作出说明，因此仍需从学理上进行界定。根据上文对我国司法概念的一般界定，进行形式逻辑推理，所谓民事司法，也可以说就是在"司法"前面加上限定词"民事"二字。因此，"民事司法"可以界定为，或者说民事司法的现代概念，是指民事司法机关根据法定职权和法定程序，具体应用法律处理民事案件的专门活动。综上所述，从狭义的司法概念来看，民事司法应该是仅指法院的民事审判活动。为聚焦论题，避免因采广义说而导致概念外延过大使研究难以深入，同时从共识性角度出发，便于比较研究世界各国的民事司法，本书采现代法治语境下的狭义的"司法"概念和狭义的"民事司法"概念。

二、民事司法与相关概念的区分

"一个概念的中心含义也许是清楚的和明确的，但当我们离开该中心

---

[1] 参见《建设公正高效权威的民事审判制度 为构建社会主义和谐社会提供有力司法保障——在第七次全国民事审判工作会议上的讲话》："各级人民法院还大力开展'规范司法行为，促进司法公正'专项整改活动，进行社会主义法治理念教育，民事审判活动进一步规范，民事审判作风进一步改进，民事司法能力进一步增强……"

[2] "总的看，经过多年来努力，我国民事立法是富有成效的，逐步形成了比较完备的民事法律规范体系，民事司法实践积累了丰富经验……"参见王晨："关于《中华人民共和国民法典（草案）》的说明——2020 年 5 月 22 日在第十三届全国人民代表大会第三次会议上"，载中国人大网，http://www.npc.gov.cn/npc/c30834/202005/50c0b507ad32464aba87c2ea65bea00d.shtml，最后访问时间：2021 年 11 月 26 日。

[3] "认真贯彻实施审议通过后的民法典，……提升民事司法能力和水平依法保护民事主体合法权益，调整民事关系，维护社会和经济秩序。"参见周强："最高人民法院工作报告——2020 年 5 月 25 日在第十三届全国人民代表大会第三次会议上"，载最高人民法院网，https://www.court.gov.cn/zixun-xiangqing-231301.html，最后访问时间：2021 年 11 月 26 日。

时它就趋于变得模糊不清了。"[1]为了更加准确地把握民事司法的内涵，还需要从外延上对民事司法与民事审判、民事司法与民事诉讼这两对较为接近的概念加以严格区分，避免混淆。

（一）"民事司法"与"民事审判"的概念区分

戴维·M. 沃克在论及"审判"时，指出审判是法院中民事或刑事诉讼程序的一般用语，通常包括审查证据、使法院就案件的争执点作出裁决。[2]也就是说，审判是法院对各类案件进行审理并作出判决或裁决的一种活动。与审判这一术语较为接近的是诉讼（Litigation），但两者又不完全等同。审判通常是站在法院或者法官的视角而言的，以司法权的行使主体为中心来看待司法过程，而诉讼则是站在当事人和诉讼参与人的视角而言的，更多地从当事人和诉讼参与人的角度来看待司法。一般认为，我国的民事诉讼活动，既包括法院的各类民事审判活动，如起诉材料的登记审查与案件受理，诉状、证据副本、开庭传票等诉讼材料和诉讼文书的送达，对案件事实的调查取证，对妨害民事诉讼的行为采取强制措施，作出程序或者实体上的裁判等；又包括诉讼参与人的诉讼活动，如原告起诉、被告提出答辩或反诉、证人出庭作证等。[3]因此，从诉讼活动的内容看，民事审判，应该是指法院依照民法典等民事实体法和民事诉讼法等民事程序法审理民事案件的司法活动。狭义上看，民事审判仅包括法院对民事案件的受理、审查、调解、判决等活动，也就是狭义上的民事司法概念。广义上看，民事审判还包括法院的执行活动。为进一步聚焦论题，本书亦采狭义的民事审判概念，也即笔者所要论述的民事司法仅限于狭义的民事审判，排除民事强制执行部分。

（二）"民事司法"与"民事诉讼"的概念区分

民事诉讼是指人民法院、当事人和其他诉讼参与人，在审理民事案件

---

[1]　[美] E. 博登海默：《法理学　法律哲学与法律方法》，邓正来译，中国政法大学出版社 1998 年版，第 487 页。

[2]　[英] 戴维·M. 沃克：《牛津法律大辞典》，北京社会与科学发展研究所组织翻译，光明日报出版社 1988 年版，第 897 页。

[3]　江伟主编：《民事诉讼法》，中国人民大学出版社 1999 年版，第 5 页。

的过程中，所进行的各种诉讼活动，以及由这些活动所产生的各种诉讼关系的总和。[1]从狭义民事司法即民事审判的内涵来看，民事司法属于民事诉讼活动的一部分，即仅指人民法院的民事审判活动，除此之外，民事诉讼还包括诉讼参与人的诉讼活动，以及人民法院和所有诉讼参与人之间，在诉讼过程中所形成的诉讼权利义务关系。人民法院始终是诉讼关系中的一方，因此，民事司法与民事诉讼是紧密结合在一起的，如原告起诉后，法院需要根据民事诉讼法关于起诉受理条件的规定依法审查，符合起诉条件的，必须受理，并应在规定时间内立案；不符合起诉条件的，需要裁定不予受理。还如，只有当事人提出撤诉申请后，法院才能依法决定是否准许；等等。由此可以看出当事人的起诉、撤诉等每一个诉讼行为，对应着需要进行的就是法院的审查立案、依法裁定等相应的司法活动。由此也可以看出，在民事诉讼法律关系中，当事人的诉讼活动对诉讼的发生、变更和消灭有很大的影响，是民事司法活动发生的基础，但法院的民事司法活动在民事诉讼过程中始终起着重要作用，并具有决定性意义，因为无论是程序问题还是实体问题，都是由民事司法作出最终的裁决。例如，被告提出管辖权异议后，是由受诉法院继续审理，还是移送有管辖权的法院审理，就取决于法院依法审查受诉法院对案件有没有管辖权。

三、民事司法的法治性现代内涵

在一定程度上可以说，民事司法的现代内涵是现代法治内涵在民事司法领域得以确证的一种表现形态。何为现代法治，有学者指出，世界各国法治现代化的"共同特征"，即底层逻辑，包括宪法至上、尊重和保障人权、监督和制约公权、维护公平正义、构建社会秩序、促进人类和平、立足本国国情、法治文明互鉴。[2]因此，在法治现代化的底层逻辑基础上，可以将民事司法的现代内涵概括为至少以下四个方面。

---

〔1〕 江伟主编：《民事诉讼法》，中国人民大学出版社 1999 年版，第 5 页。
〔2〕 张文显："法治现代化的'共同特征'和'中国特色'"，载《政治与法律》2024 年第 2 期。

（一）权力上的不受干涉

司法权的内在运行规律，首先要求法院在整体上不受任何国家权力机关、社会组织以及个人的干涉，并要求法院和法官依法行使司法权，并不是依照其他主体的命令或者要求行使司法权，即使法官之间也不得相互干涉司法权的正当行使。在法治国家里，司法一直被人们尊奉为社会公平正义的最后一道防线，被人们寄予了最高的社会期望和信赖。如果司法受到不当干涉，法官就可能受到法律之外各种因素的影响而作出不公正的裁判，从而偏离法律精神和法律规则，使社会失去法律系统的规范性稳定预期，甚至动摇国家的法治根基。因此，这也是司法权不同于其他国家权力的最为显著的特征，它要求司法机关和人员在裁判过程中，依据法律规定和自己对法律的忠实理解和内心确信，独立自主地对案件作出裁判，不受任何外在因素的影响和干预。

（二）目的上的权利保障

现代法治的底层逻辑之一就是权利保障，在民事司法中主要表现为当事人诉权与合法权益的保障。首先，在诉权保障上，我国《民事诉讼法》[1]第126条即明确规定，人民法院应当保障当事人依照法律规定享有的起诉权利。要有效保障当事人诉权，必须提高诉讼效率，降低诉讼成本。诉讼效率首先体现在及时审判上，如果不能及时审判，作为一项基本人权的公正审判权必然也难以得到实现。[2]但是司法效率应是一种服从司法公正的效率，正如罗尔斯所言，"正义是社会制度的首要德性，正像真理是思想体系的首要德性一样。……某些法律和制度，不管它们如何有效率和安排有序，只要它们不正义，就必须加以改造或废除"。[3]也就是说，人们需要的是有效率的司法正义，而绝不是有效率的非正义。其次，民事纠纷的产生往往伴随着一方对他人合法权益的侵害，对于受害方而言，则迫切需

---

〔1〕　为表述方便，本书中涉及的我国法律法规、部门规章直接使用简称，省去"中华人民共和国"字样。例如《中华人民共和国民事诉讼法》简称《民事诉讼法》，全书统一，不再说明。

〔2〕　公正审判权是一项被《世界人权宣言》等国际人权公约规定的基本人权，虽然各国对公正审判权的规定并不完全相同，但及时审判属于公正审判权的必要条件已经世所公认。

〔3〕　[美]约翰·罗尔斯：《正义论》，何怀宏、何包钢、廖申白译，中国社会科学出版社2009年版，第3页。

要国家通过民事司法对其合法权益予以保护。如果当事人的合法权益得不到保障，当事人可能会放弃诉讼，并转而寻求武力等非法手段进行自力救济，从而导致法治秩序的失范。

（三）价值上的公平正义

公平正义是法治的生命线，也是司法的心脏和命脉。正如英国哲学家培根所言："一次不公的判断比多次不平的举动为祸尤烈。因为这些不平的举动不过弄脏了水流，而不公的判断则把水源败坏了。"[1]一般认为，民事司法公正包括实体公正和程序公正。所谓实体公正，是指通过诉讼过程而实现的结果公正，也就是说，就诉讼当事人的实体权利和义务关系所作出的裁决或处理与每个人应得的权益相一致。[2]在具体的司法实践中，实体公正要求法官必须秉承公平正义的价值理念，依法准确地查明认定案件事实，正确地适用法律，并进行理性主义的逻辑推理，独立审慎客观地作出裁判。所谓程序公正，是指司法活动在形式、手段、方法上以及过程的公正。程序公正，一般认为源于自然正义原则，它要求任何人均不得做自己的法官和应当听取各方当事人的意见。[3]在具体的司法制度设计上，必须承认当事人的程序主体性，保障当事人的程序选择权，在具体司法实践中，法官也必须尊重当事人的程序主体地位，并平等对待双方当事人。

（四）主体上的职业专业

在现代社会的职业分化中，"知识起着核心作用，这是一个使这些职业统一起来的要素"。[4]同时，知识与权力之间存在的相互赋权与控制的紧密关系，通过知识逻辑的条件要求，将司法权引向了职业化掌控的道路。[5]随着社会关系的复杂化、社会结构的多元化以及社会交往的频繁化，现代法律中大量复杂的技术规则使得任何人非经专门训练已不可能胜任法官职

---

〔1〕 [英] 弗·培根：《培根论说文集》，水天同译，商务印书馆1983年版，第193页。

〔2〕 卞建林主编：《现代司法理念研究》，中国人民公安大学出版社2012年版，第142—143页。

〔3〕 [英] 伊丽莎白·A. 马丁编著：《牛津法律词典》，蒋一平、赵文伋译，上海翻译出版公司1991年版，第328页。

〔4〕 [英] 齐格蒙·鲍曼：《立法者与阐释者——论现代性、后现代性与知识分子》，洪涛译，上海人民出版社2000年版，第27页。

〔5〕 韩德明：《司法现代性及其超越》，人民出版社2011年版，第77页。

业。正如 17 世纪初英国王座法院首席法官爱德华·柯克对国王所言："微臣认为陛下对英王国的法律并不熟悉，而这些涉及臣民的生命、继承权、财产等的案件并不是按天赋理性来决断的，而是按人为理性和法律判决的。法律是一门艺术，它需经长期的学习和实践才能掌握，在未达到这一水平前，任何人都不能从事案件的审判工作。"[1]此外，司法权的不受干涉性、法律信仰的形成和法官的同质化，也都要求司法权行使主体的职业化和专业化。为此，世界各国都规定了严格的法官任职条件，如根据我国《法官法》第 12 条规定，要想成为一名法官，必须具有本科以上学历，并获得法学本科或者法律硕士、法学硕士学位。如果不具有法学本科学位，则必须具有法律专业知识，并通过考试取得法律职业资格，且一般要求从事法律工作满 5 年，或者最低满 3 年等。[2]

第三节　民事司法数字化变革的智慧社会背景

2015 年 4 月，美国 MIT 人类动力学实验室主任阿莱克斯·彭特兰的著作《智慧社会　大数据与社会物理学》一书在国内翻译出版，"智慧社会"一词开始引起人们的关注。2017 年 10 月，党的十九大报告正式提出建设"智慧社会"。"智慧社会"的概念被正式提出，一定程度上可以说，既宣示了智慧社会时代已经到来，也指明了未来社会的发展方向和美好愿景。马克思主义认为，物质生活的生产方式制约着整个社会生活、政治生活和精神生活的过程。[3]也就是说，生产力决定着生产关系，生产力的发展变

---

〔1〕〔美〕罗斯科·庞德：《普通法的精神》，唐前宏、廖湘文、高雪原译，法律出版社2001 年版，第 42 页。

〔2〕《法官法》第 12 条规定："担任法官必须具备下列条件：……（五）具备普通高等学校法学类本科学历并获得学士及以上学位；或者普通高等学校非法学类本科及以上学历并获得法律硕士、法学硕士及以上学位；或者普通高等学校非法学类本科及以上学历，获得其他相应学位，并具有法律专业知识；（六）从事法律工作满五年。其中获得法律硕士、法学硕士学位，或者获得法学博士学位的，从事法律工作的年限可以分别放宽至四年、三年；（七）初任法官应当通过国家统一法律职业资格考试取得法律职业资格。适用前款第五项规定的学历条件确有困难的地方，经最高人民法院审核确定，在一定期限内，可以将担任法官的学历条件放宽为高等学校本科毕业。"

〔3〕潘光宇："新时期的总任务和共产主义旗帜"，载《政治与法律丛刊》1982 年第 3 期。

革决定着生产关系的变革；生产关系（经济基础）的变革又决定着上层建筑的变革。因此，民事司法作为上层建筑的内容，其发展变化正处于智慧社会的时代背景之下，智慧社会的时代变革尤其是智慧社会的数字化变革，必将引发生产力和生产关系的系统性变革，[1]也必将催生民事司法的数字化变革。例如，区块链技术就是在案件事实认定问题上对法官的完全替代，就属于司法领域一次深刻的生产力变革。[2]也正是从这个意义和角度上说，本书论题中的"民事司法的数字化变革"，指的是民事司法的自我完善和发展，其实质和目标是从根本上改变传统民事司法与智慧社会不相适应的地方，使之更好地适应智慧社会的数字化变革。也因此，在论述民事司法的数字化变革与重塑之前，必须先弄清楚引发民事司法数字化变革的智慧社会背景，具体而言，就需要先厘清智慧社会的基本内涵、根本特征以及智慧社会本身已经出现的时代变革。

一、全部智慧化的基本内涵

虽然人们已经普遍认为智慧社会已经到来，但由于智慧社会作为一种新的社会形态被提出的时间并不长，人们对何为智慧社会尚无定论，也即对智慧社会还存在着不同认识，因此需要在已有认识的基础上，深入分析进而准确把握智慧社会的基本内涵。

对何为智慧社会，当前存在着多种认识和解读，比较有代表性的观点如下。一是2017年12月，国家信息中心信息化和产业发展部主任单志广首先在《中国信息界》发文提出，推进智慧社会建设本质上是一项改革创新的系统工程，是利用现代信息技术对中国社会的管理体制、治理模式、公共服务、产业布局进行重塑和再造，广泛涉及技术创新、理念创新、管理体制创新、运营模式创新、资本运作创新，等等。[3]二是汪玉凯教授认

---

〔1〕当今时代，大数据是生产资料，云计算是生产力，互联网是生产关系。参见董慧、李菲菲："大数据时代：数字活力与大数据社会治理探析"，载《学习与实践》2019年第12期。

〔2〕史明洲："区块链时代的民事司法"，载《东方法学》2019年第3期。

〔3〕单志广："单志广：在新型智慧城市的基础上推进智慧社会"，载《中国信息界》2017年第6期。

为，"智慧社会就是数字化、网络化、智能化深度融合的社会"。[1]三是2018年4月，"中国智慧社会发展与展望论坛"提出，"智慧社会是继农业社会、工业社会、信息社会之后一种更为高级的社会形态"。四是上海社会科学院信息研究所副所长丁波涛认为，智慧社会的内涵包括技术主义和知识主义两个层面，其一是通过大数据、人工智能等智慧技术的广泛创新与应用，实现国家和治理的智慧化、经济和产业的智慧化、人们生活的智慧化；其二是知识的生产和传播前所未有的数字化、智慧化，并与数据、信息等一道成为社会生产生活的核心要素。[2]

　　从上述专家学者对智慧社会的不同解读来看，笔者认为，对智慧社会的内涵界定应从三个维度进行准确把握：其一，从社会形态的维度看，智慧社会无疑是信息社会的延伸，但它又不等同于信息社会，它是在原有社会形态基础上，依靠智慧这一主导型的生产要素，助推生产力的发展，实现社会结构转型升级的一种更为高级的社会形态。其二，从技术主义的维度看，与前智慧社会的信息技术相比，现代智能技术如智能机器人，通过模拟人类思维模式等复杂脑力活动，正以前所未有的程度接近于人的智能，并在诸多领域如智慧物流，实现了对人的替代和超越。在智能技术冲击下，原有的社会内容都在发生变化或变革，以至于人类伦理道德和现有法律法规也面临着巨大挑战和冲击。其三，从知识主义的维度看，随着智能技术的进一步发展应用，知识本身也在不断数字化、网络化和智能化，知识的创造、传播、交互、转化和利用等过程更多地通过网络信息技术进行，知识创造越来越多由公众参与，知识资源越来越多由社会共享，智慧社会中的知识将呈现公共化趋势。以生成式人工智能为例，它已经不再局限于根据已有数据进行模拟和预测，而是能够对这些数据进行自主学习，并在此基础进行创造性地生产新的内容。总而言之，大数据、云计算、物联网、人工智能等智能技术广泛应用于社会生产生活领域，生产生活方式都在加速朝向数字化、网络化、智能化转型。也就是说，智慧社会比之前形态的社会更加智慧化，作为社会生产生活的技术更加智慧化，知识的主体和

---

[1]　马红丽："进入新时代 '三问'智慧社会"，载《中国信息界》2018年第1期。
[2]　丁波涛等：《新时代智慧社会建设研究》，上海社会科学院出版社2019年版，第17-19页。

生产也更加智慧化。简言之，可将智慧社会的基本内涵界定为全部智慧化。

二、全面数字化的根本特征

关于智慧社会的特征，专家学者们从不同角度分析，目前也存在着比较丰富的认识，比较有代表性的观点如下：第一种观点认为，"智慧社会的基本特征表现为万物感知和互联、数据生产和共享、智慧生产和生活"。[1] 第二种观点认为，"智慧社会最基本的特征是感知、融合、共享、协同、智能"。[2] 第三种观点认为，智慧社会的特征包括"技术智能化、经济数字化、主体知识化、治理智能化、文化多元化"。[3] 第四种观点认为，智慧社会的特征包括技术和社会两个层面的特征，一是技术层面上的数字化、网络化、智能化，即社会环境的数字化、社会结构的网络化、社会活动的智能化。二是社会层面上的创新性、包容性、开放性。[4] 此外，2018年4月，"中国智慧社会发展与展望论坛"提出，智慧社会具有八大特征：一是标志性技术向智能化演进；二是重要基础设施从物理世界进入虚拟空间；三是主要生产特征出现全定制、柔性化、实时协同、主体多元的新趋势；四是生产力三要素从自然禀赋发展到比特禀赋；五是社会关系越来越多地打破空间和时间限制；六是人与自然走向共生共融；七是社会治理方式向着透明化的多元协同进步；八是文化体系愈加鼓励寻找生命个体的乐趣和意义。

根据《现代汉语词典》的解释，所谓特征，是指可以作为人或事物特点的征象、标志等。[5] 因此，智慧社会的特征应当是能将其与其他社会形态相区分的征象或标志性的特点。将智慧社会与前智慧社会形态并列划

---

〔1〕 李超民："智慧社会建设：中国愿景、基本架构与路径选择"，载《宁夏社会科学》2019年第2期。

〔2〕 汪玉凯："智慧社会与国家治理现代化"，载《中共天津市委党校学报》2018年第2期。

〔3〕 丁波涛："从信息社会到智慧社会：智慧社会内涵的理论解读"，载《电子政务》2019年第7期。

〔4〕 贾开、张会平、汤志伟："智慧社会的概念演进、内涵构建与制度框架创新"，载任仲文编：《智慧社会——领导干部读本》，人民日报出版社2019年版，第13—15页。

〔5〕 中国社会科学院语言研究所词典编辑室编：《现代汉语词典》，商务印书馆2016年版，第1282页。

分，本身就内含着强烈的技术成分，也就是说，这是从技术社会形态角度进行的划分。因此，除了上述专家学者从不同角度对智慧社会的特征所作出的不同分析，笔者认为，应主要从技术层面找出智慧社会与农业社会、工业社会、信息社会的不同特点，或者说找出其最根本的特征。从技术的角度看，智慧社会最根本的特征应当是数字化、网络化、智能化。

首先是数字化，突出表现为一切都可以数字化，人人都是数字人，人的身份、形象、信誉、社交、消费、健康全部呈现数字化。而且数字化浪潮已经渗透到日常生活、工作、组织、学习、生产、消费等各个角落，数字技术将带来深刻的社会变革，包括经济基础和上层建筑的变革，生产力与生产关系的变革，生产方式和生活方式的变革，人、机、物之间关系的变革。2020 年 12 月，中共中央印发《法治社会建设实施纲要（2020—2025 年）》，明确提出"推动大数据、人工智能等科技创新成果同司法工作深度融合，完善'互联网+诉讼'模式"。2021 年，我国《数据安全法》和《个人信息保护法》两部重要的数字法律先后施行。可以说，我国数字法治取得了突破性进展，数字司法也日渐成型，实现了历史性跨越。在地方上，《关于推进建设"浙江全域数字法院"重大改革的实施方案》《上海"数字法院"建设方案》分别于 2021 年 3 月和 2023 年 4 月相继发布。

其次是网络化，互联网已然从一种技术和工具，转为天、空、地、海之后，成为人类生产生活的第五空间。传统互联网带来的是人与人之间的非持续性的全球连接，而智慧社会中的移动互联网、物联网等新型智能网络带来的是人与人之间、人与物之间、物与物之间的持续性全球连接。同时，信息网络逐步扩展到泛在网络，连接无处不在，网络无处不在，服务无处不在。此外，网络化将传统的单一物理空间，走向现实空间与虚拟空间、物理空间与网络空间的深度融合和虚实同构。2019 年 12 月，最高人民法院发布《中国法院的互联网司法》白皮书。"数字司法"基于网络化特征，又被称为"互联网司法"，它是指互联网诉讼模式和规则的有机统一，主要包括"与互联网技术深度融合的审判模式""体现互联网特点的在线程序规则""确立互联网依法治理的实体裁判规则"三部分内容。2021 年 6 月以来，最高人民法院相继发布《人民法院在线诉讼规则》《人民法院在线调解规则》《人民法院在线运行规则》，在世界范围内率先构建起全方位、系统化的互联网司法程序规则体系。

最后是智能化，随着智能感知、人工智能等智能技术快速发展和广泛应用，智慧社会越来越智能化。智能化突出表现在三个方面：一是社会组织的智能化，如智慧法院、智慧政府等。二是社会运行和社会治理智能化，如智慧司法、智慧物流等。三是社会主体的智能化和被智能化，如个人普遍借助智能手机等智能工具或技术，提升自身的智能化水平。同时，社会个体也成了智能化的对象，如个人的身份、行为、关系、信誉等均被通过智能技术进行数据收集、分析、利用。从数字司法层面看，2022 年 12月，最高人民法院发布了《关于规范和加强人工智能司法应用的意见》。司法智能化主要体现为，人工智能技术在司法中的运用，并充分发挥智能技术的辅助司法功能。以数字民事司法为例，数字司法的"智能化"特征，主要表现为起诉立案的智能化、证据交换、审前程序的智能化、庭审智能化、文书送达智能化、法律适用智能化、审判监督管理智能化等方面。

总而言之，智慧社会时代，以互联网、云计算、大数据、物联网、区块链、人工智能、虚拟现实等为代表的新一代数字技术创新活跃、快速扩散，加速与经济社会各行业各领域深度融合，由此掀起一场波及全球的数字化转型新浪潮。[1]"时至今日，人类正在经历文科的第三轮方式革命——智能革命，即数字化时代人文和社会一切素材的计量化。"[2]此外，网络化和智能化的基础技术和底层逻辑也是数字化的代码。因此，智慧社会的数字化、网络化、智能化特征，也可以笼统概括或简称为数字化。智慧社会的数字化、网络化、智能化在民事司法领域的体现，就是民事司法的数字化、网络化、智能化，同样也可以笼统概括或者简称为"民事司法数字化"。《法治社会建设实施纲要（2020—2025 年）》明确提出，"推动大数据、人工智能等科技创新成果同司法工作深度融合，完善'互联网+

---

〔1〕 马骏等：《数字化转型与制度变革》，中国发展出版社 2020 年版，第 2 页。

〔2〕 赵涵、鲁俊群："以新文科回应智能革命的伦理挑战"，载《中国社会科学报》2023 年12 月 5 日，第 A08 版。

诉讼'模式"。"因应线上社会已经全面降临的时代背景，线上诉讼几乎必然成为与这个时代相匹配的新司法方式。"[1]综上，这也就是本书论题中"民事司法的数字化"的由来。

三、全新颠覆性的时代变革

正是因为技术的迭代升级和广泛发展与应用，推动着人们从信息社会迈入了智慧社会。而且大数据、人工智能、区块链、元宇宙、生成式人工智能等数字技术推动着全新性的颠覆性的时代变革，并通过数字化的途径，已经传导至民事司法领域。因此，应当考察智慧社会中现代智能数字技术应用引致了哪些可能与"民事司法的数字化变革"密切相关或者可能引致颠覆性的"民事司法的数字化变革"。而且，"有必要思考如何应对这种冲击和挑战，使得民事诉讼的规范能够顺应这种技术发展需要，建立起与之相适应的诉讼程序，使现代技术手段能够在民事诉讼领域发挥最大的能量，推动民事诉讼方式的革新，甚至革命"。[2]

（一）人们生活与交往的场景化

何谓场景，其本是影视用语，后来社会学、传媒学、经济学逐渐将其发展为场景理论。有关场景的研究，最早可以追溯到美国社会学家欧文·戈夫曼（Erving Goffman）提出的"拟剧理论"。他认为，每个人在舞台上扮演了不同的角色，并根据前后台地点、角色的变化，而不断调整自己的行为。[3]20 世纪 80 年代，美国传播学家约书亚·梅罗维茨（Joshua Meyrowitz）将媒介理论融入场景理论，他认为，新媒介的到来产生了新场景，新场景产生了新行为，而且电子媒介使得场景超越了地域上的物理场景，形成了以电子媒介为中介的虚拟化的信息场景。[4]进入智慧社会时代，人

---

〔1〕 左卫民："中国在线诉讼：实证研究与发展展望"，载《比较法研究》2020 年第 4 期。

〔2〕 张卫平："在线诉讼：制度建构及法理——以民事诉讼程序为中心的思考"，载《当代法学》2022 年第 3 期。

〔3〕 ［美］欧文·戈夫曼：《日常生活中的自我呈现》，冯钢译，北京大学出版社 2008 年版，第 30 页。

〔4〕 ［美］约书亚·梅罗维茨：《消失的地域：电子媒介对社会行为的影响》，肖志军译，清华大学出版社 2002 年版，第 31-43 页。

们通过移动设备、社交媒体、大数据、传感器和定位系统这五种技术力量（又称为"场景五力"），共同营造了互联网上的一个个交互场景，促使人们迈进了新的场景时代，并不断改变着人们的商业和生活模式。[1]在这种互联网的虚拟场景中，人们通过各种网络平台、社交软件实现远程对话和交流，同时构建了"身体缺场"而"注意力在场"，"生物人缺场"而"数字人在场"的液态化、碎片化的流动空间。这种场景化也使得网络中的每个人、每个媒介都成为网络社会中信息传播流动的一个节点，呈现出分布式和非中心化特征。场景时代和过去时代的不同地方在于"更加符合每个人当时的需求"，也就是说，服务是个性化而且智能的，且会随着时间与地点而适当变化，使用越久，"她"越了解你，越会为你提供更多的好处。但同时"场景五力"技术对个人相关数据的收集也会越多，人们的隐私也被暴露得越多，场景时代的隐私保护也随之成为前所未有的难题。上述场景化的社会变革，传导至民事司法领域的典型表现就是，诉讼服务和诉讼全流程的在线虚拟场景化，大数据、人工智能、元宇宙等在民事司法中各类场景应用及其带来的变革与挑战。例如，上海法院 2023 年开展"数字法院"建设以来，截至 2023 年 12 月 10 日，全市法院共申报包括"自然人死亡丧失诉讼主体资格提示预警"在内的应用场景 2835 个，完成数据建模 710 个，嵌入办案系统 127 个，累计推送提示和警示近 1.6 万条，审判人员反馈有帮助率近 80%。[2]

（二）思维方式与逻辑的颠覆化

"AI 技术正在从根本上影响人文社会科学领域，显著改变了传统的思维方式、研究方法和解释进路。"[3]在智慧社会时代，大数据技术的发展应用将直接引发人们思维方式与逻辑的三个重大转变。一是从小随机到全样本。在大数据之前的时代，人们由于缺乏用于数据收集分析的智能技

---

〔1〕 [美] 罗伯特·斯考伯、谢尔·伊斯雷尔:《即将到来的场景时代》，赵乾坤、周宝曜译，北京联合出版公司 2014 年版，第 11-31 页。

〔2〕 胡蝶飞:"2835，710，127 上海法院'数字变革'的数字背后"，载《上海法治报》2023 年 12 月 12 日，第 A02 版。

〔3〕 赵涵、鲁俊群:"以新文科回应智能革命的伦理挑战"，载《中国社会科学报》2023 年 12 月 5 日，第 A08 版。

术，处理信息的能力非常有限，只能退而求其次选择随机采样方式。但随机采样本身存在着固有的诸如无法绝对随机性、无法捕捉细节等缺陷，于是大数据时代，很多领域开始利用所有的数据，而不再仅仅依靠一小部分随机样本。"从海量、多样、高速的大数据中发掘出来的信息，既可以让法官摆脱小数据的局限经验和认知上的盲点，更可以让当事人、公众在最大样本范围内评价司法裁判，进而将司法与社会紧密地勾连在一起。"〔1〕二是从精确性到混杂性。执迷于精确性是信息缺乏时代和模拟时代的产物，而在大数据时代，是否还必须追求精确性就值得重新考量，因为大数据更强调数据的完整性和混杂性，可以帮助人们更接近事实的真相。要想获得大数据带来的好处，必须接受混乱和不确定性，所以"一个唯一的真理"这种想法已经被彻底改变了。三是从因果关系到相关关系。在小数据时代，人们无论对数据之间进行相关关系分析，还是进行因果关系分析，都会因为缺乏智能技术支持，即使耗费巨大人力却难以实现。而且也都要从设定假设开始，由此就难以避免因存在偏见而导致错误。在大数据时代，人们通过探求"是什么"，而不是"为什么"，可以更好地了解这个世界。虽然因果关系依然有用，但它已不再被看作意义来源的基础。相反，大数据则能够在相关关系分析上实现突破，并由此可以取代或者更好地指导因果关系分析。正是因为不受限于传统的思维模式和特定领域里隐含的固有偏见，大数据正不断为人们提供如此多新的深刻洞见，并改变着人类探索世界的方法。〔2〕上述大数据带来的颠覆性变革，传导至民事司法领域的典型表现就是，大数据和人工智能技术在司法领域的广泛应用及其带来的变革与挑战。例如，司法大数据就使得在线诉讼中数据功能发生着"从定性分析到量化推演""从因果逻辑到相关逻辑""从精确推理到近似推理"的转变，并可能带来"数据计算取代论证说理""统一裁判取代正确裁判""结果预测取代规则实践"三方面裁判风险。〔3〕

---

〔1〕　陈敏光：《极限与基线　司法人工智能的应用之路》，中国政法大学出版社 2021 年版，第 46 页。

〔2〕　[英] 维克托·迈尔-舍恩伯格、肯尼思·库克耶：《大数据时代　生活、工作与思维的大变革》，盛杨燕、周涛译，浙江人民出版社 2013 年版，第 28—94 页。

〔3〕　冯洁："大数据时代的裁判思维"，载《现代法学》2021 年第 3 期。

（三）社会连接与运行的去中心化

进入智能互联网时代，在众多分布式的多用户多节点系统中，每个用户都可连接并影响其他节点。通俗地讲，就是每个人都是中心，每个人都可以连接并影响其他节点，这种扁平化、开源化、平等化的现象或结构，称之为"去中心化"。于是，在互联网和区块链等数字技术的作用下，社会连接与运行都出现了"去中心化"的趋势。这种趋势主要表现为以下四个方面：一是消费者/消费方式"去中心化"。过去人们需要到一个集中的区域去消费，以满足其需求。现在，这些消费往往可以以"家庭"或者"个人"为单位来完成。例如，通过连接"人与信息"，用户从必须在线下教室里学习到可以在网上通过付费知识服务来学习，教育消费就"去中心化"了。通过改造零售行业，商品可以通过"快递""外卖""生鲜配送"触达用户，用户可以不再去商场、餐厅和菜市场，商品、食品等消费就"去中心化"了。例如，第三方支付也实现了去中心化。二是生产者/生产方式"去中心化"。内容的生产者从官方电视台等发展到所有网民，每个人都可以拥有自媒体，每个人都可以生产和传播内容。三是内容分发"去中心化"。例如，抖音、今日头条即利用数据和算法推动了内容分发的去中心化，赋予头部优质内容更高的展示权重。四是平台"去中心化"。运用区块链技术赋能的互联网司法，即区块链司法，就是一种去中心化的司法模式，主要体现为司法权的下放与分散，由集中走向分布式。例如，司法区块链存证平台，用户数据不再由中心化的、唯一的官方平台储存，而是由所有节点共同维护。区块链的去中心化特质有助于建立信任机制，但其基于智能合约"自我执行"机制的技术赋权，很可能架空作为中心化的国家司法审查。[1]例如，浙江省杭州市西湖区人民法院于2021年4月推出的金融纠纷领域司法链智能合约。从经过司法确认的调解协议中约定的还款给付条款自动转化而来的智能合约约定，某金融机构可直接对接债务人在该金融机构平台上的账户。待到还款履约时间，债务人若未按约定还款，诉前调解模块将自动执行智能合约，向债务人在该金融机构的账户以

---

[1] 张生、李妮："区块链的'司法化'：发展、挑战与应对"，载《西安交通大学学报（社会科学版）》2021年第1期。

及关联银行卡、理财金等发起扣款指令，构建起了一种"自愿签约—自愿履行—履行不能—智能扣款"的全流程自动执行机制。这种司法链智能合约自动执行机制，则在一定程度上实现了对司法权的去中心化。上述去中心化的社会变革，传导至民事司法领域的典型表现就是，法律知识的在线共享、在线庭审的去中心化、非司法解纷组织的分流解纷，以及区块链等技术在民事司法领域的广泛应用及其带来的去中心化变革与挑战。

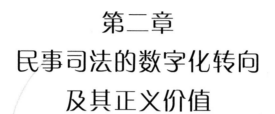

第二章
民事司法的数字化转向
及其正义价值

随着智慧社会时代的到来，人类进入了数字化生活、数字化生存和数字化转型时期。比如，移动支付方式取代了传统的现金交易方式，网约车、共享单车成为人们日常出行的交通工具，Airbnb 等短租平台的出现为旅行者提供了更多更舒适的落脚点，微博、微信、抖音等自媒体的涌现改变了人们获取资讯的方式。日常生活的数字化变化不过是冰山一角，更为深刻的是，新一代数字革命正在引领全球从工业文明、信息文明向数字文明加速转型，驱动着社会发展、经济运行、人们生活、国家治理等各领域的变革和转型。作为政治与社会生活重要组成部分的民事司法领域也概莫能外，也面临着数字化转型。与此同时，国家层面大力推进审判体系和审判能力现代化建设，要求以现代数字技术驱动实现诉讼服务、案件审判、司法公开、司法管理体系与能力的现代化，[1]也在促使着我国民事司法转向数字化。

英国牛津大学教授理查德·萨斯坎德在哈佛大学于 2020 年 4 月 24 日召开的主题为"在线法院与司法的未来"的网络研讨会上的发言亦提出，2020 年新冠疫情促成了司法领域的一场大规模"在线实验"，"此次疫情带来的冲击，将是传统法院转型的开端"，而且"在线法院的历史变革已经启动，不会因疫情结束再开倒车"。"也许到 2025 年或者 2030 年，全球法院都将以'在线审理为原则，现场开庭为例外'。"[2]2021 年 6 月，最高人民法院公布《人民法院在线诉讼规则》，并已于 2021 年 8 月 1 日开始施行。2021 年 12 月，全国人大常委会通过《关于修改〈中华人民共和国民事诉讼法〉的决定》，并已于 2022 年 1 月 1 日开始施行。修正后的《民事诉讼法》第 16 条第 1 款明确规定，经当事人同意，民事诉讼活动可以通过信息网络平台在线进行。这些也都表明，民事在线诉讼将成为常态，甚至可能成为主流，并非应对疫情防控的一种权宜之计。[3]

---

〔1〕 刘艳红："大数据时代审判体系和审判能力现代化的理论基础与实践展开"，载《安徽大学学报（哲学社会科学版）》2019 年第 3 期。

〔2〕 斑斓君："美最高院首试'电话'庭审，全球互联网司法下步走势如何"，载"法影斑斓"微信公众号，最后访问时间：2020 年 5 月 7 日。

〔3〕 左卫民："后疫情时代的在线诉讼：路向何方"，载《现代法学》2021 年第 6 期。

"任何缺乏理论反思或者正当性基础的改革措施都可能引起截然相反的结果，实践中的操作性偏差或懈怠并不是问题的根源，而是问题产生的后果。"[1]因此，本章第一节、第二节将重点探讨我国民事司法数字化转向的主要表现与实践样态，并进行问题检视与学理反思，以便为本书后续的理论分析和重塑建构，提供全面的经验事实基础。第三节将从民事司法数字化的正义价值入手，深入论证民事司法数字化转向的正当性基础。

第一节　传统法院民事司法加速数字化

自 1996 年 5 月，最高人民法院在江苏召开"全国法院通信及计算机工作会议"以来，人民法院的信息化建设工作不断深入。2015 年 6 月，最高人民法院印发《关于人民法院为"一带一路"建设提供司法服务和保障的若干意见》，提出要构建符合信息时代特征的网络法院、阳光法院和智慧法院。2016 年 1 月，时任最高人民法院院长周强再次提出建设"智慧法院"，同年 7 月和 12 月，"智慧法院"建设被纳入国家信息化建设两大布局。[2] 2017 年 4 月，最高人民法院发布《关于加快建设智慧法院的意见》，要求实现全业务网上办理、全流程依法公开、全方位智能服务。2017 年 9 月，时任最高人民法院院长周强强调，"要进一步推进发展电子诉讼，……全方位提升电子诉讼的应用范围和服务水平"。[3]从此，传统法院的民事司法作为"智慧法院"建设工作的重要组成部分开始转向数字化。

2019 年 12 月，全国人大常委会通过《关于授权最高人民法院在部分地区开展民事诉讼程序繁简分流改革试点工作的决定》。2020 年 1 月，最高人民法院据此制定印发的《民事诉讼程序繁简分流改革试点实施办法》

---

〔1〕 侯学宾："裁判文书'不公开'的制度反思——以离婚诉讼为视角"，载《法学》2020年第 12 期。

〔2〕 2016 年 7 月，《国家信息化发展战略纲要》提出，建设"智慧法院"，提高案件受理、审判、执行、监督等各环节信息化水平，推动执法司法信息公开，促进司法公平正义。2016 年 12 月，《"十三五"国家信息化规划》提出，支持"智慧法院"建设，推行电子诉讼，建设完善公正司法信息化工程。

〔3〕 宁杰："周强主持召开会议听取智慧法院工作汇报强调　坚持问题导向和需求牵引　全面加强智慧法院建设"，载《人民法院报》2017 年 9 月 12 日，第 1 版。

（以下简称《民事诉讼程序繁简分流改革办法》）第 21 条明确规定："人民法院、当事人及其他诉讼参与人可以通过信息化诉讼平台在线开展诉讼活动。……"民事电子诉讼开始在北京、上海全市以及江苏、浙江等 15 个省、自治区的部分法院普遍推行。特别是 2020 年新冠疫情发生后，最高人民法院于 2020 年 2 月及时发布《疫情防控期间加强和规范在线诉讼工作通知》，明确提出疫情防控期间要加强在线诉讼工作。原来在互联网法院中普遍实行的在线立案、在线庭审、电子送达等，开始在全国范围内逐渐成为传统法院的主流办案方式。

据统计，2020 年 2 月 3 日至 12 月 31 日，全国约 1/5 的网上立案申请在非工作时段提交，约 1/10 的网上立案申请在非工作日提交；全国法院网上开庭 80 多万场，占比 8% 以上，较 2019 年同期增长 7 倍以上；网上调解 410 余万次，占比 40% 以上，较 2019 年同期增长 160% 以上；网上缴费 650 余万次，占总缴费次数 40% 以上；网上证据交换 160 余万次，占总证据交换次数 18% 以上；电子送达 2200 余万次，占总送达次数 40% 以上。[1] 再以上海法院为例，在 2020 年之前，上海法院支持在线庭审的法庭是 26 个，全年在线庭审数量是 48 场。而这两个数字在 2020 年的《上海市高级人民法院工作报告》中分别更新上升为 274 个、40 478 场。[2]

2021 年 3 月，《中华人民共和国国民经济和社会发展第十四个五年规划和 2035 年远景目标纲要》明确提出，要"加强智慧法院建设"。根据最高人民法院相关发布信息，数字诉讼数据呈逐年上升趋势，数字司法不断加速。根据《数字中国发展报告（2022 年）》，截至 2022 年底，智慧法院服务能力覆盖 100% 高院、中院和 97% 基层法院，全国法院电子诉讼占比从 2021 年的 24% 提升至 2022 年的 28%，全国统一司法区块链平台累计完成 28.9 亿条数据上链存证固证。人民法院在线服务平台实名注册用户数达到 1675 万人，平台累计接收网上立案申请 2400 余万件、在线送达

---

〔1〕 中国社会科学院法学研究所法治指数创新工程项目组："2020 年中国法院信息化发展与 2021 年展望"，载陈甦、田禾主编：《中国法院信息化发展报告 No.5（2021）》，社会科学文献出版社 2021 年版，第 18 页。

〔2〕 胡蝶飞："从 48 到 4 万　在线庭审这样'逆袭'"，载《上海法治报》2021 年 2 月 9 日，第 1 版。

文书 6700 余万份。三年新冠疫情防控期间，全国法院仅网上立案就近 3000 万件、网上开庭 500 多万场、在线证据交换 800 多万次。[1]可见，传统法院民事司法数字化进程进一步加快。综合全国法院民事司法实践情况，我国传统法院民事司法加速数字化的主要表现可以概括归纳为以下三个方面。

一、司法运行加速平台化

智能技术的广泛应用颠覆了前智能时代的经济形态和运行模式，各种平台化运行的电子商务大量涌现，社会其他领域如社会交往、旅游教育等也迅速进入平台模式。智慧司法建设也经历了这种技术赋能过程，民事司法运行逐渐从线下走到了线上，从实体法庭走向了网络法庭，从有限时空的封闭物理"剧场"模式转向了不受时空限制的开放网络平台模式。[2]从全国法院范围看，各类民事司法运行平台大致可以分为四类：一是诉讼服务类平台，二是审判公开类平台，三是审判辅助类平台，四是监督管理类平台。

（一）主要表现与实践样态

1. 诉讼服务加速平台化

一是 12368 诉讼服务平台。12368 是分配给全国法院系统统一的司法信息公益服务专用号码，旨在通过电话、短信等方式为当事人和诉讼参与人提供案件信息与诉讼进程查询等服务，并为社会公众提供诉讼咨询等服务。2009 年 1 月，北京法院系统在全国率先向社会公众开通 12368 诉讼服务热线。[3]2014 年 1 月，上海市高级人民法院利用"互联网+诉讼服务"，将原来单一的 12368 热线电话改造升级为集热线、网络、短信、微信、APP 等为一体的，具有联系法官、案件查询、诉讼咨询、网上立案、意见建议、投诉举报等 18 项功能的综合性诉讼服务平台——上海法院 12368 诉

---

〔1〕 王丽丽："全国法院办案质效稳中有升　在线服务便民利民效果显著"，载《人民法院报》2023 年 3 月 12 日，第 4 版。

〔2〕 马长山："司法人工智能的重塑效应及其限度"，载《法学研究》2020 年第 4 期。

〔3〕 公磊、李京华："'12368'：全国首个司法信息公益服务系统在京开通"，载中国政府网，http：//www.gov.cn/jrzg/2009-01/07/content_ 1198740.htm，最后访问时间：2021 年 11 月 26 日。

讼服务平台。2017 年 5 月，上海市高级人民法院运用语音识别、自然语言理解、语音合成和图像识别、深度学习等人工智能技术，又将平台升级为"上海法院 12368 诉讼服务智能平台"，新增智能机器人诉讼咨询、审判流程节点信息自动推送〔1〕等功能，实现了诉讼服务"全天候、全方位、零距离、无障碍"。〔2〕截至目前，全国法院已经全部开通了 12368 诉讼服务热线平台。

二是律师服务平台。律师作为法治建设的重要力量，为律师提供好诉讼服务也是民事司法工作的重要内容。上海市高级人民法院采用"互联网+人工智能"模式，于 2015 年 1 月 5 日在全国第一个开通律师服务平台，为全市律师提供网上立案等 5 大类 24 项服务。律师可以在平台上完成起诉材料提交、诉讼费缴纳、案号获取等立案程序，足不出户即可完成网上立案，实现真正意义上的网上立案。律师在平台上完成当事人委托手续验证后，还可通过平台向法官提交其他案件材料，如新证据和补充代理词等，并能在线申请财产保全等事项，在线进行阅卷、庭审等诉讼事务。2017 年 8 月，该平台正式向全国开放，为其他省市律师提供同等服务。截至 2021 年 2 月 28 日，律师通过该平台完成网上立案 669 730 件，为律师提供关联案件智能推送 220 864 次，案件查询 355 761 次，智能法律咨询 19 842 次，开庭排期智能避让 52 184 次，网上立案 828 449 次，联系法官 249 511 次。〔3〕2021 年 1 月起，最高人民法院和全国各地方人民法院纷纷开通律师服务平台，为当事人提供多项诉讼服务。

三是人民法院在线服务平台。针对智能互联网时代，智能手机和微信普及应用的趋势，2017 年 10 月，浙江省余姚市人民法院率先上线"移动微法院"新型数字化移动诉讼平台。2018 年 1 月，宁波市中级人民法院开

---

〔1〕　法院将短信推送功能嵌入审判系统的各个流程节点，将节点信息以 12368 短信的形式，实时自动向当事人及其他诉讼参与人发送立案、审判组织成员、开庭、诉讼保全申请、追加当事人、送达、延长审限、结案、案件生效日期等信息。

〔2〕　崔亚东主编：《12368：诉讼服务平台建设的上海样本》，法律出版社 2019 年版，第 7-12 页。

〔3〕　参见上海法院律师服务平台主要运行数据（2015 年 1 月 5 日—2021 年 2 月 28 日），载上海市高级人民法院网，http://www.hshfy.sh.cn/shfy/wsbs2017/login-r.jsp，最后访问时间：2021 年 2 月 28 日。

通"宁波移动微法院",同年9月,在浙江全省法院升级上线推广。该平台以微信小程序为依托,利用人脸识别身份验证、远程音视频、语音识别、电子签名等数字技术,可为社会公众提供智能问答、法规查询等服务,可在线为当事人提供从立案到开庭等诉讼全流程服务,可为法官提供电子送达、手机阅卷、在线审理、在线调解等服务,实现当事人指尖诉讼、法官掌上办案。2019年3月以后,最高人民法院将其在全国法院范围内推广应用,打造成一个全国统一的司法平台——中国移动微法院,并增加跨域立案等诉讼服务功能。截至2019年年底,中国移动微法院已经在全国31个省(自治区、直辖市)高级人民法院以及新疆生产建设兵团分院全部对接。截至2020年年底,中国移动微法院累计实名用户数355万余人,日均访问量超过217万次,全国法院利用中国移动微法院网上立案371.94万余件,网上调解22.8万次,网上证据交换24.37万次,电子送达612.9万次,跨域立案8.2万件。[1]截至2021年3月,"全国3501家法院上线中国移动微法院小程序,当事人可通过这一入口完成立案、查询、交费、调解、庭审等29项在线诉讼服务"。[2]为向人民群众提供更加优质、便捷的在线服务,最高人民法院于2022年3月1日将"中国移动微法院"转型升级为"人民法院在线服务"平台,为人民群众提供集中查询、办理全国法院集调解、立案、阅卷、送达、保全、鉴定等全国通用诉讼服务和地方法院特色服务,实现人民法院在线服务"一网通办、一站全办"。[3]截至2022年年底,人民法院在线服务平台实名注册用户数达1675万人,平台累计接收网上立案申请2400余万件,在线送达文书700余万份。[4]此

---

〔1〕 中国社会科学院法学研究所法治指数创新工程项目组:"中国法院'智慧审判'第三方评估报告(2020)",载陈甦、田禾主编:《中国法院信息化发展报告 No.5(2021)》,社会科学文献出版社2021年版,第39页。

〔2〕 孙航:"最高人民法院召开新闻发布会宣布 人民法院一站式多元解纷和诉讼服务体系基本建成",载《人民法院报》2021年3月5日,第1版。

〔3〕 刘芳:"'中国移动微法院'转型升级为'人民法院在线服务'——以在线服务推动实现更高水平的数字正义",载最高人民法院网,https://www.court.gov.cn/zixun-xiangqing-347821.html,最后访问时间:2022年3月26日。

〔4〕 中国社会科学院国家法治指数研究中心项目组:"中国法院'智慧诉讼服务'第三方评估报告(2018—2022)",载陈国平、田禾主编:《中国法院信息化发展报告 No.7(2023)》,社会科学文献出版社2023年版,第48页。

外，为解决二审立案周期过长、流程不透明、存在"隐形审理周期"等难点痛点问题，最高人民法院自 2022 年 1 月 1 日起，分两批在全国 16 个试点地区开展民事、行政二审案件网上立案试点工作。截至 2023 年 8 月 31 日，16 个试点地区通过"人民法院在线服务"平台共收到民事、行政二审网上立案申请 132 382 件，立案周期平均时长较试点前缩短四分之三，最快可以实现当日申请、当日立案。

2. 审判公开加速平台化

一是中国审判流程信息公开网。该平台是人民法院公开审判流程信息的统一平台，当事人及其诉讼代理人可以在平台查询并下载其案件的立案、分案、排期、开庭、合议、延长审理期限、宣判、上诉等 20 余项流程节点的具体信息。例如，最高人民法院的当事人可以凭"审判流程公开服务账号"选择网站、APP、微信、触摸屏四种渠道进行登录查询，也可以拨打 12368 诉讼服务热线，凭"案件查询码"通过语音导航自助查询案件审理进度。截至 2020 年年底，中国审判流程信息公开网"累计公开案件 3500 余万件，公开案件信息项 23 亿余项，流程信息公开率 99%以上"。[1]

二是中国庭审公开网。2016 年 9 月，最高人民法院推出中国庭审公开网，成为全国统一的庭审公开平台。该平台可为当事人提供庭审直播、庭审预告、直播回顾、庭审录播等诉讼服务。尤其是 2020 年初新冠疫情发生以后，庭审直播服务量较以往明显上升。截至 2023 年 11 月 26 日，全国法院通过中国庭审公开网共直播庭审 2250 万余件，累计访问量超过 695 亿次。[2]

三是中国裁判文书网。2013 年 11 月，最高人民法院开通中国裁判文书网，成为全国法院裁判文书公开的统一平台。社会公众可以通过平台提供的智能化检索服务功能，查看全国各级法院上网公开的生效裁判文书。"截至 2020 年 8 月底，中国裁判文书网文书总量已经突破 1 亿份，访问总

---

〔1〕　于澄、赵颖："构建中国特色世界领先的互联网司法模式　访最高人民法院信息中心主任许建峰"，载《法治日报》2021 年 3 月 10 日，第 3 版。

〔2〕　数据来源于中国庭审公开网，载 http://tingshen.court.gov.cn/，最后访问时间：2023 年 11 月 26 日。

量近 480 亿次。"〔1〕截至 2022 年 12 月，中国裁判文书网累计公开裁判文书 1.3 亿余篇，访问量超过 980 亿次。〔2〕

四是人民法院案例库。2023 年 7 月，最高人民法院启动用于查询、检索类案的案例资源库"人民法院案例库"建设工作，旨在辅助司法审判、统一裁判尺度、防止"类案不同判"。同时，方便社会公众通过案例学习法律规定、明确行为规则，促进矛盾纠纷前端化解，起到"发布一案、教育一片"的效果。〔3〕2023 年 8 月，最高人民法院发布《关于建设人民法院案例库的通知》，强调人民法院案例库是为及时总结审判工作经验，统一法律适用，提高审判质量，提升司法能力，为各级人民法院、广大法官查询、检索类案，由最高人民法院统一建设的全国法院统一案例资源库。2024 年 2 月 27 日，人民法院案例库正式上线并面向社会开放。截至 2024 年 4 月 30 日，人民法院案例库的入库案例数量达到 3886 件。〔4〕

3. 审判辅助加速平台化

一是法律知识库系统。2016 年 3 月，最高人民法院上线"法信"平台，平台囊括"案例要旨、法律观点、法律图书、法律文件、司法裁判、法律期刊"六大资源库，最大程度上汇聚法官审判办案时所需的各类法律文献资料。2020 年 10 月，"法信 2.0 智推系统"上线，实现与全国法院电子卷宗系统对接融合，高度集约自动识别卷宗案情、分级智推类案裁判、法条依据全维超链、关联串案分析提示、权威观点智能匹配、快捷生成检索报告、识别学习新民法典七大核心功能，能够在法官所使用的办案系统中，提供类案、法条、观点三类自动智推、自动匹配的知识服务，同时根据法官需求，系统还一键生成类案检索报告、关联串联案件和适用民法典

---

〔1〕 于澄、赵颖："构建中国特色世界领先的互联网司法模式 访最高人民法院信息中心主任许建峰"，载《法治日报》2021 年 3 月 10 日，第 3 版。

〔2〕 中国社会科学院国家法治指数研究中心项目组："2022 年中国法院信息化发展与 2023 年展望"，载陈国平、田禾主编：《中国法院信息化发展报告 No.7（2023）》，社会科学文献出版社 2023 年版，第 10 页。

〔3〕 白龙飞："最高法党组研究加强案例指导工作 要求以老百姓能看明白为标准 建好用好人民法院案例库"，载《人民法院报》2023 年 7 月 27 日，第 1 版。

〔4〕 最高人民法院研究室案例工作小组："人民法院案例库若干重要问题解读"，载《中国应用法学》2024 年第 3 期。

三项特有功能。截至 2022 年年底，"法信"平台拥有文献总数 11 689 万余篇，总字数达 935 亿余字。[1]

二是立案辅助系统。2021 年 9 月，最高人民法院推动建设人民法院立案辅助系统，对虚假诉讼、滥用诉权、涉众纠纷等进行风险预警，为法院、法官提供案件异常情况提示服务，着力增强立案阶段识别预警虚假诉讼、苗头性风险能力，提升立案工作质效。截至 2022 年年底，全国有 3418 家法院立案辅助系统与办案系统等相关系统实现对接，占比达到 98.2%。陕西、山东两地法院还全部上线静默式立案辅助检索功能，对新收民事、行政案件进行检索分析，对可能存在异常的起诉行为进行提示、预警，从源头上维护正常诉讼秩序。[2]

三是庭审智能化辅助系统。随着语音识别技术的发展，各地法院开始开发应用庭审语音智能转写系统。2016 年 4 月，苏州法院利用语音大数据库，由人工智能替代书记员进行庭审语音自动识别转写文字，当事人如果使用普通话，人工智能语音转写的笔录完整度接近 100%。即使当事人的普通话不标准或者带有地方口音，语音识别准确率也能达到 90% 以上。不仅缩短了笔录制作时间，而且还明显提高了庭审流畅度。[3] 从全国法院看，庭审语音识别准确率一般在 90% 以上，庭审记录速度提升到每分钟 200 字左右，庭审时间平均缩短了 20%—30%，庭审笔录完整度达到 100%。[4] 截至 2022 年年底，全国有 91.3% 的法院科技法庭支持庭审过程中调阅电子

---

〔1〕 中国社会科学院国家法治指数研究中心项目组："中国法院'智慧审判'第三方评估报告（2018—2022）"，载陈国平、田禾主编：《中国法院信息化发展报告 No.7（2023）》，社会科学文献出版社 2023 年版，第 29 页。

〔2〕 中国社会科学院国家法治指数研究中心项目组："中国法院'智慧诉讼服务'第三方评估报告（2018—2022）"，载陈国平、田禾主编：《中国法院信息化发展报告 No.7（2023）》，社会科学文献出版社 2023 年版，第 52 页。

〔3〕 中国社会科学院法学研究所法治指数创新工程项目组："中国法院'智慧审判'第三方评估报告（2018）"，载陈甦、田禾主编：《中国法院信息化发展报告 No.3（2019）》，社会科学文献出版社 2019 年版，第 55 页。

〔4〕 中国社会科学院法学研究所法治指数创新工程项目组："中国法院'智慧审判'第三方评估报告（2020）"，载陈甦、田禾主编：《中国法院信息化发展报告 No.5（2021）》，社会科学文献出版社 2021 年版，第 37 页。

卷宗和庭审语音转写等功能，从 2018 年的 43.8% 上升到 91.3%。[1]

四是裁判智能化辅助系统。2018 年 1 月 5 日，最高人民法院上线类案智能推送系统，该系统通过构建包括案情事实、争议焦点、法律适用等要素的语义画像，辅助用户快速从海量历史案件中发现相似案例，为法官、律师、社会公众提供专业、智能、友好的类案精准推荐服务。2018 年 3 月，上海市高级人民法院上线试运行民商事、行政案件智能辅助办案系统，为法官办案提供要件指引、证据审查判断指引、要件式庭审提纲构建、裁判结果预判断、文书模型智能匹配、裁判偏离度提示等 27 项辅助服务。此外，全国各地法院还积极研发裁判文书自动生成系统，实现简易案件、程序性案件裁判文书以及普通文书初稿自动生成。截至 2022 年 12 月，文书智能生成功能已经在全国大部分地区的法院普及，支持裁判文书自动生成的法院，占法院总数的 99.5%。[2]

五是法答网与全国法院裁判文书库。2023 年 7 月 1 日，最高人民法院在全国法院上线内网信息共享平台"法答网"，为全国法院干警提供法律政策运用、审判业务咨询答疑和学习交流服务，旨在加强司法能力建设，促进法律准确统一适用，提升司法公正与效率。法院干警都可以通过法答网就审判工作、学习和研究中涉及的法律适用、办案程序和司法政策等方面问题进行咨询，由最高人民法院和各省市高级人民法院的审判业务专家、审判业务骨干以及资深法官进行答疑，加强对下业务指导，努力打造权威的业务交流平台。截至 2023 年 7 月 31 日，法答网上线首月，全国法院干警在线咨询问题即达 19 900 件，专家答疑 8530 件，受到全国法院干警广泛好评。[3]2023 年 11 月，最高人民法院办公厅发布《关于建设全国

---

〔1〕 中国社会科学院国家法治指数研究中心项目组："中国法院'智慧审判'第三方评估报告（2018—2022）"，载陈国平、田禾主编：《中国法院信息化发展报告 No. 7（2023）》，社会科学文献出版社 2023 年版，第 31 页。

〔2〕 中国社会科学院国家法治指数研究中心项目组："中国法院'智慧审判'第三方评估报告（2018—2022）"，载陈国平、田禾主编：《中国法院信息化发展报告 No. 7（2023）》，社会科学文献出版社 2023 年版，第 32 页。

〔3〕 贾玉慧："法答网正式上线　最高人民法院组织召开工作部署会"，载《人民法院报》2023 年 7 月 4 日，第 1 版、第 4 版；茹玉："统一法律适用　提升办案能力　法答网上线首月专家答疑 8530 件"，载《人民法院报》2023 年 8 月 1 日，第 1 版、第 4 版。

法院裁判文书库的通知》，明确要求 2024 年 3 月 31 日前，上传完毕 2021 年至 2023 年期间已经结案，加盖人民法院印章，且向当事人已经送达的判决书、裁定书、调解书和决定书（涉密案件和含有敏感信息的裁判文书除外），全国法院裁判文书库旨在有效支持类案检索、促进法律统一适用，强化司法大数据应用。但其重点是着眼于国家和治理中司法大数据分析应用，为制定司法政策、推进司法改革、提出司法建议等提供依据和参考。〔1〕

4. 监督管理加速平台化

一是审判人员监督管理平台化。例如，河南省高级人民法院上线"智慧画像"系统，旨在运用司法大数据、人工智能等数字技术，科学评价法官、法官助理、书记员办案质效，实现管理智能化、精细化、科学化。其中法官画像主要包括个人信息、绩效排名、收结案数、临期/超期案件情况、审限变更情况等十多项内容；法官助理画像主要包括参会办理案件数、辅助拟写裁判文书数、辅助送达数等近十项内容；书记员画像主要包括参与开庭情况、庭前准备工作送达数等近十项内容。〔2〕

二是审判权监督制约平台化。例如，河北省高级人民法院上线河北法院"一体化审判权监督制约平台"，通过整合 15 个审判执行管理系统数据，从案件、事件、节点、人员四个维度进行自动化大数据分析，自动提取易出漏洞、风险频发需重点监督的重点案件、重点事件、重点人员，同时通过预设监督管理规则，自动提醒院长、庭长、督查、纪检及相关管理

---

〔1〕　例如，通过分析全国法院驳回起诉、维持原判、发回重审等情况，可以及时发现、有针对性地治理"程序空转"问题；通过分析特定批量诉讼情况，可以及时发现治理虚假诉讼、"专利勒索""猎杀式维权"问题；通过比对分析律师代理案件胜诉情况与特定法院、特定法官之间的关系，可以梳理研判司法廉政方面的线索；通过分析近一段时期相关案件数量异常升降情况，可以有针对性地向有关部门、行业提出完善管理治理的司法建议，等等。参见乔文心："最高人民法院相关部门负责人就征集人民法院案例库参考案例有关问题答记者问"，载《人民法院报》2023 年 12 月 23 日，第 3 版。

〔2〕　河南省高级人民法院课题组："河南省高级人民法院'智慧画像'系统建设调研报告"，载陈国平、田禾主编：《中国法院信息化发展报告 No.6（2022）》，社会科学文献出版社 2022 年版，第 267-281 页。

责任部门，形成监督管理闭环。[1]

三是特定案件监督管理平台化。2021 年 11 月，最高人民法院印发《关于进一步完善"四类案件"监督管理工作机制的指导意见》，要求加强重大、疑难、复杂、敏感的；涉及群体性纠纷或者引发社会广泛关注，可能影响社会稳定的；与本院或者上级人民法院的类案裁判可能发生冲突的；有关单位或者个人反映法官有违法审判行为的等四类案件的监督管理，健全与新型审判权力运行机制相适应的监督管理体系。为此，不少地方法院研发上线了"四类案件"监督管理平台，如 2022 年 11 月，上海市嘉定区人民法院上线"四类案件"信息化智能监管平台，建立"推送—标注—监管—落实监管—监管确认"的全流程信息化监管闭环体系，实现"四类案件"的自动识别、精准标注、实时预警、智能监管、全程留痕。

四是综合性审判监督管理平台化。例如，最高人民法院于 2018 年上线"智能审务督查系统"，对全国法院庭审、诉讼服务等业务活动的不规范行为进行智能督查。[2] 还于 2022 年 2 月 25 日上线"人民法院诉讼服务满意度评价系统"，当事人可对立案、调解、送达、保全、鉴定、跨域立案、12368 诉讼服务热线等事项进行评价监督，并可以提出意见建议。对差评和意见建议，要求必须及时回复，并建立督办机制，确保"事事有回音、件件有着落"。[3] 还如，上海市高级人民法院于 2023 年上半年上线"上海法院审判监督管理平台"，将上海法院近 5 年 300 多万份裁判文书进行解构，创建监督模型，已建模上百个应用场景，旨在通过数据筛选、比对、碰撞，实时预警监管漏洞，智能评查案件质量，系统防范差错瑕疵，助力提升法院审判质效。其中，内部监督管理应用场景覆盖立案审判全流程，如"企业注销丧失诉讼主体资格"应用场景，会通过 12368 诉讼服务平台向主审法官推送预警短信："经'企业注销丧失诉讼主体资格'应用场景

---

[1] 河北省高级人民法院："河北法院'一体化审判权监督制约平台'建设应用调研报告"，载陈国平、田禾主编：《中国法院信息化发展报告 No.6（2022）》，社会科学文献出版社 2022 年版，第 250-266 页。

[2] 孙晓勇："司法大数据在中国法院的应用与前景展望"，载《中国法学》2021 年第 4 期。

[3] 朱述洋："人民法院诉讼服务满意度评价系统上线运行"，载《人民法院报》2022 年 2 月 26 日，第 1 版。

的数据模型智能筛查比对，发现您承办的案件，当事企业公司已于××年××月××日核准注销，诉讼主体资格高度存疑。"还如，"公告送达前未协查当事人联系方式提示预警""异步庭审视频核验诉讼参与人身份提示预警""抚养费纠纷案件判项规范表述提示预警""确认合同效力纠纷案件受理费按件规范统一收取提示预警""民事裁判文书个体工商户遗漏经营者信息提示预警""追索劳动报酬案件未交纳案件受理费不应按撤诉处理提示预警"等应用场景，均会通过 12368 诉讼服务平台向主审法官自动推送相应的提示预警短信。

（二）问题检视与学理反思

一是在诉讼服务平台建设上。起初基本上处于各省市法院各自为战、重复建设、区域协同困难的状态，尤其是律师服务平台，除上海法院律师服务平台建设经历了仅向上海律师开放再到向全国律师开放的过程外，其他省市法院律师服务平台基本上仅向本省市律师开放。"诉讼平台不仅是一个技术服务平台，也是一个规则体系。"[1]电子诉讼平台不统一，可能导致嵌入算法程序中的在线诉讼规则在适用和运行中出现不统一，也不利于维护司法权威和法律适用平等统一。而且，经济发达程度不同可能导致不同地方诉讼平台建设出现"数字鸿沟"问题，不仅造成在线司法服务的地区差异和不平等，也不利于实现在线司法服务的普惠性。[2]虽然最高人民法院后来建立了全国统一的 12368 诉讼服务平台、律师服务平台和人民法院在线服务平台，但是仍有不少省市法院继续使用自建平台，导致诉讼服务标准不一、流程不一，一体化、集成化程度未能达到最大高度。这种"总—分平台"模式，导致总平台和分平台，以及各地在线诉讼平台之间在数据共享、功能模块、系统操作等方面存在"不通、不稳、不行"等问题，在客观上形成了一定的"数据孤岛"和"信息壁垒"，诉讼服务大数据潜能未能充分挖掘，导致跨区域、跨层级诉讼服务遭遇困境。[3]虽然有

---

[1] 张卫平："在线民事诉讼的法律规制——基本框架与思路"，载《法学评论》2022 年第 2 期。

[2] 谢登科："在线诉讼的中国模式与未来发展"，载《中国应用法学》2022 年第 4 期。

[3] 刘峥："数字时代背景下在线诉讼的发展路径与风险挑战"，载《数字法治》2023 年第 2 期。

不少法院研发了智能诉讼服务机器人，但基本上还处于从线下转移到线上的阶段，由于法律知识库的不足，尤其是法律咨询、诉讼风险评估、诉讼结果预测等诉前指导服务智能化程度还比较低，还无法精准回答公众提出的法律咨询、为公众形成合理的诉讼预期，有效避免不必要的纠纷进入诉讼程序。此外，"人民法院在线服务"平台还存在着"平台规则呈现方式不佳，难以有效触达用户""服务协议内容缺失，权利义务保障不足""隐私规则不明，信息披露不足""诉讼权利保障不足"等问题。[1]

二是在审判公开平台建设上。其一，最高人民法院于 2018 年公布《关于人民法院通过互联网公开审判流程信息的规定》，为实现"看得见的公正"奠定了制度规范。但流程信息的公开不能脱离审判流程这一载体空跑，信息公开必须依托标准化的程序设计。因此，还必须从构成要件、程序运行、文书样式等各方面整合规范具体的审判流程节点。[2]其二，庭审直播虽然被视作司法公开的新路径、阳光司法的新途径，但也存在着当事人隐私信息易被暴露，妨害法庭事实调查，引发舆论审判或道德审判，形成新的司法广场化效应等问题，影响、挤压和侵入司法权不受干涉、公正审判、个人隐私权保障等价值。因此，在"互联网+大数据"时代，庭审直播不只是司法公开的一次形式变革，还有可能改变、冲击司法公开价值格局和实质含义，故而应秉持更审慎、更理性的态度。[3]其三，早在 2010年 11 月，最高人民法院就以指导性文件形式发布了《关于人民法院在互联网公布裁判文书的规定》，明确提出要建立全国统一的裁判文书网站。2013 年和 2016 年，最高人民法院又先后以司法解释的形式对此进行了两次修订，确立了"以上网为原则、不上网为例外"，删除了当事人不上网

---

〔1〕 姚建军："我国在线诉讼平台规则之完善——以'人民法院在线服务'为例"，载《数字法治》2023 年第 3 期。

〔2〕 刘哲玮："审判流程信息网上公开的功能与结构"，载《法律适用》2018 年第 17 期；李亮、章扬："当前审判流程信息公开工作应当注意的几个问题"，载《人民法院报》2019 年 5 月 9日，第 5 版。

〔3〕 左卫民："反思庭审直播——以司法公开为视角"，载《政治与法律》2020 年第 9 期。

公开请求权，[1]明确保留当事人、法定代理人、委托代理人、辩护人的姓名或名称、出生日期、性别、执业证号、住所地所属县区等有关信息，[2]旨在以裁判文书公开，接受社会各界监督，构建社会诚信体系，促进裁判文书说理与司法公正，提升司法公信力。[3]然而，随着上网的文书数量增加、社会关注增加，以及大数据分析技术飞速发展，裁判文书上网公开存在着不少"权利保护问题"和"安全风险问题"。[4]裁判文书上网公开当事人的真实姓名和主体身份信息，可能带来当事人隐私和敏感信息被泄露与被大数据画像的风险，也不利于保护当事人的被遗忘权。[5]造成这一问题的根本原因在于，未能准确把握好裁判文书上网公开制度的价值定位，裁判文书上网公开的重点在于，展示裁判文书的说理过程和裁判结果的理由分析，并增加公众的可获致性，便利公众监督，而不是通过公开其本身所载的信息参与社会诚信治理。[6]因此，应通过增设当事人不上网公开请求权和匿名处理请求权等，平衡好裁判文书公开制度的公共利益价值追求

---

〔1〕　2010 年《关于人民法院在互联网公布裁判文书的规定》第 4 条规定，当事人明确请求不在互联网公布的，应当书面提出意见。人民法院经审核认为理由正当的，不应在互联网公布。

〔2〕　2016 年《关于人民法院在互联网公布裁判文书的规定》第 11 条规定："人民法院在互联网公布裁判文书，应当保留当事人、法定代理人、委托代理人、辩护人的下列信息：（一）除根据本规定第八条进行隐名处理的以外，当事人及其法定代理人是自然人的，保留姓名、出生日期、性别、住所地所属县、区；当事人及其法定代理人是法人或其他组织的，保留名称、住所地、组织机构代码，以及法定代表人或主要负责人的姓名、职务；（二）委托代理人、辩护人是律师或者基层法律服务工作者的，保留姓名、执业证号和律师事务所、基层法律服务机构名称；委托代理人、辩护人是其他人员的，保留姓名、出生日期、性别、住所地所属县、区，以及与当事人的关系。"

〔3〕　贺小荣、刘树德、杨建文："《关于人民法院在互联网公布裁判文书的规定》的理解与适用"，载《人民司法》2014 年第 1 期。

〔4〕　权利保护问题表现为，如有的劳动争议案件当事人因相关文书上网公开，找工作屡次被拒。有的当事人因婚前信息被上网文书披露，导致家庭不睦、夫妻反目。有的民营企业因涉诉信息公开，融资贷款受阻、商业合作困难、难以参与招投标，等等。安全风险问题表现为，如有的商业公司将"爬取"的文书数据转化为法律检索、企业征信、人工智能"产品"营利，但未按安全、合规、可控要求管理，有些"黑灰产业"甚至据此从事敲诈勒索、信息倒卖、刷取流量等违法活动。参见乔文心："最高人民法院相关部门负责人就征集人民法院案例库参考案例有关问题答记者问"，载《人民法院报》2023 年 12 月 23 日，第 3 版。

〔5〕　徐文进、姚竞燕："被遗忘权范式下裁判文书上网后撤回机制的检视与优化——基于131 份撤回文书及《个人信息保护法》的定向分析"，载《法治研究》2022 年第 1 期。

〔6〕　李广德："裁判文书上网制度的价值取向及其法理反思"，载《法商研究》2022 年第 2 期。

与当事人隐私等权益保护需求。此外，存在着基于爬虫技术的无限制暴力访问严重影响正常用户的访问性能，有些商业公司采用技术手段对公开的裁判文书进行二次营利性开发，以及直接或者间接引发舆情关注等问题和风险。[1]还有境外访问并通过大数据对公开的裁判文书进行分析所可能带来的数据安全问题。[2]因此，未来应合理平衡好公众知情权、监督权与保护数据、个人隐私及信息安全之间的关系，不断优化完善裁判文书上网制度。此外，裁判文书全面上网公开，为商业公司等对法官进行"数字画像"提供了大数据基础，一定程度上使得对法官在未来同类案件中的行为所作出的个性预测得到极大增强。它可能使得人们只关心法官过去作出过什么裁判，将来又会作出何种裁判，而不是将关注点放在裁判的正确性上或者公正与不公正上，最终可能导致出现与司法公正背道而驰的现象。[3]因此，未来还应全面权衡司法外部监督与实现司法公正的一致性与背离性问题，合理界定裁判文书公开的内容与范围等。

三是在审判辅助平台建设上。其一，目前法院开发的各类审判辅助平台一般只面向法院法官，不面向当事人。例如，类案智能推送系统向承办法官推送的类案，一般并不同时推送给案件当事人，一定程度上不利于法官心证公开，以及双方当事人充分就案件争议焦点展开辩论。如果向双方当事人同时推送相同的类案，可能更有利于双方当事人就案件形成合理的预判和预期，有利于达成调解，即使达不成调解，双方当事人可能更容易接受判决结果，从而提升司法公信力。其二，在庭审语音智能转写上，虽不再需要书记员进行庭审记录，节省了司法资源，提升了庭审流畅性，但对现有庭审程序和庭审秩序造成了冲击，如书记员不参与庭审，审判人员缺少了由书记员宣读的入庭、退庭仪式，庭审中传递证据材料也往往由当事人径直在法庭内走动，向法官传递。[4]其三，现有的智能化辅助办案系

---

[1] 马长山："减少司法裁判文书公开并非应对舆情良方"，载《上海法治报》2023年1月6日，第A07版。

[2] 吴宏耀："司法裁判文书公开及其限度"，载《人民法治》2022年第9期。

[3] 雷磊："司法人工智能能否实现司法公正？"，载《政法论丛》2022年第4期。

[4] 茆荣华主编：《全流程网上办案体系的探索与实践》，人民法院出版社2021年版，第161页。

统，一方面，存在各自开发、重复建设的问题，缺乏规划性和体系性，总体水平还不高。另一方面，还存在智能化程度还比较低，应用范围小的问题，如上海法院民商事、行政案件智能辅助办案系统，民商事案件目前仅限于机动车交通事故责任纠纷、股权转让纠纷、融资租赁合同纠纷、信用卡纠纷、计算机软件开发合同纠纷、侵害作品信息网络传播权纠纷以及海上、通海水域货物运输合同纠纷等少量案件类型。其四，最高人民法院于2023 年 6 月 25 日印发的《法答网使用管理办法》第 2 条、第 6 条虽明确规定，咨询仅限于法律、司法解释以及规范性文件等理解和适用问题，不得涉及正在办理案件的具体情况，不得对案件事实认定问题进行咨询。法答网专家发布的答疑意见也仅供学习、研究和参考使用，不具有法律效力，不得作为裁判依据援引。但实践中，法官为了解决疑难复杂案件，并得到上级法院的指导支持，仍然难以避免下级法院的法官对正在办理的案件进行抽象概括后进行咨询，而且将上级法院的答疑意见直接用于正在审理的案件中，这就容易造成法官独立审判异化和不同审级独立异化问题。如果法官提问时给定的事实信息不够全面准确，则又极易造成上级法院答疑意见出现偏差甚或错误，可能出现背离促进法律准确统一适用的初衷。此外，实践中已经出现了最高人民法院与地方法院以及不同地方法院对同类问题的答疑相互矛盾和不一致现象，需要进一步完善答疑质量保障机制，建立健全答疑矛盾人工智能自动巡查与法官人工发现上报机制以及相应的协调处理机制。

四是在审判监督管理平台建设上。主要问题表现为现有不同平台系统数据资源共享不足，平台数据分析能力有限，数据准确性、算法科学性有待提升，智能分析预警能力有待加强，智慧监督管理对法院审级独立的弱化以及法官主体自主审判的弱化甚至异化等。本书第三章第四节将对此问题进行详细阐述，此处不再赘述。

二、诉讼服务加速电子化

早在 2014 年 12 月，最高人民法院发布的《关于全面推进人民法院诉讼服务中心建设的指导意见》，就提出要注重依托大数据、云计算等现代信息技术，创新诉讼服务方式，提升诉讼服务效能。2019 年 7 月，最高人民法院又发布了《关于建设一站式多元解纷机制　一站式诉讼服务中心的意见》，明确提出推动智慧诉讼服务建设，依托大数据、人工智能等信息技术，打造"智慧诉讼服务"新模式。从此，人民法院的诉讼服务加速智慧化。从技术表现形式上，也可以称之为电子化。例如，人们通常也称"在线诉讼"为"电子诉讼"，故为体现民事司法的数字化转向，本书将其概述为诉讼服务加速电子化。

（一）主要表现与实践样态

1. 起诉立案加速电子化

为方便群众诉讼，降低群众行使诉权的时间和经济成本，提升诉讼效率。早在 2002 年 2 月，深圳市中级人民法院就在其官网设立了"网上立案"栏目，当事人或其代理人只要在网站上下载软件，将立案案件信息录入电脑，并放在软盘上，待正式立案时将软盘交给法院工作人员，立案申请就完成了。由于此举并未实现真正意义上的网上立案，当事人还需到法院提交软盘和起诉材料，因此其在最初遭遇了"无人问津"的困境。随着智能互联网的飞速发展、智能手机的广泛普及、微信和 APP 的广泛应用，全国法院陆续开通诉讼服务网、律师服务平台和移动微法院等为当事人提供真正意义上的网上立案，即当事人身份验证、提交起诉材料、法官审查立案、获取诉讼案号、缴纳诉讼费用等所有立案手续可以全部在网上完成，而且当事人可以通过电脑、手机、微信、二维码等多种数字化途径进行网上立案。此外，当事人还可以通过移动微法院在全国法院范围内进行远程跨域立案。全国法院网上立案率从 2018 年的 17.4% 上升至 2022 年的 39.1%，五年内提升了 21.7 个百分点。[1]

2. 文书送达加速电子化

2012 年 8 月修正的《民事诉讼法》增加了电子送达方式，与传统的直接送达、留置送达、委托送达、邮寄送达、转交送达、公告送达相比，特

---

〔1〕　中国社会科学院国家法治指数研究中心项目组："中国法院'智慧审判'第三方评估报告（2018—2022）"，载陈国平、田禾主编：《中国法院信息化发展报告 No. 7（2023）》，社会科学文献出版社 2023 年版，第 22 页。

别是与通知当事人到法院领取诉讼文书相比，电子送达具有即时性、低成本等优势，既方便了当事人诉讼，又提升了诉讼效率，缩短了案件审限。2017 年 2 月，最高人民法院推出并上线试运行全国法院统一新型电子送达平台（http://songda. court. gov. cn）。2018 年，最高人民法院将平台升级为全国法院统一送达平台。人民法院通过该平台可以向当事人及诉讼代理人的电子邮箱、手机号码、即时通信账号等电子地址送达各类诉讼材料和文书。中国审判流程信息公开网也设置了电子送达专栏，当事人和诉讼参与人可以通过证件号和唯一签名码，登录该平台获取法院送达信息，在线签收电子诉讼文书。地方法院也积极创新电子送达机制，如浙江省嘉兴市中级人民法院利用大数据信息技术建设智能化送达平台，汇集当事人手机号、民事活动活跃地址、行政部门登记地址和法院成功送达记录等地址信息，由平台智能筛选送达地址、自动生成送达文书，触发送达任务。〔1〕截至 2022 年，电子送达已经在全国法院普及。支持电子送达的法院达 3474 家，占法院总数 99.8%。电子送达率从 2018 年的 8.4%，逐步增长至 2022 年的 63.8%。〔2〕

3. 庭审方式加速电子化

按照传统的法庭审理模式，法官、双方当事人和其他诉讼参与人都必须到设置在人民法院或者派出法庭的物理空间意义上的实体法庭内进行各项庭审活动。互联网的逐渐普及和数字信息技术的发展，为网络视频庭审提供了发展空间。早在 2006 年 4 月，福建省沙县高桥镇人民法庭在网上注册成立福建省首家 QQ 法庭，通过视频语音系统对一起离婚案件进行网络开庭。当时还引发了不少争议，并带来了合法性质疑："即使网络庭审是完全可以，完全无障碍，完全应当的，也必须通过修改诉讼法的方式来确立新的庭审方式，然后再加以实施，而绝对不能由法官擅自创设。这种随

---

〔1〕　中华人民共和国最高人民法院编：《中国法院的互联网司法》，人民法院出版社 2019 年版，第 20 页。

〔2〕　中国社会科学院国家法治指数研究中心项目组："中国法院'智慧审判'第三方评估报告（2018—2022）"，载陈国平、田禾主编：《中国法院信息化发展报告 No.7（2023）》，社会科学文献出版社 2023 年版，第 25 页。

意的创新实际是对法律的任意违背。"〔1〕由于网络庭审可以为路途遥远的异地当事人、证人、鉴定人以及行动不便的残疾人等参加庭审提供便利，降低成本，网络庭审依然在争议中得到了广泛应用。2015年2月4日起施行的《最高人民法院关于适用〈中华人民共和国民事诉讼法〉的解释》（以下简称《民事诉讼法解释》）第259条增加规定了视听传输技术开庭方式，解决了网络在线庭审的部分合法性问题。此后特别是新冠疫情发生以来，由于人们的行动受到限制，网络在线庭审再次大显身手。2020年2月14日，最高人民法院发布《疫情防控期间加强和规范在线诉讼工作通知》，要求全国法院积极依托中国移动微法院、诉讼服务网、12368诉讼服务热线等在线诉讼平台，全面开展网上立案、调解、证据交换、庭审、宣判、送达等在线诉讼活动，方便当事人在疫情防控期间也能够有效参加庭审。例如，浙江法院为解决不少基层群众不会用、不愿用数字化成果解决纠纷等问题，于2021年11月在全省推开，通过一根网线、一块显示屏，在基层村居、行业组织等设立"共享法庭"，集成浙江解纷码、移动微法院、庭审直播系统、裁判文书公开平台等软件模块，指导方便群众参与在线庭审等诉讼事项。截至2022年4月底，浙江全省已建成2.4万余个"共享法庭"。〔2〕截至2022年年底，全国法院网上开庭率从2018年的1.1%上升至37.3%，提升了36.2个百分点。〔3〕

综上，当事人在诉讼过程的各个环节，从提交诉状、缴纳诉讼费用、签收开庭传票、交换证据、庭审、举证质证、法庭辩论、参加宣判、签收裁判文书、接收诉讼费用退还，〔4〕都可以在网上进行，当事人足不出户就可以完成全部诉讼事项，从让当事人"最多跑一次"到"一次都不用跑"成为现实。

---

〔1〕 卓泽渊："QQ视频审案　司法也时尚?"，载《人民论坛》2007年第4期。

〔2〕 陈东升、王春："浙江2.4万个'共享法庭'协奏社会治理和谐曲　让群众感受到公平正义就在身边"，载《法治日报》2022年5月16日，第1版。

〔3〕 中国社会科学院国家法治指数研究中心项目组："中国法院'智慧审判'第三方评估报告（2018—2022）"，载陈国平、田禾主编：《中国法院信息化发展报告No.7（2023）》，社会科学文献出版社2023年版，第22页。

〔4〕 例如，大连市中级人民法院依托诉讼费管理系统，在"诉讼费一案一账号"基础上，建成办案、财务、银行人员联动的"线上退费系统"，实现了"快、准、省"诉讼费退费功能。

（二）问题检视与学理反思

一是在起诉立案上，虽然网上立案既便利当事人行使诉权，又便利法院提高立案效率，但目前仍有一些当事人由于不习惯等原因而不愿意选择网上立案。尤其是推行网上立案的初期，当事人的接受度更低。因此，为更快地推广网上立案，一些法院便要求有律师代理的案件应优先选择网上立案，这在一定程度上损害了当事人的程序选择权，即剥夺了当事人选择到立案窗口等线下方式起诉立案的权利。自 2020 年施行的《民事诉讼程序繁简分流改革办法》第 22 条虽规定，当事人及其他诉讼参与人以电子化方式提交的诉讼材料和证据材料，经人民法院审核通过后，可以直接在诉讼中使用，不再提交纸质原件。人民法院根据对方当事人申请或者案件审理需要，要求提供原件的，当事人应当提供。但实践中，由于一些办案法官还不习惯阅览电子卷宗，尤其是证据材料非常多的案件，电子浏览起来不够方便，往往仍然要求当事人再提交纸质件，这在一定程度上加重了当事人的诉讼负担。为此，自 2021 年 8 月 1 日起施行的《人民法院在线诉讼规则》第 9 条第 2 款强调规定，当事人已在线提交符合要求的起诉状等材料的，人民法院不得要求当事人再提供纸质件。由于缺乏明确的规制措施，当事人为尽快成功立案，实践中甚至出现了当事人同时选择网上立案和邮寄立案，或者同时选择网上立案和窗口立案，往往造成了立案审查司法资源的浪费。此外，虽然最高人民法院开发了全国统一的人民法院在线诉讼平台，但全国各地法院的网上立案系统并未完全统一，导致技术标准各异，这也给当事人带来一定的不便。

二是在电子送达上，现行法律规定，必须经受送达人同意，方可实行电子送达。虽然司法实践中，有法院根据实际情况，突破了受送达人同意规则，但仍缺乏上位法依据。例如，广东省高级人民法院 2015 年发布的《关于诉讼文书电子送达的规定》第 6 条规定，案件当事人为法人、其他组织或者当事人委托律师代理诉讼的，应当选择电子送达方式接收法院诉讼文书。不同意选择电子送达方式的，限于案件当事人为自然人并且有充分正当理由。实践中，由于对电子送达不了解或者认识不全面等因素，导致当事人主动接受电子送达程度不高，电子送达适用率也比较低。据统计，《民事诉讼程序繁简分流改革办法》自 2020 年施行一年来，试点法院电子送达超过 1058 万次，同比增长 367.6%，电子送达适用率为 56.1%，较试点前同比上升 34 个百分点。虽然电子送达改革试点取得了明显成效，但电子送达适用率，尤其是改革前仍然比较低。"法院系统内部设有多套电子送达系统，存在多头管理、资源浪费等现象；有些当事人提供无效电子邮箱或者邮箱的信件拦截功能设置不当，导致司法文书送而不达、达而不悉。"[1]因此，还需要加快全国法院统一电子送达平台普及应用程度，以及地方法院电子送达平台与全国法院统一电子送达平台的对接共享互通，并从有利于提升诉讼效率等角度加大电子送达的宣传力度，进一步提升当事人的接受度。

三是在网络庭审上，存在的问题主要表现为对传统民事诉讼诚信原则、直接言词原则、平等原则的冲击，对证人作证规则的冲击，对法庭秩序、庭审纪律、司法礼仪的冲击，在线诉讼规则不完善等方面。本书第三章第二节、第三节将对此问题进行详细阐述，此处不再赘述。

三、民事裁判加速智能化

近年来，人民法院不断运用大数据、云计算、区块链、人工智能等智能技术，积极开发应用各类智能化辅助办案平台，不同程度上实现了法条及类案精准推送、文书自动生成与瑕疵纠错、裁判风险偏离度预警等智能辅助功能，有效提升了民事裁判智能化水平。

（一）主要表现与实践样态

1. 辅助工作加速智能化

一是电子卷宗随案同步生成，为智能化审判提供基础。2016 年 7 月，最高人民法院印发《关于全面推进人民法院电子卷宗随案同步生成和深度应用的指导意见》，提出电子卷宗应用的基本要求：全面支持法官网上办案、支持合议庭内部卷宗流转、支持审委会讨论审理、当事人远程阅卷

---

〔1〕 参见"对民事诉讼程序繁简分流改革试点情况中期报告的意见和建议"，载中国人大网，http://www.npc.gov.cn/npc/c30834/202104/734f04f6d8e1413b810d82549fbedeeb.shtml，最后访问时间：2021 年 11 月 26 日。

等。2018 年 1 月，最高人民法院再次印发《关于进一步加快推进电子卷宗同步生成和深度应用工作的通知》，强调电子卷宗随案同步生成应具备"法律文书辅助生成"等为法官办案提供智力支持等基本功能。截至 2022 年年底，全国支持电子卷宗随案同步生成的法院占比达 98.7%，电子卷宗随案同步生产率达 83.4%，全国近 52.7% 的法院实现了电子卷宗随案同步生成 100% 全覆盖。[1]二是法官裁判适用的法律知识库以及辅助法官事实认定和法律适用方面的智能化，为逻辑三段论裁判提供全面智能化检索的法律规范资源以及证据审查、类案参考、司法观点等方面辅助。例如，上海法院 C2J 法官智能辅助办案系统、上海法院审判业务一体化支持平台，[2]最高人民法院开发的"法信"平台和类案智能推送系统，上海法院民商事、行政案件智能辅助办案系统，河北法院的智审系统、区块链存证平台等都很好地起到上述智能辅助办案的作用。例如，类案智能推送系统可以帮助法官快速有效地找到可供参考的相似案例，避免了人工查找的耗时低效；区块链存证平台在目前可以很好地辅助法官对各类电子证据的真实性进行认定。再以"法信"平台为例，如在平台检索框输入买卖合同纠纷，进行精确查询，平台会自动分类推送与买卖合同纠纷相关的法条、公报案例、指导性案例、参考性案例、裁判文书、司法观点、法律图书、期刊文献等供法官办案参考。"截至 2022 年年底，全国支持类案自动推送的法院，占法院总数的 97.3%；支持法律条文自动关联推送的法院，占比 97.6%；97.1% 的法院能够辅助制作类案检索报告。"[3]三是裁判文书智能纠错。例如，上海法院研发的裁判文书大数据智能分析系统，通过对裁

---

〔1〕 中国社会科学院国家法治指数研究中心项目组："中国法院'智慧审判'第三方评估报告（2018—2022）"，载陈国平、田禾主编：《中国法院信息化发展报告 No. 7（2023）》，社会科学文献出版社 2023 年版，第 26 页。

〔2〕 上海法院审判业务一体化支持平台可以自动抓取在办案件的案由、当事人、诉讼标的等信息点，通过全库深层次检索，实现涉案全库相关资料的智能推送、关联案件的智能提示、需提交专业法官会议的智能提醒等。参见茆荣华主编：《全流程网上办案体系的探索与实践》，人民法院出版社 2021 年版，第 264 页。

〔3〕 中国社会科学院国家法治指数研究中心项目组："中国法院'智慧审判'第三方评估报告（2018—2022）"，载陈国平、田禾主编：《中国法院信息化发展报告 No. 7（2023）》，社会科学文献出版社 2023 年版，第 29-30 页。

判文书中 61 项要素的智能分析，实现文书智能化纠错。截至 2020 年年底，上海法院共分析裁判文书 64 万余篇，瑕疵占比 29.44%，2020 年比 2019 年瑕疵占比降低 12.65%。[1]

2. 庭审过程加速智能化

一是智能庭审记录，由系统将智能语音识别后的内容自动转写成庭审笔录，以往担任庭审记录的书记员只需进行审查校对即可打印交双方当事人签名确认。随着识别准确率的提高，甚至不需要书记员再行校对。例如，2020 年 3 月，上海法院启动庭审记录改革试点，运用在线庭审录音录像系统和庭审语音智能识别转写文字系统，自动记录庭审全过程音视频和起止时间，并利用区块链和时间戳存证技术，实现全程录音录像数据以及智能转写的庭审笔录文字材料、当事人对笔录的电子签名等自动存证，保证庭审录音录像和庭审笔录的完整性和真实性。[2]二是相关证据或卷宗材料智能展示，即系统基于语音识别、程序性界面共享技术，根据法官的语音指令自动抓取需要展示的案件相关材料，并做到"随讲随翻"，自动推送，法官和当事人网络终端界面共享，整个庭审过程法官和当事人不用翻阅任何书面卷宗材料。三是无争议事实和争议焦点自动归纳，如上海法院民商事智能辅助办案系统通过大数据学习归纳，将当事人诉讼请求和事实与理由中对方当事人未抗辩部分进行无争议事实预归纳，将其中抗辩部分进行争议焦点预归纳，并结合庭审双方当事人陈述和质证情况，对无争议事实和争议焦点再进行归纳。[3]

3. 裁判决策加速智能化

一是裁判文书智能生成，如上海法院民商事案件智能辅助办案系统内存入上海法院所有已结案件生效裁判文书，作为机器人比对参照归纳学习的基础，并利用大数据和人工智能技术，自动识别在办案件类型与案由等，然后对起诉状、当事人身份信息资料、案件庭审笔录、合议庭法官评

---

〔1〕 李少平："人民法院互联网司法的建设与发展"，载《人民法院报》2021 年 9 月 16 日，第 5 版。

〔2〕 陈凤、马超："上海法院试点庭审记录改革"，载《人民法院报》2020 年 3 月 31 日，第 1 版。

〔3〕 陆诚、杨敏、田畑："上海民商行政案件智能辅助办案系统调研报告"，载陈甦、田禾主编：《中国法院信息化发展报告 No.3（2019）》，社会科学文献出版社 2019 年版，第 142 页。

议笔录或者审委会讨论记录内容进行文本信息点智能提取，并根据系统办案要件图和法律指引进行预裁判，相应填入待生成的裁判文书中的首部当事人信息、诉讼请求、事实与理由、查明的事实、裁判结果、附录法律条文，实现简单案件裁判文书一键生成，复杂案件虽不能精确裁判，但也能自动生成基础的裁判文书模板。还如 2023 年 11 月，苏州市中级人民法院在构建法院专用大语言模型基础上，上线试点"生成式人工智能辅助办案系统"，可以根据法官阅卷后固定的事实信息及庭审记录，模拟法官的思维逻辑组织语言文字生成相关法律文书，辅助生成的法律文书中"当事人信息及事实查明部分"准确度超过 95%，可供参考的"裁判文书"完成度达到 70% 左右。二是裁判偏离度提示，根据案件查明的事实、适用的法律条文和法律构成要件等，首先按照类案识别标准自动提取相关要素，运用大数据技术自动与已生效类案裁判文书进行智能比对，对法官拟写的裁判文书进行偏离度校验和提示。例如，机动车交通事故人身损害责任纠纷案件，涉及车主、驾驶人、当事人、保险公司等多方主体，以及车损、人伤、事故责任认定、保险理赔、责任追偿等多项因素，涉及的法律关系多、适用的法律规则多、计算的赔偿项目多、精神损害赔偿额度自由裁量多，极易出现裁判瑕疵和类案不同判现象，法官通过运用上海法院民商事智能辅助办案系统裁判偏离度提示功能，能够很好地减少不应出现的裁判瑕疵问题，促进法律适用统一。[1]

（二）问题检视与学理反思

一是在电子卷宗随案同步生成上，面临着数字化转型的内外两重阻力。其一，从纸质文件的流传，到全面无纸化流转，打破了惯有制度与工作习惯，法官还难以主动适应。文件管理系统和业务系统耦合度低、体验感差，各业务系统之间因有不同技术公司、不同时间开发，接口应用水平等存在差异和壁垒，不利于无缝衔接。其二，法院平台系统与银行、证券等部门信息交互仍缺乏电子数据安全交换平台，而且当事人亦习惯依赖于纸质材料，致使当事人通过网上补充递交材料普及率低，尤其是庭审等环

---

〔1〕 陆诚、杨敏、田畑："上海民商行政案件智能辅助办案系统调研报告"，载陈甦、田禾主编：《中国法院信息化发展报告 No.3（2019）》，社会科学文献出版社 2019 年版，第 143—146 页。

节中，仍习惯于提交纸质材料。[1]

二是在我国人工智能司法上，存在着官方政策层面之"热"与司法实践运用效果之"冷"的悖论现象，如有些类案推送系统存在着无法精准推送类案、类案范围不广、时间不延续等问题，无法真正发挥类案的参考作用。[2]而且，各地法院各自开发的类案推送系统，由于参与研发的技术公司不同，其类案标准往往不同，推送的类案结果也往往不同，[3]一定程度上也不利于实现跨省市跨区域法院法律适用统一与同案同判。还有一些法院的智能辅助办案系统，在实践中并未得到充分应用，很多法官甚至没有使用过。究其原因，主要在于新技术应用智能化不够，往往是新技术负责解决一部分问题，人工再负责解决一部分问题，减轻诉累的效果不明显。[4]此外，人工智能司法还可能给司法审判带来各种潜在的风险，本书第三章第四节将对此问题进行详细阐述，此处不再赘述。

第二节　互联网法院民事司法全面数字化

CNNIC 发布的第 40 次《中国互联网络发展状况统计报告》显示，截至 2017 年 6 月，我国网民规模达到 7.51 亿，2017 年上半年，电子商务交易成亿增长，互联网理财、在线教育、网约车服务用户规模持续增长，均在亿户以上，以互联网为代表的数字技术不断渗透经济、社会、生活各领域。为使司法主动适应上述互联网发展大趋势，2017 年 6 月 26 日，中央决定设立杭州互联网法院。2017 年 8 月 18 日，杭州互联网法院挂牌成立。为进一步总结推广互联网司法新模式，2018 年 7 月 6 日，中央决定增设北京互联网法院和广州互联网法院。2018 年 9 月 9 日、9 月 28 日，北京、广州两家互联网法院先后揭牌成立。截至 2022 年 12 月 17 日，广州互联网法

---

〔1〕 茆荣华主编：《全流程网上办案体系的探索与实践》，人民法院出版社 2021 年版，第 161 页。

〔2〕 左卫民："热与冷：中国法律人工智能的再思考"，载《环球法律评论》2019 年第 2 期。

〔3〕 左卫民："从通用化走向专门化：反思中国司法人工智能的运用"，载《法学论坛》2020 年第 2 期。

〔4〕 寇枭立、李洪琳："传统物理法院的技术革新之路：互联网时代纠纷解决机制的进阶发展"，载《人民司法》2019 年第 22 期。

院网上立案 155 493 件，在线立案率 99.93%，电子送达 1 070 997 件次，电子送达覆盖率 99.97%，电子送达成功率 93%。[1]截至 2023 年 8 月，杭州互联网法院成立六周年时，网上立案率达到 98.5%，电子送达率 92.9%，在线庭审率 98.2%。[2]截至 2023 年 9 月，北京互联网成立五周年时，共受理案件近 19.7 万件，审结 18.6 万件，立案申请全部在线提交，99.9% 的案件线上开庭审理。[3]可见，三家互联网法院基本上都实现了"网上案件网上审"，诉讼环节全程网络化、数字化，也即基本实现了民事司法全面数字化，归纳概括起来主要表现在以下三个方面。

一、管辖案件全面涉网化

（一）主要表现与实践样态

杭州互联网法院设立定位之一，就是专门审理涉互联网纠纷案件，排除管辖非涉网案件。[4]该院成立伊始制定的《杭州互联网法院诉讼平台审理规程》[5]第 2 条第 3 款即明确规定，其受理的民事案件类型包括六类，但都具有涉互联网属性。一是涉互联网合同类纠纷，如在淘宝、京东等电子商务平台发生的在线购物合同纠纷，在滴滴打车、美团打车等网约车平台打车发生的网络服务合同纠纷以及网络游戏、网络居间、网络社交、网络第三方支付等网络服务合同纠纷，各金融机构、小额贷款公司与客户在线签订的

---

〔1〕　中国社会科学院国家法治指数研究中心项目组："中国法院'智慧审判'第三方评估报告（2018—2022）"，载陈甦、田禾主编：《中国法院信息化发展报告 No. 7（2023）》，社会科学文献出版社 2023 年版，第 22-32 页。

〔2〕　陈东升、王春："互联网司法让当事人享受到数字改革红利　杭州互联网法院设立六周年记"，载《法治日报》2023 年 8 月 19 日，第 4 版。

〔3〕　赵岩、任惠颖："以高质量互联网司法护航中国式现代化——北京互联网法院成立五年工作综述"，载《人民法院报》2023 年 10 月 29 日，第 1 版。

〔4〕　《中央深改小组通过设立杭州互联网法院的方案》明确，设立杭州互联网法院，要"按照依法有序、积极稳妥、遵循司法规律、满足群众需求的要求，探索涉网案件诉讼规则，完善审理机制，提升审判效能，为维护网络安全、化解涉网纠纷、促进互联网和经济社会深度融合等提供司法保障"。

〔5〕　《杭州互联网法院诉讼平台审理规程》第 2 条第 3 款规定："诉讼平台受理的案件类型包括：1. 互联网购物、服务、小额金融借款等合同纠纷；2. 互联网著作权权属、侵权纠纷；3. 利用互联网侵害他人人格权纠纷；4. 互联网购物产品责任侵权纠纷；5. 互联网域名纠纷；6. 因互联网行政管理引发的行政纠纷；7. 上级人民法院指定管辖的其他涉互联网民事、行政案件。"

小额借款合同纠纷等。二是发表在互联网上的作品著作权权属与侵权纠纷，如杭州互联网法院审理的《后宫·甄嬛传》、"懒人听书"、"电视剧截图"、"网易云阅读"、《疯狂学而思》、《金陵十三钗》、"网易腾讯音乐作品"等作品信息网络传播权侵权纠纷案件。三是利用互联网或者在互联网上侵害他人人格权纠纷，如在网络上散布谣言侵害他人名誉权，在网络上歪曲英雄烈士历史事迹、侮辱英雄烈士人格而产生的纠纷，在网络上人肉搜索而引发的隐私权纠纷等。四是互联网购物产品责任侵权纠纷，如通过京东、淘宝等网络购物平台购买的产品，因产品质量问题而引起的侵权纠纷，以及制作生产供互联网销售的产品，如果存在缺陷造成损害而引起的产品生产者责任纠纷，以及互联网所购产品流通的销售者、运输者、仓储者存在过错致使产品存在缺陷致人损害而引起的纠纷。五是互联网域名纠纷，如域名权属纠纷、域名合同纠纷、域名抢注纠纷、域名内容侵犯他人商誉或者名誉权纠纷等。六是上级法院指定杭州互联网法院管辖的其他涉互联网民事案件。

2018 年 7 月，中央决定增设北京、广州两家互联网法院。为统一三家互联网法院管辖案件范围，在新增的两家互联网法院挂牌成立前，2018 年 9 月 6 日，最高人民法院公布司法解释《关于互联网法院审理案件若干问题的规定》（以下简称《互联网法院审理案件若干问题规定》），明确自 2018 年 9 月 7 日起三家互联网法院，在杭州互联网法院管辖的六类涉网民事案件基础上，增加到集中管辖十类民事案件，但依然要求三家互联网法院管辖的案件必须都是涉互联网案件，更加凸显了互联网法院管辖案件全部涉网化特征。[1]《互联网法院审理案件若干问题规定》的突出特点是增

---

〔1〕《互联网法院审理案件若干问题规定》第 2 条规定："北京、广州、杭州互联网法院集中管辖所在市的辖区内应当由基层人民法院受理的下列第一审案件：（一）通过电子商务平台签订或者履行网络购物合同而产生的纠纷；（二）签订、履行行为均在互联网上完成的网络服务合同纠纷；（三）签订、履行行为均在互联网上完成的金融借款合同纠纷、小额借款合同纠纷；（四）在互联网上首次发表作品的著作权或者邻接权权属纠纷；（五）在互联网上侵害在线发表或者传播作品的著作权或者邻接权而产生的纠纷；（六）互联网域名权属、侵权及合同纠纷；（七）在互联网上侵害他人人身权、财产权等民事权益而产生的纠纷；（八）通过电子商务平台购买的产品，因存在产品缺陷，侵害他人人身、财产权益而产生的产品责任纠纷；（九）检察机关提起的互联网公益诉讼案件；（十）因行政机关作出互联网信息服务管理、互联网商品交易及有关服务管理等行政行为而产生的行政纠纷；（十一）上级人民法院指定管辖的其他互联网民事、行政案件。"

加了检察机关提起的互联网公益诉讼案件，如杭州互联网法院先后受理了"打假公益诉讼案""某网络科技公司侵害雷锋姓名、名誉案"等检察机关提起的互联网民事公益诉讼案件。

互联网法院管辖的上述民事案件的一个共同特征是，全部具有互联网特性，即纠纷主要发生于互联网，如签订行为、履行行为、侵权行为等发生于互联网；相关证据也主要产生和存储于互联网，如当事人在网络购物平台购买产品从选择商品到填写送货地址、下单、结算、付款、送货等信息证据均产生和存储于网络购物平台和第三方支付平台。这些纠纷也适宜采取互联网方式在线审理。

（二）问题检视与学理反思

一是《互联网法院审理案件若干问题规定》确立了互联网法院采取"集中管辖"原则，但"集中管辖"的规定，只是出现在最高人民法院发布的相关司法解释和文件当中，[1]尚缺乏民事诉讼法的明确规定，在合法性上存在一定的缺陷与不足。因此，互联网法院集中管辖的性质与界定，如协议管辖能否违反集中管辖，如违反是否当然无效等，仍有待明确。

二是采用"互联网+传统案由"的方式界定互联网法院的管辖范围，存在多方面不足。其一，内涵和外延均较模糊，如"网络购物合同""网络服务合同"等均非已有的法律概念，缺乏明确的定义；还如对"签订、履行行为均在互联网上完成"的理解不一，容易造成管辖分歧。其二，仅考虑纠纷发生空间的特定，不考虑纠纷内容，甚至将法律关系简单且日常生活中最频繁出现的网络购物等纠纷纳入管辖范围，致使互联网法院受理案件数量庞大，且规则治理意义不强，不仅耗费了大量司法资源，而且难以彰显"推动网络空间治理法治化"的重要职能。[2]其三，因社会网络化、数字化、智能化而产生或蜕变的新型法律关系，导致大量"互联网特

---

〔1〕　集中管辖的规定最早出现于最高人民法院 2002 年 3 月 1 日发布的《最高人民法院关于认真学习贯彻〈关于涉外民商事案件诉讼管辖若干问题的规定〉的通知》，该通知明确，对涉外民商事案件实行集中管辖。此后，最高人民法院发布的《关于为京津冀协同发展提供司法服务和保障的意见》等司法解释或文件中再次出现有关"集中管辖"的规定。

〔2〕　刘哲玮、李晓璇："互联网法院管辖规则评述"，载《经贸法律评论》2019 年第 5 期。

性突出"的新类型案件难以被完全覆盖。[1]

三是《互联网法院审理案件若干问题规定》第2条虽然规定三家互联网法院集中管辖所在市辖区内应由基层法院审理的十类涉网民事案件,但并未取得专属管辖权或专门管辖权。其他地方的非互联网法院,仍然可以根据民事诉讼法现行管辖规定受理并审理上述十类涉网民事案件。也即传统地方法院也可以像互联网法院一样,通过审理涉网民事案件,创新完善涉网案件裁判规则,推动完善网络空间治理法律规范体系。由此,互联网法院也就面临着其独特性消解的困境。[2]

二、诉讼流程全面在线化

《互联网法院审理案件若干问题规定》第1条第1款即规定,互联网法院采取在线方式审理案件,案件的受理、送达、调解、证据交换、庭前准备、庭审、宣判等诉讼环节一般应当在线上完成。司法实践中,三家互联网法院在传统法院在线审理实践基础上,亦按照"网上案件网上审理"的基本思路,均各自设立了专门的一体化的在线电子诉讼平台,包括电脑端和移动端(如APP、微信小程序等),积极探索推动从起诉到判决等诉讼流程全面在线化。截至2022年12月31日,三家互联网法院共受理案件428 505件,在线立案申请率达98.49%,在线庭审率达99.20%,电子送达适用率达93.67%。[3]

(一)主要表现与实践样态

1. 起诉受理在线化

首先是在线身份认证。以杭州互联网法院为例,当事人可在诉讼平台PC端和移动端进行注册,注册时需先进行身份认证,自然人上传身份证正反面,法人上传营业执照与法定代表人身份证明书,并通过人脸识别、支付宝认证、微信认证、律师专属认证、资料审核、线下认证等认证方式,

---

〔1〕 侍孝祥:"互联网法院案件管辖范围的实践与探析",载《中国审判》2021年第17期。

〔2〕 段厚省、屠琳舒:"论互联网法院的专门化",载《河北法学》2022年第7期。

〔3〕 刘峥:"数字时代背景下在线诉讼的发展路径与风险挑战",载《数字法治》2023年第2期。

完成身份核实认证。北京、广州互联网法院对当事人身份认证方式[1]和过程基本上与杭州互联网法院相同，均包括身份证件比照和人脸实人检测两个环节。无法通过证件证照比对、生物特征识别或者国家统一身份认证平台认证，或者因其他客观原因不能在线完成用户注册及身份认证的，均可以到法院线下办理。[2]其次是当事人在线起诉。以北京互联网法院为例，当事人登录北京互联网法院电子诉讼平台，点击"我要立案"，阅读并勾选同意《北京互联网法院网上立案须知》和《互联网诉讼权利义务及风险告知书》后，进入网上立案系统。按照纠纷类型选择—填写当事人信息—诉讼请求与事实—上传诉讼材料—预览提交这一顺序就可以完成网上起诉环节。[3]最后是在线登记立案，即立案形式审查、材料补正或退回、受理结果、缴纳诉讼费用，全部在线上完成。在对待诉前调解上，不同的是，北京、广州互联网法院采取当事人自愿原则，而杭州互联网法院诉讼平台则内嵌设置了调解前置程序，逾期调解不成的，案件方转入在线审查

---

〔1〕　北京互联网法院认证方式为微信认证、人脸识别认证和线下认证，广州互联网法院认证方式包括个人支付宝认证、企业支付宝认证、微信认证、人脸识别以及线下实名认证。

〔2〕　参见《广州互联网法院在线审理规程（试行）》。

〔3〕　根据《北京互联网法院电子诉讼平台软件用户使用手册（当事人分册）》，并经笔者注册登录北京互联网法院电子诉讼平台亲自体验，其网上起诉具体操作流程为：第一步，纠纷类型选择。首先选择案件类型，分普通纠纷与申请确认调解协议效力两类。然后在北京互联网法院管辖的网络购物合同纠纷、网络服务合同纠纷等9类纠纷范围内进行选择。最后填写诉讼标的额，如果标的额超出级别管辖标准，即1亿元，系统会推荐当事人去其他有管辖权的法院或通过"北京法院审判信息网"进行网上预约或直接立案。此外，平台还会根据当事人选择的不同纠纷类型，要求当事人补充填写纠纷相关信息。例如，当事人选择的纠纷类型为网络购物合同纠纷，则还需在平台设定的诉讼标的物类型（包括食品、药品、食用农产品、普通消费品）中选择其一填写，并填写购物纠纷信息，如纠纷平台、平台账号、订单信息等。第二步，填写当事人信息。当事人首先选择自己在该案件中的身份（原告本人还是原告代理人），系统根据其选择自动将当前录入的信息带入对应身份的信息项中。如申请人为原告本人，平台自动打开原告信息添加页面，且将当前登录人的注册信息自动带入，当事人补充填写职业、工作单位、经常居住地、电子送达地址（可在北京互联网法院平台、北京法院审判信息网、北京法院诉讼服务微信公众号、弹屏短信、电子邮箱等方式中选择一种或多种）、邮寄送达地址等信息，并添加代理人信息、被告信息以及第三人信息。第三步，如果没有起诉状，则依次填写诉讼请求和事实与理由，并自动生成起诉状；如果有起诉状，则上传起诉状及其他诉讼材料，上传完成后，可预览网上立案申请信息，确认无误后，当事人可以点击"电子签名"，页面会自动生成二维码，可通过移动端微信扫码或浏览器扫码，提交手写签名，并生成带有电子签名的起诉状和电子送达地址确认书。第四步，预览提交，即完成了整个网上起诉流程。

是否立案受理。三家互联网法院诉前调解共同的特点都是在线分流至相应的电子调解平台或调解组织进行在线调解，也进一步凸显了纠纷解决流程的全面数字化。

2. 应诉答辩在线化

以杭州互联网法院为例，诉讼平台系统对原告起诉予以立案后，则将案件起诉信息、案件关联码自动发送至被告手机。被告接到上述信息后，即可通过短信提供的杭州互联网法院诉讼平台网址，进行登录并完成账户注册和身份认证，按照提示输入短信中告知的案件关联码，即可查阅下载被诉案件所有信息和材料，并在平台上进行应诉答辩，包括对诉讼时效、案件事实等内容进行答辩，甚至也可以在线提出管辖权异议。[1]再以北京互联网法院为例，立案法官将案件分给承办法官后，案件会进入内网审判系统。法官在审判系统中操作通知被告应诉后，系统会同时给被告发送一条弹屏短信和一条普通短信，普通短信内容包含 8 位案件关联码，被告注册和登录电子诉讼平台后，点击"我要应诉"，进入"我的应诉答辩"页面，然后点击页面右上角的"没有发现案件，去关联"。在页面中输入短信中的案件关联码，点击"关联案件"，进入"确认个人信息"页面，查看案件基本信息、原告提交的起诉状、起诉方信息，并确认补充被告信息。如果被告委托了代理人代为应诉，代理人以个人的自然人身份注册并登录电子诉讼平台，在应诉确认个人信息页面需要确认被告信息并点击"添加代理人"，维护个人信息。补充信息并确认提交后，案件进入"我的应诉答辩"已确认状态，被告或被告代理人可选择提起反诉、提起管辖权异议或在答辩期限内递交答辩状。[2]

3. 举证质证在线化

以广州互联网法院为例，当事人登录该院网上诉讼平台，进入"我的诉讼"，点击操作栏中的"举证"按钮，即进入"举证"页面，除起诉时提交的证据不能编辑和删除外，当事人可在举证期限内增加、编辑或删除证据，对实物证据则要求先拍照上传，再于开庭前寄送到法院。当事人点

---

〔1〕 参见《杭州互联网法院诉讼平台审理规程》第 15 条、第 16 条。
〔2〕 参见《北京互联网法院电子诉讼平台软件用户使用手册（当事人分册）》。

击操作栏中的"质证按钮",点击证据后面的"回复"按钮,可以对该证据作出回复,就证据材料,首先勾选"真实性"并发表相应质证意见,再勾选"合法性"并发表相应质证意见,最后勾选"关联性"并发表质证意见,此外还可对证据的证明力有无、大小发表意见。双方当事人可以相互查看对方对各自证据的质证意见。[1]杭州互联网法院在线举证质证操作方式,基本与广州互联网法院相同,北京互联网法院则略有不同,由法官在内网审判系统组织双方当事人进行举证与质证,并控制证据交换的开始与结束。法官发起证据交换后,会短信通知双方当事人在电子诉讼平台的"证据交换"中进行举证、质证和提出反证。双方当事人点击"证据交换",选择可以进行证据交换的案件,点击"操作",进入个案页面添加证据。双方当事人提交证据材料后,法官会在内网审判系统对证据交换过程中每组举证、质证内容进行核查,确认争议焦点,组织双方当事人的证据相互交换。对方当事人可对证据三性进行确认或发表质证意见,并提交质证材料。

4. 开庭审理在线化

正式开庭审理前,三家互联网法院在线诉讼平台都会自动提醒当事人开庭时间,并在庭前完成麦克风、扬声器、摄像头、庭审系统等技术性检测以及核实当事人所在场所、网络环境,当事人、其他诉讼参与人身份及是否进入在线庭审系统,告知法庭纪律等事务性准备工作,然后进入庭审环节。以北京互联网法院为例,承办案件的法官或者书记员在内网审判系统选择法庭并确定庭审日期后,诉讼平台会给当事人同时发送一条弹屏短信和普通短信,告知当事人开庭事项,并分别在开庭前三天、前一天、前半个小时三个时间点自动给当事人发送普通短信提醒,当事人可在电子诉讼平台的"网上庭审"中查看待开庭的案件,点击"详情",查看案件开庭详情,点击"参加开庭",下载网络庭审客户端,并登录进入自己案件的网上庭审页面。在当事人端,网络庭审可与法官和其他当事人进行高清流畅的视频通话,并在主画面实时展示语音笔录。在举证质证环节当事人可上传证据材料,同时实时查看其他当事人提交的诉讼材料。为更

---

[1]　参见《广州互联网法院诉讼全流程操作手册》。

有针对性地发表意见，当事人也可向法庭申请对证据材料进行文字批注，如果批注错误，也可对批注进行逐条修改、取消或者一键删除。法官庭审结束之后将庭审笔录发送给当事人进行签字确认，当事人查看无误之后即可通过移动端扫码进行签字确认。网络庭审结束后，当事人可以在电子诉讼平台的"网络庭审"已开庭列表中查看该案件庭审笔录和庭审视频。[1]

（二）问题检视与学理反思

一是部分性地剥夺了当事人的程序选择权。例如，《北京互联网法院电子诉讼庭审规范（试行）》第1条规定，"电子诉讼采取在线视频方式开庭。当事人因客观原因申请线下庭审，或存在确需现场查明身份、核对原件、查验实物等特殊情形的，法院可以决定在线下开庭。当事人申请线下开庭的，应提交书面申请"。从规定内容看，北京互联网法院原则上采取线上审理方式，存在特殊情形的，法院可以决定采取线下方式审理，而且必须由当事人书面申请。这意味着，除存在特殊情形的，则一律采取在线审理方式，当事人没有程序选择权。而且存在特殊情形的，不仅增加规定了当事人必须书面申请的负担，而且法院也可以决定不线下开庭。再如《广州互联网法院在线审理规程（试行）》第2条规定，"本院采取在线方式审理案件。案件的受理、送达、调解、证据交换、庭前准备、庭审、宣判、执行等诉讼环节一般通过本院诉讼平台线上完成"。第47条规定，"本院庭审原则上通过诉讼平台采取在线视频方式进行"。《广州互联网法院关于在线庭审若干问题的规定（试行）》第4条亦规定，"庭审原则上采取在线视频方式进行"。从上述规定内容看，广州互联网法院审理案件，原则上直接采取在线方式，事先并不需要征求当事人意见，而且也未明确规定当事人可以申请线下审理，一定程度上减损了当事人对线上与线下审理的程序选择权。此外，《互联网法院审理案件若干问题规定》第1条亦规定，互联网法院采取在线方式审理案件，案件的受理、送达、调解、证据交换、庭前准备、庭审、宣判等诉讼环节一般应当在线上完成。根据当

---

[1] 参见《北京互联网法院电子诉讼平台软件用户使用手册（当事人分册）》。

事人申请或者案件审理需要，互联网法院可以决定在线下完成部分诉讼环节。该规定虽赋予了当事人申请线下审理的程序选择权，但当事人有权申请线下完成的仅是部分诉讼环节而非全部诉讼环节，也即互联网法院管辖的涉网案件不得全流程线下审理，且未明确具体标准，也在一定程度上剥夺了当事人的程序选择权。实践证明，并非所有的涉网案件都适合在线审理，适宜在线审理的涉网案件也并非所有环节都适宜在线进行，因此，要保障当事人的程序选择权。

二是杭州互联网法院在电子诉讼平台强制性内嵌调解前置程序尚缺乏上位法依据。《民事诉讼法》第 125 条规定，当事人起诉到人民法院的民事纠纷，适宜调解的，先行调解，但当事人拒绝调解的除外。可见，我国现行法律实行的是先行调解制度，适用先行调解必须满足适宜调解和当事人不拒绝调解两个条件。2015 年 12 月《中共中央办公厅、国务院办公厅关于完善矛盾纠纷多元化解机制的意见》规定，各级法院要积极探索先行调解的案件类型，推动有条件的基层法院对家事纠纷、相邻关系纠纷、小额债务纠纷、劳动纠纷、消费者权益纠纷、交通事故纠纷等适宜调解的案件进行调解程序前置的探索。该规定虽明确可以对特定案件无须征求当事人意愿即强制启动调解程序，但也强调必须是适宜调解的案件。而《杭州互联网法院诉讼平台审理规程》第 7 条则规定，"诉讼平台设置调解前置程序"，即实行诉前强制调解程序，在规定期限内调解不成的，方可进入诉讼程序。该规定不区分案件类型和是否适宜调解，一律实行调解前置程序，不仅突破了民事诉讼法关于先行调解需要当事人不拒绝调解的前提条件，而且亦突破了民事诉讼法和中央政策中关于适宜调解的前提条件。2019 年 1 月，习近平总书记在中央政法工作会议上指出，要坚持把非诉讼纠纷解决机制挺在前面，从源头上减少诉讼增量。2021 年 2 月通过的《关于加强诉源治理推动矛盾纠纷源头化解的意见》，亦提出积极探索调解前置程序。因此，探索实行调解程序前置，应是未来的发展趋势。杭州互联网法院不区分案件类型探索实行调解程序前置，一定程度上虽然符合目前的政策精神和发展趋势，但仍然缺乏上位法依据。

三、机制创新全面数字化

由于传统的诉讼制度和审理方式形成于工商业时代，采用的是物理空间思维，已不能适应智慧社会时代民事司法数字化的需求，必然要求人民法院在数字技术驱动下进行民事司法数字化创新。特别是三家互联网法院根据民事司法实践需求，全面利用大数据、区块链、人工智能等数字技术，在电子送达、电子存证、证据分析、审理模式等制度机制上进行了不少的数字化创新探索。下面主要梳理总结三家互联网法院在"大数据电子送达""区块链电子存取证""人工智能证据分析""在线异步审理"四个方面的机制创新情况和具体做法。

（一）主要表现与实践样态

1. 大数据电子送达

2018 年 4 月 10 日，杭州互联网法院上线全国首个大数据电子送达平台，并与中国电信等三大通信运营商，以及金融机构、电商平台大数据后台实现互联互通。平台通过运用自动检索、深度挖掘、短信弹屏等现代数字技术方式，着力解决当事人电子地址查询难、活跃地址查询难等送达难题。一是自动检索，大数据一键找出有效送达地址。涉网案件的当事人，基本上都是网民，都拥有手机号码、电子邮箱、电商平台账号（如淘宝旺旺号）等电子联系方式，也习惯于进行电子联络，也就更容易接受电子送达方式。针对网民当事人的上述特性，根据起诉材料中的当事人身份信息，如姓名、证件号码等，电子送达平台可通过大数据自动检索受送达人名下所有手机号码、电子邮箱、淘宝旺旺号等常用电子地址。二是深度挖掘，精准锁定当事人活跃地址。平台对检索到的电子地址首先与诉讼材料中当事人的身份信息进行比对，如结果一致，平台则将其设置为送达地址。不一致时，则自动利用大数据对当事人名下的电子联系地址信息进行深度挖掘，并对受送达人名下的所有手机号码等按照活跃度高低进行排序，自动过滤出长期不用或停机的号码后，精准锁定活跃电子地址，并进行信息核验。三是弹屏短信，确保当事人已阅读送达内容。平台还专门开发了无法被拦截的弹屏短信功能，在对受送达人的有效活跃地址进行电子送达后，可同时发送弹屏短信予以提醒即时查阅，点击"关闭"才能继续使用手机，确保受送达人已经收悉电子送达材料，防止出现部分受送达人否认已看过短信的情况，提高电子送达成功率和有效率，[1]但也不可避免地对被送达人的合法权益造成损害。[2]

2. 区块链电子存取证

杭州互联网法院原院长杜前曾在中国互联网法院高峰对话上坦陈，其实互联网法院案件最大的痛点就是电子数据证据存证、采集等非常不方便。[3]为解决这一共性问题，三家互联网法院先后运用区块链技术，建立了区块链电子存证机制。一是 2018 年 9 月，杭州互联网法院上线了由区块链程序、区块链全链路能力层、司法联盟层组成的"司法区块链"。运用区块链技术将公证机构、CA/RA 机构[4]、鉴定机构与法院进行互连，确保电子数据线上从生成到使用全流程全生命周期可信。用户通过区块链程序，可以直接将网上提交的电子合同、维权过程等全部电子证据和操作行为记录于区块链，通过全链路能力层提供的实名认证、时间戳等进行可信存证。二是 2018 年 9 月，北京互联网法院联合北京市高级人民法院、国家信息中心电子数据司法鉴定中心、北京市长安公证处、国信公证处等司法机构，以及中国电子商务等行业组织，国家电网等大型央企，央行、商业银行等大型金融机构，百度、京东、腾讯等大型互联网平台共 20 多家单位作为节点，上线电子证据平台"天平链"。"天平链"实现了验证更高效、水平更专业，成本更低廉，运行 3 个多月，在线采集的证据数据就高达 100 多万条，存证材料数超过 18 万，验证证据文件 300 多个。三是 2019 年 3 月，广州互联网法院上线由政法机关、运营商、企业、金融机构等 50 余家单位共建的"网通法链"智慧信用生态系统，着力解决电子证据易被篡改问题，方便当事人调取、保存电子证据。系统试运行一周多，互联网

---

〔1〕 参见"检索分秒之间，送达千里之外! 杭州互联网法院上线全国首个大数据电子送达平台"，载"浙江天平"微信公众号，最后访问时间：2020 年 11 月 26 日。

〔2〕 段厚省："远程审判的双重张力"，载《东方法学》2019 年第 4 期。

〔3〕 陈甦、田禾主编：《中国法院信息化发展报告 No. 4（2020）》，社会科学文献出版社 2020 年版，第 328 页。

〔4〕 CA 是指 Certification Authority，即认证中心；RA 是指 Registration Authority，即注册审批机构。

金融类、网络购物类、网络著作权类等证据材料存证数量就高达 26 万多条。

3. 人工智能证据分析

为将法官从大量繁杂、机械重复、无序低效的证据比对分析工作中解放出来，2019 年 12 月，杭州互联网法院运用大数据、人工智能等现代数字技术，开通智能证据分析系统，法官只需点击一个按钮，即可获得证据分析结果。一是当事人提交证据材料后，系统会自动对所有材料进行分析并逐一比对，并根据法官的审判习惯和审判需求，生成已经标注相应证明对象的证据清单，且自动分类排序，形成证据目录，方便法官审判。如果当事人上传了错误的电子证据，或者遗漏了一些必要证据，或者上传了与证据对象和证明目的完全无关的证据，系统都会自动提示当事人进行补正。二是在著作权侵权纠纷案件中，智能证据分析系统通过对原告著作权人的文章、图片、视频、动画等与被告涉嫌侵权的文章、图片、视频、动画进行智能比对分析，作出是否"疑似侵权"的判断结论。例如，对著作权人的文章与涉嫌侵权的文章，系统通过类似"中国知网"查重的方式，找出前后两篇文章的重复字数、重复段落数、文字复制比等，判断作品是否疑似侵权。对图片类作品，系统通过分析原始图像的作者及具体拍摄时间、地点，所用的相机型号、像素、分辨率，图片有无修改及修改时间等参数，并与疑似盗图在主题、构图、背景、元素、色彩相似度等方面进行全方位比对，综合评估作品是否疑似侵权。对于侵犯视频和动画的著作权案件，也无须再由法官人工比较每一帧或每一段。系统将直接识别并智能比对所涉视频相关参数，将对相同和相似的视频片段，以屏幕截图的形式分别单独展示，全面评估作品是否疑似侵权。[1]

4. 在线异步审理

"互联网法院开启了网上案件网上审理的先河，但在推进在线审理模式过程中，也面临不少痛点。比如，当事人在国外存在时差，开庭时间需要多方协调；诉讼标的较小，一方当事人不愿请律师，诉权无法充分保障；由于诉讼能力存在差距，部分当事人无法克服庭审紧张情绪；等

---

〔1〕 参见"杭州互联网法院上线智能证据分析系统"，载杭州互联网法院网，http://hztl. zj-court. cn/art/2019/12/12/art_ 1225222_ 41403422. html，最后访问时间：2021 年 11 月 30 日。

等。"〔1〕基于此，2018 年 4 月 2 日，杭州互联网法院上线全球首个"异步审理模式"。〔2〕所谓"异步审理"，根据《杭州互联网法院涉网案件异步审理规程（试行）》规定，涉网案件异步审理是指将涉网案件各审判环节分布在杭州互联网法院网的诉讼平台上，法院与原告、被告以及其他诉讼参与人在规定期限内按照各自选择的时间登录平台以非同步方式完成诉讼的审理模式。这一审理模式，实现了从"视频面对面、同步式"的在线庭审，到"非面对面、非同步式"的异步庭审，进一步打破时间空间的限制，让审判在"异步时空"进行。与传统审理方式不同，当事人不仅可以"零在途""零差旅"完成诉讼，还可以在不同时间、不同空间、不同地点，利用零碎时间参与诉讼活动，"哪怕出国旅游也能抽空手机上打个官司"。截至杭州互联网法院成立六周年之时，"异步审理适用率超过50%"。〔3〕杭州互联网法院的这一创新之举，在广州、北京互联网法院也得到了应用和发展。2019 年 10 月 21 日，广州互联网法院印发《广州互联网法院在线审理规程（试行）》，第十章专门规定了"在线交互式审理"，明确在线交互式审理是指当事人及其他诉讼参与人在法院规定的期限内，自主选择时间登录诉讼平台，完成陈述、答辩、举证、质证、接受询问并充分发表意见后，法院不再开庭审理，径行裁判的审理方式，还明确了在线交互式审理的适用案件范围、适用条件和程序转换等。〔4〕2020 年 2 月

---

〔1〕 林平："杜前：'异步审理'约占在线审案两成，诉讼流程 20 天内完成"，载澎湃新闻网，https://www.thepaper.cn/newsDetail_ forward_ 5137882，最后访问时间：2021 年 11 月 30 日。

〔2〕 吴勇、岳丰："杭州互联网法院启用全球首个异步审理模式　网上打官司　不怕有'时差'"，载《浙江日报》2018 年 4 月 3 日，第 2 版。

〔3〕 陈东升、王春："互联网司法让当事人享受到数字改革红利　杭州互联网法院设立六周年记"，载《法治日报》2023 年 8 月 19 日，第 4 版。

〔4〕 《广州互联网法院在线审理规程（试行）》第十章第 82 条规定："在线交互式审理是指当事人及其他诉讼参与人在本院规定的期限内，自主选择时间登录诉讼平台，完成陈述、答辩、举证、质证、接受询问并充分发表意见后，本院不再开庭审理，径行裁判的审理方式。"第 83 条规定："同时符合以下条件的小额诉讼程序案件，可以适用在线交互式审理：（一）当事人及其他诉讼参与人均已在线认证关联；（二）当事人均同意不开庭审理；（三）不开庭审理能够查明案件事实。"第 88 条规定，在线交互式审理过程中，当事人申请转为开庭审理的，应当说明理由。无正当理由的，本院不予准许。本院发现不适宜在线交互式审理的，转为开庭审理。转为开庭审理的，已完成的诉讼行为具有法律效力。

21 日，北京互联网法院发布《北京互联网法院电子诉讼庭审规范（试行）》，第 20 条第 1 款至第 2 款亦明确规定，在线庭审以审判人员、当事人及其他诉讼参与人同时参加庭审为主要方式。如果实现同时庭审确有困难，经当事人书面申请且其他各方当事人书面同意，法院审核后，可以采用当事人、其他诉讼参与人在不同时间参加庭审的非同时庭审方式，并在合理时间内完成庭审。

（二）问题检视与学理反思

一是在电子送达上，《杭州互联网法院诉讼平台审理规程》第 22 条第 1 款规定，诉讼平台案件原则上采用电子送达，这在一定程度上突破了现行法律关于电子送达必须经受送达人同意这一前提。虽然互联网法院管辖的涉网案件当事人基本上都具备使用电子设备的基础和接受电子送达的能力，进行一定突破有其一定合理性，但毕竟还缺乏明确的上位法依据。该条款还规定，诉讼材料通过向当事人诉讼平台账户，以及绑定诉讼平台的手机号、电子邮箱、阿里旺旺、微信推送的形式完成送达。实践中，北京互联网法院还与电商平台签订平台集约送达协议，在"阿里""京东"等平台开设法院官方送达账号，通过淘宝旺旺、京东客服等即时通信软件进行电子送达。[1]《民事诉讼法》第 90 条第 1 款规定，人民法院可以采用能够确认其收悉的电子方式送达诉讼文书。虽然未限定电子送达的载体和方式，但通过微信、淘宝旺旺、京东客服等方式进行电子送达，可能存在数据安全问题，而且因微信不具备已读回执功能，通过微信送达可能无法第一时间确认受送达人是否已经收悉。此外，通过民营企业平台确定法院送达主体官方性的方式，其正当性也存在一定争议。目前，全国法院没有统一的短信通道号，当事人手机可能会对法院发送的送达短信进行自动拦截，而且因短信内容敏感，容易被当事人误认为是诈骗短信。针对此情况，广州互联网法院则联合国有三大电信运营商，开发"点即达"智能短信送达系统，短信通过工信部审批的专用短信通道号权威发送，短信界面顶部显示互联网法院名称和 logo，不仅有效解决了送达主体的官方性认定

---

〔1〕 北京互联网法院课题组："'互联网+'背景下电子送达制度的重构——立足互联网法院电子送达的最新实践"，载《法律适用》2019 年第 23 期。

和权威问题，还避免了送达内容被误认为虚假信息、诈骗信息等问题。实践中，为提升短信送达的成功率和收悉率，三家互联网法院都采取了弹屏方式进行短信送达，虽然客观上提升了短信送达的效果，但也在一定程度上可能造成受送达人用户体验不佳等问题。如果未事先征得受送达人同意，强制当事人阅读法院送达的短信，不仅缺乏相应的法律依据，而且可能额外增加受送达人的义务负担，这也不符合民事司法数字化增量保障的伦理原则。[1]

二是在区块链电子存取证上，三家互联网法院均采取联盟链的方式，建立各自的司法区块链平台，并制定相应的制度规范，如杭州互联网法院《电子证据平台规范（试行）》《司法区块链平台规范（试行）》，北京互联网法院《天平链应用接入技术规范》《天平链应用接入管理规范》，广州互联网法院《可信电子证据平台接入与管理的规定（试行）》。虽然司法区块链由法院主导，但加入联盟链的企业等其他市场主体，一旦在司法区块链平台所属法院涉诉，其自身或参与控制的链上证据能否采用，是否与司法的被动中立性定位相冲突，而且法院作为区块链的一级节点，在诉前阶段主动参与证据保全，如何保持司法中立，都是值得思考的问题。操作人员的故意行为或者技术性错误等原因，会带来区块链数据真实性受损的风险。若区块链存证系统出现技术风险，还有可能导入诉讼程序而转化为程序风险。因此，区块链并非能够自动防止数据不准确，而是必须辅以外部机制以确保其准确性。[2]三家互联网法院各自建设地方性的司法区块链系统，一方面不仅可能造成重复建设问题，而且可能导致系统内数据缺乏互联互通，形成"数据孤岛"；[3]另一方面囿于地方性平台的局限性，难以大量接入其他节点，无法发挥规模效应和体现区块链技术的最大优势。[4]

---

[1] 段厚省："远程审判的双重张力"，载《东方法学》2019年第4期。

[2] Alexander Wilhelm, "Blockchain Technology and the Development of African Economies: Promises, Opportunities, and the Legal Issues at Stake", Law in Africa, Vol. 22, No. 1, 2019, p. 8.

[3] 韩旭至："司法区块链的复合风险与双层规制"，载《西安交通大学学报（社会科学版）》2021年第1期。

[4] 李晓丽："论区块链技术在民事司法应用中的价值、风险和进路"，载《中国应用法学》2021年第3期。

各自制定相应的技术标准和管理规范，也易造成不统一问题。例如，杭州与北京两家互联网法院均要求，接入单位或第三方电子认证机构必须获得经营许可，[1]而广州互联网法院则仅要求其区块链技术应当符合有关法律法规和行业标准，并取得国家有关部门认可的第三方检测机构出具的相关测试证明。[2]因此，最高人民法院《关于加强区块链司法应用的意见》提出，建立健全区块链在司法领域应用的技术标准和管理规范，为与相关领域区块链平台和节点接入互通、共享协同提供技术指引和标准接口支持。到 2025 年，建成人民法院与社会各行各业互通共享的区块链联盟，融入经济社会运行体系，实现与政法、工商、金融、环保、征信等多个领域跨链信息共享和协同。此外，现有电子数据证据的真实性证明规则，[3]存在"以技证技"倾向，实质上将真实性认定对象从电子数据本身转换成在存证平台的存证行为，忽略了证据法上的证明规则及法理内涵，存证滑向技术中心主义的潜在风险。[4]

三是在远程异步审理上，首先并无对应的线下异步审理模式，杭州互联网法院首创在线异步审理，从诉讼便民角度看有其正当性，但当时尚缺乏明确的合法性依据。《人民法院在线诉讼规则》虽规定了异步审理，但在法律位阶上，仍属于司法解释层次，仍缺乏民事诉讼法等基本法律的规定。此外，在线异步审理可能对传统民事司法诚信原则、直接言词原则、证人出庭作证规则都带来一定的冲击，以及人工智能司法可能存在的问题，因本书后面相应章节会作详细分析，此处不再赘述。

此外，互联网法院在民事司法数字化方面的创新远不止上述几个方面，但这些创新实际上并非互联网法院所独有，也并非互联网法院领先于传统法院实现了重大突破。传统法院也在推进智慧司法的过程中，不断加

---

〔1〕 参见杭州互联网法院《电子证据平台规范（试行）》第 4 条，北京互联网法院《天平链应用接入管理规范》第 3.2 条。

〔2〕 参见广州互联网法院《可信电子证据平台接入与管理的规定（试行）》第 45 条。

〔3〕《互联网法院审理案件若干问题规定》第 11 条第 2 款规定，当事人提交的电子数据，通过电子签名、可信时间戳、哈希值校验、区块链等证据收集、固定和防篡改的技术手段或者通过电子取证存证平台认证，能够证明其真实性的，互联网法院应当确认。

〔4〕 段莉琼、吴博雅："区块链证据的真实性认定困境与规则重构"，载《法律适用》2020 年第 19 期。

强技术创新。例如，浙江省嘉兴市中级人民法院于 2019 年 7 月上线智能送达平台，安徽省亳州市谯城区人民法院于 2020 年 5 月启用区块链电子封条，广州市中级人民法院于 2020 年 8 月上线"区块链律师调查令"线上办理平台。根据《区块链司法存证应用白皮书（1.0 版）》数据，截至 2019 年 6 月底，除杭州互联网法院外，全国已有吉林、山东、天津、河南、四川省等 12 个省（直辖市）的高院、中基层法院上线区块链电子证据平台。各地法院还基于区块链的安全、可信、可追溯以及区块链智能合约的高度自动化功能，不断创新应用"诉前调解协议"区块链智能合约自动履行机制，与不动产登记等相关部门建立"区块链+"法律文书核验数据共享机制等。在线异步审理模式虽是杭州互联网法院首创，但随着在线诉讼的普遍推行，全国不少法院都进行了异步审理探索，如上海市高级人民法院于 2022 年 3 月发布《关于在线异步诉讼的若干规定（试行）》，并上线微法庭，开始探索实行异步审理。在人工智能司法上，上海法院早就于 2017 年即率先研发了"206 系统"，即刑事案件智能辅助办案系统。2023 年 11 月，苏州市中级人民法院又率先试点"生成式人工智能辅助办案系统"，基于法院前期开展无纸化办案汇聚的各类电子卷宗数据和法律知识数据，结合"人工智能通用大模型"技术，构建了具备多模态文件理解能力、法律语义认知能力、自然语言交互能力的法院专用大语言模型。可见，互联网法院在技术创新上并无独特性和垄断性。这也说明，单纯从"网上案件网上审"角度看，已无法体现互联网法院的独特性，必须重新思考互联网法院的功能定位，调整其管辖范围，以凸显其独特性或专门性。

第三节　民事司法数字化的正义价值

公正是法治的生命线。无论时代如何变迁，人们对正义的追求不会变，对司法的公平正义诉求也不会变。而且，数字时代数字经济纠纷解决，要求纠纷解决结果更公正、正义实现更便捷、正义实现过程更透明。[1]因此，民事司法数字化的正当性也必须来源于公平正义，否则民事

---

[1]　赵杨："人工智能时代的司法信任及其构建"，载《华东政法大学学报》2021 年第 4 期。

司法数字化将失去生存、发展和变革的基础。如果民事司法数字化不能顺应智慧社会时代需求更新和提升司法正义，则其价值也将大打折扣。"司法人工智能融入司法改革的法理仍然是对公平正义的追求，其法理表达已经转变为一种以科学技术驱动的'数字正义'。"[1]具体而言，包括司法人工智能在内的民事司法数字化转向与变革，虽然还存在着一定的问题与不足，但至少蕴含着数字化接近正义、数字化实体正义和数字化可视正义三个方面的数字正义价值。

一、数字化接近正义价值

"法律应该是每个人随时都可以触及的。"[2]"一种真正现代的司法裁判制度的基本特征之一必须是，司法能有效地为所有人接近，而不仅仅是在理论上对于所有人可以接近。"[3]那么，司法救济如何能为所有人接近呢？20 世纪 60 年代以来，西方国家开展了一系列"接近正义"运动。所谓"接近正义"运动，是学者们对西方国家在公民诉讼需求大幅上升，甚至出现局部诉讼爆炸现象以及纠纷复杂化等背景下为民众寻求法律救济创造更好的制度条件所做的归纳。迄今为止，"接近正义"运动经历了三个阶段或三个"波"，即为贫困者提供法律援助的第一波，保护扩散利益的第二波以及纠纷处理与诉讼外的替代政策的第三波。[4]《民事诉讼法》第126 条亦明确规定，人民法院应当保障当事人依照法律规定享有的起诉权利。面对司法供给与司法需求之间的"接近正义"难题，最高人民法院时任院长周强指出："面对全球范围内案件尤其民商事案件持续较快增长趋势，中国法院要提供自己的解决方案。我们既不能走不断扩编增员的路子，更不能走限制立案、选择立案、拒绝群众诉求的路子，必须靠深化司

---

[1] 魏斌："司法人工智能融入司法改革的难题与路径"，载《现代法学》2021 年第 3 期。

[2] ［奥］弗兰茨·卡夫卡：《乡村医生》，叶廷芳等译，人民文学出版社 2017 年版，第 29 页。

[3] ［意］M. 卡佩莱蒂等：《当事人基本程序保障权与未来的民事诉讼》，徐昕译，法律出版社 2000 年版，第 40 页。

[4] ［意］莫诺·卡佩莱蒂编：《福利国家与接近正义》，刘俊祥等译，法律出版社 2000 年版，第 25-221 页。

法改革、建设智慧法院，加快推进审判体系和审判能力现代化。"[1]信息革命的到来，给"接近正义"运用的整体转型提供了巨大的动力和难得的契机。[2]民事司法数字化则能够突破传统民事司法的物理时空的资源限制、空间阻隔和机制弊端，可以更好地克服和突破影响传统民事司法接近正义在诉权保障、经济成本和时间成本等方面上的障碍，使当事人在得到及时的司法救济和权利保障上实现了质的提升和飞跃。

（一）保障行使诉权数字化

接近正义的核心之一是保障诉权。也就是说，要保障当事人依法提起的诉讼能够得到及时受理，这也是实现接近正义的基础。诉权阻碍在我国主要表现为"立案难"，对此，2014年10月，《中共中央关于全面推进依法治国若干重大问题的决定》提出，"改革法院案件受理制度，变立案审查制为立案登记制，对人民法院依法应该受理的案件，做到有案必立、有诉必理，保障当事人诉权"。2015年4月，《关于人民法院推行立案登记制改革的意见》强调，不得有案不立、拖延立案、人为控制立案等。民事司法数字化则可以更好地落实立案登记制的改革精神，既能方便当事人行使诉权，又能保障当事人诉权实现。一是以往存在法院对一些案件不及时接收材料的现象，网上立案则很好地解决了这一问题，当事人发生纠纷需要提起民事诉讼时，只要在法院的诉讼平台注册登录账号，通过身份认证后，就可以随时提交起诉材料，不再存在法院不及时接收起诉材料的情况。二是接近正义还要求"原告可在任何法院提起诉讼，法院都有责任就管辖权对当事人给予指示，或者必要时移送案件至适当的法院"。[3]2019年7月，最高人民法院启动跨域立案服务改革，并通过中国移动微法院提供技术支撑。中国移动微法院能够提供全国范围内的跨域立案诉讼服务，部分不熟悉中国移动微法院应用，甚至对微信平台也不太熟悉或者不会、不便使用网络的当

---

〔1〕 周强："最高人民法院工作报告——2020年5月25日在第十三届全国人民代表大会第三次会议上"，载最高人民法院网，https://www.court.gov.cn/zixun-xiangqing-231301.html，最后访问时间：2021年11月30日。

〔2〕 李占国："'全域数字法院'的构建与实现"，载《中外法学》2022年第1期。

〔3〕 刘敏："接近正义与英国的民事司法改革"，载南京师范大学法制现代化研究中心编：《法制现代化研究（第九卷）》，南京师范大学出版社2004年版，第132页。

事人可以选择到任何一家临近法院递交诉讼材料，由协作法院核对收到的相关信息，并将电子材料通过中国移动微法院发送至管辖法院，管辖法院网上判断是否符合受理条件后，将结果反馈至协作法院和当事人。[1]此举做到了当事人可在任何法院提起诉讼，哪怕收受材料的法院没有管辖权。三是民事司法数字化对拖延立案也有很好的解决办法，如上海法院利用智能合约技术，对所有符合立案条件的"待立案"案件一旦满 5 个工作日，无须人工操作，系统就会自动分配案号完成立案。四是各类在线诉讼平台为当事人提供的"诉讼服务"功能，还可以克服当事人存在的地理上、心理上、语言上和法律上的障碍，帮助当事人有效行使诉权。例如，在线诉讼可以让当事人居家或者在自己熟悉的环境而非实体的法庭内参加庭审，有助于拉近当事人与司法的心理距离，消除当事人与法院以及法官的心理隔阂与疏离陌生形象；[2]上海法院 12368 诉讼服务平台为当事人提供"诉讼引导""文书样式""诉讼费计算"等服务，可以帮助消除法律上的障碍；上海金融法院于 2019 年 12 月启用庭审同步传译系统，帮助外籍诉讼参与人消除案件审理中的语言沟通障碍。还有的诉讼平台为当事人提供"诉讼风险评估"服务。此外，一些小额案件，可能面临着线下诉讼成本高于胜诉收益而导致当事人不愿意诉讼的问题，而在线诉讼的经济性则可以很好地解决此类问题，助力当事人及时行使诉权，维护自身合法权益。[3]

（二）降低诉讼成本数字化

诉讼成本关注的不仅仅是国家对司法资源的整体投入，更关注的是成本与个人正义之间的关系。"如果只有富人才能付得起钱，利用这种制度，那么即使使用公式精心保障的司法制度也基本上没有什么价值可言。"[4]

---

〔1〕 郭泽涵："中国发布 | 最高法：'中国移动微法院'为跨域立案提供全新科技支撑"，载中国网，http://news. china. com. cn/txt/2019－12/25/content_ 75548680. htm，最后访问时间：2021 年 11 月 30 日。

〔2〕 孟醒："智慧法院建设对接近正义的双刃剑效应与规制路径"，载《中国政法大学学报》2020 年第 6 期。

〔3〕 郭丰璐："论在线诉讼的功能定位"，载《法律适用》2023 年第 5 期。

〔4〕 ［意］M. 卡佩莱蒂等：《当事人基本程序保障权与未来的民事诉讼》，徐昕译，法律出版社 2000 年版，第 40 页。

诉讼成本上的第一个障碍是律师费，穷人往往请不起律师，如果对方当事人请了律师，这又往往造成形式上诉讼能力的不平等。虽然世界各国，包括我国都普遍建立了法律援助制度，但由于国家财力的限制，并非每个需要法律援助的当事人都能得到批准。相对而言，民事司法数字化可以很好地弥补这一缺憾。例如，最高人民法院在全国法院推进一站式诉讼服务中心建设以来，各地法院普遍开通诉讼服务网、移动微法院、12368诉讼服务平台等，当事人轻点鼠标或手指就可以获得免费的诉讼咨询服务。如上海法院12368诉讼服务平台对平台成立以来窗口、来电和网络留言中频繁出现的程序类问题进行梳理归纳，从近万个问题中整理出2300个问答，采用一问一答的模式，用通俗易懂的语言，就诉讼中可能遇到的程序类问题进行解答，并附上具体法律法规，为老百姓诉讼提供指南，编写形成《法院诉讼程序2300问》，并导入上海法院12368诉讼服务平台智能咨询司法知识库，由人工智能机器人可为当事人提供全天候24小时免费的诉讼咨询服务，让经济困难的当事人可以得到普遍意义上的免费法律援助，"帮助消除法律资源不对称的问题，实现更为广泛的司法正义"。[1]诉讼成本还包括诉讼过程中的调查取证成本、时间成本和差旅费等各项成本。以往电子证据取证存证往往需要公证，当事人需要支付一笔不小的公证费用，法院利用区块链技术进行电子证据存取证，可为当事人省去公证成本。过去，面对面解决纠纷往往需要当事人在特定时间和地点进行会面，因此用以组织和安排会面的成本就变得比较高昂。而网上立案、网上交退费、在线审理、异步审理可实现当事人零往返零差旅等，都可为当事人节省大量诉讼成本，减少诉讼障碍。[2]例如，三家互联网法院成立以来至2019年10月底，全流程在线审结案件80 819件，在线庭审平均用时45分钟，平均审理天数约38天，比传统线下审理模式分别节省时间约3/5和1/2。[3]根据2022年10月13日最高人民法院举行的"人民法院智慧法院建设工作成效新闻

---

〔1〕 曹建峰："'人工智能+法律'十大趋势"，载《机器人产业》2017年第5期。

〔2〕 孟醒："智慧法院建设对接近正义的双刃剑效应与规制路径"，载《中国政法大学学报》2020年第6期。

〔3〕 中华人民共和国最高人民法院编：《中国法院的互联网司法》，人民法院出版社2019年版，第6页。

发布会"介绍,"在人民法院在线服务的支持下,当事人完成一件诉讼从以往需要往返约 6 次减少到现在只需 1 次至 2 次,甚至一次也不用跑"。〔1〕

(三) 提升诉讼效率数字化

"正义的第二种涵义——也是最普遍的涵义——是效率。"〔2〕因此,"司法效率是现代司法公正的基本构成要素,司法资源的稀缺使得司法必须追求效率,否则不足以完成其实现法律公正之价值使命"。〔3〕"诉讼迟延",普遍被认为是接近正义的另一个阻碍。一方面,诉讼迟延可能会影响判决的准确性,导致判决的非正义。比如,拖延可能导致证据被灭失或被篡改而影响判决正确性,还如在依赖于证人证言的案件中,如果诉讼时间越长,则证人的记忆力可能减退的概率越高,如果诉讼过分迟延,则可能证人早已死亡或消失而无法作证。另一方面,诉讼迟延会侵蚀判决的效用,无论该判决正确与否。比如,道路交通事故人身损害赔偿纠纷案件中,即使最终的判决正确,如果审判过分迟延,则当事人的伤害和痛苦会加剧;如果在受害方死亡后判决才作出,则判决的效用更加减少。此时,判决的非正义不是因为判决在法律或事实上不正确,而是因为正义来得太迟了,正如法谚所云,"对正义的迟延即为对正义的拒绝",或如拉丁语所说的"饥肠不耐耽搁"。民事司法数字化则可以较好地解决诉讼迟延问题,减少影响判决正义性的因素和迟来的正义。首先,民事司法数字化可以确保按时和及时开庭。比如,上海法院律师服务平台的庭审排期自动避让功能可以避免因代理律师庭审撞期而可能导致的被迫取消开庭,广州互联网法院的虚拟"YUE 法庭"可以有效缓解因物理空间的实体法庭紧缺导致的庭审排期延后问题。其次,诉讼全流程在线化,既可以节省当事人往返法院的时间成本,又可以缩短诉讼周期。比如,上海市高级人民法院在开发律师服务平台前,在全市调取了 20 万件有律师参与的案件进行数据核算,

---

〔1〕 刘婧:"持续深化智慧法院建设 努力创造更高水平数字正义——最高人民法院相关部门负责人就人民法院智慧法院建设工作成效答记者问",载《人民法院报》2022 年 10 月 14 日,第 3 版。

〔2〕 [美] 理查德·A. 波斯纳:《法律的经济分析 上》,蒋兆康译,中国大百科全书出版社 1997 年版,第 31 页。

〔3〕 刘练军:"司法效率的性质",载《浙江社会科学》2011 年第 11 期。

发现每个案件中律师若能减少一次来往法院阅卷的奔波，就能节省60万个小时的工作时间，这些都有利于加快诉讼进程。再次，民事司法数字化可以提升庭审和审判效率。比如，庭审智能语音识别笔录转写功能，法官可以不用因顾及书记员记录速度的快慢而影响庭审节奏；广州互联网法院的类案批量智审系统可以有效满足海量互联网纠纷解决的司法需求，提升纠纷化解效率；杭州互联网法院的智能证据分析系统，可以帮助法官快速识别知识产权案件的著作、图片、视频等是否侵权。最后，算法所具有的高效率使得算法司法的应用，不仅增强了纠纷处理能力，降低了解决纠纷的成本，而且在很大程度上提高了纠纷解决的自动化程度，既为更加接近正义奠定了现实基础，[1]也帮助人们前所未有地"接近正义"。[2]例如，浙江省高级人民法院应用生成式人工智能"智海—录问"大模型，为法官提供法律问答、知识检索增强问答、案情分析、意图识别等多项法律辅助服务，大大加快了法官审案流程。[3]此外，非诉讼纠纷解决机制平台与法院审判系统对接互通，亦极大地提升了司法效率。如2019年6月，上海市高级人民法院与上海市人力资源和社会保障局联合上线"上海劳动人事争议裁审数据一网通"，联通仲裁业务平台与审判信息管理平台，实现数据闭环流通，有效减少了法官的重复性工作。[4]

二、数字化实体正义价值

司法意义上的实体正义通常指称实体个别正义，民事司法的实体正义即通过诉讼过程而实现的个案结果公正。也就是说，司法活动就诉讼当事人的实体权利义务所处的裁决或处理与每个人应得的权益相一致。如果说时间和成本是正义尤其是接近正义的两个重要维度，那么判决的正确性或

〔1〕［美］伊森·凯什、［以色列］奥娜·拉比诺维奇·艾尼：《数字正义　当纠纷解决遇见互联网科技》，赵蕾、赵精武、曹建峰译，法律出版社2019年版，第64页。

〔2〕李占国："'全域数字法院'的构建与实现"，载《中外法学》2022年第1期。

〔3〕沈湫莎："大模型爆火这一年——关于ChatGPT在全球引发AI'狂飙'的观察与思考"，载《文汇报》2023年11月29日，第5版。

〔4〕宋宁华："上海劳动人事争议裁审数据一网通上线　'一网通'打破仲裁与审判壁垒"，载《新民晚报》2019年6月28日，第9版。

者说实体正义则是民事司法正义的另一个重要的维度。要实现个案实体正义，最重要的是准确地认定案件事实和正确地适用法律。除客观因素外，这一定程度上又取决于法官的司法能力。而民事司法数字化则在提升法官能力、发现认定事实、正确适用法律上有着非常重要的作用。

（一）数字化助力提升法官能力

提升法官能力，是推进审判能力现代化的应有之义。虽然法官的司法能力强不能绝对确保裁判实体公正，但一个业务能力不强的法官则不大可能经常性地作出公正的裁判。民事司法数字化借助大数据、云计算、人工智能等智能数字技术，可以为法官裁判提供全面高效的法律知识智力资源的支持，提升法官司法能力。[1]特别是年轻法官或初任法官以往要靠师傅手把手地带教，现在年轻法官遇到法律上的难题，则可以随时求教于人民法院案例库、法答网、"法信"平台以及上海法院C2J智能辅助法官办案系统等类似的法律知识大数据库来解决。如北京法院基于知识中心，依托知识图谱，开发的"睿法官"系统，采用大数据手段，通过智能机器学习，以各类案件的案情要素为切入点，形成完整的知识体系，为法官提供精准的规范流程引导，自动推送法律法规、案例参考、观点采撷、专题点评、域外集锦等信息，可以极大地提升法官的司法能力。解决法官学习的法律知识库的丰富和精准推送问题后，要提升法官的司法能力，还需要法官有时间和精力去消化吸收，将所学变成自己的知识能力。人工智能等数字技术将替代或辅助法官处理一些审判事务性工作，从而将法官从繁重的事务工作和简单劳动中解放出来，能够有相对多的时间和精力去学习更新法律知识，提升司法能力。例如，集聚了法官群体智慧的简易案件裁判文书智能生成系统，可对道路交通事故纠纷、信用卡纠纷、物业服务合同纠纷等简易民事案件裁判文书实现快速生成，法官只需稍作修改即可，可最大限度地减少法官的简单劳动。此外，为了加强法院的自我组织和控制，

---

〔1〕 运用现代科技，提升法官司法能力亦是深化司法改革，全面落实司法责任制的要求。如中共中央办公厅《关于加强法官检察官正规化专业化职业化建设全面落实司法责任制的意见》即明确要求，"深化司法改革与现代科技的结合，依托大数据技术，总结办案规律、规范办案标准，完善智能辅助办案系统的类案推送、结果比对、数据分析、办案瑕疵提示等功能，帮助法官、检察官提高运用自由裁量权的能力和水平，促进法律适用统一"。

在智慧法院建设过程中，人民法院亦以各种数字化、网络化、智能化方式，通过全覆盖式的司法平台建设，如中国审判流程信息公开网、中国庭审公开网、中国裁判文书网等，加强司法公开，来倒逼法官提升司法能力。[1]最重要的是，智慧审判建立的逻辑模型，集合了多数法官的思维方式，它在本质上是整个法官群体的智慧、思维和经验的结晶。[2]相对于法官个体的经验和智慧而言，人工智能可以延展和处理更多的数据，获得更全面、更丰富的信息，从而扫除认识的盲点，消除不确定性，达成相对统一的认识规律和相对公开的判断规则，所获得的是一种系统的认知，所形成的是一种系统的思维，有利于改变依赖法官个人能力和水平进行裁判的局限性。[3]

（二）数字化助力发现认定事实

按照司法裁判的三段论逻辑结构，大前提是具体的法律规范，小前提是案件事实，结论是裁判结果。因此，要实现个案实体正义，除了找准大前提，还必须弄清案件事实。然而案件事实在司法裁判时已经是处于过去的事实，如果当事人不如实陈述的话，则会给司法发现事实带来很大的难度，此时法官一般只能借助证据规则来认定案件事实，但如此认定的案件法律事实则可能与客观真实事实存在一定的差距，而民事司法数字化则可以很好地助力法官尽可能地发现案件客观事实或者逼近客观事实。首先，智能定位、区块链等技术可以帮助法官很好地发现事实。例如，智能汽车可以证实当事人几点钟已经到家，智能家居系统可以证明当事人回家之后没有出门，智能眼镜、智能电视、智能手机都可以证明当事人待在客厅看电视，此种智能定位等智能技术也可用在民事司法中证明客观事实或佐证当事人或者证人的陈述。其次，区块链具有的不可篡改性等特点，可以在民事司法中用作电子证据存证和取证，区块链智能合约技术更可以用作见证商事交易的全过程，如果发生纠纷诉诸司法，则可以很容易发现案件事实。再次，在法官无法发现案件事实时，人工智能辅助办案系统也可以帮

---

〔1〕　陈洪杰："从技术智慧到交往理性：'智慧法院'的主体哲学反思"，载《上海师范大学学报（哲学社会科学版）》2020年第6期。

〔2〕　田幸、成立、王平荣："人工智能带来的司法革命"，载《人民司法》2019年第7期。

〔3〕　陈敏光：《极限与基线　司法人工智能的应用之路》，中国政法大学出版社2021年版，第51页。

助法官更加准确地认定案件事实，甚至在事实查明上有时还会起到意想不到的效果。如上海市第二中级人民法院的法官就利用上海法院 C2J 系统关联案件查询功能，利用另案已经查清的事实，查明了一起劳动争议纠纷中双方当事人存在争议的劳动者一方真实的离职月份，使裁判做到了让当事人心服口服。[1]此外，"在事实认定中，当证据和待证事实之间的关系不确定时，司法人工智能可以根据对大量先例经验的学习，量化证据要素和事实结论之间的盖然性，从而避免在不确定条件下，法官囿于个人知识和经验的不足而忽略一些重要的案件信息，作出不合理甚至错误决断的风险"。[2]最后，在线作证可以很好地解决证人因担心路途遥远带来的时间成本和经济成本问题，且可以通过变声技术、马赛克技术对证人进行隐蔽化保护，解决证人因担心"当庭受到骚扰""出门受到暴力"等原因而不愿或不敢线下出庭作证的难题，提高证人出庭作证率，助力准确查明案件事实。[3]

（三） 数字化助力正确适用法律

法官正确适用实体法律是实现实体正义的重要环节。法律法规的精准推送不仅可以提升法官学习的针对性，而且有助于法官正确适用法律。以往的司法实践中，一些案件裁判错误有时并不是法官的司法能力问题，而是法官没有全面掌握与案件对应的法律规范，导致错误地适用了不应该适用的法律规范。司法人工智能如河北法院的"智审"系统围绕推得准、摸得清、区分类型和允许法官适度介入的目标开发法条推送功能，为河北省法官提供与当前待办案件特征点高度符合的法律法规，[4]则可以很好地防止此种低级错误的发生。在确定了需要适用的法律后，还需要对法律予以

---

〔1〕 王伟："在线共享'解放'法官 上海法院全面推广 C2J 系统"，载上海市第二中级人民法院网，http://www.shezfy.com/view.html？id＝72718，最后访问时间：2021 年 11 月 30 日。

〔2〕 陈锐、王文玉："司法人工智能与人类法官的角色定位辨析"，载《重庆大学学报（社会科学版）》，网络首发日期：2021 年 7 月 27 日。

〔3〕 谢登科："在线诉讼中证人出庭作证的场域变革与制度发展"，载《法制与社会发展》2023 年第 1 期；刘峥："数字时代背景下在线诉讼的发展路径与风险挑战"，载《数字法治》2023 年第 2 期。

〔4〕 中国社会科学院法学研究所法治指数创新工程项目组："中国法院'智慧审判'第三方评估报告（2018）"，载陈甦、田禾主编：《中国法院信息化发展报告 No.3（2019）》，社会科学文献出版社 2019 年版，第 52 页。

正确适用，如上海法院民商事案件智能辅助办案系统的办案要件指引功能，按照要件审判的方法，对法官从固定权利请求到中间的基础规范要件分析再到要件归入并作出裁判等多个办案步骤予以规范，可为法官正确适用法律提供非常科学且实用的指引。[1]人民法院案例库则可以为法官提供类案法律适用裁判要点，供法官参考。此外，公正之精髓在于平等。[2]因此实体正义还要求实现平等的正义，在民事司法领域则要求对于相同法律要素的案件事实，应作出相同的法律评价，即同案同判或类案同判。如果不能类案同判或类案类判，则很难让当事人感受到实体正义。"人工智能机器可以通过科学的算法提供处理结果的一致性和限制自由裁量权，可以帮助我们前所未有地接近正义。"[3]通过人工智能锚定案例中的大量具体情节，包括可能实际决定案件结果的细微情节，抓取更多参照因素，能为实质上统一法律适用提供更多助力；通过大样本的案例整理，更能发现普遍性的司法理解，助益进一步形成司法共识和实践惯例。当前类案智能推送系统利用人工智能和大数据分析技术，通过"以文搜案"等方法，自动推送与在办案件相匹配的类似案例，可为法官提供类案裁判参考，有助于实现类案平等意义上的实体正义。例如，有法官表示，在未使用"法信"系统之前，行使自由裁量权时往往有所顾忌，深恐自己的意见失之偏颇。使用"法信"系统之后，在行使自由裁量权时可以有效借鉴已生效判决的裁判思路，进而倒推自己的观点，从而作出更公正、公平的判决。[4]

三、数字化可视正义价值

程序正义作为司法制度的基本价值之一，属于"看得见的正义"。将

---

〔1〕　崔亚东：《人工智能与司法现代化》，上海人民出版社 2019 年版，第 233 页。

〔2〕　白建军：《公正底线　刑事司法公正性实证研究》，北京大学出版社 2008 年版，第 23 页。

〔3〕　See Richard E. Susskind, Daniel Susskind, The Future of Professions: How Technology Will Transform the Work of Human Experts, Oford University Press, 2015, pp. 101 – 102. 转引自钟明亮："'人工智能+在线司法确认'的实践观察与前景展望"，载《法律适用》2020 年第 15 期。

〔4〕　参见"什邡法院：引进'法信'系统推进'智慧法院'建设"，载德阳市中级人民法院网，http://scdzyz. chinacourt. gov. cn/article/detail/2017/04/id/2740350. shtml，最后访问时间：2021 年 11 月 30 日。

程序正义视为"看得见的正义",[1]源于众所周知的法律格言:"正义不仅要实现,而且要以看得见的方式实现。"传统的"看得见的正义"强调的是程序本身要公正,却无法做到让当事人能同时看到程序自身的全部过程和具体内容。而民事司法数字化不仅使司法公开从传统线下的"现场正义"转为线上的"可视正义",[2]而且有助于实现"看得见"的程序正义,最重要的是有助于当事人"看得见"程序本身的全部过程和具体内容,并使这种新型的数字正义"以跨越时空的零距离方式实现",[3]使传统物理意义上的"看得见的正义"迈向现代数字意义上的"可视正义"。也就是说,"凭借数字技术和数字逻辑,让人们能够在个案中更多以可视化方式来体验公平正义,从而努力共建共享新时代的数字正义"。[4]这种"新时代的数字正义",丰富发展了且升华超越了传统程序法意义上的"看得见的正义",即实现了新型的"数字化可视正义",它不仅有助于实现裁判结果意义上的司法公平正义,而且能够让当事人在每一个司法案件中更加全流程地感受到这种公平正义,取得司法裁判法律效果和社会效果的高度统一。

（一）诉讼流程全节点数字化可视

"司法程序公开是公正司法的体现,又是公正司法的重要保障。"[5]数字化民事司法可以通过各类诉讼平台,实现法院与当事人之间各类诉讼信息流动自动性、及时性和高效性,推动实现法院与当事人之间的诉讼信息公开,降低当事人和诉讼参与人因诉讼信息不对称所产生的对司法的疏离感和不信任感。[6]以往当事人到法院立案窗口提交起诉材料后,法院何时立案、何时安排开庭、何时宣判、判决结果何时生效等,当事人都处于被

---

〔1〕 陈瑞华:《看得见的正义》,北京大学出版社 2013 年版,第 2 页。

〔2〕 娄银生:"从现场正义到可视正义——江苏法院推进司法公开工作纪实",载《人民法院报》2017 年 4 月 21 日,第 4 版;魏斌:"司法人工智能融入司法改革的难题与路径",载《现代法学》2021 年第 3 期。

〔3〕 宁杰:"以数字正义创造更高水平的司法文明",载《人民司法》2021 年第 16 期。

〔4〕 马长山:"数字社会的治理逻辑及其法治化展开",载《法律科学（西北政法大学学报）》2020 年第 5 期。

〔5〕 江必新、程琥:"司法程序公开研究",载《法律适用》2014 年第 1 期。

〔6〕 孟醒:"智慧法院建设对接近正义的双刃剑效应与规制路径",载《中国政法大学学报》2020 年第 6 期。

动待知状态，只有主动向法官询问或者被动等待法院发送书面通知，才能知晓诉讼流程的进展情况。而数字化民事司法借助现代数字技术，使得案件从起诉到立案、送达、开庭、宣判等全部诉讼流程节点信息第一时间向当事人自动推送、网上公开，做到了可接收、可查询的全面可视化。以上海法院 12368 智能诉讼服务平台为例，上海法院将 12368 短信推送功能嵌入审判系统的关键节点，在案件诉讼流程的全部节点，系统均会实时自动向当事人及其诉讼代理人发送立案受理、审判组织成员、开庭时间地点、程序转换、诉讼保全申请、保全办理情况、追加当事人、送达、延长审限、宣判、结案、上诉、案件生效日期等信息。在中国审判流程信息公开网上，法院不仅向当事人公开案件的立案信息、审判组织信息及联系方式、诉讼流程信息、管辖权异议等办理情况，以及庭审的时间和地点，审理期限具体状态等，起诉状与证据副本、开庭传票、判决书等诉讼文书送达情况等信息，还向当事人及其诉讼代理人公开案件流程进展情况及每个节点的处理结果，如是否已立案，是否已保全、是否已合议等。[1]最高人民法院还改革完善了法院公告发布管理工作，下发通知要求，自 2024 年 1 月 1 日起，除了应在报纸上刊登的法定类型法院公告，《人民法院报》不再刊登法院公告，法院公告将全部刊登在中国法院网（子网站人民法院公告网），并同步推送到腾讯网（腾讯新闻），实现法院公告的即时转发、快速传播和便捷查阅。[2]此外，区块链立案与诉讼费用缴纳，可实现全流程记录与操作风险防范，区块链送达可保障送达透明可靠。[3]

（二）司法裁判全过程数字化可视

传统的庭审在封闭的物理空间进行，法官坐在审判席上，书记员坐在记录席上，原、被告分列两侧。而且庭审电脑记录只面向法官和书记员，当事人席上往往没有配备电脑显示屏。当事人不仅无法知悉庭审时法官翻

---

〔1〕　罗书臻：“促进司法公正　提升司法公信——最高人民法院审管办负责人答记者问”，载《人民法院报》2014 年 11 月 14 日，第 4 版。

〔2〕　刘强：“最高人民法院改革完善法院公告发布管理工作”，载《人民法院报》2024 年 1 月 1 日，第 1-2 版。

〔3〕　马明亮、李伟：《链上正义　区块链司法的中国方案》，社会科学文献出版社 2023 年版，第 221-227 页。

阅关注卷宗的内容情况，更无法第一时间知悉庭审笔录记录是否完整或者是否符合其本意。[1]当事人只有等到庭审结束，书记员打印庭审笔录交其确认签字时，才能核对笔录。此时经常出现当事人申请修改和补充笔录的情况，更有甚者，还有当事人以庭审漏记了其重要陈述致使裁判不公等为由，不服判决而不断信访。民事司法数字化则使得在线庭审成为常态化，而且利用电子卷宗实现证据智能展示，利用智能语音识别实现庭审记录同步转写完整记录和向当事人同步展示等，当事人不仅能看到法官翻阅卷宗的全过程，而且能看到庭审记录的全过程，确保了庭审记录的"原汁原味"。此时的"审判席也悄然无形化为一个阳光性的控制节点，进而改变了法庭的中心化、等级化设置。它与全景敞视建筑的目标相反，推动了中心权力的非中心化，其自动运行也并非那种俯瞰式的持续监视，而恰恰是趋向于参与各方的对称透明和平向可视，形成了全新的跨时空、无屏障、分布式、扁平化的全景敞视"。[2]例如，"区块链+大数据+物联网"可实现破产案件审理全程可视化。[3]此外，当事人和社会公众都可以通过中国裁判文书网、人民法院案例库查看全国法院各类生效案件的裁判文书，或者通过类案推送平台查阅相似案例。这不仅实现了裁判结果的全时空可视，还有利于当事人进行类案对比，从另一个角度促使当事人自我说服并接受裁判结果，从而能更好地让当事人在每一个司法案件中感受到公平正义。[4]

（三）司法监督全时空数字化可视

一是司法内部监督的全程可视。司法责任制改革的目标之一是，实现

---

〔1〕 冯姣、胡铭："智慧司法：实现司法公正的新路径及其局限"，载《浙江社会科学》2018年第6期。

〔2〕 马长山："司法人工智能的重塑效应及其限度"，载《法学研究》2020年第4期。

〔3〕 马明亮、李伟：《链上正义 区块链司法的中国方案》，社会科学文献出版社2023年版，第217-220页。

〔4〕 刘品新教授曾称，其在福建省泉州市调研时了解到一起这样的案件：当事人及其家属对一个已决案件的判决结果严重不满，年年上访。有一次，该当事人及其家属又到检察院去上访时，检察官对他们说："我们最近上线了一个基于全国案件的类案推送平台，你把你的案件材料输入进去，看看全国各地的案件是如何判决的。"当事人及其家属进行搜索后发现，全国各地的判决结果与本案判决结果基本一致，最终停止了上访。参见刘品新："智慧司法的中国创新"，载《国家检察官学院学报》2021年第3期。

"让审理者裁判，让裁判者负责"。但为确保审判权依法独立行使，并规范自由裁量权，全国法院纷纷利用现代数字技术开发了随机自动分案、庭审自动巡查、庭审录音录像、审判流程管理、智能辅助办案、司法大数据分析和监督评查、区块链司法监督等诸多场景应用和数字化司法系统，实现司法运行内部监督的全程留痕、全程可视。比如，随机自动分案避免了庭长指定分案可能存在的人情案、关系案；庭审自动巡查可以倒逼法官庭审行为规范化；审判流程自动监管可以避免诉讼不当拖延；类案推送以及智能辅助裁判可以进行裁判偏离度提醒，规范自由裁量权；大数据分析可以找出案件裁判是否存在可能不合规的行为；审判监督管理平台可以实现案件数据、审判动态、审管信息一目了然，全领域可视化。基于区块链的透明可信、全程可追溯性的可审计、可监督功能，区块链财产保全可实现财产保全远程数字化、可视化、便捷化监管，区块链阅卷可实现同步监管与全程记录。[1]还如，上海法院将大量司法大数据内部监督应用场景嵌入审判全流程，类似一条"质检"流水线，让在办案件的每个程序节点都自动接受"体检"。[2]二是司法外部监督的全程可视。黑格尔指出，"法院的目的是法，作为一种普遍性，它就应当让普通的人闻悉其事"。[3]因此，司法还需要对外公开。而传统的法庭审理，法庭内只有少量的旁听席位，社会公众需要凭身份证登记到线下实体法庭内才能进行旁听，而且由于旁听席位的物理限制和庭审的时间限制，只有少数的人才能有机会旁听，而且随着庭审结束，也无法进行回看。民事司法数字化，使司法外部监督实现全程可视。其一，人民法院诉讼服务满意度评价系统使得当事人和案外人均可以在线对司法审判全流程各环节进行评价监督，差评和意见建议在线回复机制又实现了外部监督全部可视化。其二，现代的庭审直播使得所有有意愿旁听庭审的人员都可以上网旁听，而且可以事后回放观看庭审录音录像，打破了传统物理空间限制和时间限制，使得司法公开全时空可视

---

〔1〕　马明亮、李伟：《链上正义　区块链司法的中国方案》，社会科学文献出版社 2023 年版，第 223-231 页。

〔2〕　胡蝶飞："2835，710，127 上海法院'数字变革'的数字背后"，载《上海法治报》2023 年 12 月 12 日，第 A02 版。

〔3〕　［德］黑格尔：《法哲学原理》，范扬、张企泰译，商务印书馆 1961 年版，第 232 页。

成为现实。其三，类案智能推送，使得当事人可以在诉前对调解方案、诉中对裁判形成、诉后对裁判结果进行类比监督。此外，"裁判文书上网让每一个社会公众都可能成为司法产品的质量监督者"，[1]这些都使得司法的外部监督实现了全程全域可视。

---

[1] 李鑫："智慧法院建设的理论基础与中国实践"，载《政法论丛》2021年第5期。

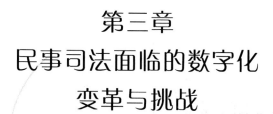

第三章

民事司法面临的数字化

变革与挑战

法律具有滞后性，自然赶不上数字化现实的发展。"我们的法律就仿佛在甲板上吧嗒吧嗒挣扎的鱼一样。这些垂死挣扎的鱼拼命喘着气，因为数字世界是个截然不同的地方。大多数的法律都是为了原子的世界，而不是为了比特的世界而制定的。"[1]同样，我们传统的民事司法大多数也都是为了原子的世界，而不是为了比特的世界而建构的。但是，法律和司法也具有与时俱进的特性，因此，随着大数据、人工智能、区块链等现代数字技术在民事司法领域的广泛应用，尤其是三家互联网法院的设立，智慧社会时代和数字时代的民事司法必然面临着比特世界的一系列数字化变革与挑战。对此，早在2018年9月，最高人民法院司改办负责人就《互联网法院审理案件若干问题规定》答记者问时即明确指出："互联网法院并非简单的'互联网+审判'，而是综合运用互联网新兴技术，推动审判流程再造和诉讼规则重塑，是对传统审判方式的一次革命性重构。"有学者亦指出："在线诉讼意味着一种全新诉讼方式的诞生，相对于传统诉讼方式而言在线诉讼方式无疑是革命性的。""智能化技术的发展将使诉讼方式或审判方式，甚至整个司法迎来真正的'哥白尼式'的革命。"[2]尤其是生成式人工智能介入司法裁判已经成为一种无法阻挡的潮流，并加速裁判方式变革的到来。[3]

第一节　网络虚拟空间对司法场域的三重改变

"司法场域是一个围绕直接利害相关人的直接冲突转化为由法律规制的法律职业者通过代理行为进行的辩论而组织起来的社会空间，它也同时

---

〔1〕［美］尼古拉·尼葛洛庞帝：《数字化生存》，胡泳、范海燕译，电子工业出版社2017年版，第14页。

〔2〕张卫平："在线诉讼：制度建构及法理——以民事诉讼程序为中心的思考"，载《当代法学》2022年第3期。

〔3〕郑曦："生成式人工智能在司法中的运用：前景、风险与规制"，载《中国应用法学》2023年第4期。

是这种辩论发挥作用的空间。"〔1〕随着智能互联网的广泛发展和网民尤其是手机网民的成亿增加,人们的生产生活逐步数字化,在网络虚拟空间的活动也成为日常生活的重要内容。与此同时,作为人们政治社会生活的一部分,在线诉讼的普遍推行,线上线下深度融合,民事司法从传统的物理空间走向了虚拟的网络空间,民事司法的运行场域也呈现出现实与虚拟、物理与网络同构的双重空间,同时面临着从实体化到虚拟化、从剧场化到场景化、从剧场化到广场化的三重改变。

一、从物理空间到虚拟空间

民事司法的全流程在线,使得民事司法运行的场域从实体封闭的物理空间走向了虚拟无界的网络空间。首先,司法运行的平台化和诉讼服务的电子化使得当事人和其他诉讼参与人的诉讼行为全部网络化。当事人可在线完成递交材料、提起诉讼、申请财产保全或证据保全、诉前调解或参加开庭、出庭作证、举证质证等全部诉讼事项,实现了所谓的"足不出户打官司"。其次,法官的办案活动全部网络化。一方面,移动办公 APP 的应用和电子卷宗的同步生成,改变了固定办案和一案一卷宗的书面诉讼材料以及一人一卷宗的书面阅卷方式。移动办案实现了法官对当事人网上起诉的网上审查,各类网上申请的网上审查,网上递交材料的网上接收。需要补正的,还可以在线交互通知,并在诉讼平台网上补正,甚至实现了法官居家进行网上审核立案、居家在线开庭。〔2〕网络化无纸化办案,改变了传统的书面审查、书面记载的物质载体和媒介。与此同时,合议庭合议案件、审委会讨论案件也实现了网上共同阅卷、网上共同评议。最后,法官与当事人的交互活动全部网络化,即诉讼活动或诉讼行为实现了从"物理化"到"数字化"的转变。例如,法官接待当事人可以远程视频接待,法官通知当事人可以通过诉讼平台发送电子通知、电子传票。同样的,当事

---

〔1〕 [法]布迪厄:"法律的力量——迈向司法场域的社会学",强世功译,载《北大法律评论》编委会编:《北大法律评论 第 1 卷·第 2 辑》,法律出版社 1999 年版,第 518 页。

〔2〕 2022 年 4 月 27 日,笔者在"百度"搜索中输入"法官居家在线开庭"进行检索,显示"百度为您找到相关结果约 107 万个"。

人联系法官也可以通过诉讼平台留言等方式进行。在线庭审的"屏对屏"交流改变了物理空间的"面对面"交流。宣判后的裁判文书可以电子送达，可以不再使用纸质文书，且不再需要线下送达生物意义上的本人，受送达人也只需要电子签收即可。

　　总之，传统物理空间的全部民事司法活动，可以在网络空间进行，甚至涉网案件的审理被要求原则上都要采取在线方式，如 2018 年 9 月施行的《互联网法院审理案件若干问题规定》第 1 条和第 12 条即明确规定，互联网法院采取在线方式审理案件，并强调采取在线视频方式开庭。[1]《互联网法院审理案件若干问题规定》虽赋予了当事人线下审理的程序申请权，但是否转为线下审理，仍由法院决定。因此，民事司法的运行场域也就面临着从实体化的物理空间到网络化的虚拟空间的变革与挑战，"法院处理的纠纷应该到场解决的预设将被推翻——默认情况下，案件都会逐步转为线上处理，除非有压倒性的理由让当事人到实体法庭去"。[2]这种场域的变革，不仅打破了诉讼必须在法庭这一场域内进行的固有模式，也促使着司法理念的变革，即在线诉讼需要实现从"场所"到"服务"的基本理念变革，即物理空间意义上的法庭"审判场所"已经演变为虚拟空间的解决纠纷的"司法服务"。[3]也即要实现从"以诉讼主体的在场"为导向到"以司法服务为导向"的转变。正如学者所言，"电子诉讼连接着社会、法院、当事人，是一种全社会共建共享型司法服务"。[4]

---

　　〔1〕《互联网法院审理案件若干问题规定》第 1 条规定，互联网法院采取在线方式审理案件，案件的受理、送达、调解、证据交换、庭前准备、庭审、宣判等诉讼环节一般应当在线上完成。根据当事人申请或者案件审理需要，互联网法院可以决定在线下完成部分诉讼环节。第 12 条规定，互联网法院采取在线视频方式开庭。存在确需当庭查明身份、核对原件、查验实物等特殊情形的，互联网法院可以决定在线下开庭，但其他诉讼环节仍应当在线完成。

　　〔2〕 [英]理查德·萨斯坎德：《线上法院与未来司法》，何广越译，北京大学出版社 2021 年版，第 108 页。

　　〔3〕 [英]理查德·萨斯坎德：《线上法院与未来司法》，何广越译，北京大学出版社 2021 年版，第 95–111 页；谢登科："论在线诉讼中的当事人程序选择权"，载《南开学报（哲学社会科学版）》2022 年第 1 期；谢登科："在线诉讼中证人出庭作证的场域变革与制度发展"，载《法制与社会发展》2023 年第 1 期。

　　〔4〕 王福华："电子诉讼制度构建的法律基础"，载《法学研究》2016 年第 6 期。

二、从物理剧场到虚拟场景

传统的民事司法是在单一的物理空间"剧场化"模式下进行的。而所谓"司法剧场化",是指在以"剧场"为符号意象的人造建筑空间内进行的司法活动类型。[1]而"法庭就是'司法的剧场',法庭里进行的司法过程是一出'司法剧'(judicial drama),法官、原告、旁听人、庭吏、书记官等都是剧中登场的演员"。[2]也就是说,司法审判像剧场演出一样,以法庭为舞台"剧场",在法官、当事人以及其他诉讼参与人共同参加下,按照诉讼程序所演出的一出舞台剧。这种司法剧场像剧场演出一样,也分相互之间无法直接交流的剧场内和剧场外两部分,而且要求所有的程序参与者必须到物理空间的法庭这个固定"剧场"参加演出。这种剧场化使得法庭这个舞台,如国徽的悬挂、法官、当事人、旁听人员席位的不同设置、法官的服饰行头、法槌、证人的宣誓等也被赋予了自身的符号学意义和价值意义:"不仅使法官本人,而且也使得所有其他参与审判过程的人,使全社会的人都在灵魂深处体会到,肩负审判重任者必得摈除任何个人癖好,个人偏见,任何先入为主的判断。同样,陪审员,律师,当事人,证人和所有参与审判的其他人,也因为开庭仪式(随全体起立而喊出'肃静!肃静!'),严格的出场顺序,誓言,致辞的形式以及表明场景的其他许多仪式而被赋予各自的使命、职责。"[3]可见,司法的剧场化旨在通过这种仪式化、程式化,塑造司法的权威和尊严,实现司法的客观、公正、一致、平等、公平,但也不可避免地带来司法与民众一定程度上的疏远隔阂与接近正义难题。

在各类智能数字技术的加持下,随着"网上案件网上审"的软强制性实行以及"传统案件网上审"的倡导性推行,民事司法活动的媒介从"面对面"现场交互的声音交流走向了"屏对屏"界面交互的电子交流,电子

---

〔1〕 舒国滢:"从司法的广场化到司法的剧场化——一个符号学的视角",载《政法论坛》1999 年第 3 期。

〔2〕 周伦军:"司法剧场化随想",载《法人》2004 年第 2/3 期。

〔3〕 [美]哈罗德·J. 伯尔曼:《法律与宗教》,梁治平译,生活·读书·新知三联书店 1991 年版,第 47 页。

送达、网上开庭、网络视频作证等司法行为全部在虚拟的网络空间进行，必然对民事司法的剧场化形成一定甚或根本的冲击，造成司法审判的剧场化淡化。如在线异步审理中，非同步导致的"人机对话"外观形式，更加削弱了司法的剧场化仪式性。[1]现在的互联网法院的物理法庭因为不需要当事人到庭参加诉讼，也进行了简化，一般只设置一个审判席，书记员席和当事人席、旁听区都不再设置，甚至广州互联网法院推出虚拟法庭"YUE法庭"之后，传统的物理法庭只剩下法官背后的一块绿幕。[2]因此，民事司法也就面临着从传统的物理剧场到网络的虚拟场景的改变，突出表现为在线庭审、异步审理的数字身份及行为的远程临场，法官与当事人在线界面场景化的灵活互动，以及与"全景敞视建筑"目标相反的全新的非中心化的、远距离、无障碍、扁平化的并超越时空限制的"全景敞视"。[3]也就是说，民事司法的运行场域面临着从物理场域的"剧场化"到虚拟空间的"场景化"的变革与挑战。与此同时，信息技术的迭代发展将深刻影响在线司法场景的主体参与结构、场景服务能力和场景适用调整机制，并将引发对司法公开和个人隐私的冲击，以及对司法信息系统安全的挑战等新问题。[4]值得一提的是，有学者认为，作为一种虚拟现实技术的"元宇宙"，由于其所具有的虚拟性和沉浸性等特征，未来也可能在纠纷预防与解决以及纠纷解决的智能化、司法统一、程序法治和实体法治的宣传普及等方面发挥其独特的作用。[5]

三、从物理剧场到虚拟广场

所谓"司法广场化"，是指各级政府、新闻媒体、普通民众等不同利

〔1〕　谢登科、赵航："论互联网法院在线诉讼'异步审理'模式"，载《上海交通大学学报（哲学社会科学版）》2022年第2期。

〔2〕　"YUE法庭"以视频分割技术基础，集成虚拟直播平台系统、视频系统、音频系统、录制系统、绿箱系统等，仅需一块绿幕，即可将计算机模拟的三维法庭场景与摄像头拍摄的人物活动图像进行数字化实时合成，能够实现全场域在线开庭，并保证全环节的司法严肃性。

〔3〕　马长山："司法人工智能的重塑效应及其限度"，载《法学研究》2020年第4期。

〔4〕　杨继文："在线诉讼场景理论的建构"，载《法制与社会发展》2023年第3期。

〔5〕　张卫平："元宇宙与纠纷解决：应用图景及规制想象"，载《政法论丛》2022年第2期；曹建军："'元宇宙'司法与纠纷解决的智能化"，载《政法论丛》2022年第2期。

益主体对司法的不同初始的过高期待，使人们在朦胧的正义观念驱使下对司法过程产生积极参与的热情，而更愿意选择一种人人直接照面的没有身份和空间间隔、能够自由表达意见和情绪的司法活动方式。[1]全流程网络化淡化了司法的剧场化，形成了司法的场景化。但是庭审网络直播、庭审直播回看、裁判文书上网公开等，使得社会公众可以直接上网同步围观或往期回看庭审直播，浏览、评议民事司法行为和民事司法案件。如此则将传统物理意义上的法庭审判剧场又扩张到审判舞台之外的漫无边界的网络空间，在网络空间可能有数量众多的参与者、介入者、评议者，这又增加了新闻媒体、普通民众等参与民事司法活动的可能性，促进了民事司法的大众化、社会化、民主化，使社会公众积极参与、自由表达、充分感受司法活动变得日常化。

这实质上又把整个剧场审判延展到了广大民众之中，形成了一个虚拟的露天广场，一定程度上使法庭审判又具有了明显的传统物理意义上的广场化特征。也就是说司法场域又从虚拟世界的场景化走向了虚拟世界的广场化。司法似乎正在上演着从早期的广场化到现代的剧场化，再到数字时代的广场化的一种轮回。但新的虚拟空间广场化比早期的物理空间广场化可能更彻底、更全面，因为连法庭本身可能都是虚拟的，如广州互联网法院的"YUE法庭"就是一种智能合成的虚拟法庭；而且无论是真实的法庭还是虚拟的法庭，背后连接的可能是不计其数的参与者、评论者，甚至理论上可能是物理空间的所有网民，而且他们可以运用现代社交平台、社交媒体、社交软件进行跨时空的广泛自由的表达和评论。而且大量网民在线围观庭审直播，"不仅容易激发代理律师在镜头前使用煽动性语言的表演欲，也可能会使法官无法心无旁骛地专注于审判，这些都与'司法的广场化'的特征相类似"。[2]因此，民事司法的运行场域又面临着从物理空间的单一"剧场化"到虚拟空间的多维"广场化"的变革与挑战，网络舆论干扰司法审判的现象将来可能更加突出。

---

〔1〕 舒国滢："从司法的广场化到司法的剧场化——一个符号学的视角"，载《政法论坛》1999年第3期。

〔2〕 胡昌明："'司法的剧场化'到'司法的网络化'：电子诉讼的冲击与反思"，载《法律适用》2021年第5期。

第二节　场域工具改变对司法原则的多维冲击

一般认为，民事诉讼的基本原则包括平等原则、诚实信用原则、直接言词原则、审判公开原则、辩论原则等。这些原则在传统民事诉讼中都是建构在传统的物理现实空间剧场的线下面对面直接交流的司法运行基础上的，而数字化的民事司法的运行基础则发生了根本性改变，即建立在现代数字技术加持下的线上屏对屏、键对键的虚拟场景交流基础之上。也就是说，随着司法运行场域和基础的根本性变化，法官、当事人以及其他诉讼参与人的交互工具和交互方式发生了根本改变，从现实当面人对人的直接交互走向了虚拟人对机的间接交互。环境、工具、方式的变化必然导致人的行为变化。因此，司法运行的场域、交互工具和交互方式的改变，以及在线诉讼"以司法服务为导向"的理念变革，必将直接或间接地对民事司法的基本原则产生诸多新的矛盾和挑战。从民事司法数字化实践来看，场域工具改变对司法原则的多维冲击，主要表现在以下四个方面。

一、对当事人平等原则的分化与背离

当事人平等原则，也被称为当事人诉讼权利平等原则，它是宪法平等原则在民事诉讼中的要求与具体体现。[1]我国台湾地区的学者多将其称为"诉讼武器平等"原则，如姜世明认为，一般而言，所谓当事人诉讼武器平等原则，是指无论是原告还是被告，或者在诉讼外的现实生活中当事人之间是否存在地位不平等现象，其在民事诉讼中的地位一律平等；审理案件的法官也必须平等适用客观公正的诉讼程序，一视同仁地使用和评价双方当事人的主张，一视同仁地适用法律规则，要求当事人履行诉讼程序义务，以确保当事人诉讼地位平等。[2]因此，一般认为，当事人平等原则包括三个方面内容：一是当事人平等享有诉讼权利，任何一方不得享有比对

---

〔1〕　林剑锋："当事人平等原则解释论功能的再认识"，载《法律科学（西北政法大学学报）》2020年第3期。

〔2〕　姜世明：《民事程序法之发展与宪法原则》，元照出版有限公司2003年版，第162-163页。

方更优越或者更多的诉讼权利；二是当事人诉讼地位的平等，即不因当事人的社会地位、经济状况、文化程度、国籍民族等因素不同而存在差别；三是当事人用于诉讼的手段或"武器"平等。

在线诉讼的庭审场景一般分为两种情况，一是单方在线庭审，即一方当事人由于不具备数字技术条件或者不同意在线诉讼等原因而与法官共同在实体的法庭空间线下参加庭审，另一方当事人则由于具备数字技术条件等原因同意在实体的法庭空间之外线上参加庭审；二是双方在线庭审，即双方当事人均同意参加线上庭审。《人民法院在线诉讼规则》也对实践中上述两种做法予以了肯定。[1]

从法哲学上看，平等原则首先源于满足人类平等的心理需求，因为人类自始就有一种朴素的平等观。[2]"当那些认为自己同他人是平等的人在法律上得到了不平等的待遇时，他们就会产生一种挫折感，亦即产生一种他们的人格和共同的人性遭到了侵蚀损的感觉。"[3]对于第一种情况，因自身不具备数字技术条件而不得不外出或者异地出差到实体的法庭参加线下庭审的一方当事人与足不出户就能在线参加庭审的另一方当事人相比，可能就会在心理上感受到自己同对方当事人在法律上受到了不平等的对待或者说遭受了不平等的待遇，而产生一种卑微感和不平等感，进而可能不利于纠纷的实质解决，这与当事人平等原则的精神应该是不相符的。因为从心理学上看，即使做到了双方当事人法律上的平等，但当事人没有从心理上感受到平等，可能也不利于纠纷的真正解决。此外，在这种线上与线下并用的混合庭审模式下，由于物理剧场与虚拟场景造成的效果差异，造成法官对线上当事人与线下当事人的观察掌控程度也存在差异，因此，线上当事人与线下当事人实际上处于一种不平等地位。[4]

---

[1]《人民法院在线诉讼规则》第4条第2款第3项规定，部分当事人同意适用在线诉讼，部分当事人不同意的，相应诉讼环节可以采取同意方当事人线上、不同意方当事人线下的方式进行。

[2] 张红侠："民事诉讼平等原则的法哲学思考"，载《南京工业大学学报（社会科学版）》2003年第2期。

[3] [美] E. 博登海默：《法理学 法律哲学与法律方法》，邓正来译，中国政法大学出版社1998年版，第288页。

[4] 张鸿绪："论我国远程作证中情态证据的程序保障——兼评《人民法院在线诉讼规则》"，载《政法论丛》2021年第4期。

对于第二种情况，虽然双方当事人都使用了数字技术在线参加了庭审等诉讼活动，但当事人之间可能因为存在数字鸿沟等原因，而导致实质上的诉讼武器不平等，诉讼地位、诉讼权利不平等。也就是说，虽然在线庭审方便了当事人参加诉讼，而且表面上也是出于平等的目的，但实质上出现了实现平等原则的分化或者目的背反现象。因为传统的物理法庭庭审中，双方当事人主要以直接的声音、表情、神态、肢体动作、书面文书或实物证据展示等方式来进行法庭陈述或辩论，实现与法官、对方当事人的互动交流，一般不会完全借助现代数字技术进行法庭陈述和辩论，所以传统的物理法庭庭审可能就不会存在这方面的诉讼手段不平等问题。

事实上，随着智慧社会的发展，"智能利维坦""信息利维坦"正在形成。[1] 在智能利维坦背后和无法目视的算法空间里，上演着"赢者通吃"的定律，少数人规定、控制、独享一切，而另外的大多数人要么拒绝使用现代数字技术而变成前人工智能时代的"遗民"，要么接受现代数字技术而变成人工智能时代的"奴隶"。新的数字秩序世界里，遍布着数字鸿沟、智能鸿沟、信息鸿沟、技术鸿沟、文化鸿沟、认知鸿沟等极化现象，这注定在新的数字社会秩序中，如大数据杀熟，表面上什么都是平等的，但实质上什么都是不平等的。因此，这种表面平等却实质不平等，或者与平等目的背离的现象，必然会传导至数字化的民事司法中。如当事人之间在网络庭审硬件设施、软件运用、网络诉讼资源收集、电子数据证据采集等方面的条件与能力或者说诉讼手段上的差异甚或鸿沟等，也必然将增加实现当事人平等原则的难度。[2] 比如，网络购物合同纠纷中，"原告一般为自然人而被告多为掌握较多电子证据的网络购物平台提供方，双方当事人关于电子数据的提供能力和转换能力存在较大差距，从而造成了举证能力的实质不平等"。[3]

---

〔1〕 参见齐延平："论人工智能时代法律场景的变迁"，载《法律科学（西北政法大学学报）》2018 年第 4 期；郧彦辉："数字利维坦：信息社会的新型危机"，载《中共中央党校学报》2015 年第 3 期。

〔2〕 胡昌明："'司法的剧场化'到'司法的网络化'：电子诉讼的冲击与反思"，载《法律适用》2021 年第 5 期。

〔3〕 郝晶晶："互联网法院的程序法困境及出路"，载《法律科学（西北政法大学学报）》2021 年第 1 期。

大数据的技术壁垒和应用成本可能在事实上形成新的数字鸿沟，进一步分化诉讼参与人的诉讼能力，拉大不平等，拥有技术优势的一方往往能通过大数据辅助，作出更优秀的诉讼策略。[1]例如，当某方当事人利用司法人工智能主张诉讼请求、组织法律理由时，其所获得的"庭审杀伤力"至少在外观上要明显强于传统的另一方当事人。[2]再如，大型电子商务平台往往拥有海量的用户数据，一旦与平台用户发生纠纷进入诉讼，则平台极有可能利用所掌握的对方数据信息制定起诉或者应诉策略，甚至在诉讼过程中提前销毁存储于平台的关键电子数据证据，以获得诉讼优势，提升胜诉概率。还如，有学者指出，由于杭州互联网法院网上审判高度依赖的互联网技术主要由阿里巴巴公司提供，由此也带来"法院是否会受到商业公司的牵制甚至俘获"的疑问，甚至有观点认为，杭州互联网法院就是阿里巴巴公司的法院。[3]如果杭州互联网法院网上审理的案件其中一方当事人系阿里巴巴公司，双方当事人的诉讼地位平等能否得到保证，可能也会引发疑问。

此外，在人工智能司法中，算法可能对特定国籍、特定民族、特定年龄、特定身份、特定地位、特定信仰等群体当事人存在算法偏见和算法歧视，而且这种算法偏见或算法歧视还不容易被察觉，可能导致对特定群体当事人不平等对待，甚至在适用法律上也存在不平等问题，这就明显地违反了当事人平等原则。因此，需要在司法实践中对算法偏见和算法歧视进行规制。

二、对诚实信用原则的威胁与侵蚀

2012 年 8 月修正后的《民事诉讼法》，增加规定了诚实信用原则。[4]

---

〔1〕 徐骏："智慧法院的法理审思"，载《法学》2017 年第 3 期。

〔2〕 陈敏光："善假于物与审判异化：司法人工智能的辩证思考"，载《重庆大学学报（社会科学版）》2021 年第 3 期。

〔3〕 侯猛："互联网技术对司法的影响——以杭州互联网法院为分析样本"，载《法律适用》2018 年第 1 期。

〔4〕 2012 年 8 月修正后的《民事诉讼法》第 13 条第 1 款规定，民事诉讼应当遵循诚实信用原则。为与《民法典》第 7 条规定（民事主体从事民事活动，应当遵循诚信原则，秉持诚实，恪守承诺）中的"诚信原则"表述一致，2021 年 12 月修正的《民事诉讼法》将第 13 条第 1 款中的"诚实信用"修改为"诚信"。

所谓"诚实信用原则，是指人民法院、当事人以及其他诉讼参与人在审理民事案件和进行民事诉讼时应当诚实、守信、善意和公正"。[1]诚实信用原则不仅适用于诉讼当事人和其他诉讼参与人，也适用于人民法院。它一方面要求审判人员本着诚实善意的态度行使审判权，另一方面要求当事人和诉讼参与人在民事诉讼活动中诚实守信，正当地行使诉讼权利和履行诉讼义务。对当事人和诉讼参与人的具体要求，包括禁止不正当的诉讼行为，禁止滥用诉讼权利，禁止反言，禁止虚假陈述等。

在传统的类似于剧场的物理法庭中进行庭审更具有仪式感、神秘感和威严感。庭审仪式感主要涉及物理环境与庭审礼仪，其中物理环境是首要和先决因素，庭审礼仪则属于在特定环境或制约下的规则性要求。在线庭审的物理环境主要包括审判人员所在环境和其他诉讼参与人所用环境两大类情况。而数字化的在线庭审使得法官可以在家主持庭审，如 2020 年新冠疫情发生以来至 2020 年 2 月 25 日，杭州互联网法院就有 200 余件案件由法官在家在线开庭。而当事人理论上可以在任意地点参加庭审，也淡化了法庭的神秘感，降低了法庭的威严感，而且与法官又不在同一法庭空间，在这种环境下对当事人的外在约束可能就会降低，当事人作出虚假陈述等不诚信行为的可能性就会增加。[2]比如，实践中当事人或者诉讼代理人参加在线庭审过程中，遇到不知道如何回答法官的提问或者怎样向对方发问时，可能以在线庭审信号不好等技术原因为借口，借机切断视频庭审，场外咨询后再与法官连线继续参加在线庭审。而且从心理学理论上来看，当事人在虚拟远程和非实时非同步的交流对话环境中，可能比在现实面对面和实时同步的交流对话环境中更容易撒谎或作出不诚信诉讼行为。同理，远程作证中，证人可能与法官、当事人都不在同一物理法庭空间中，缺乏法官与证人近距离面对面交流以及当事人之间、当事人与证人之间近距离面对面发问对质，对证人的心理压制相应降低，证人作伪证的可能性也

---

[1]　吴高盛主编：《〈中华人民共和国民事诉讼法〉释义及实用指南》，中国民主法制出版社 2012 年版，第 86 页。

[2]　长友吉："民事案件在线诉讼中'征得当事人同意'之突破与细化——基于在线诉讼的功能挖掘与比例正义"，载《山东法官培训学院学报》2022 年第 5 期。

会增加。[1]因此，不难理解为何人们在文献中反复指出，在摄像机前比直接面对法官更容易编造违反真实的诉讼主张。[2]此外，由于"非亲历性的诉讼方式存在技术安全风险、信息安全风险、身份真实性风险和行为恣意性风险等"，诸如"AI 视频换脸""AI 变声"等数字技术的不当运用都可能造成在线诉讼主体身份认证困难，并可能致使发生诸多违反诚实信用原则的诉讼行为。比如，"诉讼信息被泄露、篡改或者冒用"，现实中已经发生的事例可以佐证这种推测。如 2019 年 7 月 8 日，广州互联网法院在审理一起网络购物合同纠纷案时，就发生了儿子冒充父亲参加在线庭审的现象。再比如"当事人否认远程实施诉讼行为主体的真实性，故意制造有利于己的诉讼状态""当事人提交的电子化证据可能是经过技术处理的证据材料""远程视频庭审中，当事人不经法院许可恣意退出"等。[3]

远程异步审理可能更容易出现违反诚实信用原则的问题。虽然在异步审理规定期限内，当事人可以通过杭州互联网法院诉讼平台的智能推送系统查看相似案例，咨询专家、律师获得专业答复，可以精心准备每一个提问，周密思考每一个回答，全面充分行使诉讼权利，及时有效履行诉讼义务，避免由于信息及诉讼能力不对称在诉讼中处于不利地位。但是正由于这种非同步、非同时、非同地的虚拟审理方式，让当事人可以有更多时间进行充分思考和权衡，而后再作出理性陈述，从而过滤掉了庭审现场来不及斟酌反应的直接陈述的更加真实性。同样的远程视频作证，证人可能与法官、当事人分处三地，由于既不在法庭现场，也不在当事人现场，证人更无法感受到物理法庭庭审现场的庄严感、严肃感，尽管其可以通过视频看到法庭的现场布置、庭审情况和当事人情况，但仍然缺乏物理法庭现场作证的庄严氛围。在这种的环境和氛围下，证人可能更容易作出虚假证言，"当事人和证人之间串通作伪证的可能性也

---

[1] 张鸿绪："论我国远程作证中情态证据的程序保障——兼评《人民法院在线诉讼规则》"，载《政法论丛》2021 年第 4 期。

[2] Vgl. Erdinger, DRiZ 1996, 290；Stadler, ZZP111, 2002, 440. 转引自郑世保：《电子民事诉讼行为研究》，法律出版社 2016 年版，第 276 页。

[3] 张兴美："电子诉讼制度建设的观念基础与适用路径"，载《政法论坛》2019 年第 5 期。

会增加"。[1]

与此同时，司法运行的平台化催生了诉讼的便利化、生活化、便宜化，如中国移动微法院就实现了掌上天平、指尖诉讼。此时，诉讼以一种更方便、更便捷、更高效、更透明的方式走进人们的日常生活，当事人和普通民众参与诉讼的方式更为简单易行，从"最多跑一趟"到"一次都不用跑""足不出户打官司"，诉讼变得随手可得。而且由于在线诉讼的严肃感、威严感缺失，传统法律文化中的"厌讼""耻讼"观念逐渐改变。与此相反，人们变得更加愿意参加诉讼，甚至形成了"喜讼"的倾向，人们可能为了鸡毛蒜皮的小事动辄打官司。伴随着这种"喜讼"倾向的形成，以及在线诉讼的非物理临场性降低了当事人实施不诚信诉讼行为的成本，滥诉、恶意诉讼、拖延诉讼等违反诚实信用原则的诉讼行为也可能随之增加。总之，互联网状态下的数字化民事司法，诚实信用原则比传统线下诉讼可能会受到更大的威胁和侵蚀，也可能更加难以守护。

三、对直接言词原则的突破与削弱

一般认为直接言词原则，包括直接原则和言词原则两部分，是两者的合称。所谓直接原则，又包含三层意思：一是"在场原则"，即所有诉讼主体必须亲自到庭参加庭审；二是"直接采证原则"，即承办法官必须亲自进行庭审的所有环节，包括开展法庭调查和听取双方当事人辩论，组织双方当事人进行证据交换并亲自接触证据；三是"直接判决原则"，即应以庭审中接触的证据来认定案件事实，而且裁判文书必须由承办法官亲自拟写并作出裁判，不能由未参加庭审的法官代替。所谓言词原则，是指在案件开庭审理过程中，所有的诉讼行为都必须以言词的形式进行，不得采用书面形式，特别是质证、辩论和证据调查行为。[2]直接言词原则亦是我国《民事诉讼法》第12条、第65条、第71条、第75条、第81条等规定

---

[1]　段厚省："远程审判的双重张力"，载《东方法学》2019年第4期。
[2]　杨荣馨主编：《民事诉讼原理》，法律出版社2003年版，第116页。

所明确要求的。[1]

关于在线诉讼是否背离或突破、侵害或削弱直接言词原则，主要存在以下几种不同观点：一是架空论或颠覆论。例如，有学者认为，"电子诉讼在一定程度上打破了物理意义上的司法亲历性，法官'在场'的形式发生了改变。法官虽然仍亲自参加证据审查、亲自听取法庭辩论，但在物理空间上隔绝了与当事人、证人、律师的直接接触，法官察言观色的环境不复存在，直接言词原则被架空"。[2]尤其是，"在异步审判中，法官与当事人，当事人与当事人，当事人与证人、鉴定人等在诉讼中都无需面对面交流，可以说异步审判直接否定、颠覆了直接言词原则"。[3]二是实现方式改变论。多数学者持此观点，认为电子诉讼仍由法官亲自审理独立裁判，对直接言词原则并未造成根本冲突，也并未从本质上架空、否定、颠覆直接言词原则，只是改变了直接言词原则的实现方式。它不仅没有违背司法亲历性原则，而且拓展和丰富了司法亲历性原则的基本内涵。[4]特定情况

---

[1] 《民事诉讼法》第12条规定，人民法院审理民事案件时，当事人有权进行辩论。第65条规定，离婚案件有诉讼代理人的，本人除不能表达意思的以外，仍应出庭；确因特殊情况无法出庭的，必须向人民法院提交书面意见。第71条规定，证据应当在法庭上出示，并由当事人互相质证。对涉及国家秘密、商业秘密和个人隐私的证据应当保密，需要在法庭出示的，不得在公开开庭时出示。第75条规定，凡是知道案件情况的单位和个人，都有义务出庭作证。……第81条规定，当事人对鉴定意见有异议或者人民法院认为鉴定人有必要出庭的，鉴定人应当出庭作证。经人民法院通知，鉴定人拒不出庭作证的，鉴定意见不得作为认定事实的根据；支付鉴定费用的当事人可以要求返还鉴定费用。

[2] 王福华："电子诉讼制度构建的法律基础"，载《法学研究》2016年第6期。

[3] 胡昌明："'司法的剧场化'到'司法的网络化'：电子诉讼的冲击与反思"，载《法律适用》2021年第5期。

[4] 侯学宾："我国电子诉讼的实践发展与立法应对"，载《当代法学》2016年第5期；刘敏："电子诉讼潮流与我国民事诉讼法的应对"，载《当代法学》2016年第5期；陈锦波："论信息技术对传统诉讼的结构性重塑——从电子诉讼的理念、价值和原则切入"，载《法制与社会发展》2018年第3期；张兴美："中国民事电子诉讼年度观察报告（2017）"，载《当代法学》2018年第6期；高翔："民事电子诉讼规则构建论"，载《比较法研究》2020年第3期；林洋："互联网异步审理方式的法理思辨及规则建构"，载《甘肃政法学院学报》2020年第4期；任昊："智慧法院新技术下民事司法的革新"，载上海市法学会编：《上海法学研究 2020年 第4卷》，上海人民出版社2021年版，第342-356页；陈锦波："在线庭审的实践检视与规则重塑"，载《安徽大学学报（哲学社会科学版）》2021年第1期；郝晶晶："互联网法院的程序法困境及出路"，载《法律科学（西北政法大学学报）》2021年第1期；刘峥："数字时代背景下在线诉讼的发展路径与风险挑战"，载《数字法治》2023年第2期。

下，如证人在线出庭作证以及通过在在线诉讼平台中嵌入微表情分析技术，还可以强化直接言词原则的适用和效果。[1]主要表现为，由"物理空间的实体法庭在场"变成了"网络空间的虚拟法庭临场"，由"实体法庭中的近距离面对面言词交流"变成了"虚拟法庭中的远距离屏对屏视频交互"，但这些只是改变了在场方式、在场地点和言词载体，并未改变在场原则所要求的面对面本质，以及言词原则所要求的言词交互本质。三是效果弱化论。该观点认为，远程审判中当事人远离实体法庭，法官与当事人的交流受到庭审场景非物理直接接触、电子屏幕镜头切换等视频技术因素、借助媒介传递信息的间接性等影响，使得司法的亲历性受到制约，降低了法官直接接触证据原件和观察把握庭审细节的可能性，难以当面获取和审查部分证据的真实性以及通过实体法庭的现场"五听"式观察形成内心确信，不仅形式上弱化了直接言词原则，抵消了直接言词的审判效果，甚至容易让当事人对审判的公正性产生质疑，在实质上消减了直接言词原则所承载的公正价值。[2]

笔者认为，其一，直接原则要求所有诉讼主体必须到庭参加诉讼，并且要求法官直接接触证据，并以庭审中接触到的证据来认定案件事实。这些要求应该说都是针对传统线下民事司法行为而作出的规定，即到庭应指物理世界中的实体法庭，直接接触证据应指直接接触物理世界中的实体证据。显然，数字化的线上民事司法是在虚拟的网络世界中、当事人没有在物理空间直接会面的前提下，通过"屏对屏"的方式进行庭审活动，包括法庭调查、法庭辩论和举证质证等。尤其是在线庭审、在线调解、视频作证、证据交换等，虽然法官或一方当事人可能在实体法庭中，但另一方当事人或证人等其他诉讼参与人却不在实体法庭中，且可能分处多地，庭审

〔1〕 谢登科："在线诉讼中证人出庭作证的场域变革与制度发展"，载《法制与社会发展》2023 年第 1 期。

〔2〕 宋朝武："电子司法的实践运用与制度碰撞"，载《中国政法大学学报》2011 年第 6 期；王琦、安晨曦："时代变革与制度重构：民事司法信息化的中国式图景"，载《海南大学学报（人文社会科学版）》2014 年第 5 期；张兴美："电子诉讼制度建设的观念基础与适用路径"，载《政法论坛》2019 年第 5 期；占善刚、王译："互联网法院在线审理机制之检讨"，载《江汉论坛》2019 年第 6 期；郑飞、杨默涵："互联网法院审判对传统民事证据制度的挑战与影响"，载《证据科学》2020 年第 1 期；左卫民："中国在线诉讼：实证研究与发展展望"，载《比较法研究》2020 年第 4 期。

活动是通过网络在虚拟的交互界面上，也就是在虚拟的法庭中完成的。因此，这就在形式和载体上直接突破了传统物理空间的法庭这个"在场原则"和"直接接触证据"原则。也就是说，直接突破了传统民事司法的直接原则。此外，异步审理的非同时、非同地、非同步特征，也突破了直接原则所内含的"同时直接面对双方当事人"的要求。[1]即使数字化的民事司法庭审活动虽然没有在实体的法庭中进行并直接接触证据，但在虚拟的法庭场景中实现了"虚拟在场"和"直接接触"转化了的电子形式的证据，也弱化了传统民事司法的直接原则。因为，在线庭审的电子屏幕还分割为法官区、原告区、被告区以及文字转换区等，法官通过有限的电子屏幕，可能并不能直接观察到当事人和其他诉讼参与人的全貌，对当事人和诉讼参与人的肢体语言、谈话方式、面部微表情等更难以做到及时地捕捉，当事人和诉讼参与人的这些外在行为表现所反映的内在心理活动，法官也就无法精准探知，可能也就会影响法官对案件的事实认定和自由心证。[2]但也有学者认为，在线诉讼未必一定会弱化法官的察言观色能力，反而在某些方面得到一定提升。因为对特定证据的真实性审查问题，可借助技术手段提高展示清晰度和识别度来解决。对于察言观色问题，亦可以通过技术升级实现高清观察，且对重点内容可以采取慢动作回放方式进行重点审查。[3]对此，笔者认为，证据原件原物虽可通过高清电子化处理，但也存在当事人恶意修改的可能性，而且在线庭审中当事人头面部等身体部位不一定时刻都全面出现在庭审视频区域内，这在一定程度上可能都会影响法官观察的效果，也就弱化了直接原则。也因此，北京互联网法院制定的《北京互联网法院电子诉讼庭审规范（试行）》就明确规定，当事人及其他诉讼参与人在庭审活动中，应当确保头面部完全显示在视频画面的合理区域。[4]

其二，言词原则，又称口头主义，是相对于书面审理原则而言的，其

---

〔1〕 张卫平："民事诉讼智能化：挑战与法律应对"，载《法商研究》2021年第4期。

〔2〕 张兴美："电子诉讼制度建设的观念基础与适用路径"，载《政法论坛》2019年第5期。

〔3〕 左卫民："中国在线诉讼：实证研究与发展展望"，载《比较法研究》2020年第4期。

〔4〕 参见《北京互联网法院电子诉讼庭审规范（试行）》第12条。

重要意义或者说目的在于使双方当事人能够充分地平等地进行陈述、论辩、表达观点和主张，也便于法官快速弄清争议焦点，查明案件事实，并有助于自由心证。同样地，言词原则也是建立在传统的物理世界的法庭中，当事人和诉讼参与人直接的面对面交流互动基础上的，这种交流互动无须借助数字技术等中间媒介工具，呈现的是纯粹的人与人的关系。而在线庭审，法官和当事人以及当事人与诉讼参与人之间的交流互动需要借助数字技术等中间媒介工具，呈现的不再是纯粹的"人与人"的关系，而是"人—机—人"或"人—物—人"的双重关系，这就可能影响人与人的交流互动效果，因而客观上也就可能影响法官、当事人、诉讼参与人相互之间的交流互动效果。也就是说，在线庭审可能会在一定程度上削弱言词原则的效果。而三家互联网法院的共同创新之举——在线异步审理模式则可能既违反了言词原则，又削弱了言词原则的效果，因为异步审理的"非同时""非同地""非同步"与"非当场""非即时""非紧迫性"的交流方式直接违反了言词原则所隐含的同时同地同步言词要求。例如，杭州互联网法院 2018 年审理的一起案件中，位于杭州市的原告与位于加拿大的被告，即通过该院诉讼平台进行了时间不同步的庭审发问与回复。原告于 3 月 30 日下午 4 时，在线发问被告对涉案化妆品进货时的审核方式，被告则在异国凌晨 4 点进行了回复。[1]如果被告王女士不是以录制视频的方式进行回复，而是以文字的方式进行回复，则可能又违反了言词原则的非书面方式要求，[2]且法官和另一方当事人通过文字可能都无法揣测被告王女士在回复时的内心活动，也可能会削弱言词原则的效果。也因此，《人民法院在线诉讼规则》第 20 条第 2 款明确要求，异步审理应采取录制庭审视频的形式。[3]

---

〔1〕　高敏、钱炫兆、岳丰："全球首个'异步审理模式'原被告异地错时对簿公堂　杭州互联网法院带来又一次革新"，载《浙江法制报》2018 年 4 月 3 日，第 1 版。

〔2〕　林洋："互联网异步审理方式的法理思辨及规则建构"，载《甘肃政法学院学报》2020 年第 4 期；陶杨、付梦伟："互联网法院异步审理模式与直接言词原则的冲突与协调"，载《法律适用》2021 年第 6 期。

〔3〕　《人民法院在线诉讼规则》第 20 条第 2 款规定，适用小额诉讼程序或者民事、行政简易程序审理的案件，同时符合下列情形的，人民法院和当事人可以在指定期限内，按照庭审程序环节分别录制参与庭审视频并上传至诉讼平台，非同步完成庭审活动：……。

综上，笔者基本上赞同"实现方式改变论"和"效果弱化论"，但在线庭审尤其是在线异步审理对直接言词原则也有一定程度的突破。而且，在线庭审对"言词原则"在诉讼主体之间交流互动方面的弱化，也会延伸到法庭言词辩论中，使得辩论不够充分全面。因此，电子诉讼也可能会对"辩论原则"形成一定削弱。

四、对审判公开原则的限缩与断裂

审判公开是现代司法的一项重要原则，它不仅体现了司法的开放性和透明性，也是让正义以人们看得见的方式得到实现和提升司法公信力的重要举措。我国《宪法》第 130 条明确规定，人民法院审理案件，除法律规定的特别情况外，一律公开进行。我国民事诉讼法亦从司法审判与接受监督两个角度，对审判公开原则进行了明确规定，既包括诉讼程序之形式公开意义上的审理公开，也包括裁判结果之实质公开意义上的裁判公开。[1] 其中，审理公开，是指审理的全过程既要通过依法允许公民旁听、庭审直播等形式向社会公众公开，又要允许媒体依法采访报道。而裁判公开，不仅包括裁判结论公开，还包括裁判结论形成的过程、理由和根据的公开。[2] 其中，裁判结论形成的过程公开，一般指法官心证公开，以避免裁判突袭；裁判理由的公开，主要指法官对案件证据的审查取舍或采取与否、事实的认定以及法律的理解与适用所作的解释论证和辨法析理公开，努力让当事人胜败皆明、心服口服；裁判根据或裁判依据公开，一般是指裁判所依据的法律公开，目前基本采取裁判文书附录法律条文的方式进行公开。

一方面，数字司法中的在线庭审、庭审直播、裁判文书上网等扩展和

---

〔1〕《民事诉讼法》第 10 条规定，人民法院审理民事案件，依照法律规定实行合议、回避、公开审判和两审终审制度。第 137 条规定，人民法院审理民事案件，除涉及国家秘密、个人隐私或者法律另有规定的以外，应当公开进行。离婚案件，涉及商业秘密的案件，当事人申请不公开审理的，可以不公开审理。第 151 条第 1 款规定，人民法院对公开审理或者不公开审理的案件，一律公开宣告判决。第 159 条规定，公众可以查阅发生法律效力的判决书、裁定书，但涉及国家秘密、商业秘密和个人隐私的内容除外。

〔2〕 陈瑞华："司法权的性质——以刑事司法为范例的分析"，载《法学研究》2000 年第 5 期。

融合了司法公开，但另一方面，在线诉讼的局限性，庭审直播、裁判文书上网的不完善性，智能裁判中的算法黑箱、大数据司法中的数据壁垒、数据垄断和数据孤岛等也"造成了司法公开的新型技术屏障"，导致出现审判公开的限缩现象与"数字时代数字正义与司法公开的断裂"现象。[1]

　　首先，一是相较于线下庭审，由于观察场域、观察媒介、观察情景的改变，在线庭审对"直接原则"在法官观察判断方面的弱化，也会延伸到在线旁听中，即"旁听案件的社会公众显然也不能在审判中准确、全面地获取在传统审判中可以获取的审判信息，进而无法全面落实公开审判的目的"。[2]此外，在线异步审理很难像在线同步审理一样通过庭审直播实现庭审公开。因此，一定程度上，电子诉讼可能致使"审判公开原则"出现价值缩水现象。二是为贯彻落实审判公开原则，最高人民法院于 2010 年 11 月印发《关于人民法院直播录播庭审活动的规定》，并于 2016 年 9 月上线中国庭审公开网，但该网站存在着因检索条件单一、搜索功能不强等不足导致案件精准检索难，因案件筛选辨识度低、缺乏案情介绍或者案情介绍不全面、不规范等不足导致案件信息获取难，一定程度上影响了庭审直播的访问率和观看率。而且庭审直播的案件当庭宣判率相对较低，也影响了审判公开的效果。[3]三是 2013 年上线的中国裁判文书网存在着"检索不便利""标准不统一""权威度不够"等问题，[4]如基层法院审理的规则意义和参考价值都有限的大量简易案件，只是裁判文书的简单累加，一定程度上占用了司法资源和网络资源，造成精准检索困难，[5]影响了裁判文书公开的实际效能。此外，实践中，上网公开的很多类案裁判文书说理并不统

〔1〕　张凌寒："数字正义的时代挑战与司法保障"，载《湖北大学学报（哲学社会科学版）》2023 年第 3 期。

〔2〕　郑世保：《电子民事诉讼行为研究》，法律出版社 2016 年版，第 129-130 页。

〔3〕　相庆梅等：《互联网环境下的司法公开制度研究》，中国政法大学出版社 2022 年版，第 71-72 页。

〔4〕　乔文心："最高人民法院相关部门负责人就征集人民法院案例库参考案例有关问题答记者问"，载《人民法院报》2023 年 12 月 23 日，第 3 版。

〔5〕　周光权："打造'升级版'裁判文书网　精准展示法治自信"，载《人民法院报》2023 年 12 月 25 日，第 2 版。

一，甚至出现了相反的裁判观点和裁判结果，[1]进一步放大了"同案不同判"问题，更使得普通民众无所适从，亦无法建立起稳定的规范预期和行为预期，一定程度上削弱了裁判文书上网公开之裁判规范的参考功能和行为规范的指引功能。[2]

其次，由于司法人工智能系统商业开发基于保护商业秘密等因素采取的闭源策略，算法决策系统本身的技术专业性与复杂性，以及机器深度学习的自主性与不确定性等原因，导致智能裁判系统在客观上始终存在着"算法黑箱"问题，尤其对于并不懂得算法技术的法官、当事人和社会公众而言，更是一道难以跨越的数字鸿沟。由于智能裁判系统中算法黑箱的存在，"无论是直接运用人工智能系统的推荐结果，还是法官在筛选后有选择地运用决策系统的建议，其本质上都与司法固有的公开属性存在冲突"。[3]虽然通过算法自动化决策，智能裁判系统生成的裁判文书，也附带有裁判说理，但当事人、社会公众甚至法官都无从知晓算法决策的模型、程序、依据、逻辑以及价值取向等，也即无法实现实质意义上的裁判结论形成的过程、理由和依据的公开。不仅侵蚀了司法的透明性，还直接影响了当事人的知情权与社会公众的监督权，严重背离了通过数字司法实现更高水平的数字正义之初衷。

最后，在大数据司法中，最重要的是司法数据的开发共享。司法数据分为结构化数据（如案件基本情况）、半结构化数据（如起诉状、答辩状）和非结构化数据（如庭审录音录像）。一方面，大量的半结构化和非结构化数据很难直接进行算法分析，也给大数据分析和智能裁判系统算法学习

---

[1] 例如，被继承人债务清偿纠纷管辖案件，在中国裁判文书网上公开的裁判文书，有的认为应当适用专属管辖规定，由被继承人死亡时住所地或者主要遗产所在地人民法院专属管辖，有的则认为应当适用一般管辖规定，由被告住所地人民法院管辖，还有的认为应按照被继承人遗留的债务所属法律关系的类型和性质确定管辖。笔者持最后一种观点，参见戴曙："被继承人债务清偿纠纷是否适用继承遗产诉讼专属管辖"，载《人民法院报》2022年2月10日，第8版；戴曙："被继承人债务清偿纠纷的案由与管辖确定"，载《人民司法》2023年第32期。

[2] 车浩："实现裁判文书网的三个功能 需要优化更应保持公开"，载《人民法院报》2023年12月26日，第2版。

[3] 王禄生："司法大数据与人工智能技术应用的风险及伦理规制"，载《法商研究》2019年第2期。

带来了不便。另一方面，司法实践中，由于参与法院数字化建设的技术企业的商业秘密和商业利益等原因，不同法院之间的司法数据尚未实现互联互通和资源共享，即使同一法院的不同技术企业在参与法院数字化建设中所获得的数据有时也未能实现完全共享。这种"数据垄断"和"数据孤岛"现象，不仅导致出现智能裁判系统算法学习的司法大数据样本不全问题，影响算法决策的水平和质量，还严重影响着司法数据查询的便利性和司法公开的质量。

第三节　电子方式诉讼对司法规则的全面挑战

传统的民事司法制度规则，基本上都是基于工商业时代的物理空间而建构的，很少涉及或者专门考虑比特世界的民事司法问题。而数字化的民事司法是适应并为智慧社会时代的数字虚拟空间而打造的一种全新的在线诉讼模式，完全突破了传统的物理时空，必然将对传统的线下诉讼模式所赖以运行的制度规则产生创造性破坏、颠覆性变革以及根本性突破。也就是说，电子方式诉讼必将对传统民事司法制度规则带来全方位的挑战。根据我国《立法法》第 10 条和第 11 条规定，诉讼制度的改变属于只能由全国人大或者全国人大常委会制定或者修改法律的事项。[1]而电子诉讼涉及当事人的基本诉讼权利，且属于诉讼制度的范围，应由全国人大及其常委会进行立法规定。因此，尽管近年来最高人民法院先后发布了与在线诉讼、互联网司法相关的多个司法解释和指导性文件，但是本节内容的论述皆以我国现行《民事诉讼法》及相关法律（如《电子签名法》）所规定或涉及的民事司法制度规则为基点展开。

---

〔1〕《立法法》第 10 条第 2 款、第 3 款规定："全国人民代表大会制定和修改刑事、民事、国家机构的和其他的基本法律。全国人民代表大会常务委员会制定和修改除应当由全国人民代表大会制定的法律以外的其他法律；在全国人民代表大会闭会期间，对全国人民代表大会制定的法律进行部分补充和修改，但是不得同该法律的基本原则相抵触。"第 11 条规定："下列事项只能制定法律：……（十）诉讼制度和仲裁基本制度；……"

一、电子方式对纸质方式的替代

相比传统的线下诉讼，在线诉讼的场域和所使用的载体发生了根本性改变，因此在线诉讼对传统线下诉讼的首要突破，就表现为从发起诉讼到案件归档全流程电子诉讼材料对传统纸质诉讼材料的替代。例如，2020 年 1 月最高人民法院印发的《民事诉讼程序繁简分流改革办法》第 22 条即规定，当事人及其他诉讼参与人以电子化方式提交的诉讼材料和证据材料，经人民法院审核通过后，可以直接在诉讼中使用，不再提交纸质原件。2021 年 8 月 1 日施行的《人民法院在线诉讼规则》第 9 条第 2 款亦明确规定，当事人已在线提交符合要求的起诉状等材料的，人民法院不得要求当事人再提供纸质件。

根据我国现行《民事诉讼法》相关条文规定，传统的线下民事诉讼模式下，当事人提起诉讼，应当向人民法院递交起诉状及副本或者到人民法院口头起诉；如果委托诉讼代理人，还必须向人民法院提交授权委托书，如果变更或者解除诉讼代理人的权限，还应当书面告知人民法院；如果申请审判人员回避，还需用书面方式或口头方式。根据法律解释学原理和方法，《民事诉讼法》中规定的上述起诉状、授权委托书、变更或者解除诉讼代理权限书面告知、书面方式申请回避应当指的都是书面的纸质诉讼材料。而在线诉讼模式下，原告或者其他诉讼代理人只需要经过注册认证登录各类在线诉讼平台，将纸质起诉状拍照或者扫描后递交电子起诉状，甚至只需要根据系统提示在线输入起诉状要求记载的各项内容即可完成起诉，也不存在同时提交纸质起诉状副本问题。同样地，纸质的授权委托书、变更或解除诉讼代理权告知、回避申请等也均被电子方式替代。

立案受理进入审理阶段后，《民事诉讼法》规定书记员应当做好庭审笔录，由审判人员和书记员签名，并由当事人和其他诉讼参与人签名或者盖章；如果当事人不服裁判上诉，应当递交上诉状和副本；如果申请再审，应当提交再审申请书等材料；而且在离婚诉讼中，即使当事人本人确因特殊情况无法出庭的，还必须向人民法院提交书面意见；判决生效后如果申请强制执行，应提交申请执行书。在特别程序中，无论是申请宣告失踪、申请宣告死亡，申请指定遗产管理人，申请认定公民无民事行为能力或者限制民事行为能力，还是申请认定财产无主等案件，都要提交相应的申请书，并写明相应的内容。在督促程序和公示催告程序中，也要提交支付令申请书和公示催告申请书，并写明相应内容。同样地，上述法庭笔录、裁判文书、上诉状、各类申请书也应当指的是书面的纸质材料。而数字化的在线诉讼中，当事人或其诉讼代理人只需要提交相应的电子上诉状、电子申请书即可。至于法庭笔录，在目前的在线诉讼实践中，也得到了替代和突破，可以不再以纸质方式进行记载。早在 2014 年 8 月，浙江法院就率先在全国探索推进以庭审录音录像代替传统书面笔录的庭审记录改革。[1]2017 年 2 月，最高人民法院公布的《关于人民法院庭审录音录像的若干规定》第 8 条明确规定，适用简易程序审理民事案件的庭审录音录像，经当事人同意的，可以替代法庭笔录。此后，上海市高级人民法院于2020 年 3 月发布的《关于运用现代科技深化庭审记录改革试点的通知》，亦明确规定当事人同意且具备条件的，应优先选择录音录像替代庭审笔录。2021 年 6 月，最高人民法院公布的《人民法院在线诉讼规则》第 34条明确规定，适用在线诉讼的案件，人民法院应当在调解、证据交换、庭审、合议等诉讼环节同步形成电子笔录。电子笔录以在线方式核对确认后，与书面笔录具有同等法律效力。

　　相应地，根据《民事诉讼法》相关规定，传统线下诉讼中，被告、被上诉人提出书面的答辩状，当事人之间签订的书面管辖协议，法院向当事人送达诉讼文书的送达回证、案件卷宗等也应当是纸质方式的。而在线诉讼中，上述纸质方式也均被电子方式所替代。最为明显的是，最高人民法院在全国法院力推的电子卷宗随案生成和深度应用工作中，明确电子卷宗包含法院在案件受理时接收或办理过程中形成的电子文档、图像、音频、视频等电子文件，以及将纸质案卷材料依托数字影像、文字识别等技术制作而成的电子文档、数据等电子文件。[2]

---

　　〔1〕　孟焕良、徐乐盛："繁简分流的信息化'武器'——浙江法院庭审记录改革工作调查"，载《人民法院报》2017 年 9 月 21 日，第 5 版。
　　〔2〕　参见《最高人民法院关于全面推进人民法院电子卷宗随案同步生成和深度应用的指导意见》第 2 条第 1 款规定。

二、涉网案件对地域管辖的失灵

《第 52 次中国互联网络发展状况统计报告》显示，截至 2023 年 6 月，我国网民规模达 10.79 亿，互联网普及率达 76.4%，即时通信、网络视频用户规模均在 10.4 亿以上，网络直播、搜索引擎、网络购物、网络支付用户规模分别达 7.65 亿、8.41 亿、8.84 亿、9.43 亿，网上外卖、网上文学、网络游戏用户规模均在 5.35 亿以上，在线旅行预订、网约车用户规模均在 4.54 亿以上。可见，智慧社会时代数字化生活、数字化生存已成常态，伴随而来的人类纠纷也呈现出更多的涉网特征，或者说大量的涉网案件随之而生。正如有学者指出的那样，数字时代的数据/信息突破了物理时空限制，导致基于属地既有管辖原则失效。[1]由于互联网本身的跨地域、无边界等特征，传统案件以物理连接点为主确立管辖的制度规则，就很难完全适用于涉网案件，或者说涉网案件在传统的管辖规则适用上存在着一定的失灵现象。

（一）地域管辖连接点定位难

根据我国《民事诉讼法》及《民事诉讼法解释》相关规定，地域管辖的连接点一般包括被告住所地、合同签订地、合同履行地、标的物所在地、侵权行为地等，其中侵权行为地又包括侵权行为实施地和侵权结果发生地。由于现有的管辖制度规则是建构在传统的物理法院基础之上的，因此上述连接点具有明显的物理定位性质，指向的都是现实空间的具体位置。但网络空间的虚拟性、无边界性，必将导致在虚拟网络世界发生的纠纷空间定位困难，进而也将导致确定具体管辖法院的连接定位困难。

第一，被告住所地查找困难。从理论上说，纠纷虽发生于网络世界，但人仍是现实世界中的人，而且由于网络实名制已经普遍推行，查找被告住所地应该容易实现。但事实上，网络交易行为可以遍布于云端的任何位置，而且交易双方在网络交易平台上往往使用昵称，并不展示自己的真实名称和具体地理位置。一旦发生纠纷，原告欲提起诉讼，根据起诉受理的

---

〔1〕 马长山：“数字法学的理论表达”，载《中国法学》2022 年第 3 期。

条件之一"要有明确的被告"，此时原告首先要做的恐怕就是要查找被告的真实身份，然后根据真实身份确定被告户籍住所地址，才能知道要向哪家有管辖权的法院起诉。但是现实世界中，世界已经成为一个地球村，人口流动导致的人户分离现象普遍存在。此时可能面临的问题是，即使被告户籍地找到了，但其经常居住地并不在户籍地，根据《民事诉讼法》第22条规定，被告住所地与经常居住地不一致的，由经常居住地人民法院管辖。此时原告还要继续查找被告的经常居住地，如何确定经常居住地，通过 IP 地址吗？但网址与现实世界的地理位置并不一一对应，而且 IP 地址也很容易在技术上被篡改。理论上，交易双方可能都在交易平台进行了实名制注册，总能查找到被告的真实身份，但实际操作上却给原告查找被告户籍地或经常居住地带来了很大困难，即使原告立案时申请法院调查，恐怕也要费一番周折。

第二，特殊连接点定位难。以通过信息网络方式订立的合同为例，当事人通过数字技术在网络上完成合同订立的一系列法律程序，并进行电子签名，在这个过程中，并不存在物理空间意义上的"合同签订地"。如果交付的标的物为电子产品（如电子书、电子产品的下载码、音乐视频资料等），其交付的数据信息可能会经网络世界中的若干服务器等不同路径，而且虚拟空间中的出发地和到达地也会由于当事人的网络操作等技术原因而千差万别，整个交付行为的履行过程中也不存在现行法物理意义上的"合同履行地"。[1]同时，由于电子产品的出发地和到达地在网络空间的定位难，也导致标的物所在地在现实物理空间的定位难。再以信息网络侵权纠纷为例，根据《民事诉讼法》第29条及《民事诉讼法解释》第24条、第25条规定，除被告住所地外，信息网络侵权纠纷还可以由实施被诉侵权行为的计算机等信息设备所在地法院管辖。司法实践中，如何确定实施被诉侵权行为的计算机等信息设备所在地同样十分困难，因为网络数据信息传播的无规律性和不可视性，究竟是经由哪一台电脑或手机等信息设备实施的侵权行为，也很难进行物理空间定位。

---

〔1〕 于海防："涉网络合同案件地域管辖法院的确定——从传统理论与现实规范出发"，载《北京理工大学学报（社会科学版）》2011年第1期。

（二）协议管辖自愿和有效难

根据我国《民事诉讼法》第 35 条及《民事诉讼法解释》第 30 条规定，合同纠纷案件当事人可以书面约定管辖法院，但根据管辖约定，如果不能确定管辖法院的，则约定无效。首先，如果上文列举的通过信息网络订立合同的双方当事人约定了，在现实空间就不存在的合同签订地或者合同履行地法院管辖，或者约定了由难以确定物理地址的电子标的物所在地法院管辖，都将会因为不能确定管辖而无效。

其次，管辖协议强调的是双方当事人自愿达成，但实现生活中，人们要使用各类电子交易平台，必须先行注册并被强制性、概况性地同意接受平台事先制定好的格式服务协议或服务条款，才能进入网络平台进行消费和交易。为了便于处理日后可能发生的纠纷，这些合同除了约定双方实体权利义务关系，往往还强制性地约定了对平台比较有利的管辖条款，如约定若发生纠纷协商不成由平台所在地法院管辖等。因此，此类管辖协议就违反了当事人自愿原则。即使平台通过条款设置规避了上述自愿原则，但根据《民事诉讼法解释》第 31 条〔1〕规定，司法实践中仍然出现了不少的此类格式管辖条款被认定为无效的案例。例如，江苏省南京市中级人民法院审理的上诉人浙江淘宝网络有限公司与被上诉人刘某买卖合同纠纷管辖权异议案，浙江淘宝网络有限公司上诉认为，刘某在注册为淘宝用户时，点击同意了《淘宝服务协议》，而协议中约定发生纠纷由被告住所地人民法院为第一审管辖法院，该管辖条款应为有效。但法院认为，实际生活中，网民或用户对于用户协议大多不会认真阅读，而是直接点击"同意"，甚至不会注意到协议管辖条款的存在。本案中，当事人提供的《淘宝服务协议》打印本有 19 页之多，协议管辖条款夹杂在烦琐资讯中，处于末页，虽变为黑体但字体均较小，且未置于突出位置易被用户忽略。对此可认定不符合采取"合理方式予以提示"的情形，故《淘宝服务协议》中争议解决的管辖条款应为无效。〔2〕

---

〔1〕《民事诉讼法解释》第 31 条规定，经营者使用格式条款与消费者订立管辖协议，未采取合理方式提请消费者注意，消费者主张管辖协议无效的，人民法院应予支持。

〔2〕参见（2015）宁民辖终字第 176 号民事裁定书。

三、电子送达对送达规则的突破

随着人类社会迈入数字化时代，电子数字技术的普及成为这个时代鲜明的特征。电子数字技术具有覆盖面广、传输快、效率高、成本低的优势，为法院增加送达途径、降低诉讼成本、提高审判效率提供了更多选择。在数字化时代背景下，电子数字技术在诉讼活动中的应用成为必然，利用电子网络、电话传真等送达诉讼文书应运而生。随着科技的进步和人员流动性加大，以及法院收案数量的不断增长，原有的送达方式难以满足司法实践需求。因此，2012 年修正后的《民事诉讼法》第 87 条首次增加规定了电子送达方式，2015 年《民事诉讼法解释》第 135 条、第 136 条对电子送达的媒介、送达日期确定、送达地址确认书作了细化规定。2021 年修正后的《民事诉讼法》第 90 条又将电子送达的适用文书范围扩展至判决书、裁定书和调解书。

（一）适用前提的扩张性突破

2012 年《民事诉讼法》第 87 条和 2021 年《民事诉讼法》第 90 条均严格规定了电子送达的适用前提。即首先必须取得受送达人的同意，受送达人有不同意进行电子送达的诉讼权利。因为电子送达作为一种新的送达方式，虽具有便捷性、高效性的优点，但同时也存在电子送达地址变化快，信息传送、保存过程中存在一定风险等问题。通过取得受送达人同意，方能确认受送达人的真实意愿，查明送达地址，有效避免争议，提高送达的及时性和准确性。因此，2018 年 9 月和 2020 年 1 月，最高人民法院先后在《互联网法院审理案件若干问题规定》第 15 条第 1 款、《民事诉讼程序繁简分流改革办法》第 24 条第 1 款、《人民法院在线诉讼规则》第 29 条中均再次强调电子送达应经受送达人同意这一适用前提。而司法实践中，这一适用前提却遭到了扩张性突破，如杭州互联网法院在《杭州互联网法院诉讼平台审理规程》第 22 条第 1 款中就规定，"原则上采用电子送达"。[1]经查询

---

〔1〕《杭州互联网法院诉讼平台审理规程》第 22 条第 1 款规定，诉讼平台案件原则上采用电子送达，诉讼材料通过向当事人诉讼平台账户，以及绑定诉讼平台的手机号、电子邮箱、阿里旺旺、微信推送的形式完成送达。当事人登录后可在诉讼平台随时查看法律文书。

《北京互联网法院电子诉讼庭审规范（试行）》和《广州互联网法院在线审理规程（试行）》，发现对电子送达也没有强调经受送达人同意这一前提。

（二）送达内容的扩张性突破

2012 年修正后的《民事诉讼法》对电子送达的诉讼文书范围是排除适用判决书、裁定书、调解书的。[1] 因为裁判文书是较为特殊的一类诉讼文书，它涉及受送达人重要的诉讼权利和实体权利，当事人通常需要长期保存，在申请执行时也需要出示原件。而电子送达需要借助网络信息的处理、传输和存储等技术，不排除送达过程中受病毒或黑客攻击被篡改的可能，因而不适宜采用电子方式送达。从国外的立法例来看，大多数国家都不支持对裁判文书采取电子送达方式，如《日本民事诉讼法》即明确作出了禁止性规定，要求法院必须在法庭上向当事人送达纸质裁判文书正本。[2] 然而我国在 2021 年修正后的《民事诉讼法》允许电子送达判决书、裁定书、调解书前，司法实践中，杭州互联网法院最先突破了这个限制，对裁判文书采取了电子送达方式，此后最高人民法院《互联网法院审理案件若干问题规定》第 15 条第 3 款对杭州互联网法院的这一突破进行了认可，但仅限于互联网法院，其他传统法院并不适用。2020 年 1 月，《最高人民法院关于印发〈民事诉讼程序繁简分流改革试点实施办法〉的通知》明确在北京、上海等 15 个省市法院进行试点。最高人民法院在《民事诉讼程序繁简分流改革办法》第 25 条规定中，虽然强调需经受送达人同意，但对电子送达裁判文书的适用法院范围则突破性地拓展到了 15 个省市的试点法院。当然现在看来，我国过往司法实践对电子送达文书范围突破性适用取得的成功，也得到了立法机关的认可，并被吸收到 2021 年修正后的《民事诉讼法》之中。[3]

---

〔1〕 2012 修正后的《民事诉讼法》第 87 条第 1 款规定，经受送达人同意，人民法院可以采用传真、电子邮件等能够确认其收悉的方式送达诉讼文书，但判决书、裁定书、调解书除外。

〔2〕 吴高盛主编：《〈中华人民共和国民事诉讼法〉释义及实用指南》，中国民主法制出版社 2012 年版，第 258 页。

〔3〕 2021 年修正后的《民事诉讼法》第 90 条第 1 款规定，经受送达人同意，人民法院可以采用能够确认其收悉的电子方式送达诉讼文书。通过电子方式送达的判决书、裁定书、调解书，受送达人提出需要纸质文书的，人民法院应当提供。

四、电子数据对证据规则的冲击

我国 2012 年修正的《民事诉讼法》第 63 条首次规定"电子数据"这一证据种类；2015 年 2 月开始施行的《民事诉讼法解释》明确了电子数据的部分形式；2015 年 4 月第一次修正的《电子签名法》第 5 条、第 8 条规定了数据电文视为满足法律、法规规定的原件形式要求和审查数据电文证据真实性应当考虑的因素；2018 年 9 月，最高人民法院公布的《互联网法院审理案件若干问题规定》第 11 条明确了电子数据真实性审查认定标准；2020 年 5 月施行的《关于民事诉讼证据的若干规定》（以下简称《民事诉讼证据规定》）较为系统地规定了电子数据包含的信息、电子文件的类别、举证要求、真实性判断标准等。尽管上述相关法律和司法解释对电子证据作了不少规定，但随着电子证据时代的到来，[1]且由于电子证据普遍具有的无形性、脆弱性、易篡改、技术依赖性等特点，司法实践中，对电子证据按照传统证据规则处理仍面临着诸多困难和冲击。

（一）证据原件取证难

原始的电子数据往往产生于网络交易过程中的相应计算机硬件设备之中，其原件不像文件等实物证据一样，它往往无法离开存储它的设备而单独存在。一旦离开原始载体，就只能通过复制的方法转移到其他硬件载体上，也就成了复制品而难以被法庭采信。因此，在庭审过程中，经常出现当事人向法官申请提交存储电子数据的电脑、iPad 或手机等硬件设备来进行举证，而且本人不得不到庭亲自演示，或者另寻他途进行电子数据公证，这都给当事人带来了很大不便。即使能够出示电子数据原件，但当前涉案的电子数据原件，往往都是当事人在网络平台注册后，上网购物或者进行其他网络行为所留下的数据。在智慧社会场景化的变革下，当事人的个人信息和隐私极易泄露，所以，当事人往往也经常删除或者修改自己之前留下的数据，甚至删改本人的删改记录。此时，电子数据的原件究竟是什么，是否还是网络行为发生当时的真实状态，可能网络平台软件服务商

---

〔1〕 樊崇义、李思远："论电子证据时代的到来"，载《苏州大学学报（哲学社会科学版）》2016 年第 2 期。

也无从知晓。即使网络平台向当事人或法庭提供了平台留存的数据，也难以保证平台自己没有修改过这个数据，电子数据的真实性认定就非常困难。[1]因此在对电子数据进行取证时，所取证据是否属于原件也是存疑的。

（二）证据示证举证难

电子数据一般都是存储于硬盘、软盘、光盘、服务器等计算机硬件设备之中，法官和当事人要获知和展示其内容，必须使用相应的操作系统和软件进行读取，这就给电子数据示证带来了不少困难。实践中，暂且不论电子数据的打印件证明效力如何，诸如手机短信、微信聊天记录、电子照片、电子邮件等确实可以通过纸质打印的方式在法庭出示，但有些电子数据如电子签名信息和时间表，则可能无法转换成纸质方式，示证举证就比较困难。当事人对上述能够转换为纸质方式的电子数据进行转换时的操作往往也是千差万别，当事人是否进行过篡改，法官在对原件和复制件核对查验时，往往也难以充分验明。此外，如网络购物合同纠纷，购物者往往会提交留在自己手机或电脑中的电子数据，而电子商务平台或店铺经营者也往往会提交留在自己硬件设备中的电子数据。庭审中，法官经常发现双方对同一事实提交的电子数据并不一致，甚至出现完全相反的情况。如果不能形成让法官能够确信的证据链，法官可能对双方提交的电子数据都不予采信。此时，法官往往也只能借助举证责任分配规则来对案件事实进行认定。而在遵循"谁主张、谁举证"的一般原则下，积极篡改自己电子数据的一方当事人往往可能因为对方当事人无法举证证明数据被篡改，而获取不应得的有利后果。

（三）证据三性认定难

电子数据因其数量大、即时性强、保存成本高、原件认定难等原因，而难以认定其真实性、合法性和关联性。司法实践中，当事人也往往因为所提交的电子数据无法被认定属实，而承担举证不能的不利后果，甚至败诉。例如，在程某与佛山某家具有限公司、翁某侵害外观设计专利权纠纷

---

[1] 可信区块链推进计划："区块链司法存证应用白皮书（1.0 版）"，载中国电子银行网，https://www.cebnet.com.cn/upload/resources/file/2019/06/25/44901.pdf，最后访问时间：2022 年 5 月 1 日。

案件中，广东省高级人民法院即认为，"在 QQ 聊天记录及 QQ 信箱中的产品照片，属于电子证据，其上传时间及内容具有容易被更改的特征，在佛山某家具有限公司和翁某对其真实性、合法性、关联性均不予确认，而程某又未能进一步提供其他证据予以证明的情况下，对其真实性、关联性均无法确认，因此不能作为认定本案事实的依据"。[1]还如，在陈某与何某、谢某等合同纠纷案件中，四川省高级人民法院亦认为，"第二组证据短信内容，因系电子证据，易修改、复制，在无其余证据相互印证的情况下，对其真实性、合法性不宜认可"。[2]再如，在北京律政公司与湖北科泰公司侵害作品信息网络传播权纠纷案件中，湖北省高级人民法院认为，"电子数据证据不同于传统的证据形式，具有真伪的脆弱性、传递的技术性、极强的可复制性等特殊属性，并非只要采用了可信时间戳电子存证等技术手段所采集的电子证据就是真实可靠的，存在在抓取之前已因所处设备或网络环境存有问题而遭受'破坏'的可能性，导致存证下来的证据不具有可信力"。[3]

五、在线审理对诉讼规则的挑战

当前，民事司法数字化使得诉讼方式已从时间线单一、场景封闭、参与方固定的线下审理模式，逐步转向时间线开放、场景灵活、现实与虚拟交互的在线审理模式。与此同时，传统民事司法在法庭规则、程序规则等诉讼规则上都面临着与在线审理之间的冲突和挑战。

（一）对法庭规则的挑战

根据《民事诉讼法》和《人民法院法庭规则》相关规定，传统非数字化线下民事案件开庭审理时，法官应核对当事人身份信息；除经人民法院许可，需要在法庭上出示的证据外，标语、横幅、传单等物品不得携带进入法庭；证人、鉴定人以及准备出庭提出意见的有专门知识的人、未获得人民法院批准的未成年人不得旁听；出庭履行职务的人员、非履行职务的

---

〔1〕 参见（2015）粤高法民三终字第 301 号民事判决书。
〔2〕 参见（2018）川民终 191 号民事判决书。
〔3〕 参见（2021）鄂知民终 712 号民事判决书。

出庭人员以及旁听人员，应当按规定着装或文明着装；审判人员进入法庭以及宣告裁判时，全体人员应当起立；全体参加庭审人员应当服从法庭指挥，尊重司法礼仪，遵守法庭纪律，不得吸烟、进食、拨打或接听电话等，不得对庭审活动进行拍照、录音录像等，旁听人员不得进入审判活动区，不得随意站立、走动等。然而，数字化的民事司法对上述法庭规则都形成了一定的冲击和挑战，具体表现为以下两个方面。

一方面，数字技术的局限，难以有效保障法庭规则得到有效执行。当前，全国各地法院在线诉讼平台对当事人身份信息验证，大多通过手机验证码、微信验证、支付宝验证、人脸识别等方式进行，但该方式还存在着技术上被冒用、被冒名的风险。在电子诉讼中，因受到开庭所用电脑摄像头视域范围的局限影响，法官有时很难察觉到诉讼参与人可能存在的较为隐蔽的不符合庭审礼仪的不雅不端行为。还如，在传统线下庭审中，当法官入庭时，所有人都应当起立致敬，但在电子诉讼中，因摄像头等硬件设备限制可能就无法适用。再如，传统开庭审理前，当事人进入物理空间的法庭前，必须接受安检，标语、横幅、传单和录音录像设备都不允许带入法庭，但在电子诉讼中，当事人如果在家参加在线庭审，在技术上也无法确保当事人不会将上述禁止物呈现在庭审画面之中或带入在线庭审地点，并私下对庭审进行录音录像。

另一方面，虚拟法庭对司法礼仪的约束减弱，导致当事人极易出现违反法庭纪律的现象。在传统庭审活动中，诉讼参与人在法院控制的物理空间法庭内参与诉讼活动，更易服从法庭指挥，遵守司法礼仪。但在电子诉讼中，基于法庭空间环境的虚拟性，法庭仅能通过视频方式与当事人进行交流；而当事人在自己选择的空间内，因缺乏设置在法院内的真实法庭氛围，且缺少法官的直接注视，诉讼活动庄严肃穆的仪式感有所弱化。比如，司法实践中已经出现了，在网吧、商场参加在线庭审，穿着睡衣、泳裤、背心等不适宜的服装出庭，庭审中当事人随意离开庭审画面、抽烟、进食，无关人员进入庭审画面等诸多违反司法礼仪和法庭纪律的现象。在缺乏物理限制的虚拟空间，诉讼参与者的规范行为依赖于高度自觉的自我约束，而虚拟法庭对诉讼参与人的掌控力度减弱，使得传统司法礼仪和法庭纪律很容易受到冲击和挑战。

（二）对程序规则的挑战

1. 对在线庭审适用依据的挑战

首先，2021 年修正前的《民事诉讼法》并未规定，人民法院可以进行在线庭审。只是在《民事诉讼法解释》第 259 条中规定，经当事人双方同意，适用简易程序的案件可以采用视听传输技术等方式开庭。虽然司法解释具有法律效力，对在线庭审进行了一定范围的认可，但毕竟不是全国人大层面制定的基本法律。严格来说，在 2021 年修正的《民事诉讼法》自2022 年 1 月 1 日起施行前，在线庭审对现行诉讼规则提出了合法性挑战。退一步说，司法解释可以作为在线庭审的合法性依据，但也强调要经过双方当事人同意。而且，此后最高人民法院发布的《民事诉讼程序繁简分流改革办法》第 23 条、《疫情防控期间加强和规范在线诉讼工作通知》第2 条、《人民法院在线诉讼规则》第 2 条一再强调，不得强制适用在线诉讼。[1]即使 2021 年修正后的《民事诉讼法》也规定，在线诉讼须经当事人同意。[2]但最高人民法院于 2018 年 9 月公布的《互联网法院审理案件若干问题规定》第 1 条却突破了"经当事人同意"这一适用前提。因为，该条第 1 款即规定互联网法院采取在线方式审理案件，诉讼各环节一般应当在线上完成。第 2 款虽规定了经当事人申请，部分诉讼环节可以线下完成，但决定权仍在法院。这意味着，一是法院可以同意，也可以不同意；二是不得全流程线下审理。司法实践中，互联网法院对此有一定的突破，存在强制适用在线诉讼现象。如杭州互联网法院成立一周年之

---

〔1〕　最高人民法院印发的《民事诉讼程序繁简分流改革办法》第 23 条第 1 款第 1 项规定，双方当事人明确表示不同意，或者一方当事人表示不同意且有正当理由的，不适用在线庭审。《疫情防控期间加强和规范在线诉讼工作通知》第 2 条亦明确规定，当事人不同意案件在线办理，依法申请延期审理的，人民法院应当准许，不得强制适用在线诉讼。《人民法院在线诉讼规则》第 2条第 2 项规定，人民法院开展在线诉讼应当遵循合法自愿原则，尊重和保障当事人及其他诉讼参与人对诉讼方式的选择权，未经当事人及其他诉讼参与人同意，人民法院不得强制或者变相强制适用在线诉讼。

〔2〕　《民事诉讼法》第 16 条第 1 款规定，经当事人同意，民事诉讼活动可以通过信息网络平台在线进行。

际，"已关联当事人的案件 100% 在线开庭审理"。[1]

2. 对证据制度规则的挑战

根据《民事诉讼法》第 71 条规定，书证、物证、视听资料和电子数据都需要在现实空间的法庭上出示，并且存在部分证据难以电子化的情况，而在线庭审就需要解决双方当事人未实地会面情况下核对证据原件的问题。在这一问题上，互联网法院的实践探索也不尽理想。尽管互联网法院已经开发了司法区块链存证技术，建立了网上证据交换平台，但是互联网法院管辖的案件类型决定了其审理的涉网案件主要涉及电子证据。实践中，各地法院亦尝试了不同做法，如部分法院采取向线上平台上传证据并直接进行质证的做法，部分法院采取当事人邮寄原件由法院审核证据真实性的做法，部分法院采取庭审时当事人直接向镜头展示证据的做法。但上述做法仍缺少规范性，当事人在上述形式下难以就证据真实性有效发表质证意见。

3. 对证人作证规则的挑战

首先是证人作证环境规范性难以把控。线下出庭作证是在线下物理空间的法庭内进行，有较强的剧场化的仪式感和庄严权威，对证人如实作证会产生一种无形的心理约束。而远程视频作证，证人作证的环境没有固定的场所以及相应的规范要求，导致剧场效应弱化。其次是对证人作证隔离规则的挑战。"隔离证人的做法与圣经一样古老"，[2]它要求除对质情形外，证人作证时须与其他证人隔离，而且证人不得旁听庭审。但是在线庭审中，在没有充分有效的技术手段保证和配套制裁措施的前提下，这些要求极易沦为空洞的宣示性要求。且不论证人与一方当事人位于同一地点的情况，只要当事人与证人在线上开庭的时候没有切断网络或无线网络信号，就无法彻底消除证人通过当事人了解庭审情况的可能性。最后是对证人作证真实规则的挑战。实践中，法院要通过多种方法，保障证人证言在

---

〔1〕 余建华、周凌云、吴巍："公正 & 效率，在网络互联互通——写在杭州互联网法院挂牌成立一周年之际"，载《人民法院报》2018 年 8 月 18 日，第 1 版。

〔2〕 Jack B. Weinstein, Margaret A. Berger, Weinstein's Evidence Manual Student Edition, 6th Edition, Mathew Bender & Company, Inc., 2003, at 10.05, 转引自易延友："英美证据法上的证人作证规则"，载《比较法研究》2008 年第 6 期。

客观上真实，主观上反映证人的真实意思。而在线远程异步审理模式下的证人出庭作证，由此可能产生的最明显问题就是作证真实性的问题。在异步审理的情况下，证人与当事人互通有无、相互串通相较于同步审理时甚至更加方便。异步审理过程中，有很大可能出现证人参与线上庭审的终端设备被当事人或其他有利害关系的人控制、作证行为均由当事人或其他有利害关系的人实施的情形，此时对方当事人的合法权益就难以得到保护。

第四节　数字技术应用对司法审判的潜在风险

当前，随着智慧法院和数字法院建设的强力推进，大数据、人工智能等现代数字技术广泛应用于民事司法领域。为了提升司法效率，强化审判管理，统一法律适用，提升司法公信力，这些技术也被引入民事司法最核心的部分——司法裁判。但由于技术赋能与技术局限、技术自由与技术监控并存，技术运用的良好初心与可能异化并存，技术表面上客观中立与实际上主观偏见并存等因素，使得智能数字技术的运用可能给司法审判工作带来各种潜在风险。

一、智能裁判对司法权责的分化

党的十八届三中全会通过的《中共中央关于全面深化改革若干重大问题的决定》提出，"完善主审法官、合议庭办案责任制，让审理者裁判、由裁判者负责"。其中，"让审理者裁判"，即司法裁判权应当由审理者行使；"由裁判者负责"，即司法审判责任也应当由行使司法权的裁判者负责。通常情况下，司法审判权由法官具体行使，司法审判责任也由法官具体负责。但民事司法中引入的智能辅助裁判，则在一定程度上分享了法官的专属审判权，也就相应地造成了司法权力和责任的分化现象，其后果可能如学者担忧的那样，"一旦审判主体和决定者难以特定，那么权力边界也就变得模糊不清，司法问责制就很容易流于形式，至少推卸责任的可能性被大幅度扩充了"。[1]

---

〔1〕　季卫东："人工智能时代的司法权之变"，载《东方法学》2018 年第 1 期。

（一）智能裁判对司法权力的分化

司法权是一种专属性的权力。从世界范围看，司法审判权的行使主体都是专属于法院和法官的，不得移交给其他机构和人员。例如，《世界人权宣言》和《公民权利和政治权利国际公约》均规定，人人有资格由一个独立和无偏倚的法庭进行公正和公开的审讯。〔1〕我国《宪法》《人民法院组织法》《民事诉讼法》亦均明确规定，审判权由人民法院依法独立行使，不受其他外在力量的干涉。〔2〕而且，《人民法院组织法》第29条第1款还规定，人民法院审理案件，由合议庭或者法官一人独任审理。也就是说，在人民法院内部，审判权必须由法官具体依法行使，不得让渡给其他主体行使。

然而，随着人工智能应用于司法裁判当中，司法审判权的专属性和独占性都在一定程度上受到了消解和挑战，"法官决策的实际权力将逐步被智能技术建构的主体所共同享有"，〔3〕也即出现了司法权力的非独享的分化现象。因为"让人工智能自动生成判决、根据大数据矫正法律决定的偏差等做法势必形成审判主体的双重结构，甚至导致决定者的复数化，事实上将出现程序员、软件工程师、数据处理商、信息技术公司与法官共同作出决定的局面"。〔4〕换言之，"智能审判与法官审判的结合实质上暗含了审判权的双轨模式"。〔5〕"随着'要素审判'等司法人工智能系统的研发、利用，算法决策将在事实上'分享'法官的司法裁决权。"而且，"在当前法官普遍受制于技术门槛而不能很好地规训技术滥用和失控的情况下，技术人员有可能通过算法的构建和引入，在事实上'分享'司法权，从而在一定意义上成为'影子法官'"。〔6〕也即司法权本身被分化为了司法权力

---

〔1〕《世界人权宣言》第10条规定："人人完全平等地有权由一个独立而无偏倚的法庭进行公正的和公开的审讯，以确定他的权利和义务并判定对他提出的任何刑事指控。"《公民权利和政治权利国际公约》第14条规定："……在判定对任何人提出的任何刑事指控或确定他在一件诉讼案中的权利和义务时，人人有资格由一个依法设立的合格的、独立的和无偏倚的法庭进行公正的和公开的审讯。……"

〔2〕参见《宪法》第131条、《人民法院组织法》第4条、《民事诉讼法》第6条。

〔3〕章安邦："人工智能时代的司法权嬗变"，载《浙江工商大学学报》2020年第4期。

〔4〕季卫东："人工智能时代的司法权之变"，载《东方法学》2018年第1期。

〔5〕魏斌："智慧司法的法理反思与应对"，载《政治与法律》2021年第8期。

〔6〕陈敏光："司法人工智能的理论极限研究"，载《社会科学战线》2020年第11期。

和技术权力或算法权力的混合体，甚至还可能会在机器自主认知、自主学习、自主决策的过程中出现"算法独裁"的局面。

从智能辅助司法裁判的实践看，司法权的分化已经出现了司法决策权的部分让渡甚至完全让渡的情况，具体还包括非核心决策权的让渡甚至核心决策权的让渡。究其原因，主要包括两个方面：一是由于制度性安排主动使用智能裁判系统替代法官决策而出现的被动让渡。例如，司法政策制度设计上的类案推送、裁判偏离度预警，如果法官根据系统提示作出下一步决策，则在一定程度上被动让渡了部分决策权。还如，金融借款合同纠纷等简易案件智能系统，甚至替代法官行使了审判权，以致出现了司法决策权的完全让渡。例如，浙江省高级人民法院 2019 年开发的"凤凰金融智审"系统，不仅能独立完成分案、排期、送达、归档等全部程序性、事务性工作，对涉及案件实体裁判的部分，还能够通过智能分析案卷材料，庭审实时归纳争议焦点，计算裁判数额，同步制作裁判文书。再如，案件繁简分流系统，则完全按照系统设定的繁案与简案识别规则，实现案件自动分流和分配，应用该类技术对案件复杂程度的判断已经隐含着法官非核心决策权的完整让渡。[1]二是由于法官在使用智能裁判系统过程中产生的技术依赖而出现的主动让渡。"人工智能的智能程度越高，越有利于其更好地完成司法机关交办的任务。但过于完善的辅助功能又会致使被辅助者产生依赖。"[2]司法实践中，法官为缓解繁重的审判压力，一旦对智能辅助裁判产生依赖，"很有可能沦为文件签发者，而使决策系统成为实际的审判者"。[3]这就造成了对司法决策权的一种潜移默化的或者自觉不自觉的主动让渡。例如，司法机关为实现审判工作的自动化高效化而开发的自动立案等司法智能合约系统，则是典型的技术依赖造成的司法决策权的主动让渡。还如，哥伦比亚一名法官通过咨询 ChatGPT 而确认其初步的裁判意见，可以说在相当大的程度上将裁判权让渡给了 ChatGPT。由此，可能在未

---

〔1〕　王禄生："司法大数据与人工智能技术应用的风险及伦理规制"，载《法商研究》2019年第 2 期。

〔2〕　程凡卿："我国司法人工智能建设的问题与应对"，载《东方法学》2018 年第 3 期。

〔3〕　秦汉："人工智能司法裁判系统的学理反思"，载《北方法学》2021 年第 3 期。

来出现一种异化的场景，即"慵懒的法官+高度先进的生成式人工智能=裁判权的拱手让与=人工智能法官的正式登场"。[1]

（二）智能裁判对司法责任的分化

根据《最高人民法院关于完善人民法院司法责任制的若干意见》规定，所谓法官的司法责任，具体而言就是法官的审判责任。[2]所谓"审判责任"，就是审判主体对案件的审理与判决所应承担的法律责任。从广义上看，除了违法审判责任，审判责任还包括事实瑕疵、证据瑕疵、法律瑕疵、文书瑕疵等审判瑕疵责任，以及职业纪律责任等。[3]"但是，数据铁笼、判决自动生成等做法很容易造成算法支配审判的事态，使得法官无从负责，对法官办案的结果也很难进行切实有效的问责。"[4]具体而言，当法官借助智能辅助裁判系统作出裁判而出现错案时，尤其是智能辅助系统因数据错误或算法错误等原因而导致出现错案时，司法责任应当由谁承担，人工智能辅助裁判系统能否被赋予法律主体资格进而承担相应的司法责任，是否应该在法官与人工智能系统之间进行分配，则是法官使用人工智能辅助裁判过程中不容回避的问题。一是在法官完全让渡司法决策权的情况下，即在法官完全采纳或依照智能辅助裁判结果的情况下，出现错案的司法责任应当由谁承担、如何承担？二是在法官部分让渡司法决策权的情况下，即法官部分接受或依照智能辅助裁判结果的情况下，出现错案的司法责任应当由谁承担、如何承担？然而，"审判者通常难以审查机器算法的合理性和正当性，即便获得计算机专家的帮助，也有可能受制于当时

---

〔1〕 郑曦："生成式人工智能在司法中的运用：前景、风险与规制"，载《中国应用法学》2023年第4期。

〔2〕《最高人民法院关于完善人民法院司法责任制的若干意见》第25条规定，法官应当对其履行审判职责的行为承担责任，在职责范围内对办案质量终身负责。法官在审判工作中，故意违反法律法规的，或者因重大过失导致裁判错误并造成严重后果的，依法应当承担违法审判责任。法官有违反职业道德准则和纪律规定，接受案件当事人及相关人员的请客送礼、与律师进行不正当交往等违纪违法行为，依照法律及有关纪律规定另行处理。

〔3〕 陈卫东："司法责任制改革研究"，载《法学杂志》2017年第8期。

〔4〕 季卫东："人工智能时代的司法权之变"，载《东方法学》2018年第1期。

科技水平而不能及时查证"。[1]其中是否要考虑法官主客观上能否识别智能辅助裁判系统算法的合理性、正确性或智能辅助裁判结果的正确性，以及是否存在重大过失等因素，而对法官进行相应的免责等，都在一定程度上冲击着司法责任制的认定规则和负担规则，并可能造成司法责任的分化，也即可能造成司法责任分化为法官审判责任和机器责任或算法责任。

二、智慧管理对司法自主的弱化

从法律现实主义看，法官远远不是一个简单的法律执行者，他的角色并不是从法律推演出那些可以适用于当下案件的结论，相反，他享有一定的自主性。因为从来都没有两个完全相同的案件，法官必须确定适用于前案的规则是否能够以同样的方式延伸到后案中。[2]

（一）智慧绩效考评对司法自主的弱化

当前，全国法院在落实"让审理者裁判、由裁判者负责"司法责任制改革的同时，也在借智慧法院和数字法院建设之机加强智慧审判监督管理，提升管理的精准化、可视化。但这种司法人工智能管理可能不仅会消解司法责任制改革所要破除的层层监督结构，而且会通过嵌入审判系统的技术刚性监督被重新构造起来。[3]例如，2019 年，黑龙江省高级人民法院在全国率先实行法官惩戒试点，研发建立法官监督平台，实时自动收集对全省每一个法官办理案件的审理天数、调撤率、上诉率等绩效，开庭是否准时、过程是否规范，信访投诉，庭审着装等纪律作风情况，并进行动态分析，上网公示。根据存在问题的性质、轻重等情况，自动推送警示信息，并与法官的各项评选、等级职务晋升等关联。[4]还如，河北省高级人

〔1〕　周尚君、伍茜："人工智能司法决策的可能与限度"，载《华东政法大学学报》2019 年第 1 期。

〔2〕　[法] 布迪厄："法律的力量——迈向司法场域的社会学"，强世功译，载《北大法律评论》编委会编：《北大法律评论　第 1 卷·第 2 辑》，法律出版社 1999 年版，第 512 页。

〔3〕　钱大军："司法人工智能的中国进程：功能替代与结构强化"，载《法学评论》2018 年第 5 期。

〔4〕　中国社会科学院法学研究所法治指数创新工程项目组："2019 年中国法院信息化发展与 2020 年展望"，载陈甦、田禾主编：《中国法院信息化发展报告 No.4（2020）》，社会科学文献出版社 2020 年版，第 15 页。

民法院建设的庭审自动巡查系统，对全省法院庭审活动实现无时无刻无死角检查监督，对庭审中每个不规范行为，诸如缺席、迟到、早退、非正常离席、着装不规范等自动记录，并生成巡查日志。[1]"更为复杂化、科学化、精致化的评价指标体系不断涌现的过程，其实也是具有主体性的法官不断被吞噬的过程。"[2]换言之，在如此智慧的监督管理系统中，每个法官"都被镶嵌在一个固定的位置，任何微小的活动都受监视，任何情况都被记录下来，权力根据一种连续的等级体制统一地运作着，每个人都被不断地探找、检查和分类"。[3]

一定程度上，法院的审判监督借助于大数据和人工智能技术的力量，形成了基于大数据画像的监督和业绩考核机制，[4]强化了对法官的科层式控制和绩效评估，[5]可能意外地实现了对法官"全景敞视"式的规训，[6]并可能将"智慧管理"异化为"智慧管控"或"审判管控"。[7]从理论上推断，法官的自主性必然会受到某种程度的影响，进而传导至裁判领域，对法官的自主裁判形成冲击，尽管这可能不是智慧管理的初衷。实际上，司法大数据使得法院的审判管理前所未有地实现了对法官审判行为数据的全程留痕、全程可视、自动记录、自动分析、自动生成、自动预警的智慧管理，各种各样的绩效考核报表也是前所未有的名目繁多且统计精细。"可以合理推断的是，法官会仔细考量指标体系的权重和意义，优化自己的司法行为，精心管理自己的数字痕迹，以生成一张漂亮的数据报表。"[8]

---

〔1〕 李建立："河北法院庭审自动巡查系统建设调研报告"，载陈甦、田禾主编：《中国法院信息化发展报告 No.3（2019）》，社会科学文献出版社 2019 年版，第 214 页。

〔2〕 张建："论法官绩效考评制度改革及其实践效果"，载《法学》2019 年第 11 期。

〔3〕 [法]米歇尔·福柯：《规训与惩罚》，刘北成、杨远婴译，生活·读书·新知三联书店 2012 年版，第 221 页。

〔4〕 王燃："大数据司法监督机制研究"，载《湖南科技大学学报（社会科学版）》2021 年第 3 期。

〔5〕 郑戈："在法律与科技之间——智慧法院与未来司法"，载《中国社会科学评价》2021 年第 1 期。

〔6〕 马长山："司法人工智能的重塑效应及其限度"，载《法学研究》2020 年第 4 期。

〔7〕 秦汉："人工智能司法裁判系统的学理反思"，载《北方法学》2021 年第 3 期；刘国华、沈杨："人工智能辅助司法裁判的实践困境及其应对策略"，载《学术交流》2021 年第 9 期。

〔8〕 徐骏："智慧法院的法理审思"，载《法学》2017 年第 3 期。

也就是说，出于趋利避害的本能，法官办案有时可能不再仅以法律和良知作为行动标尺，而有意或者无意地以数据驱动作为标准，即可能为了某些指标而迁就某些力量和因素。[1]实践中，实行电脑随机分案的法院发现，如果分案规则按照存案少的法官优先分，则可能导致办案快的法官故意放慢结案节奏，以避免案件办得越快分得越多。还如，有的法院规定申请再审审查案件一般要安排听证，如果采取大数据监督巡查，对没有安排听证的案件进行提示预警或者进行负向考评，则可能导致审判组织事先在合议庭笔录中声明，"根据案件性质和具体案情，本案不需要安排听证"，以规避大数据的监督巡查。

（二）智慧审判管理对司法自主的弱化

在统一法律适用制度设置上，最高人民法院多次发文，[2]把类案强制检索与智能推送作为一种新型审判管理方式在全国法院推行，并开发了类案智能推送系统。各地法院建设的智能辅助办案系统也普遍设置了类案智能推送功能，旨在通过类案推送实现类案类判。可见，"同案同判在我国已经有了极为特殊的要求和功能，不但成为司法案件审判是否公正的硬指标，而且已经成为当事人、社会公众质疑法官审判是否公正的权威理由"。[3]"人工智能的方法确实可以减少或者消除实践中裁判的模糊性以及标准的不确定性，因为它增加了裁判的统一性和预见性，相应地降低或者消灭了主观性、不确定性。但我们只是可以承认，如果从假设裁判的统一性价值应取代个案评估重要性的角度来看，这种减少或消除的做法可能甚至可以被视作司法裁判的一个正向改变，然而真正的危险是这可能消除了法官的

----

〔1〕 李拥军、傅爱竹："'规训'的司法与'被缚'的法官——对法官绩效考核制度困境与误区的深层解读"，载《法律科学（西北政法大学学报）》2014年第6期。

〔2〕 2016年4月，最高人民法院办公厅在《关于充分发挥"法信"平台功能和作用 积极推进"智慧法院"建设的通知》中首次提出"类案智能推送"。2017年4月，最高人民法院又在《关于落实司法责任制完善审判监督管理机制的意见（试行）》首次要求各级法院建立类案及关联案件强制检索机制。此后，最高人民法院又多次发文提出完善类案推送、类案强制检索机制。2020年7月，最高人民法院再次印发《关于统一法律适用加强类案检索的指导意见（试行）》，要求在全国法院实行类案强制检索。

〔3〕 钱大军："司法人工智能的中国进程：功能替代与结构强化"，载《法学评论》2018年第5期。

裁量权，而不是使其合理化。"〔1〕"虽然人工智能被明确定位为辅助工具，但辅助工具在高度理性化的社会中却完全有可能喧宾夺主，成为一种异化的主宰。"〔2〕此外，有关心理学研究表明，当人们接受特定的咨询指导时，他们倾向于追随咨询建议而不是自己的判断。〔3〕例如，法官在类案检索前，对在办案件已经有了非常客观公正又内心确信的裁判方案，却与检索到的类案裁判结果存在较大差异，这时有可能会出现，法官基于从众心理，且为避免案件被提交专业法官会议或审判委员会讨论而面临的程序复杂性和职业风险，以及可能面临的当事人与社会公众质疑审判是否公正的风险和压力，而放弃自主裁判，有意选择作出与原生效裁判尺度一致的裁判结果，导致出现"异案同判"现象。〔4〕还有各地法院研发的智能辅助办案系统普遍设置裁判偏离度提醒功能，一定程度上也可能对法官自主裁判形成干扰。例如，苏州法院利用人工智能和司法大数据技术，开发同案不同判预警系统，对于相似度较高的类案，如果法官制作的裁判文书判决结果与系统计算出的类案判决结果发生重大偏离，系统将自动预警，方便院庭长行使监督管理职权。〔5〕

此外，由于司法管理体制改革后，实行省以下地方法院人财物统一管理，当前各个省级区域内的上下级法院通常使用同一套智能辅助裁判系统，如果上下级法院的法官在案件一审、二审、再审过程中均参考使用同一套智能辅助裁判系统给出的相同裁判意见，在类案推送与裁判偏离度提示等智能加持影响下，下级法院的法官可能为了降低上诉率、改判率、发回重审率及再审率，尤其是对于存在法律适用争议的案件而放弃自主裁判，转而选择按照智能裁判意见进行裁判。〔6〕同样，如果二审、再审法院

〔1〕 吴习彧："裁判人工智能化的实践需求及其中国式任务"，载《东方法学》2018年第2期。

〔2〕 李晟："略论人工智能语境下的法律转型"，载《法学评论》2018年第1期。

〔3〕 O'Bien, Matt, Dake Kang, AI in the Court: When Algorithms Rule on Jail Time [J]. AP Financial, 2018. 转引自杜宴林、杨学科："论人工智能时代的算法司法与算法司法正义"，载《湖湘论坛》2019年第5期。

〔4〕 高童非："警惕'异案同判'——类案裁判机制的功能越位与归位"，载《南通大学学报（社会科学版）》2022年第1期。

〔5〕 徐清宇："智慧审判苏州模式的实践探索"，载《人民法院报》2017年9月13日，第8版。

〔6〕 孙占利、胡锦浩："人工智能应用于司法审判的问题与应对"，载《浙江工业大学学报（社会科学版）》2021年第4期。

的法官亦基于参考使用同一套智能辅助裁判系统给予的裁判意见，则上下级法院智能裁决结果完全一致，上级法院对下级法院的监督、纠偏功能就可能弱化或丧失。[1]也就是说，不同审级法院和法官的司法自主性也将随着人工智能在司法中的深入应用而可能遭到弱化，甚至丧失法官的审判主体地位，导致出现法官从"只服从法律"到"只服从数据"的异化，不利于法官作出科学、客观、公正的裁判及当事人合法权益的维护。

三、人工智能对司法伦理的失却

为缓解案多人少的现实矛盾，各地法院都在积极运用人工智能技术开发各种智能辅助办案系统。例如，上海法院民商事智能辅助办案系统，其开发思路是，首先根据不同类型案件创建相应的办案要件指引（具体遵循诉讼要件审查—固定诉请与抗辩—明确请求权基础—确定争议焦点要件事实证明—要件事实认定—具体法律适用—裁判文书生成等民商事案件审理步骤），并转化为机器学习模型和数据模型，将办案思路、办案步骤、证据审查判断指引、裁判尺度等嵌入系统，为法官提供类案推送、裁判偏离度提示、裁判文书智能生成等服务。[2]

智能辅助办案系统的应用首先带来的可能是机器人伦理问题。[3]上述系统的开发首先高度依靠法官的人工智慧和系统技术人员将法官的人工智慧转为代码的能力，而且"由于法律人工智能在算法上采取知识图谱的半监督学习方式，这种方式的显著特点即'有多少人工方有多少智能'"，而且从法律专家对人工智能技术掌握不够的角度而言，可以说"优秀人工就有优秀智能，垃圾人工就有垃圾智能"。[4]从逻辑上推演也可以看出，上述知识图谱一旦出现任何问题，将直接反映在人工智能裁判的结果上，

---

〔1〕 马长山："司法人工智能的重塑效应及其限度"，载《法学研究》2020年第4期；李占国："'全域数字法院'的构建与实现"，载《中外法学》2022年第1期。

〔2〕 陆诚、杨敏、田畑："上海民商行政案件智能辅助办案系统调研报告"，载陈甦、田禾主编：《中国法院信息化发展报告No.3（2019）》，社会科学文献出版社2019年版，第138—139页。

〔3〕 马长山："人工智能的社会风险及其法律规制"，载《法律科学（西北政法大学学报）》2018年第6期。

〔4〕 左卫民："关于法律人工智能在中国运用前景的若干思考"，载《清华法学》2018年第2期。

即导致裁判结论错误。即使人工能够保证法律知识图谱的形式准确性和及时更新，但由于编辑者的逻辑编排、要旨提炼、观点选择，体现了个人的价值取向、学术判断、政策立场，编辑者自身可能存在的价值偏见和法律偏见，再经过程序员的理解将编码建模导入系统，难免存在偏差和偏见。而且算法背后还往往隐藏着算法黑箱和算法霸权，以及司法大数据中诸如数据采集的主观界定、数据标注的主观选择、数据阐释的主观判断等主观性因素，正义判断上诸如难以建模计算、难以穷尽样本、难以零和博弈困境等司法人工智能的内在限度。[1]所以"算法有可能胜任法庭上的多项工作，甚至可以有效地提高现行法律制度的公平性，但是它们无法胜任审判工作，特别是由于程序员偷懒或者疏忽，不少被编码的法规与书面法规相比，确实存在精细度不够的问题"。[2]因此，人工智能裁判极有可能带来司法的伦理道德风险。

此外，在大数据时代，裁判文书大量上网公开，虽对当事人、证人的信息进行匿名化处理，但裁判文书中所包含的信息数量与种类之多，加上与其他司法数据库之间相互频繁的参照引用，也难以确保被匿名处理的信息不被重新识别，由此可能造成案件中当事人和证人等诉讼参与人的民族、身份、身体缺陷等个人隐私信息的大规模扩散，并由此可能带来对个人的歧视画像和人格尊严侵犯等伦理道德风险。而且现实中不排除律师事务所等机构为了预测裁判结果，而试图将公开的裁判文书中的法官数据与法官在其他社交平台或者电子商务平台留下的数据收集起来，对裁判案件的法官进行大数据画像。[3]此外，实践中已经有法院开始运用司法大数据对法官裁判准确度进行评估，当发现法官新办案件与其过去类案裁判存在较大偏离，则要求法官必须作出说明。[4]这可能是出于司法公正内部监督的良好初衷，但也可能给法官带来不当影响。上述情形，一定程度上都可

---

〔1〕 马长山："司法人工智能的重塑效应及其限度"，载《法学研究》2020年第4期。

〔2〕 [美]卢克·多梅尔：《算法时代 新经济的新引擎》，胡小锐、钟毅译，中信出版社2016年版，第141页、第145页。

〔3〕 郭锐：《人工智能的伦理和治理》，法律出版社2020年版，第154-155页。

〔4〕 王禄生："司法大数据应用的法理冲突与价值平衡——从法国司法大数据禁令展开"，载《比较法研究》2020年第2期。

能导致一些新的伦理道德风险出现。

四、技术主义对司法人文的流失

众所周知的法律格言"裁判乃公正善良之术",就蕴含着司法的人文精神。所谓司法人文,是指一种司法价值观,具体包括司法的历史传统、司法文化和司法文明。它同时也是一种司法哲学,既包括对原、被告当事人和诉讼参与人的尊重,对司法裁判者和司法审判工作规律的尊重,也包括对人的尊严和特有价值的尊重。[1]

然而在推进审判体系和审理能力现代化过程中,人民法院试图用数字化的方式来解决司法中可能存在的现实问题。比如,最高人民法院在《关于加快建设智慧法院的意见》中就意图通过建设先进的信息化系统,达到"推动流程再造促进审判高效有序运行、推进立案信访工作上下联动内外贯通、借助现代信息技术助推司法改革、提升司法公开工作水平、打造'互联网+'诉讼服务体系、支持办案人员最大限度减轻非审判性事务负担、为人民群众提供更加智能的诉讼和普法服务、支持管理者确保审判权力正当有序运行"等目的。实际上,也就是要通过数字化的方式来解决上述工作中可能存在的不足和问题。建设智慧法院的良好初衷毋庸置疑,但也因此可能带来片面夸大技术工具理性的司法技术主义,也即让人们觉得,好像所有的司法问题都可以通过数字化来解决。这种司法技术主义在助力推进审判体系和审判能力现代化的同时,可能也会带来司法人文精神在一定程度上的流失,因为试图"用算法来处理人类特有的一些活动,有可能使这些活动丧失最根本的人性"。[2]对此,苹果公司首席执行官库克(Timothy Donald Cook)亦从另一个角度坦言:"我不担心人工智能让计算机像人类一样思考问题,我更担心的是人类像计算机那样思考问题——摒弃同情心和价值观,并且不计后果。"

与物理空间的法庭剧场化表演直接向当事人和旁听人员传递道德情感

---

〔1〕　孙笑侠:"论司法信息化的人文'止境'",载《法学评论》2021年第1期。

〔2〕　[美]卢克·多梅尔:《算法时代　新经济的新引擎》,胡小锐、钟毅译,中信出版社2016年版,第223页。

相比，在电子诉讼中，随着物理剧场和服饰道具、言行神态等各种符号的式微，展现在法官面前的不再是活生生的人，而是各种图像、视频，甚至仅剩下文字的表达，这不仅弱化了法官和当事人之间的生动情感交流和对观众的道德教化，且可能加重法官对当事人的麻木冷漠。[1]比如，推行网上立案的初衷，一是为了方便外地当事人和路途遥远的当事人就近立案或者足不出户就可提起诉讼；二是为了减少过多的当事人至法院立案窗口排队等候立案的时间，帮助当事人和法官提高立案工作效率。但在笔者曾经参与法院诉讼服务工作调研的过程中，发现同一个律师事务所的不同律师对网上立案就持有不同的态度。有的律师认为网上立案很方便，无须往返法院，但有的律师却认为，即使网上立案很方便，也不愿进行网上立案，因为除了网上立案无法即时与法院立案工作人员沟通，还感觉缺少了司法的人文关怀。实际上，法院在推行智能导诉的过程中，就发现设置在法院诉讼服务中心的智能导诉机器人和自动服务一体机就很少有当事人主动使用，其中一个原因便是，当事人觉得冷冰冰的机器服务缺乏司法的温情。实际上，当事人发生纠纷后诉诸司法，其诉求有时不仅仅是解决纠纷本身，还有纠纷解决诉求背后的情感宣泄和道德关怀等朴素的人文诉求。如果对涉及情感类的婚姻家庭纠纷都通过在线审理的方式，可能就会导致"屏对屏"审理可能带来的人文关怀精神的流失。同样地，即使人工智能裁判能做到客观公正，但可能也难以让当事人接受人工智能机器通过冰冷的算法作出的裁判，因为人工智能裁判无法做到，既解开当事人的"法结"，又解开当事人的心结和情结。

第五节　多型 ODR 兴起对司法中心的分解弱化

近年来，随着经济社会的发展和电子商务平台的兴起，各类民商事纠纷和互联网电子商务纠纷层出不穷。据"电诉宝"监测数据显示，2013 年至 2018 年全国电子商务投诉数量呈持续增长趋势，其中 2013 年同比增长 4%；2014 年同比增长 3.32%；2015 年同比增长 3.27%；2016 年同比增长

---

〔1〕　高童非："数字时代司法责任伦理之守正"，载《法制与社会发展》2022 年第 1 期。

14.78%；2017 年同比增长 48.02%；2018 年同比增长 38.36%。而单独的诉讼解纷已经不能满足日益增长的解纷需求，于是法院主导型 ODR、平台治理型 ODR、公益组织型 ODR 等应运兴起，[1] 它们作为第三方在诉讼外解决了大量纠纷。如果说法院主导型 ODR 主要是法院将当事人起诉到法院的案件在诉前和诉中引导分流至各类调解、仲裁等非诉解纷机构，调解、仲裁在理论上一直被视为"准司法"当无疑义。而平台治理型 ODR（如淘宝、京东等电商平台）和公益组织型（如 21CN 聚投诉）ODR 可能大家会有疑问，但从司法的构成要素来看，由于其具备了两造当事人（买家、卖家）、居间者（如淘宝平台、众信平台）、法律规则（如《淘宝平台争议处理规则》）、纠纷事实（在线交易纠纷）、交涉过程和决定，其手段、功能和构成要素的类同以及相互之间重要的内在联系却与法院的司法审判是基本一致的。因此，这些新型 ODR 也具备了"准司法"的特征，共同与法院主导型 ODR 在无意中分解弱化了司法的中心化。

一、法院主导型 ODR 的分流解纷

2005 年 10 月，《人民法院第二个五年改革纲要（2004—2008）》最早正式提出"多元化的纠纷解决机制"的概念。为缓解案多人少压力，回归司法解纷规律，最高人民法院开始在全国范围持续不断地推进多元化纠纷解决机制改革。2019 年 1 月，习近平总书记在中央政法工作会议上指出，"要坚持把非诉讼纠纷解决机制挺在前面，从源头上减少诉讼增量"。我国的多元化纠纷解决机制开始从"诉与非诉有机衔接"向"非诉挺在前面"转轨。2019 年 7 月，最高人民法院又发布了《关于建设一站式多元解纷机制一站式诉讼服务中心的意见》，明确对起诉到法院的纠纷，采取非诉解纷优势释明、诉讼风险评估等方式，引导鼓励起诉人选择诉前调解等非诉解纷方式，并提出要加快调解平台建设，为当事人提供线上一站式多元解纷服务。

---

[1]　Massachuesetts 大学的教授 Ethan Katsh 最先开始撰文介绍 ODR，他认为 ODR 即 "Online Dispute Resolution" 的简称。参见郑世保：《在线解决纠纷机制（ODR）研究》，法律出版社 2012 年版，第 23 页。

2018 年 2 月 25 日，由最高人民法院研发的人民法院调解平台正式上线。原则上全国每一家法院及其对接的调解组织都要入驻该平台，最大限度在线汇聚各类调解资源。调解开始前，法院可以通过平台推送类案引导当事人对案件进行评估，合理预期。调解可以由当事人在线申请，也可以由法官引导启动，并由法官或者调解员在线开展调解工作，也可根据需要转入线下调解。调解成功的，可以在线制作调解协议，由双方当事人进行电子签名，并在线申请司法确认。截至 2022 年 5 月 1 日，共有 3504 家法院、69 424 个专业调解组织、303 443 名专业调解员入驻平台，调解各类案件 2804 万多件，大量的纠纷在诉讼外得到了及时化解。

除了最高人民法院统建的人民法院调解平台，浙江、上海等省市法院，也结合地方实际研发了在线多元解纷平台。以上海市为例，2019 年 11 月，上海市高级人民法院升级建成一站式多元解纷平台，对外与全市 6400 多家人民调解组织以及经贸、银行、证券等行业调解组织线上互联互通，对内与人民法院调解平台、审判执行系统全面贯通，可为当事人提供多种在线服务，如诉前调解的法律知识智能咨询、决定调解后的在线申请调解、调解不成后的在线起诉立案、同意调解后的在线委派委托调解、调解成功后的在线申请司法确认以及电子送达等。截至 2020 年 12 月底，上海全市法院通过平台在线委派委托调解案件 8.1 万件，调解成功 3.2 万件。[1]此外，平台通过介绍调解等非诉讼纠纷解决机制具有的成本低、解纷快、保密性强[2]、多方共赢等诸多优点，引导当事人优先选择通过平台直接向入驻的调解组织在线申请调解，调解不成的还可以通过平台一键起诉。截至 2022 年 5 月 1 日，当事人通过平台自发向调解组织申请调解超 3.6 万件，完成调解近 3.1 万件，把非诉讼纠纷解决机制挺在前面走出了

---

〔1〕 刘晓云："上海市高级人民法院工作报告——2021 年 1 月 26 日在上海市第十五届人民代表大会第五次会议上"，载上海市高级人民法院网，http://www.hshfy.sh.cn/shfy/gweb2017/xx-nr.jsp? pa=aaWQ9MjAyMDU2NDEmeGg9MSZsbWRtPWxtNTgzz&zd=xwzx，最后访问时间：2022 年 5 月 1 日。

〔2〕 调解的保密性强表现在两个方面：一是过程保密性强。因为调解不像法院公开庭审有旁听人员。二是结果保密性强。根据《关于人民法院在互联网公布裁判文书的规定》第 4 条第 3 项规定，人民法院的生效裁判文书应当在互联网公布，但以调解方式结案的除外。因此，当事人选择调解的，调解结案文书无需在互联网公布，案外人无从知晓调解结果。

坚实一步，在源头治理和防止纠纷升级上走出了一条新路。

与最高人民法院和地方法院在诉讼平台之外另行建设 ODR 不同的是，杭州互联网法院则将调解前置规则直接嵌入该法院网上诉讼平台，成为整个诉讼平台在线诉讼的必经程序。例如，根据《杭州互联网法院诉讼平台审理规程》第 7 条的规定，对起诉到杭州互联网法院的案件实行调解前置程序，由调解员在诉讼平台上进行诉前调解，调解期限一般为 15 天，双方当事人也可以申请延长。调解过程中，双方当事人也可在诉讼平台提出或发表自己的调解意向与方案。经诉前调解达成协议的，由调解员在诉讼平台完成信息反馈等调解工作。调解不成的，则进入诉讼立案程序，由立案法官进行审核立案。此外，当事人也可以通过诉讼平台将案件导入在线矛盾纠纷多元化解平台，在法院外进行非诉讼的仲裁或调解等。杭州互联网法院仅成立以来至 2018 年 6 月不到一年的时间，就有 6480 余件涉网纠纷因诉前和解主动撤回起诉，占诉讼平台提交案件总数的 29%。[1]

二、平台治理型 ODR 的自我解纷

随着电子商务的飞速发展，电子商务纠纷也迅猛增长，为保障交易顺利开展和电子商务平台自身发展需要，各大电商平台先后制定平台争议处理规则，建立了一套与互联网纠纷解决需求相适应的便捷、高效、智能、公正的 ODR。以 2019 年 5 月 6 日修订的《淘宝平台争议处理规则》为例，该规则明确规定，买卖双方在淘宝平台交易发生争议，适用本规则。买家向卖家发起维权或任一方向淘宝投诉的，淘宝将根据本规则进行处理。当卖家店铺因自身系统、管理、人力、仓储等原因出现异常大量维权或舆情事件，且卖家不具备及时处理能力的，为保障买卖双方交易安全，淘宝可主动介入处理。部分店铺与买家之间的争议，平台规则赋予购物者选择权，可以交由大众评审进行处理，淘宝平台也可以根据纠纷的性质和内容决定由大众评审进行判断，最后淘宝平台将根据大众评审结果处理双方之间的纠纷。该规则还系统地规定了争议的受理期限、受理范围，争

---

〔1〕 徐建新：“创新发扬‘枫桥经验’全面推进法院调解”，载《人民法院报》2018 年 6 月 6 日，第 5 版。

议处理的通用规则，发货规范，签收规范，退货、换货规范，运费规范，质量问题、假冒商品情形举证责任分配及争议处理，描述不当、表面不一致情形举证责任分配及争议处置，争议的撤销和中止，处理的执行等问题。[1]

《淘宝平台争议处理规则》最突出的特色除了结构化维权，[2]还借鉴普通法系的"陪审团"制度，引入了一种"群体"（聚点滴智慧和力量，让"社会治理"工作简化，人人参与，随时随地）、"共治"（通过群体投票，少数服从多数的方式，实现大量纠纷争议的即时解决）、"共建"（促成大众参与行业规则及公共政策的讨论，保证民意进入规则及政策中）的大众评审机制，会员可以申请成为评定员，对纠纷进行评判，最后由评定员投票决定如何处理。以此解决买卖双方对"淘宝小二"判定结果不服不满意问题，增加平台纠纷解决机制的中立性、正当性和公平性。根据《淘宝网大众评审公约（试行）》规定，买卖双方可以就资金赔偿等交易类纠纷以及卖家违规行为进行大众评审。评审由淘宝系统向注册的评审员派送判定任务，判定周期内评审员通过匿名投票方式对涉嫌违规行为事实进行判定，但判定周期内参与判定的评审员达到31人，判定方有效，判定支持率≥50%的一方即获胜。淘宝大众评审自2012年12月成立上线至2018年，注册评审员人数431万，参与判定评审员数达172万，成功处理业务数1600万。其中2016年共有83万余人次参与消费者维权判定，成功处理154万余宗维权纠纷，[3]占全国法院当年审结的一审民商事案件总量的14%。[4]

为保障争议处理结果的实际效果，各大电商平台的争议处理规则还普

---

〔1〕 参见《淘宝平台争议处理规则》，载淘宝网，https://rule. taobao. com/detail-99. htm? spm=a2177. 7231205. 0. 0. 6d6017ea3MYkNC&tag=self，最后访问时间：2022年5月1日。

〔2〕 申欣旺："淘宝互联网纠纷解决机制——结构化维权及其司法价值"，载《法庭内外》2016年第3期。

〔3〕 参见淘宝—大众评审网首页数据，载淘宝—大众评审网，https://pan. taobao. com/，最后访问时间：2022年5月1日。

〔4〕 2016年全国各级法院审结一审民事案件673.8万件，审结一审商事案件402.6万件。参见周强："最高人民法院工作报告——2017年3月12日在第十二届全国人民代表大会第五次会议上"，载《人民日报》2017年3月20日，第6版。

遍设定了处理结果的执行机制。如《淘宝平台争议处理规则》第83条规定，淘宝处理争议期间，买卖双方协商一致达成和解协议，但无法自行操作的，淘宝有权根据双方达成的和解协议内容，通知支付宝公司操作相应的交易款项和（或）保证金。第84条规定，淘宝对争议作出处理后，或行政机关及消协、人民调解委员会组织调解，买卖双方认可调解结果的，有权按照处理结果通知支付宝公司将交易款项和（或）保证金的全部或部分支付给买家和（或）卖家，或协助卖家（或买家）按照处理结果将相关款项支付给买家（或卖家）。第85条规定，除交易款项外，根据争议处理结果仍需卖家承担赔偿责任的，淘宝有权通知支付宝公司划拨卖家根据淘宝平台相关协议缴纳的保证金或其他款项支付给买家。[1]

虽然电商平台的在线争议解决机制，不妨碍交易双方向法院提起诉讼的权利，且电商平台也声明自身并非司法机关，如《京东纠纷处理规则（买家版）》第2条即明确声明京东并非司法机关，但这种平台自治型ODR已经具备了司法的所有构成要素（甚至包括上述淘宝平台通过技术加持自我赋予的"强制执行权"），以及"纠纷事实" * "法律规则" = "决定"（通过程序交涉）的基本模式，已经成为一种新型的"准司法权"。而且由于其所具有的解纷成本低、效率高、数量大等优势，已经构成了对传统民事司法中心化的一种分解和弱化。

三、公益组织型 ODR 的社会解纷

在日益数字化的智慧社会中，除大型电商平台上发生的电子商务纠纷外，还存在着大量的其他电子商务纠纷，也需要司法或者第三方解纷机构的介入处理，在当前司法供给能力有限的情况下，一些公益组织型ODR机构也应运而生，如"众信ODR""21CN聚投诉"等。

深圳市众信电子商务交易保障促进中心（以下简称众信中心）（www. ebs. org. cn）是依法成立的第三方民办非企业公共服务机构。它接受政府依法授权和委托，为电子商务市场提供公益性服务，促进可信交易环境建

---

[1] 参见《淘宝平台争议处理规则》，载淘宝网，https://rule. taobao. com/detail-99. htm? spm=a2177. 7231205. 0. 0. 6d6017ea3MYkNC&tag=self，最后访问时间：2022年5月1日。

设。[1]该中心于 2012 年推出"众信在线纠纷解决服务平台"（https：//
www. globalodr. com/Home/Index），旨在为交易双方提供咨询投诉、协商和
解、调解、仲裁以及先行赔付等线上一站式非诉解纷服务。与淘宝、京东
等平台自我治理型的在线纠纷解决服务不同，众信中心并不是要解决自身
的纠纷，而是致力于解决发生在其他平台上的纠纷以及线下交易纠纷，因
此被称为"服务的服务，第三方的第三方"。[2]众信 ODR 平台的纠纷解决
范围除了电商交易纠纷，还包括知识产权纠纷、相邻权纠纷、物权纠纷、
婚姻家庭继承纠纷、合同纠纷、侵权纠纷、劳动人事争议纠纷等。该平台
的投诉处理流程为，用户在平台首页填写完投诉申请单提交后，流程正式
开始，需通过七个步骤完成整个投诉案例的流转：用户（消费者）提交投
诉—平台受理—企业受理和解—企业上传和解方案—消费者确认和解方案—
完成和解—用户评价。纠纷调解流程为，用户在首页发起调解申请或是投
诉转调解申请提交后，流程正式开始，需通过十个步骤完成整个调解案例
的流转：用户提交申请—平台受理—被申请人接受调解—平台分派调解员—
调解员安排调解时间—进入聊天室调解—事务秘书上传调解笔录—调解员
上传调解协议书—完成调解—当事人评价。

"21CN 聚投诉"，由 21CN 创办，于 2013 年 3 月 15 日上线，是国内公
益性消费投诉媒体网站。2016 年 3 月 15 日，为快速解决投诉问题，21CN
聚投诉率先推出"7 天内解决投诉承诺"服务。此后，陆续有电商、在线
旅游、互联网消费金融、第三方支付、银行、家电、教育培训、婚恋交友
等行业近百个商家加入这一服务，整体投诉解决率超过 80%。此后，该平
台先后推出多个领域投诉处理规则，如 2018 年 11 月推出《21CN 聚投诉平
台互联网消费金融投诉处理规则（3.0 版）》。该规则系统规定了投诉处
理常规流程、有效投诉的认定及申请结案流程、针对有效投诉的和解方
案、对于被投方/投诉人失信的惩戒等 11 个方面。其中在失信惩戒中明确

---

〔1〕 汪莉、傅江平："防范恶意仿冒　助力诚信交易"，载《中国质量报》2016 年 12 月 15 日，
第 2 版。

〔2〕 汪莉、傅江平："防范恶意仿冒　助力诚信交易"，载《中国质量报》2016 年 12 月 15 日，
第 2 版。

规定，被投诉方根据聚投诉网贷和解方案，在投诉帖下向投诉人承诺提供对应的解决方案之后，如投诉人证明被投诉方并未履行这一承诺，则聚投诉将公示被投诉方的失信记录，并在后续 3 个月内不再受理该商家的结案申请（相关投诉仅接受投诉人自行确认结案）。据 21CN 聚投诉网站统计数据显示，截至 2020 年 11 月 6 日，平台累计有效投诉 190 万余件，累计投诉解决 90 万余件，其中合作商家平均解决率 82.95%，普通商家平均解决率 46.03%。

上述两个公益性 ODR 虽然没有淘宝等大型电商平台处理的纠纷量大，但其性质与平台治理型 ODR 无疑是相同的，都共同构成了诉讼外的"准司法"性质的在线非诉讼纠纷解决机制。两者互为补充地对司法中心化进行着分解弱化的同时，也使纠纷当事人在非诉 ODR 解纷中获得更便捷高效的体验，可能有意识或者无意识地投射到民事司法领域，并同样地期待民事司法解纷能像非诉 ODR 解纷一样便捷高效，这也是民事司法必将面临的数字化变革之一。

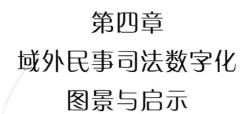

第四章
域外民事司法数字化
图景与启示

域外民事司法数字化早有发展，1999 年 8 月第十一届世界诉讼法大会的六大研究主题之一，就是"信息社会的挑战：现代科技在民事诉讼等程序中的运用"。[1]此后，世界诉讼法大会又多次聚焦民事司法与数字化主题，如 2007 年会议聚焦"民事诉讼中的新信息技术"，2010 年则专门研讨"电子技术与民事诉讼"，2019 年大会主题又再次聚焦"民事司法在全球化和技术变革的深化中面临的挑战"。[2]域外民事司法数字化的迅速发展并不局限于一些发达国家，大数据分析、云计算、人工智能、区块链、物联网等技术也进入了东南亚、中亚、非洲、拉丁美洲一些国家的司法实践。[3]可见民事司法数字化已经成为世界性大潮流和大趋势。[4]因此，虽然当前我国数字司法在总体上已经走在世界前列，但在我国民事司法的数字化变革与重塑过程中，仍应当积极进行司法文明交流，并梳理提炼、学习借鉴域外民事司法数字化的有益经验。

第一节　域外民事司法数字化发展式样

1999 年 8 月，德国和南非教授在介绍第十一届世界诉讼法大会"信息社会的挑战：现代科技在民事诉讼等程序中的运用"这一主题时，为了各国提供的国别报告能统一规范地论述，建议各国专家的第一条论述思路就是，贵国是否有关于完全数字化诉讼的规划。[5]当时出席会议的国家中有的在民事司法上还没有完全数字化，且运用的信息技术也主要局限于局域网和因特网技术。20 多年后的今天，现代数字技术已发生了翻天覆地的变

---

〔1〕 ［意］M. 卡佩莱蒂等：《当事人基本程序保障权与未来的民事诉讼》，徐昕译，法律出版社 2000 年版，第 174 页。

〔2〕 任昊："智慧法院新技术下民事司法的革新"，载上海市法学会编：《上海法学研究　2020 年　第 4 卷》，上海人民出版社 2021 年版，第 342-356 页。

〔3〕 王文华："域外司法信息化发展新趋势及其启示"，载《中国审判》2019 年第 18 期。

〔4〕 刘敏："电子诉讼潮流与我国民事诉讼法的应对"，载《当代法学》2016 年第 5 期。

〔5〕 ［意］M. 卡佩莱蒂等：《当事人基本程序保障权与未来的民事诉讼》，徐昕译，法律出版社 2000 年版，第 178-181 页。

化，世界各国在民事司法数字化上也取得了长足的发展和进步。因此，非常有必要考察典型域外国家民事司法数字化的发展过程和趋势，以兹取长补短。

一、典型普通法系国家发展式样

普通法系中，美国和英国的民事司法数字化起步都比较早，发展过程也比较长，且至今仍在不断向前推进。

（一）美国民事司法数字化发展式样

美国的民事司法数字化始于20世纪70年代。1970年，美国对《美国联邦民事诉讼规则》第34条进行修改，增加规定了电子信息发现程序，即允许当事人在发现程序中提出或者收集电子信息。[1]20世纪90年代，美国开始出现了"诉讼爆炸"，利用信息技术提升司法效率的呼声越来越大。1993年，美国威廉与玛丽学院启动了一项利用信息技术改革法院的研究项目，提出利用信息网络技术来建构虚拟法院。以1996年俄亥俄州北部联邦数以万计的石棉污染案为契机，美国开始推行网上立案。[2]1996年至1999年，美国开始大力推进无纸化法院，进展非常显著。当时少数法院如明尼苏达州联邦破产法院和华盛顿东区联邦破产法院都没有利用联邦法院开发的系统，而是通过购买公司软件的形式，建立了完全数字化的案卷系统，当事人可以通过互联网向案卷系统传输电子文书而提起诉讼。[3]

1999年，美国司法会议（Judicial Conference）开始采取措施，鼓励在司法领域使用电子文件、视频证据展示、视频会议等网络信息技术系

---

〔1〕 Bills v. Kenectott Crop. 108F. r. d. 459，462（D. Utah 1985），转引自刘敏："电子诉讼潮流与我国民事诉讼法的应对"，载《当代法学》2016年第5期；汪振林："美国民事诉讼电子信息发现程序研究——以2006年《美国联邦民事诉讼规则》的修订为中心"，载《河北法学》2011年第3期。

〔2〕 杨怡："美国网上立案制度初探"，载《北京邮电大学学报（社会科学版）》2018年第1期。

〔3〕 ［意］M. 卡佩莱蒂等：《当事人基本程序保障权与未来的民事诉讼》，徐昕译，法律出版社2000年版，第317-318页。

统。[1]2001 年 2 月，美国密歇根州制定了《电子法院法》。同年 10 月，该州电子法院开始运行。此后，美国各州法院相继确认了一些便民的民事诉讼电子措施的合法性，在线起诉、在线进行审前程序、在线庭审、在线听证也得到了美国立法允许。[2]例如，2012 年纽约州北部地区法院诉讼规则规定，所有起诉都可以使用电子案件提交系统；2015 年印第安纳州法院规定，可以运用电子文件传输系统进行电子文件提交和电子送达。[3]为应对大数据带来的挑战，美国于 2015 年 12 月通过了《美国联邦民事诉讼规则修正案》（2015 Amendments to the FRCP）。[4]约从 2018 年开始，美国司法会议每年出台《美国联邦司法部门信息技术长期规划》，概述司法机构信息技术方案，描绘今后三年至五年的主要战略优先事项，并编制司法机构对未来三年至五年财政年度的预期资源需求。目前，最新的规划是《美国联邦司法部门信息技术长期规划（2021—2025）》。[5]新冠疫情催生了又一次的技术革新，美国各级法院都迅速地从面对面审理民事案件转向远程审理。[6]

（二）英国民事司法数字化发展式样

1973 年 12 月，英国创立计算机和法律协会，开始研究法庭和诉讼支持技术。1985 年，迈凯勋爵创立信息技术与法院委员会（ITAC），先由纳尔大法官担任主席，后由负责英国司法技术小组工作的萨维尔接任。由于司法技术小组主要关注法官对信息技术的需求，所以推动和确保了信息技术在司法领域的运用。20 世纪 90 年代初，英国国家鉴定法院确立了诉讼

---

〔1〕　Elizabeth C. Wiggins, What We Know and Need to Know about the Effete of Courtroom Technology, William&Mary Bill of Rights J., Vol. 12, 2004, p. 731.

〔2〕　李贤华、郭金生："域外电子法院的诞生与发展"，载《人民法院报》2017 年 3 月 17日，第 8 版。

〔3〕　刘敏："电子诉讼潮流与我国民事诉讼法的应对"，载《当代法学》2016 年第 5 期。

〔4〕　周翠："互联网法院建设及前景展望"，载《法律适用》2018 年第 3 期。

〔5〕　和芫、韩静："美国法院信息化现状和发展——概述近期联邦司法信息技术长期规划"，载《今日科苑》2018 年第 9 期；王文华等："美国法院的信息化现状与发展《美国联邦司法部门信息技术长期规划（2019—2023）》"，载《中国审判》2020 年第 4 期。

〔6〕　美国联邦最高法院首席大法官约翰·罗伯茨："美国联邦法院 2023 年年终报告"，黄斌、杨奕译，载《人民法院报》2024 年 1 月 5 日，第 8 版。

支持系统标准。此后，英国法院成功地运用了计算机辅助记录（CAT-computer assisted transcription），改变了以往只能依靠手写记录的方式，庭审笔录可以由速记员在电脑上记录，并经过技术处理在电脑屏幕予以同步展示，不仅缩短了庭审时间，而且法官也可以实时查看记录内容。1992 年，英国启动司法信息技术帮助指导项目，司法技术运用进入了繁荣时期，并开始对法官进行技术培训。[1]

1994 年开始，英国高等法院院长伍尔夫勋爵开始对民事法院的规则和程序进行审查，并于 1996 年形成中期报告。1996 年，伍尔夫勋爵的正式报告《接近正义》正式出版。报告中就信息技术应用于民事司法改革提出了一系列建议，最基本的建议是引入包括快速审理制和多轨审理制在内的"案件管理系统"。1997 年 9 月，鲍曼法官主持的报告《对上诉法院（民事审判庭）的评审》出版，报告建议上诉法院引进案件追踪系统、案件规划系统、文件获取系统等。报告的部分建议后来被写入《司法现代化》白皮书，成为国家政策。1997 年末，英国成立民事司法信息技术战略发展小组，小组于 1998 年 9 月出版《民事司法——信息时代争端的解决和防范》，认为信息技术是克服"不符合法律需要"的严重社会弊端之重要手段，建议对金额小而数量多的案件进行在线审理，并提出了 5—15 年民事司法运用信息技术规划和发展战略。1999 年，《英国民事诉讼规则》规定了电子送达制度。2001 年 1 月，英国法院行政署推出《民事法院的现代化》，旨在运用现代科技，为当事人提供公正、高效、经济的纠纷解决服务，并提出至 2005 年，基本实现包括在线金钱诉讼在内的法院服务电子化。[2]2009 年新成立的英国最高法院允许电子提交、文件展示、实时速记、法官审理时使用电脑、远程展示证据。[3]2014 年 4 月，英国成立民事司法委员会在线纠纷解决顾问小组，并发布了《英国在线法院发展报告》，

---

〔1〕 ［意］M. 卡佩莱蒂等：《当事人基本程序保障权与未来的民事诉讼》，徐昕译，法律出版社 2000 年版，第 220-225 页。

〔2〕 徐昕："信息社会的挑战：英国民事诉讼中现代科技之运用"，载樊崇义主编：《诉讼法学研究（第 3 卷）》，中国检察出版社 2002 年版，第 405-425 页。

〔3〕 刘敏："电子诉讼潮流与我国民事诉讼法的应对"，载《当代法学》2016 年第 5 期。

建议建立以互联网为基础的英国在线法院。[1]2015 年 12 月和 2016 年 7
月，英国上诉法院布里格斯大法官研究团队发布《民事法院结构改革中期
报告》和《民事法院结构改革最终报告》，将建立在线法院作为核心工
程。[2]2018 年 12 月 3 日至 4 日，英国在伦敦举办"第一届在线法院国际
论坛"，并聚焦法院"数字化改革前沿"这一主题，旨在借鉴国际经验，
推动英国在线法院建设。2020 年，英国颁布《英国在线法院法案》，在线
法院得以建立。[3]2020 年初，新冠疫情暴发后，英国民事诉讼规则委员会
发布《实务指引 51Y》，明确自 2020 年 3 月 25 日起，允许民事诉讼全过程
以音频或视频方式进行。[4]

二、典型大陆法系国家发展式样

大陆法系中，德国和韩国民事司法数字化几乎与美国、英国同时起
步，而且在发展过程中还制定了一系列的电子诉讼法律作为保障。

（一）德国民事司法数字化发展式样

作为大陆法系国家的典型代表，德国在电子司法方面起步较早，1982
年就启动了督促程序电子化改革。进入 21 世纪后，德国电子民事司法改革
与发展更加迅速，其突出表现是先后颁布了包括《德国电子签名法》《德
国送达改革法》《德国司法通信法》等在内的十余部有关电子民事司法方
面的法律，并对《德国民事诉讼法》进行了相应的修订，构建了系统完整
的电子民事司法体系。例如，2001 年 8 月 1 日生效的《德国私法形式规
则》，确立了电子诉讼文书的法定效力。2002 年 7 月 1 日生效的《德国送
达改革法》，确立了电子送达的法定地位，允许法院通过电子邮箱等方式
向受送达人发送书状。2005 年 4 月 1 日生效的《德国司法通信法》，引入
了电子卷宗制度，允许法院使用电子诉讼文书，并允许用电子签名替代亲

---

〔1〕 英国在线纠纷解决顾问小组："英国在线法院发展报告（节选）"，江和平、蒋丽萍译，载《人民法院报》2017 年 5 月 5 日，第 8 版。

〔2〕 ［英］布里格斯勋爵："生产正义方式以及实现正义途径之变革——英国在线法院的设计理念、受理范围以及基本程序"，赵蕾编译，载《中国应用法学》2017 年第 2 期。

〔3〕 林秦、鲍海跃："英国在线法院的发展与建设路径"，载《中国审判》2021 年第 8 期。

〔4〕 马林冰："英国远程庭审的现状与前景"，载《人民司法》2021 年第 25 期。

笔签名。2013 年 11 月 1 日生效的《德国加强法院程序和检察署程序中使用视频技术的法律》，确立了视频庭审方式，实现了庭审电子化，《德国民事诉讼法》亦据此进行了相应修改，对视频庭审予以确认。尤其是 2018 年 1 月 1 日生效的《德国电子司法法》，更加系统全面地对数字技术在民事司法中的运用进行了规范，如确立电子法律交往的外部安全路径、规范电子案卷的内部管理以及私文书和公文书的证明力等。[1]

（二）韩国民事司法数字化发展式样

韩国民事司法数字化始于 1979 年，其标志是韩国最高法院委托科学技术研究院研究如何在司法工作中运用计算机技术。[2]1992 年，韩国法院启动信息化建设五年计划，截至 1997 年，全国法院全部开通了内部局域网，并通过互联网以及法院专网实现了法院之间互联互通。其间，1986 年韩国法院上线第一款民事案件管理系统，此后陆续开通了司法信息、判决管理、知识管理、自动应答等系统。1995 年，韩国颁布《韩国远距离影像裁判特例法》，开启了小额案件电子远程视频审判模式。[3]进入 21 世纪后，韩国加快了电子诉讼立法步伐，全面推进民事司法数字化。2001 年，韩国司法部提出诉讼专用电子文书计划，把电子督促程序作为优先发展事项。[4]2003 年至 2004 年，启动电子案卷计划并建立督促程序案件电子案卷系统，2006 年 10 月颁布的《韩国督促程序中使用电子文件的法律》正式开启了督促程序电子化。2009 年，开通诉讼文书电子管理系统，实现诉讼材料无纸化。2010 年 3 月 24 日制定《韩国电子诉讼法》，此后自 2010 年 4 月 26 日起至 2015 年 3 月 23 日，先后在专利案件、普通民事案件、家事案件、保全处分案件、公示催告案件、诉前和解案件、破产重整案件、民事执行和非讼案件中实行电子诉讼，至 2018 年，所有民事案件均实现了

〔1〕 周翠：“德国司法的电子应用方式改革”，载《环球法律评论》2016 年第 1 期；刘敏：“电子诉讼潮流与我国民事诉讼法的应对”，载《当代法学》2016 年第 5 期。

〔2〕 亓晓鹏：“韩国法院信息化技术运用”，载《人民法院报》2011 年 5 月 6 日，第 8 版。

〔3〕 刘秀明：“韩国小额诉讼的立法宗旨与制度特色”，载《北方法学》2015 年第 1 期。

〔4〕 郑世保：《电子民事诉讼行为研究》，法律出版社 2016 年版，第 173 页。

电子诉讼。[1]其间，2011 年 3 月，韩国最高法院制定了《韩国电子诉讼规则》，为韩国民事电子诉讼的逐步推广施行，提供了更加细化的操作规范、更加具体的操作指引以及更加全面的制度保障。"当前，韩国法院75%的民事案件都可以通过互联网进行立案、庭审、送达等。"[2]

第二节 域外民事司法数字化实践样态

域外国家在民事司法数字化发展进程中，不仅制订了一些规划和改革方案，出台了一系列电子民事诉讼法律，还进行了大量的实践探索。因此也非常有必要予以考察，以图扬长避短。

一、典型普通法系国家实践样态

为保持对象和样本的前后同一性，仍选取美国和英国作为普通法系典型代表，以考察其民事司法数字化实践样态。

（一）美国民事司法数字化实践样态

其一，在线法律援助。美国伊利诺伊州、加利福尼亚州和纽约州的法院和法律援助组织共同开发了资源丰富的大型自助网站，[3]旨在帮助当事人更加自如地使用法院网站系统，并更好地帮助自我代理的诉讼当事人完成相关诉讼事项，更容易接近正义。如非营利组织奥兰治县法律援助协会与加利福尼亚州高等法院合作开发了一种交互式社区互助网络 "ICAN"（Interactive Community Assistance Network），旨在利用信息技术帮助自我代理的诉讼当事人完成复杂的法律文书。它综合利用了五年级识字水平的内容、互动问答和视频指南，使得当事人能够回答多项选择和填空型访谈。

---

[1] 杨建文："韩国民事电子诉讼制度的发展"，载《人民法院报》2013 年 5 月 3 日，第 8 版；[韩]郑永焕："韩国电子诉讼现状及完善方向"，方丽妍译，载齐树洁、张勤主编：《东南司法评论（2018 年卷·总第 11 卷）》，厦门大学出版社 2018 年版，第 277-282 页；[韩]卢泰岳、李英："韩国破产法最新修改与破产法院的设立"，载《中国政法大学学报》2018 年第 4 期。

[2] 孙晓勇：《中国司法大数据应用与展望》，法律出版社 2022 年版，第 39 页。

[3] See James E. Cabral et al., Using Technology to Enhance Access to Justice, Harvard Journal of Law and Technology 26, 2012, p. 247.

之后由持证律师对文书进行审查，并在必要时安排电话咨询。其他智能文书对数据有效性进行确认，协助计算，并检查文书的完整性。

其二，网上立案。美国的网上立案系统主要包括案件管理/电子档案系统（CM/ECF）和法院电子记录公共访问系统（PACER），美国最高法院和联邦法院都使用这两个系统。其中 CM/ECF 系统限于以下四类人群使用：法院工作人员、律师、自我代理案件中的当事人、获得法院许可而注册 CM/ECF 账号以获得有关案件进程通知的案外人（如新闻记者）。系统允许将诉状、动议和请愿等案件文件在线上提交法院。一些法院允许破产索赔人和起诉人使用 CM/ECF 进行诉讼。但登录 CM/ECF 系统提交文件，需要 PACER 账户和由个别法院签发的特殊访问权限。美国最高法院在《提交电子文件系统指南》中要求，律师代表当事人提交的文件除特别规定外，必须通过法院的电子文件系统提交。但仅下列形式的文件需要通过电子档案系统提交至法院：（1）延期动议及其答复；（2）上诉人根据规定提出的关于一方不再与诉讼结果有利害关系的通知及其答复；（3）当事人名称变更或者修改公司披露声明；（4）更换公职人员；（5）变更诉请；（6）豁免 14 天的轮候期；（7）完全同意提交法庭之友摘要；（8）应法院具体要求而提交的答复。[1]

PACER 系统是由美国司法会议于 1988 年建立，由美国法院行政办公室代表联邦司法机构负责管理及维护，目的是改善公众对法院信息的访问。如今，PACER 系统使公众可以即时访问在 200 多个联邦法院提交的10 亿多份文档，而且在任何情况下，几乎都是法官或当事方提交的所有文档。该系统致力于为公众提供尽可能广泛的访问法院记录的途径，并增强公众对法院系统的了解。PACER 的用户包括法院工作人员、律师协会成员、城市、州和联邦雇员、新闻媒体和公众。PACER 系统允许拥有账户的任何人搜索和查找上诉法院、地区法院和破产法院的案件和案卷信息。如果当事人不确定该案件提交哪个特定的联邦法院，可使用 PACER 案件定

---

〔1〕 参见 Supreme Court of the United States Office of the Clerk Washington, D. C. 20543，载美国最高法院网，https://www. supremecourt. gov/filingandrules/ElectronicFilingGuidelines.pdf，最后访问时间：2021 年 1 月 26 日。

位器，也可以在全国范围内进行搜索，以确定当事方是否涉及联邦法院案件。PACER 系统虽不收取注册费，但美国司法会议规定了在 PACER 系统获取信息的费用。所有注册用户使用 PACER 系统将产生每页 0.10 美元的费用，通过 PACER 系统检索到的法庭听讯音频文件将产生每份文件 2.40 美元的费用。2020 年 6 月 28 日，美国启动新的 PACER 网站，可使用户更轻松快捷地通过导航系统查询所需内容，并为残疾人提供一组可以调整文本大小和对比元素的辅助工具以及访问文档的屏幕阅读器，提高残疾人的可访问性。[1]

美国网上立案的主要流程包括：第一步，当事人申请注册 CM/ECF 系统，该系统规定用户在注册前必须先申请获得 PACER 系统账号，因为在使用新一代 CM/ECF 系统的法院中，这两个系统共用同一个账号。第二步，登录 CM/ECF 系统并提交按规定要求编辑处理过的诉讼材料。待编辑修改的个人信息包括出生日期、未成年人子女姓名等，旨在保护当事人的个人隐私。第三步，由法院向当事人邮箱等发送电子立案通知或者案件活动通知。第四步，当事人通过 CM/ECF 系统在线缴纳诉讼费用，完成整个立案程序。[2]此外，美国最高法院在《提交电子文件系统指南》中要求通过电子归档系统提交的文件必须为 PDF/A 格式，文件中所载的个人身份信息必须按照规定的标准加以修改。作为注册过程的一部分，律师需申请用户名和密码，其才能够通过系统提交文件。用户必须保护他们的用户名和密码的安全，并且必须在得知其中任何一个已经被泄露时立即通知文员办公室。

其三，电子送达。2000 年，美国佐治亚州一个区的破产法庭在 Broadfoot v. Diaz 案中，对通过 E-mail 方式送达诉讼文书在法律上予以确认，从此美国法院允许通过电子邮件进行送达。[3]2001 年《美国联邦民事诉讼规则》

---

〔1〕 陈志宏："美国联邦法院 PACER 网站十年来首次重大更新"，载《中国审判》2020 年第 16 期。

〔2〕 杨怡："美国网上立案制度初探"，载《北京邮电大学学报（社会科学版）》2018 年第 1 期。

〔3〕 杨剑："美国联邦民事诉讼中采用电子送达的新趋势"，载陈光中、江伟主编：《诉讼法论丛 第 11 卷》，法律出版社 2006 年版，第 388-390 页。

进行了修改，确立了电子送达为法定送达方式。[1]2002 年，地方法院在审理 Rio Properties，Inc. v. Rio International Interlink 侵犯商标权纠纷案中，对被告在域外经营的网站电子邮箱进行了电子送达，美国第九巡回上诉法院肯定了地方法院的做法，并论证了它的合法性与合宪性，此后电子送达方式在美国境内外均被允许使用。[2]2007 年 12 月修订的《美国联邦民事诉讼规则》第 5 条（b）（2）（E）规定，在受送达人书面同意的情况下，可以进行电子送达。信息发出即视为送达完成，但当事人明知受送达人未收到的除外。第 4 条则间接规定在允许当事人通过采取国际上协商一致的合理方式且不为国际条约所禁止的情形下，使用电子送达方式向国外的当事人送达。[3]

其四，网上法庭。2002 年，美国密歇根州法院建立了"全国第一个完全在互联网上运行，并使用在线会议、虚拟审判庭以及电子文件归档的法庭"，[4]也是法院的附设 ODR 项目。[5]密歇根州网络法庭推出了系列化的网上诉讼机制，如案件管理、电话视频会议、证据和媒体演示、数字录音和在线投诉系统等。通过电话会议系统可以提出论据和证人证言，可以不必亲自到线下法庭听审，也可以通过证据和媒体演示系统对证据进行评估。尽管法官仍然可能需要在线下法庭中审理案件，但当事人及其代理律师、证人等诉讼参与人却可以远程参加庭审，不必亲自到庭，社会公众也可以通过互联网在线观看进行旁听。[6]密歇根州网络法庭管辖超过 2.5 万

---

〔1〕 吴如巧编著：《美国联邦民事诉讼规则的新发展》，中国政法大学出版社 2013 年版，第 238-245 页。

〔2〕 杨剑："美国联邦民事诉讼中采用电子送达的新趋势"，载陈光中、江伟主编：《诉讼法论丛 第 11 卷》，法律出版社 2006 年版，第 390-392 页。

〔3〕 吴如巧编著：《美国联邦民事诉讼规则的新发展》，中国政法大学出版社 2013 年版，第 166-167 页、第 172 页。

〔4〕 Kimberly Koscielniak and Brian Wassom, "Cyber Court", *Michigan Bar Journal*, Vol. 82, 2003, p. 48.

〔5〕 Nicolas W. Vermeys and Karim Benyekhlef, "ODR and the Courts", *in Online Dispute Resolution：Theory and Practice* (edit. By MohamedS. Abdel Wahab, Ethan Katsh and Daniel Rainey), Eleven International Publishing, 2012, p. 298.

〔6〕 Faye Fangfei Wang, *Online Dispute Resolution：Technology, Management and Legal Practice from an International Perspective*, Chandos Publishing, 2009, p. 62.

美元以上的商事纠纷案件，排除适用侵权纠纷、劳动纠纷等非商事案件。[1]密歇根州法院规定，是否同意在网络法庭上进行庭审，尊重双方当事人的选择。如果原告方选择在网络法庭审理，则被告方有权在14天内提出异议，如果没有异议或者逾期提出异议，则视为接受网络法庭审理，并不安排陪审团参与审理。除了诉讼方式，网络法庭还提供了ODR解纷方式供当事人选择，如协商与调解。[2]美国的保罗·恩伯利（Paul Embley）在2018年第一届"在线法院国际论坛"上发言称，在密歇根州，ODR处理的交通案件节省了80%的时间，30天内赔付率达到92%，92%的人推荐使用ODR，并且有87%的当事方认为ODR是公平的。对于离婚案件，在ODR开始运行的60天内，结果显示有56%的原告和45%的被告参与ODR，ODR的和解率比ADR高出3%，达到74%。ODR可以提高调解人的效率，因为在与调解人接触之前，各方能够同意几乎一半的议题，从而减少了面对面调解的时间；在有当事人参与的情况下，超过一半的案件生成了完整的在线协议；ODR正在扩大诉诸司法的机会，使得所有当事方之间谈判达成的协议都在庭外完成。[3]

其五，裁判文书上网公开。2002年美国颁布《美国电子政务法》规定，除涉及国家秘密、国家安全和当事人隐私的外，联邦法院必须建立独立的网站用以公开裁判文书，但应当隐去个人信息。州法院已经实现了裁判文书全部上网。[4]

其六，司法大数据画像。2015年年底，美国创立法律大数据智能分析平台Premonition系统。通过从海量裁判文书中抽取关键信息，对诉讼环节中的法院、法官、律师、律师事务所、当事人（公司）等多方主体进行精

〔1〕　参见 Eugene Clark, Michigan Lead the Way in E-government and Cyber Court, 载 http://www. canberra. edu. au/ncf/publications/，最后访问时间：2022年5月1日。

〔2〕　Gabrielle Kaufmann - Kohler, Thomas Schultz, "Online Dispute Resolution: Challenges for Contemporary Justice", *Kluwer Law International*, 2004, pp. 40-41.

〔3〕　Paul Embley, NCSC. "US Courts and Online Dispute Resolution", 载 https://assets. publishing. service. gov. uk/government/uploads/system/uploads/attachment_data/file/761379/US. pdf，最后访问时间：2022年5月1日。

〔4〕　最高人民法院司改办编译："裁判文书公开的域外经验"，载《人民法院报》2013年11月22日，第5版。

准画像，并可视化呈现，以辅助办案。例如，对公司当事人画像中，则可视化呈现公司的诉讼历史、案件类型、案件胜诉率等。[1]

（二）英国民事司法数字化实践样态

英国的民事司法数字化实践中，ODR 发展得较早，也较为成熟，典型代表是"在线金钱索赔"（Money Claim Online，MCOL），它也是英国司法在线解决纠纷运行时间最长的一个程序。[2]2001 年，英国女王陛下法院与法庭服务处设立 MCOL 平台，旨在运用现代信息科技简化纠纷解决流程，方便包括个人和组织在内的当事人对于标的金额 10 万英镑以下的具体金钱索赔，都可以通过该平台在线提交申请。MCOL 具体使用情形和过程如下：在提出索赔之前，法院希望原告和被告采取一些步骤来尝试不通过法院解决争端。[3]这些步骤称为"行动前协议"。例如，原告在提出索赔前，通常需要向被告发送一封信，提供有关索赔的足够信息，以便让他们了解您的姿态，并让他们有机会作出回应。使用 MCOL 进行索赔，必须符合以下情形：一是固定金额小于 10 万英镑；二是索赔人不超过一个，被告（包括个人和组织）不超过两个；三是被告须在英格兰或者威尔士有用于送达的地址。此外，索赔人需要具备以下条件：有效的信用卡或借记卡以支付法庭费用、在英国的地址、电子邮件地址、定期访问计算机和互联网。要通过 MCOL 提出索赔，索赔人需要在 MCOL 网站 www. moneyclaim. gov. uk 进行注册，可以根据实际情况分别注册为个人、律师或者组织，以便识别是代表个人、客户还是公司提出索赔。完成注册后点击"继续"，注册人将被带到自己的 MCOL 主页。在主页上，当事人可以选择开始新的索赔，或者回应针对自己的索赔。主页上还会显示已提交或起草的近期索赔清单。

MCOL 索赔有八个步骤：一是指导，提供有关使用网站的信息，并链

---

［1］ 孙晓勇：《中国司法大数据应用与展望》，法律出版社 2022 年版，第 32—34 页。

［2］ Orna Rabinovich-Einy, Ethan Katsh, "The New Courts", *American University Law Review*, 2017, pp. 165-216.

［3］ 参见英国女王陛下法院和法庭服务处发布的《在线金钱索赔》用户指南 Money Claim Online（MCOL）-User Guide for Claimants, 载 https://assets. publishing. service. gov. uk/government/uploads/system/uploads/attachment_ data/file/762843/mcol-userguide-eng. pdf, 最后访问时间：2022 年 5 月 1 日。

接到在提出索赔之前应进一步阅读了解的指南。二是确认索赔人详细信息，包括个人和组织。三是填写确认通信地址。四是填写被告详细资料，需提供被告在英格兰或者威尔士境内的有效地址，因为 MCOL 没有外部管辖权，向英格兰和威尔士以外的地址发出的声明将无效。注意不能超过两名被告，且不能通过 MCOL 向政府部门（包括英国税务总局和海关）提出索赔，否则地方法院法官可能下令撤销索赔，且法庭费用不予退还。五是填写索赔事项，包括索赔金额及理由。六是总结和陈述事实。步骤七和八是查看付款明细并确认。索赔将在提交索赔之日起 2 个工作日内发出，法院将向被告发出索赔包，发出后第 5 日为送达日，被告可以自送达之日起 14 日在线作出回应或者进行书面答复。如果被告不反驳或者不提起反诉，索赔请求就可在线执行。否则，该请求将被提交至一个传统法院进行处理。英国的在线金钱索赔程序被认为非常成功，每年处理的纠纷超过 6 万起。〔1〕

此外，在裁判文书上网公开方面，在英国的传统中，非诉讼当事人不享有对司法文书的取得权，除非法律另有规定。1999 年《英国民事诉讼规则》亦规定非诉讼当事人并不享有全面获取司法文书的权利，如调解协议、当事人的信息文件等需要经过法院允许才能获得。〔2〕英国最高法院裁判的全部案件判决书，可以在其官方网站的"已决案件"版块查询。2012 年 2 月 6 日起，英国最高法院在其官方微博上每周发布 2 篇至 3 篇含有判决书链接的微博。〔3〕英格兰和威尔士法院，是通过司法机构网站进行统一的刑事裁判文书网上公开。苏格兰法院也并非对所有裁判文书都予以公开，而是仅公开民众关注度高以及对社会和法律有深远影响的刑事裁判文书。〔4〕

---

〔1〕　［美］伊森·凯什、［以色列］奥娜·拉比诺维奇·艾尼：《数字正义　当纠纷解决遇见互联网科技》，赵蕾、赵精武、曹建峰译，法律出版社 2019 年版，第 236 页。

〔2〕　相庆梅等：《互联网环境下的司法公开制度研究》，中国政法大学出版社 2022 年版，第 174-175 页。

〔3〕　最高人民法院司改办编译："裁判文书公开的域外经验"，载《人民法院报》2013 年 11 月 22 日，第 5 版。

〔4〕　相庆梅等：《互联网环境下的司法公开制度研究》，中国政法大学出版社 2022 年版，第 175-176 页。

二、典型大陆法系国家实践样态

同样地，为保持对象和样本的前后同一性，仍选取德国和韩国作为大陆法系典型代表，以考察其民事司法数字化实践样态。

（一）德国民事司法数字化实践样态

其一，电子送达与电子递交。《德国民事诉讼法》第130a条未修订前，要求所有电子文件必须附加"认证过的电子签名"，由于认证程序的复杂性，对推行电子法律交往造成了较大阻碍。为寻求对"认证过的电子签名"这一烦琐形式的替代途径，并确保安全性，《德国民事诉讼法》第130a条第4款增加规定，允许使用其他的安全途径，并具体规定了四种新的安全传递途径。一是德邮账户（De-mail）。该账户实行授权许可经营，互联网服务商必须经过德国联邦信息技术安全部门授权，确保在身份验证、文书存储等方面的高安全性和高保护性，才能对外提供德邮服务。德邮账户一人一户，专人专用，要求服务商采用技术措施确保他人无法登录非本人账号，且能够精准识别邮箱内容的发送人和接收人。二是律师和公证员专有电子邮箱，它并不是法院的政务邮箱，而是由联邦律师协会依照《德国联邦律师法》规定的律师名单以及公证员协会审验后分别设立。三是电子法院政务邮箱，主要供除律师外的其他机构或人员使用。四是经过安全认证的官署电子邮箱。实践中，德国亦强调对一般的当事人和诉讼参与人，必须经过本人明确同意，才能采用电子送达。但对律师、公证员等其他职业人员以及官署、团体或者公法人无须经过同意，即可直接强制进行电子送达，并附上法院的接收回执。[1]

其二，电子庭审。2002年修正的《德国民事诉讼法》第128a条规定了视频庭审制度，允许当事人及其诉讼代理人、辅佐人提出申请，并在所有当事人同意的前提下，通过音视频的方式进行法庭辩论，而不亲自线下出庭参加辩论。同时也允许证人、鉴定人等通过视频方式接受询问。[2]

---

〔1〕 周翠："德国司法的电子应用方式改革"，载《环球法律评论》2016年第1期；周翠："中国民事电子诉讼年度观察报告（2016）"，载《当代法学》2017年第4期。

〔2〕 刘敏："电子诉讼潮流与我国民事诉讼法的应对"，载《当代法学》2016年第5期。

2013 年 4 月 25 日颁布的《德国加强法院程序和检察署程序中使用视频技术的法律》，进一步推动了视频庭审。《德国民事诉讼法》对第 128a 条再次修订，明确规定法院可以依申请，允许当事人及其他诉讼参与人进行远程音视频言词辩论，以及允许证人、鉴定人等通过远程音视频接受讯问，但均应当与法庭庭审同步进行，而且对图像和声音的传输不作记录。此外，如果法院决定采用远程音视频方式的，申请人不得声明不服。该条规定突破了传统的言词辩论形式，允许远程同步视频进行辩论，但不允许对视频庭审进行录音录像，而且对于和解辩论仍要求双方当事人亲自出席参与。[1]对于视频辩论的启动方式，则规定了依申请和依职权两种方式，而且对依申请作出的允许视频辩论和视频讯问决定不可声明不服。

其三，电子督促程序。自 1982 年开始试点电子督促程序，至 2007 年 5 月，德国 16 个联邦州全部实现督促程序电子化。电子督促程序一般由德国各联邦州法院指定辖区的某个初级法院进行集中管辖，债权人可以通过以下三种电子方式申请：一是通过专门的网站，填写申请表，并进行电子签名后在线提交申请；二是使用专门的督促软件，将电子申请表发送至法院的邮箱中；三是将电子申请表存储在规定格式和大小的软盘、磁盘或者光盘中，提交给法院。2008 年 12 月 1 日开始，德国规定对律师强制适用电子督促程序，不允许律师通过线下纸质方式提出督促程序申请。根据《德国民事诉讼法》第 689 条规定，采用机械方法办理督促程序时，至迟应在收到案件的下一个工作日内办结案件。所谓机械方法办理，即督促程序电子化。在审查形式上，采形式审查主义，不对督促申请进行实质审查，即不审查申请人是否具有其所提出的请求权。德国的电子督促程序极大地提升了诉讼效率，降低了诉讼成本，起到了很好的司法减负和分流作用。[2]据统计，2014 年，德国普通法院共审结一审民事案件 143 万件，却同时处理了约 560 万件电子督促程序案件。[3]2015 年，受理了约 534 万件

---

〔1〕　周翠："德国司法的电子应用方式改革"，载《环球法律评论》2016 年第 1 期。
〔2〕　周翠："电子督促程序：价值取向与制度设计"，载《华东政法大学学报》2011 年第 2 期。
〔3〕　周翠："再论督促程序电子化改革的重点"，载《当代法学》2016 年第 6 期。

电子督促程序案件，其中债务人提出异议的仅占8%左右。[1]

其四，裁判文书上网公开。近50年来，德国裁判文书公开率仅为0.4%—1%，数量极为有限。而且目前仅能全文下载2000年之后的联邦最高法院的裁判文书，直到2018年，联邦社会法院的裁判文书才开始上网公开。但法官可以通过法院内部数据库查询大量未公开的裁判文书。[2]

（二）韩国民事司法数字化实践样态

其一，电子立案与案件管理。2011年5月，韩国上线电子案件管理系统（Electronic Case Filing System，ECFS）。该系统可为当事人及其诉讼代理人提供网上立案和案件管理服务，如在线提交案件证据等诉讼材料，在线查询有关诉讼指南，动态跟踪案件进度。法官和文员也可以通过该系统，查询案件审理状态，并对案件进行审判管理。但当事人要使用韩国法院电子诉讼的所有服务，必须先签发数字证书以确认真实姓名。收到证书后，须将证书存储在计算机的硬盘或可移动存储设备上，证书具有一定的有效期，逾期前须续订，如果由于过期或丢失等原因须重新签发证书。实践中，是选择网上立案还是线下立案，由当事人自主决定，但选择在线诉讼模式后，一般不可以再转换为线下诉讼模式，除非同时取得法官和对方当事人的同意。网上立案的所有文件都必须以电子文件形式提交。如果要提交的原始文档或附件是纸质文档，须经过扫描转换成电子文档。法官则在规定的时间内在线审查当事人提交的电子立案材料。[3]

其二，电子送达。同意进行电子诉讼的当事人和代理人可以通过韩国电子诉讼网站接受电子送达诉讼文书，并进行确认。根据《韩国电子诉讼法》规定，当事人选择适用电子诉讼程序，视为同意接受电子送达。但只要任何一方当事人不同意适用电子诉讼，则法院必须向当事人送达纸质版诉讼文书。实践中，韩国法院通常采用手机和电子邮件方式进行送达，当

事人也可以登录电子诉讼系统确认电子送达内容。有效送达时间以受送达人确认收悉之日为准。如果电子送达发出一周后,当事人仍然没有确认收悉,则自发出之日起第八日视为完成送达。[1]

其三,电子法庭。在电子法庭审理过程中,当事人可以通过卷宗阅读器提交证据材料,置于法官和对方当事人面前的电脑屏幕也会同时显示这些证据材料。也可以通过电脑大屏幕投放的方式展示当事人的起诉状、答辩书以及其他诉讼材料,方便当事人进行质证以及旁听人员观看。对图纸、照片等书证的审核则以阅览的方式进行,对于音视频证据的调查审核则采取视听方式。韩国的电子法庭并非进行远程视频庭审,只是利用电子方式进行诉讼材料的展示,更好地实现法庭辩论的畅通,帮助旁听人员更全面直观地了解审判过程。[2]但韩国已经于2016年11月开始尝试使用视频技术对证人进行远程询问,希望借此改善证据的审查,提高司法效率,并减少在询问远方证人上花费的社会和经济成本。[3]

其四,裁判文书上网公开。2011年7月修改后的《韩国民事诉讼法》,增加了文书公开的规定。2013年之后,韩国增加了裁判文书网上公开的相关内容。[4]除公开审理的以及存在可能显著危害国家安全情形的案件外,对于生效的民事裁判文书,应当通过互联网或者其他电子途径公开,但应当对涉嫌侵犯当事人隐私权的信息进行删除或采取匿名化处理,如对自然人的姓名、一般法人或公共企业法人的名称、当事人的住所地等信息要进行匿名化处理,并需要删除自然人的身份证号以及裁判理由中的电话号码、车牌号和银行账号等信息。[5]

〔1〕　[韩]郑永焕:"韩国电子诉讼现状及完善方向",方丽妍译,载齐树洁、张勤主编:《东南司法评论(2018年卷·总第11卷)》,厦门大学出版社2018年版,第284页。

〔2〕　杨建文:"韩国民事电子诉讼制度的发展",载《人民法院报》2013年5月3日,第8版;[韩]郑永焕:"韩国电子诉讼现状及完善方向",方丽妍译,载齐树洁、张勤主编:《东南司法评论(2018年卷·总第11卷)》,厦门大学出版社2018年版,第285页。

〔3〕　Choi Soo-hyang:"S. Korean court uses video technology to question remote witnesses",载 https://en.yna.co.kr/view/AEN20161116011500315,最后访问时间:2021年3月13日。

〔4〕　相庆梅等:《互联网环境下的司法公开制度研究》,中国政法大学出版社2022年版,第181-182页。

〔5〕　龙飞:"域外法院裁判文书上网制度比较研究",载《人民司法》2014年第17期。

第三节　域外民事司法数字化模式异同与启示

对域外两大法系典型国家民事司法数字化发展式样和实践样态进行考察的目的在于，发现、总结和提炼一些可供借鉴或者有所启发的经验。为更有针对性地进行比较借鉴，本节尝试概括域外民事司法数字化的不同发展模式和立法模式，并努力对我国民事司法数字化的下一步发展提出一些建设性意见。

一、发展模式异同与启示

从域外国家民事司法数字化的发展式样和实践样态来看，笔者认为存在着不同的推进路径和基本相同的发展趋势，具体分析如下。

（一）推进路径异同与启示

从两大法系典型国家推进民事司法数字化的发展式样、实践样态和立法情况来看，在推进路径上既存在着相同之处，也存在着不同之处。

相同处之一在于，域外国家民事司法数字化推进过程中，都有一个国家层面的统一领导或指导机关。例如，美国在司法领域推广使用信息技术的是美国司法会议机关。美国的 PACER 系统即由该机关建立，该机关还先后指导制定并批准了多个《美国联邦司法部门信息技术长期规划》。除了美国联邦政府，地方各州也有相应的规范电子民事诉讼的指导机关。英国则主要由早期的信息技术与法院委员会负责和后期的民事司法委员会指导司法数字化工作。韩国则由司法部作为电子民事诉讼的发展指导机关，如韩国的电子督促程序计划就是由韩国司法部提出并建立相应的电子系统。我国目前只有最高人民法院信息化建设工作领导小组这样一个法院系统内设的二级机构，作为领导司法信息化、数字化发展的机关。而司法数字化工作并不是法院一家之事，也非法院一家所能完成，还牵涉政府与政府机关，如邮政、公证等部门，以及社会各界等。因此，还应适当借鉴国外的做法，可以考虑在全国人大常委会下设一个专门机关或成立一个司法数字化工作领导小组，负责相应的规划、指导、协调工作，如根据委托拟定有关电子诉讼的法律草案、通过聚集相关部门力量并引入跨学科多领域专家，起草制定电子民事诉讼发展规划等。

相同处之二在于，推进电子民事诉讼的过程中，都经历了先从局部探索再到全面铺开的过程。例如，美国最早先在发现程序中引入电子方式，后为应对诉讼爆炸，提升立案效率，而在全国推行网上立案，再到在密歇根州建立网上法庭。英国最早开始探索电子送达，1996 年 4 月 11 日，英国伦敦皇室法院王座分庭纽曼法官在除仅有被告使用过的 E-mail 外，无法获得被告其他联系方式的情形下，迫不得已同意采用 E-mail 方式进行送达，这也因此成为世界上第一个电子民事诉讼行为。[1]1991 年英国国家鉴定法院确立诉讼支持系统部分标准，此后先后发布《接近正义》《司法现代化》《民事法院的现代化》《英国在线法院发展报告》《民事法院结构改革报告》等报告或白皮书，逐渐推开电子民事诉讼。德国最早开始探索电子督促程序改革，而后制定了一系列相关法律全面推动电子民事诉讼发展。韩国与德国推进路径基本相似，先是上线民事案件管理系统，而后进行小额案件远程审理探索，再到制定《韩国电子诉讼法》等相关法律，并分阶段对不同类型案件实行电子诉讼。我国的民事司法数字化推进路径基本上遵循着"先是地方法院探索，再到最高人民法院推动并由最高人民法院制定司法解释或指导性文件统一相关实践做法，并伴随着法律的部分修订"这一历程。但我国的民事司法数字化发展到现阶段，在鼓励地方创新的同时，应更侧重于顶层设计。为保障在线诉讼程序规则以及嵌入算法程序中的诉讼制度和规则的统一，可借鉴美国和韩国的相关做法，不断完善"人民法院在线服务平台"，进一步健全全国相对统一的网上立案系统、电子诉讼平台以及审判管理与监督平台。当前，要在打破数据壁垒和数据孤岛上下功夫，着力解决应用烟囱、管理盲点等问题，加快推进全国法院"一张网"建设工作。[2]2024 年 7 月，最高人民法院已明确，人民法院"一张网"于 2024 年 10 月在部分地区上线运行。

---

〔1〕　Frank Conley, Service with a Smiley: the Effect of E-mail and Other Electronic Communications on Service of Process, 11 TEMP. Int' l&Comp. L. j. 407, 1997, pp. 407-410.

〔2〕　李阳："让机构职能体系产生'化学反应'——全国大法官研讨班聚焦'加快推进审判体系现代化'"，载《人民法院报》2023 年 7 月 14 日，第 2 版、第 3 版。

相同处之三在于，立法中均明确规定，对某一类特定主体或者某一类特定案件，强制适用电子诉讼。例如，《美国联邦民事诉讼规则》规定，对律师强制适用电子诉讼，即律师本人作为当事人或者作为诉讼代理人，原则上均适用电子诉讼。法国明确规定，律师负有促进推行电子诉讼的义务，只要是执业律师就有责任适用在线诉讼，加入律师协会就意味着同意适用在线诉讼。[1]德国则对律师等特定主体强制适用电子送达。《德国电子司法法》还明确规定，自 2022 年 1 月 1 日起，律师、公证员、官员等专业人士仅能以电子方式递交诉状。《韩国电子诉讼法》则明确规定，与国家、地方自治团体、行政案件、专利案件相关的行政厅，与家事案件、非诉讼案件相关的检察人员，与家事案件相关的地方自治团体的负责人，重整、破产案件的程序关系人，应当义务性地实施电子诉讼。[2]笔者认为，为了更好地体现电子诉讼的数字正义价值，提升电子诉讼普及率，我国在未来立法中，也可以对具备电子诉讼条件和能力的特定主体（如律师等人员）以及适宜电子诉讼的特定案件（如督促程序等案件），强制适用电子诉讼，因为这并不会减损这些特定当事人的诉讼权益，相反还会因此提升诉讼效率等，在适用电子诉讼中更加受益。

相同处之四在于，在对人工智能司法的态度上，域外国家由于国家制度、国家文化和司法理念的不同，往往对个人隐私保护、算法歧视等考虑过多，对大数据、人工智能应用于司法裁判等法院核心业务，则显得非常谨慎，甚至犹豫消极，往往对收集、使用司法大数据设置较多限制。但从大数据、人工智能司法应用对司法裁判带来的冲击和挑战，以及可能带来的司法权责分化、司法自主弱化、司法伦理失却、司法人文流失等风险来看，我国在大数据和人工智能司法进一步发展过程中，则可以适当借鉴域外国家有关的风险管控经验，使得我国的大数据和人工智能司法更加行稳致远，更好地发挥正向功能。[3]

不同处之一在于，美国和英国基本上采取的是一种自下而上的推进路

---

〔1〕 叶茂："民事在线诉讼当事人权利保障论"，载《研究生法学》2022 年第 1 期。

〔2〕 朴顺善："强制适用电子诉讼义务制度研究"，载《西南政法大学学报》2022 年第 2 期。

〔3〕 孙晓勇：《中国司法大数据应用与展望》，法律出版社 2022 年版，第 43-46 页。

径，而德国和韩国基本上采取的是一种自上而下的推进路径，这也与两大法系所具有的判例法和制定法不同传统有关。例如，美国和英国由于普通法系的判例法传统，都是先由法院实践探索，再通过国家修订民事诉讼规则的方式推动电子民事诉讼发展。英国最早在《英国民事诉讼规则》规定电子送达制度，对实践中允许电子送达的判例予以确认。美国为应对网上立案系统和网络信息技术的不断发展，也对《美国联邦民事诉讼规则》进行了多次修订。如 2001 年修订的《美国联邦民事诉讼规则》确立了电子送达方式；2015 年修订的《美国联邦民事诉讼规则》在电子开示程序中引入比例原则，以应对大数据技术带来的挑战。[1]而德国和韩国由于大陆法系的制定法传统，基本上采取自上而下的立法推动模式。尤其是韩国，在《韩国电子诉讼法》颁布施行后，又专门制定《民事诉讼中利用电子文书的相关法规实施时间相关规定》，明确不同类型案件实行电子诉讼的时间表。我国的民事司法数字化推进路径基本上也是一种自下而上的方式，但在当前民事司法数字化已经全面铺开并积累了大量的实践经验情况下，可以借鉴德国和韩国的做法，更加注重通过国家层面制定法律，采取一种自上而下的统一而规范的推进路径。但在推进过程中，可以借鉴英国以法官为主制订改革方案的做法，充分吸纳法官参与。

不同处之二在于，在裁判文书上网公开上，美国、英国、韩国基本上都采取以公开为原则，以不公开为例外的态度，但德国则采取了有限少量公开原则，大量的裁判文书则供法院内部查询使用。在如何平衡裁判文书公开与个人信息保护之间的问题上，韩国则采取了一般个人信息匿名化处理和敏感个人信息删除处理的策略。纵观我国裁判文书上网公开实践，出现了婚姻家庭、继承纠纷等案件当事人姓名应当匿名而未匿名，以及当事人身份证号码、银行账号、健康状况等信息应当删除而未删除的情况，[2]呈现出当事人信息过度披露与隐私权遭受侵害的现象。因此，在《民法典》《个人信息保护法》《数据安全法》等更加强调保护个人信息与个人

---

〔1〕 周翠："互联网法院建设及其前景展望"，载《法律适用》2018 年第 3 期。

〔2〕 马超、于晓虹、何海波："大数据分析：中国司法裁判文书上网公开报告"，载《中国法律评论》2016 年第 4 期；杨金晶、覃慧、何海波："裁判文书上网公开的中国实践——进展、问题与完善"，载《中国法律评论》2019 年第 6 期。

隐私、数据主权与数据安全的时代背景下，裁判文书上网公开应回归独属于其自身的规范价值取向和司法的固有规律，即裁判文书上网公开的主要目的旨在实现司法外部监督，并非实现对他人信息和隐私的刺探和获取，不应超出其功能边界范围，附加其本身不应承载的其他功能或者价值诉求，在充分满足公众知情权、监督权的同时，兼顾当事各方的权益保护和风险防范。[1]对此，可以考虑在借鉴域外经验基础上，进一步优化中国裁判文书网，[2]提升检索便利度，适时修订《关于人民法院在互联网公布裁判文书的规定》，细化完善公开标准，重点强化上级法院裁判文书公开，对基层法院的大量简易小额案件，如信用卡纠纷等案件裁判文书则可以考虑不予公开。[3]或者只公开裁判理由，并对当事人姓名和个人信息采取匿名化处理。同时，应加快建设健全人民法院案例库，通过健全业务条线严格把关、探索引入专家评议和用户评价等机制，确保推荐、报送、筛选、入库案例的质量和权威性，确实起到对类案的参考示范作用，有效弥补中国裁判文书网出现的"裁判不统一"导致的裁判参考功能和行为指引功能弱化问题，"打造出裁判文书网在应用和效能上的升级版"。[4]

（二）发展趋势异同与启示

近几年来，域外不少国家纷纷研究或出台了相应的司法数字化改革计划或方案，如美国司法会议于 2020 年 9 月最新批准了《美国联邦司法部门信息技术长期规划（2021—2025）》，旨在利用信息技术的潜力，识别并满足法院用户和社会公众的信息服务与诉诸法院的需求。[5]英国于 2016

---

〔1〕 陈卫东："在更高层次推进文书上网 切实提升司法公开质效"，载《人民法院报》2023 年 12 月 24 日，第 2 版。

〔2〕 王利明："建设人民法院案例库 优化中国裁判文书网"，载《人民法院报》2023 年 12 月 23 日，第 4 版。

〔3〕 李广德："裁判文书上网制度的价值取向及其法理反思"，载《法商研究》2022 年第 2 期；吴宏耀："司法裁判文书公开及其限度"，载《人民法治》2022 年第 9 期。

〔4〕 周光权："打造'升级版'裁判文书网 精准展示法治自信"，载《人民法院报》2023 年 12 月 25 日，第 2 版。

〔5〕 参见 Fiscal Year 2021 Update, Long Range Plan for Information Technology in the Federal Judiciary, 载 https://www.uscourts.gov/sites/default/files/it_long_range_plan_fy_2021.pdf，最后访问时间：2022 年 5 月 1 日。

年 7 月发布了《民事法院结构改革最终报告》，"在线法院"的建立被作为核心工程。报告的研究团队组建者布里格斯大法官认为，"传统法院是工业时代的结果，而在线法院是网络时代的产物；传统法院必将衰落，在线法院必将崛起"。[1] 2017 年，法国司法系统在雷恩和杜埃两家上诉法院开始试点司法人工智能判决结果预测软件 Predicitice，[2] 并于同年 10 月将"司法数字化改革"列为五大司法改革项目之一，并纳入司法部《司法改革方案（2018—2022）》。法国司法部尼科尔·贝卢贝部长认为，"司法数字化转型是当前所有司法改革的核心，并将决定着其他改革的进展"。[3] 就连非常依赖传统纸质载体的日本，也于 2017 年开启了司法的数字化改革战略。非洲国家也于 2018 年出台了《智慧法院：非洲司法数字化转型路线图》，分析当前面临的问题，并寻求解决方案。瑞士亦启动司法数字化改革项目 Justitia4.0，旨在到 2026 年，整个瑞士司法系统全部实现数字化转型，所有司法程序都将在全国统一的平台 Justitia.Swiss 上运行。[4] 西班牙于 2020 年 2 月推出《2030 司法规划》，明确提出司法数字化转型战略。[5] 为应对新冠疫情造成的司法迟滞，巴西国家司法委员会于 2020 年 10 月 6 日批准并授权法院实施《100%数字审判》法案，旨在完全通过数字技术手段实现诉讼行为线上化。[6] 印度政府也正大力推动《E-courts 电子法院计划》，以提升司法效率。为满足疫情期间当事人司法需求，哈萨克斯坦积极推行在线诉讼，在线庭审从 2018 年的平均每天 40 场上升到 2020 年 4 月每周 108 000 场，新加坡也于 2021 年全面执行在线诉讼程序，并开展"异步听证"试点工作。[7] 欧盟制定了最新的《电子司法战略（2019—2023）》，支持默认数字方式，促进公民、法律从业人员和当局诉诸司法

〔1〕　［英］布里格斯勋爵："生产正义方式以及实现正义途径之变革——英国在线法院的设计理念、受理范围以及基本程序"，赵蕾编译，载《中国应用法学》2017 年第 2 期。

〔2〕　孙晓勇：《中国司法大数据应用与展望》，法律出版社 2022 年版，第 37 页。

〔3〕　施鹏鹏："法国的司法数字化改革"，载《检察日报》2019 年 5 月 29 日，第 3 版。

〔4〕　陈志宏："瑞士司法系统将进行数字化改革"，载《中国审判》2020 年第 10 期。

〔5〕　陈志宏："西班牙推进司法数字化转型"，载《中国审判》2021 年第 10 期。

〔6〕　陈志宏："巴西国家司法委员会批准法院'100%数字审判'的提案"，载"数字法院进行时"微信公众号，最后访问时间：2020 年 11 月 27 日。

〔7〕　孙晓勇：《中国司法大数据应用与展望》，法律出版社 2022 年版，第 39-42 页。

和司法系统运作。2021 年 12 月，欧洲司法委员会还发布了《欧洲司法数字化行动方案（2022—2025）》，从司法效率、司法透明、协作型司法、人性化司法、以人民为中心的司法、让社会深度了解司法、欧洲司法效率委员会七个方面制订未来 4 年行动方案。[1]奥地利积极推进并计划于 2025 年完成《司法 3.0》数字化改革方案，旨在通过满足法院和公众的数字化需求，提高司法质量和司法满意度。[2]

综上可见，民事司法数字化不仅已经成为两大法系国家民事司法的发展方向，而且也成为进一步改革的方向。如果说实现司法全部数字化是域外国家的共同改革趋势，那么称得上不同趋势的可能是，有的国家如英国已经制订了建立"在线法院"的计划，而大部分国家则尚无相应计划而已。因此，我国应进一步坚定推进民事司法数字化，早日确立互联网法院的专门法院地位，[3]合理调整其地域管辖范围和管辖案件类型，[4]优化其功能定位，[5]努力实现包括传统法院在内的民事司法全流程在线运行，积极构建中国特色、世界领先的数字化民事司法新模式。

在发展趋势上，两大法系国家还有一个共同的特点是，都更加注重建立在线纠纷预防，在线非诉讼方式解决纠纷以及纠纷的快速处理机制。例如，早在 2015 年 2 月，英国《小额民事索赔在线纠纷解决报告》，就建议成立"女王陛下在线法院"（Her Majesty's Online Court，HMOC），专门负责处理 2.5 万英镑以下的民事纠纷。HMOC 纠纷解决程序包括在线评估、在线协助和在线裁判三个阶段：在第一阶段，将帮助有问题的用户对申诉进行归类和分类，了解他们的权利和义务，并为他们提供可用的选择和补救措施的指导，旨在避免纠纷。如果在第一阶段还不能解决当事人的问

---

〔1〕 "欧洲司法数字化行动方案（2022 年至 2025 年）"，王云诗译，载《人民法院报》2022 年 4 月 1 日，第 8 版。

〔2〕 陈志宏："奥地利'司法 3.0'数字化改革发展概述"，载《中国审判》2020 年第 14 期。

〔3〕 杨秀清："互联网法院定位之回归"，载《政法论丛》2019 年第 5 期；时建中："互联网法院的核心使命、时代挑战和发展建议"，载《人民法院报》2020 年 10 月 10 日，第 2 版。

〔4〕 肖建国、庄诗岳："论互联网法院涉网案件地域管辖规则的构建"，载《法律适用》2018 年第 3 期。

〔5〕 段厚省："论互联网法院的功能定位与程序创新"，载《上海师范大学学报（哲学社会科学版）》2020 年第 6 期。

题，则进入在线协助阶段。主要通过互联网进行调解，调解者将审查文件和声明，并利用一些自动协商工具，帮助双方在没有法官参与的情况下，迅速而明智地得出结果，防止纠纷升级，并遏制争议。如果还不能达成和解，才进入最后的在线裁判阶段，旨在解决争议。主要由法官在线根据当事人以电子方式提交的文件来决定适当的案件或部分案件，也可以任何阶段决定将案件转交给传统的听证会。[1]在英国运行多年的在线金钱索赔程序 MCOL 也强调在提出索赔前的法院外解决纠纷以及在线纠纷解决全过程尽量通过和解解决纠纷。2016 年 7 月英国发布的《民事法院结构改革最终报告》中也将"互动式自动化的案件分流程序"作为在线法院的第一道纠纷解决程序，旨在通过技术手段和法律咨询，帮助当事人对纠纷进行胜诉可能性评估，减少进入诉讼的案件。第二道程序仍为调停程序，但由案件管理人员而非法官主持。第三道也即最后一道程序才是裁判程序。[2]可见英国的在线法院设计理念都始终注重纠纷预防和非诉分流。此外，德国和韩国建立的电子督促程序，都旨在利用现代数字技术实现纠纷的快速处理。爱沙尼亚法院则已经使用人工智能来解决标的额在 7000 欧元以下的小额索赔纠纷，用以解决重复性、琐碎性、耗时性的审判事务。[3]上述理念和做法都可供我国学习和借鉴，以进一步建立健全中国特色的 ODR 在线纠纷预防与纠纷解决机制，以及电子督促程序。

二、立法模式异同与启示

从域外国家民事司法数字化的发展式样和实践样态来看，笔者认为主要存在着修订立法和专门立法两种模式，具体分析如下。

（一）修订立法模式与启示

修订立法模式，即通过修订现行的民事诉讼法律以适应和规范数字化民事司法。美国和英国即采用修订民事诉讼规则的立法模式。如美国通过

---

〔1〕 ［英］理查德·萨斯坎德：《线上法院与未来司法》，何广越译，北京大学出版社 2021年版，第 101–102 页。

〔2〕 ［英］布里格斯勋爵："生产正义方式以及实现正义途径之变革——英国在线法院的设计理念、受理范围以及基本程序"，赵蕾编译，载《中国应用法学》2017 年第 2 期。

〔3〕 陈志宏："'数字国家'爱沙尼亚的司法信息化之路"，载《中国审判》2021 年第 2 期。

修订《美国联邦民事诉讼规则》先后对电子送达，电子提交、电子签署、电子核实文件，电子储存信息的发现、开示、答复形式、异议及特别限制等进行了规定。[1]英国亦通过修订《英国民事诉讼规则》先后规定了电子签名、电子送达、法院案卷电子化等。但美国和英国的民事诉讼规则仍然以传统的纸质载体和线下诉讼规则为主要内容，修订增加的有关电子方式和线上诉讼规则仍占少数。虽然德国和韩国主要采用专门立法模式，但也根据民事司法数字化的实际情况，对民事诉讼法也作了相应修订。例如，《德国民事诉讼法》通过修订，先后增加规定了电子送达和视频庭审等内容。

美国和英国的修订立法模式，在处理电子民事诉讼规则与传统民事诉讼规则的关系上，一般采用并列适用或者附条件适用的方式。例如，《英国民事诉讼规则》第6.2（1）（e）条明确了传真或者其他电子通信方式的送达规定，而作为《英国民事诉讼规则》补充细则的《诉讼指引》第6A章第3.1条和第3.3条，则分别对《英国民事诉讼规则》第6.2（1）（e）条规定中的"传真送达"和"其他电子通信方式送达"作出了细化规定和解释。尤其是第6A章第3.3条[2]明确规定了适用"其他电子通信方式送达文书的三种情形"，也即除此三种情形外，仍应适用传统送达方式。

---

〔1〕《美国联邦民事诉讼规则》第5（b）（2）（E）条规定，经送达对象同意，送达人可以采取电子信息的方式，将诉讼文书送达给送达对象。第5（d）（3）条规定，法院可依据地方法院规则，允许通过电子信息手段提交、签署、核实文件，但采用这种电子信息手段必须符合美国司法会议确定的技术标准。如果没有合理的除外原因，地方法院规则可规定以电子信息方式提交文件。根据地方法院规则的规定，以电子信息手段提交的文件构成为适用本规则而提交的书面文件。第16（b）（3）（B）条规定，"日程安排命令可以……（iii）规定以电子形式储存信息的开示"；第26（a）（1）（A）（ii）条增加了"对电子储存信息的最初开示"；第26（b）（2）（B）条增加了"对电子储存信息的特别限制"；第26（f）（3）（C）增加规定了"任何与电子储存信息的发现或开示相关的事项，包括其将要提交的一种或多种形式"；第34（a）条增设了"提供电子储存信息"；第34（b）（2）（D）和（E）条增加规定"电子储存信息的答复形式、异议等"；等等。参见吴如巧编著：《美国联邦民事诉讼规则的新发展》，中国政法大学出版社2013年版，第22页、第173页、第194页、第208页、第212页、第216页、第232页、第233页。

〔2〕《英国民事诉讼规则》之《诉讼指引》第6A章第3.3条规定，有下列情形之一的，方可通过其他电子方式送达文书：（1）送达方当事人和受送达方皆有诉讼代理人；（2）将文书送达诉讼代理人的营业地；以及（3）受送达的诉讼代理人事先明确以书面形式向送达方当事人表示，愿意接受此种送达方式，并已向其提供如下地址的：（a）电子邮箱地址；或者（b）其他电子地址，如一线通或其他电话连接号码。参见徐昕译：《英国民事诉讼规则》，中国法制出版社2001年版，第346-347页。

还如，伍尔夫勋爵的《接近正义》报告中推荐的电视电话会议系统，就是法官与当事人因故无法正式开庭时进行诉讼程序的重要途径。[1]也即在无法进行线下庭审时，方可适用视频在线庭审，也是一种附条件的适用。

因为修订某部法律的少量条文总比系统制定一部新的法律，要来得快，因此美国和英国的修订立法模式，虽然规定的电子民事诉讼规则不够全面，但能较为及时地对电子民事诉讼实践需求作出回应，并给予法律上的支持。我国民事司法数字化的立法实践基本上也是遵循修订立法模式，比如，通过修订民事诉讼法的方式，先后增加规定了电子送达、电子数据证据种类、远程视频作证、线上诉讼与线下诉讼具有同等法律效力等。因此，在目前还没有启动专门的电子诉讼立法计划的情况下，可借鉴美国、英国以及韩国的做法，仍需要不断跟进、随时对民事诉讼法作相应修订，及时回应并将司法实践中的成熟合理做法上升到法律层面，或者适时提请全国人大常委会授权最高人民法院在全国部分法院开展试点，并具体细化明确电子民事诉讼规则与传统民事诉讼规则的适用关系，是并行适用、优先适用还是例外适用。

（二）专门立法模式与启示

专门立法模式，即除了修订现行民事诉讼法少量条文，主要通过另行制定专门的法律以支持和规范数字化民事司法，德国和韩国即采用此种模式。例如，德国除了根据电子民事诉讼实践需要，修订《德国民事诉讼法》，还自 2001 年开始至 2013 年先后制定了《德国电子签名法》《德国电子签名条例》《德国电子司法法》《德国送达改革法》《德国司法通信法》《德国促进与法院间的电子交往法》《德国第二次司法现代化法》《德国加强法院程序和检察署程序中使用视频技术的法律》等一系列与电子民事诉讼相关的法律。[2]

韩国则于 2006 年 10 月颁布了《韩国督促程序中使用电子文件的法

---

〔1〕［意］M. 卡佩莱蒂：《当事人基本程序保障权与未来的民事诉讼》，徐昕译，法律出版社 2000 年版，第 225-226 页。

〔2〕刘敏："电子诉讼潮流与我国民事诉讼法的应对"，载《当代法学》2016 年第 5 期；周翠："德国司法的电子应用方式改革"，载《环球法律评论》2016 年第 1 期。

律》，于 2010 年 3 月颁布了《韩国电子诉讼法》，并于 2014 年 5 月 20 日进行了修订。[1]修订后的《韩国电子诉讼法》包括 16 条正文和 2 个附则。正文第 1 条为立法目的，明确该法通过规定民事诉讼等使用电子文件的基本原则和程序，促进民事诉讼等信息化，提升诉讼效率和透明度，为实现国民权利作出贡献。第 2 条对"电子文档""计算机信息处理系统""电子签名""司法电子签名"四个法律术语进行了界定。第 3 条规定了《韩国电子诉讼法》的适用范围，包括适用于《韩国民事诉讼法》《韩国家事法》等法律下的程序。第 4 条为计算机处理信息的运行。第 5 条至第 15 条规定了电子诉讼的一系列操作流程与电子化要求，如注册、签名、文件提交、提交方法、文件受理、送达或者通知、证据调查、判决书的电子送达和上诉程序电子化、诉讼费的电子支付等。第 16 条为授权条款，对《韩国电子诉讼法》规定外的其他民事诉讼中使用电子文件等事项，授权韩国最高法院制定相应规则。[2]

2011 年 3 月，韩国最高法院根据《韩国电子诉讼法》授权，制定了《韩国电子诉讼规则》，最后一次修订后的《韩国电子诉讼规则》自 2018 年 1 月 1 日起生效。《韩国电子诉讼规则》包括八章 44 条正文和 10 个附则。第一章"总则"规定了立法目的、法律术语定义和电子文书提交人。第二章"使用者登录"规定了使用者登录规则、使用者登录的撤销和注销等。第三章主要规定"电子文书的提交以及接收"规则。第四章主要规定包括裁判书在内的"案件记录的电子文书化"规则。第五章"电子送达"，主要规定了电子送达的法定接收主体和同意接收主体，以及相应的送达接收规则。第六章主要规定"辩论与调查"电子文书化规则。第七章主要规定电子记录的阅览与审级间移交规则。第八章"补则"主要规定诉讼费的电子缴纳、电子诉讼系统的运维等。附则主要是生效日期和历次修订情况。

---

[1] 杨建文："韩国民事电子诉讼制度的发展"，载《人民法院报》2013 年 5 月 3 日，第 8 版；[韩] 郑永焕："韩国电子诉讼现状与完善方向"，方丽妍译，齐树洁、张勤主编：《东南司法评论（2018 年卷·总第 11 卷）》，厦门大学出版社 2018 年版，第 277-297 页。

[2] 参见韩国最高法院官方网站《韩国电子诉讼法》全文，载 https://glaw.scourt.go.kr/wsjo/lawod/sjo190.do？contId=2142623#1615599471156，最后访问时间：2021 年 5 月 1 日。

　　从德国和韩国的专门立法模式来看，虽然此种方式因为系统立法的程序复杂性，往往所需时间较长，但专门立法规定的电子民事诉讼内容更为全面详细。目前，我国互联网法院和传统法院已经纷纷制定了相应的在线诉讼规程，最高人民法院也先后发布了《互联网法院审理案件若干问题规定》《人民法院在线诉讼规则》《人民法院在线调解规则》等多个司法解释和相关指导性文件，应当在此基础上，尽早启动电子诉讼专门立法计划。

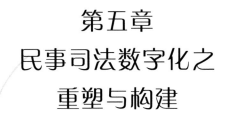

第五章
民事司法数字化之
重塑与构建

"当人类从以物质为交往基础的社会进入以信息为交往基础的社会，社会行为大量由物理空间转入网络空间，经济基础发生了很大变化，构建与之相适应的上层建筑——新的司法制度和法院体制就成为必然。"[1]正如有学者指出的那样，"无论如何，毕竟未来已来，大势所趋，其根本在于，并不是法学如何看待数字时代，而是数字时代如何重塑法学"。[2]当前正在发生的"司法数字化改革是从技术理性走向制度理性的跨越，涉及司法理念的更新和改革方式的巨大转变，它将引发司法体制机制的创新和司法制度的重塑"。[3]互联网司法，已经"在理论层面对传统司法原则、规则进行了革新，并影响着人们的法律观念、行为方式及司法预判"。[4]"电子诉讼正前所未有地改变着诉讼结构、方式和习惯，互联网技术不仅带来诉讼方式的工具变革，更推动现代诉讼在互联网环境中的规则重塑和流程再造。"[5]当前，司法数字化已经成为世界潮流和改革趋势，并已成为我国民事司法实践新常态。"司法数字化改革的实践将远远超前于理论构建，探索适应司法数字化改革的法学理论和诉讼制度已迫在眉睫。"[6]因此，为及时回应并解决民事司法数字化变革过程中出现的诸多问题和面临的诸多挑战，确保民事司法数字化行稳致远，亟须在借鉴域外实践经验的基础上，以新型"数字正义"为主导，从更新基本理念、确立核心原则、优化解纷机制、重塑诉讼规则和防范潜在风险五个方面，系统性地设计我国民事司法数字化重塑与构建方案，努力构建中国特色、世界领先的数字化民事司法新模式，并以数字司法推动数字正义，切实让数字正义之万丈光芒，更好地照亮智慧社会与数字时代民事司法的每一个角落。

---

〔1〕 景汉朝："互联网法院的时代创新与中国贡献"，载《中国法学》2022年第4期。

〔2〕 马长山："数字法学的理论表达"，载《中国法学》2022年第3期。

〔3〕 魏斌："司法人工智能融入司法改革的难题与路径"，载《现代法学》2021年第3期。

〔4〕 胡萌："互联网司法规则的中国模式"，载《人民法院报》2022年5月12日，第8版。

〔5〕 高翔："民事电子诉讼规则构建论"，载《比较法研究》2020年第3期。

〔6〕 魏斌："司法人工智能融入司法改革的难题与路径"，载《现代法学》2021年第3期。

第一节 更新民事司法数字化的基本理念

柏拉图指出，理念是事物存在的根据和原因。现代司法理念，是人们对司法性质的感悟、对司法精神的理解和对司法价值的解读而形成的一种观念模式，它是指导司法制度设计和司法实际运作的理论基础和主导价值观，是现代司法的重要组成部分。[1]就司法实践而言，它主要作用于司法主体，以指导其正确履行职责。因此，有什么样的司法理念，可能就会有什么样的司法制度和司法行为。从历史发展的角度看，改革开放四十多年来，伴随着司法改革的不断推进和民事审判方式的不断变革，民事司法理念也同时不断创新发展。进入智慧社会时代，整个社会已经发生了深刻的变革，呈现出数字化生存、数字化转型状态。而且，"在线诉讼不但是技术的革新，也是司法理念的革新"。[2]在线诉讼"新诉讼方式的实践必然对诉讼理念提出新的要求"。[3]因此，民事司法数字化重塑过程中，除了应当坚守传统的共识性的民事司法理念，也必须与时俱进，不断发展更新，树立与智慧社会时代数字化民事司法相适应的基本理念。

一、树立数字司法理念

2017年7月，习近平总书记对司法体制改革作出重要指示，强调要把深化司法体制改革和现代科技应用结合起来。2017年8月，习近平总书记主持召开中央全面深化改革领导小组第三十八次会议并发表重要讲话，强调在开展司法体制综合配套改革试点工作中，要深化信息化和人工智能等现代科技手段运用。2019年1月，习近平总书记在中央政法工作会议上再

---

〔1〕 卞建林主编：《现代司法理念研究》，中国人民公安大学出版社2012年版，第4页；汪习根主编：《司法权论——当代中国司法权运行的目标模式、方法与技巧》，武汉大学出版社2006年版，第334页。

〔2〕 何海波："在线诉讼：让司法正义更加触手可及"，载《人民法院报》2021年6月26日，第2版。

〔3〕 刘峥："数字时代背景下在线诉讼的发展路径与风险挑战"，载《数字法治》2023年第2期。

次强调，要推动大数据、人工智能等科技创新成果同司法工作深度融合。2021 年 9 月，习近平总书记向 2021 年世界互联网大会乌镇峰会致贺信指出："数字技术正以新理念、新业态、新模式全面融入人类经济、政治、文化、社会、生态文明建设各领域和全过程，给人类生产生活带来广泛而深刻的影响。"2021 年 11 月，中央网络安全和信息化委员会印发《提升全民数字素养与技能行动纲要》，明确提出数字素养与技能是数字社会公民学习工作生活应具备的数字获取、制作、使用、评价、交互、分享、创新、安全保障、伦理道德等一系列素质与能力的集合。因此，人民法院和人民法官也不能无视人工智能等数字技术带来的变革和挑战，要主动顺应智慧社会时代新发展和数字化转型新趋势，积极回应人工智能时代当事人对司法的新需求和法官角色定位转变的新需求，树立全新的数字司法理念，充分利用现代数字技术，扩展审判能力，提升审判质效。[1]

（一）积极转变传统观念，主动拥抱现代科技

民事司法数字化，可将审判工作人员从部分繁重且重复性的事务性工作中解放出来，可以说已经成为共识。但现实中，受学历、背景、年龄等因素的影响，部分法官对互联网数字技术并不熟悉，头脑中尚未形成数字化观念，难以在短时间内掌握数字化技术，部分审判工作人员因此产生抵触心理，甚至拒绝使用数字技术。[2]即使具备数字技术能力的法官对数字技术的运用，有时也会存在疑问而不愿意积极运用数字技术。比如，在推行庭审录音录像替代庭审笔录改革的地区，法官由于习惯了传统的根据庭审笔录写裁判文书的方式，一开始普遍存在着在没有纸质庭审笔录的情况下如何拟写裁判文书的顾虑，以及认为"没有庭审笔录，法官需要花费更多时间回看庭审录音录像"，[3]而不愿意主动运用庭审录音录像来替代庭

---

〔1〕 陈锐、王文玉："司法人工智能与人类法官的角色定位辨析"，载《重庆大学学报（社会科学版）》，网络首发日期：2021 年 7 月 27 日。

〔2〕 中国社会科学院法学研究所法治指数创新工程项目组："2016 年中国法院信息化发展与 2017 年展望"，载李林、田禾主编：《中国法院信息化发展报告 No. 1（2017）》，社会科学文献出版社 2017 年版，第 25 页。

〔3〕 茆荣华主编：《全流程网上办案体系的探索与实践》，人民法院出版社 2021 年版，第 161 页。

审笔录。实际上，法官庭后拟写裁判文书时，可通过技术手段直接点看需要观看的相应庭审视频片段，而且也有利于再次增强法官的亲历性。实践中，还存在着部分法官对民事司法数字化的重要性认识还不到位，理解还不够深入的问题，认为各种高新技术之于审判可有可无，多少年来没有网络数字化技术照样办案。还有的对数字化过程中可能带来的工作负担存有怨言，甚至从内心深处排斥数字化技术在民事审判工作中的运用。[1]然而，在数字化生存的智慧社会时代，数字化技术已经渗透到人们的日常生活当中，成为数字时代人们应当掌握的基本技能之一，作为人民法官更应主动拥抱现代科技，树立人机协同理念，[2]将科技理性和司法理性有机融合，更好地实现司法的公平正义。"正所谓'不进则退'，与数字化的脱节，就是与现代化的脱节。"[3]因此，人民法院也应当有意识地主动培养既精于法律适用又精于人工智能等现代科技的法官，一方面可以确保法官始终占据司法裁判的主导地位，全面辩证理性地看待和处理司法人工智能决策，提升人工智能辅助司法裁判的质量和效率；另一方面可以让精通人工智能等数字技术的法官参与到司法人工智能系统的开发、修正、升级全过程，对人工智能算法的中立性、公正性进行全程监督，从源头上有效避免算法偏见、算法黑箱和算法独裁等潜在风险。

（二）积极转变传统思维，建立数字化思维

智慧社会时代，简单重复有规律的工作都可以用人工智能替代。当前，法院和法官在案多人少的巨大审判压力下，难免工作上百密一疏，如续保不及时、审理时间超期、上诉移送超期等风险时刻存在，轻则造成诉讼程序违法，案件被发回重审，重则造成保全财产流失而被追责。为此，

---

〔1〕 中国社会科学院法学研究所法治指数创新工程项目组："2016 年中国法院信息化发展与2017 年展望"，载李林、田禾主编：《中国法院信息化发展报告 No. 1（2017）》，社会科学文献出版社 2017 年版，第 25 页；中国社会科学院法学研究所法治指数创新工程项目组："2017 年中国法院信息化发展与 2018 年展望"，载李林、田禾主编：《中国法院信息化发展报告 No. 2（2018）》，社会科学文献出版社 2018 年版，第 21-22 页。

〔2〕 曹磊、刘晓燕："类案检索应用的困境与破解——以助力法官裁决与文书撰写为视角"，载《中国应用法学》2021 年第 5 期。

〔3〕 贾宇："论数字检察"，载《中国法学》2023 年第 1 期。

全国绝大部分法院在案件管理系统中都开发了多种审判提示功能，及时提醒法官进行续保等，通过运用数字化思维和技术手段，减少简单重复的事务性工作对法官审判核心工作的影响。还如，中国裁判文书网上线后，最高人民法院要求全国法院将依法应当公开的生效裁判文书统一上网公开，但裁判文书在上网前需要屏蔽一些个人隐私信息和敏感信息，传统的做法是，由法官或者审判辅助人员手动修改，极大地增加了法官的工作量，运用数字化思维后，多地法院都先后开发上线了生效裁判文书一键上网功能，由人工智能替代法官进行技术处理后自动上网。再如，根据规定法院应当对胜诉当事人预交但不应当负担的诉讼费用及时退还，以往均由法官或书记员人工办理，工作量异常巨大。据公开报道，目前大连法院、厦门翔安法院等法院先后开发了诉讼费退费系统，实现了电脑一键自动退费。上海法院还与上海市大数据中心"一网通办"进行胜诉退费"免申即享"数据对接，当事人只需要在立案阶段提供"胜诉退费"银行账号，无须主动申请、无须提供申请材料，胜诉退费操作由法院主动发起，实现全流程在线办理。截至 2022 年 10 月 12 日，上海全市法院胜诉退费案件 7.6 万余件，"免申即享"退费金额近 5.1 亿元。再比如，北京法院利用区块链技术实现执行立案一键立案。诸如此类，都是在民事司法中积极运用数字化思维的典型案例，应当予以积极倡导和推广。但上述数字化运用还停留在初级阶段，还要不断提升司法人工智能水平。尤其是，"法官应当充分利用司法人工智能在知识储备和检索上的优势，充分占有和发掘与裁判案件相关的法律法规、先例中的裁判经验，从而降低司法裁判的不确定性，提升司法裁判的公正性和可接受性"。[1]此外，"在数字化转型的战略背景下，互联网案件的审判理念和格局也必须与时俱进，不能满足甚至局限于当下互联网法院专属管辖、专业化审判的格局。除了强调'互联网案件'的专业性，所有法官都应当树立适应数字时代的审判理念和思维方式，这应当成为所有司法部门的基本共识"。[2]对此，最高人民法院院长张军明确

---

〔1〕　陈锐、王文玉："司法人工智能与人类法官的角色定位辨析"，载《重庆大学学报（社会科学版）》，网络首发日期：2021 年 7 月 27 日。

〔2〕　顾全："数字化转型背景下对互联网案件审判理念的几点反思与建议"，载《法律适用》2022 年第 1 期。

要求，"增强大数据战略思维，发挥大数据战略保障作用，以'数字革命'驱动新时代新发展阶段司法审判整体提质增效"。[1]上海市高级人民法院院长贾宇亦指出，"数字法院"建设首要是更新数字理念，传统个案式的案件质量评查方式已经无法满足海量诉讼案件全流程监督的管理需求，应将大数据分析方法引入案件质量评查中，构建审判监督管理大平台。

二、树立数字正义理念

正义，作为一种非常古老的观念，在西方最早产生于古希腊时期。美国法学家博登海默认为，正义有着一张普罗透斯似的脸（a Protean face），它变幻无常，随时可呈现不同形状并具有极不相同的面貌。[2]意思是说，不同的思想家和法学家基于不同的角度，有着各种各样不尽一致的正义观，采用不同的思想进路去解决社会正义问题。正因如此，正义理论才能得以不断发展，正义的内涵也随着时代的发展被不断更新和重塑。对于每一个时代，每一个社会而言，都必须有属于自己的系统而完整的正义理论。而"数字正义正是传统正义观在数字时代的转型和发展"。[3]因此，智慧社会时代的数字化民事司法，也应更新树立属于自己的正义理论或正义理念，即"数字正义"理念。

（一）积极吸纳学界"数字正义"论

在数字时代，最早提出"数字正义"理论的，应当是美国的伊森·凯什和以色列的奥娜·拉比诺维奇·艾尼。他们在共同的著作《数字正义 当纠纷解决遇见互联网科技》一书中系统而全面地论述了"数字正义"理论。他们认为，数字正义是一个关于法律作用以及促使个人参与处理和解决纠纷的理论，旨在厘清科学技术如何产生出各种类型的纠纷，并且致力于如何利用技术来解决和预防这些纠纷的产生。数字技术向法院的渗透，发生在

---

〔1〕 张军："深入学习贯彻习近平法治思想加快推进审判工作现代化"，载《学习时报》2023年12月6日，第A1版。

〔2〕 ［美］E.博登海默：《法理学 法律哲学与法律方法》，邓正来译，中国政法大学出版社1998年版，第252页。

〔3〕 卞建林："立足数字正义要求，深化数字司法建设"，载《北京航空航天大学学报（社会科学版）》2022年第2期。

三个阶段。其中第三阶段正通过"接近正义"之棱镜发生，一些法律程序可以在线进行，对"实现方式"和"正义"的传统理解被重新审视。法院正处在通过"数字正义"巩固"正义实现方式"的过程当中。人们正在塑造新型的在线诉讼程序，这种程序的主要特点是对抗性更弱、更灵活、更有活力、更透明、更高效以及更平衡。以此方式运行技术的法院正向着"数字正义"的目标奋进，同时增强"正义实现方式"和"正义"、效率和公平。ODR 这种新型纠纷解决和预防格局有望实现重大突破，甚至可能让我们对司法运行大为改观。因为"数字正义"可以让"接近正义"不再依赖于物理的、面对面的环境，甚至不再受制于人类的决定，就可以实现。在"数字正义"理念下，私人和社会都可以加强对数字技术的运用，在法院内外共同促进"接近正义"的实现。[1]但美国迈阿密大学法学院教授玛丽·安妮·弗兰克斯（Mary Anne Franks）对上述"数字正义"理论进行了反思，她认为，ODR 本质上是技术决定论的产物，并不能真正维护实质正义，应坚持"技术不能定义正义，正义必须定义技术"的立场。[2]

　　在我国学术界，对"数字正义"的讨论和研究也逐渐走入人们的视野，并成为热点话题。2019 年 11 月 3 日，中国政法大学主办了"数字正义与在线争议解决论坛"，并将"数字正义之基：数字时代的纠纷及其解决需求""数字正义之路：在线争议解决（ODR）的法律人工智能之路""数字正义之论：在线争议解决（ODR）法理问题探讨"作为论坛的三个议题。2020 年 3 月 9 日，华东政法大学马长山教授在《人民日报》发文提出，"数字正义、智慧司法等范畴和命题，为法学研究开辟了新的空间，大大促进了数字时代的法治建设"。[3]2020 年 11 月 28 日，中国政法大学再次举办以"数字正义"为主题之一的研讨会。北京航空航天大学法学院

----

〔1〕　[美] 伊森·凯什、[以色列] 奥娜·拉比诺维奇·艾尼：《数字正义　当纠纷解决遇见互联网科技》，赵蕾、赵精武、曹建峰译，法律出版社 2019 年版，第 4 页、第 230 页、第 244 页、第 258—263 页。

〔2〕　[美] 玛丽·安妮·弗兰克斯："反思数字正义：正义如何超越争议——评《数字正义　当纠纷解决遇见互联网科技》"，赵精武、袁影倩译，载周汉华主编：《网络信息法学研究》，中国社会科学出版社 2022 年版，第 28—54 页。

〔3〕　马长山："深入探索数字时代的法学命题"，载《人民日报》2020 年 3 月 9 日，第 9 版。

不仅成立了"数字正义研究中心"，还自2021年12月起连续3年每年举办一届主题分别为"司法数字化的制度探索与发展""数字社会治理中的公私合作""国家治理能力现代化进程中数字治理与传统治理的沟通与衔接"的"数字正义论坛"。2023年12月，中南财经政法大学亦主办了首届全国数字正义学术研讨会，在研讨会上正式揭牌成立国内首家校企合作"数字正义研究基地"。

国内学者关于何为"数字正义"，主要存在以下观点：一是魏斌教授认为，"数字正义"是看得见的正义、阳光化的正义，它除了以数字来表征正义，还以数字来衡量司法效率。[1]二是马长山教授认为数字社会的数字逻辑突破了物理时空的边界，形成了数字正义尺度，即"数据正义、算法正义和代码正义""自由、平等和权利的交换平衡""可视生态中的数字公平"。数字正义反映着数字社会的发展逻辑，已经难以简单套用过去"物理逻辑"下的正义基准，亟须展现信息时代的数字正义观，探索新型的数字正义理论。[2]三是周尚君教授与罗有成博士以数字技术开发、设计和应用中的不正义作为数字正义指向的问题域，将数字正义定义为数字技术应用，尤其是算法应用满足人权、正义、法治价值的一种理想状态。从其内涵来看，首先，数据资源的合理分配是数字正义实现的根本依据；其次，数字权利的充分配置是数字正义实现的基本保障；再次，算法决策的公开透明是数字正义实现的外在表征；最后，代码规制的规范有效是数字正义实现的内在要求。从其表现形式来看，包括分配正义、程序正义、互动正义和信息正义。[3]四是张吉豫副教授认为，"数字正义"是社会正义原则和正义实现机制在数字领域的体现，是正义体系的重要组成部分与中枢。它有两个基本指向，即"数字鸿沟"和"数字歧视"。也就是说，消除"数字鸿沟"和"数字歧视"，是实现数字正义的必由之路。[4]五是孙跃博士认为，从"科技—法律""法律—科技"以及"历史对比"三个维度出

---

[1] 魏斌："司法人工智能融入司法改革的难题与路径"，载《现代法学》2021年第3期。
[2] 马长山："数字法学的理论表达"，载《中国法学》2022年第3期。
[3] 周尚君、罗有成："数字正义论：理论内涵与实践机制"，载《社会科学》2022年第6期。
[4] 张吉豫："数字法理的基础概念与命题"，载《法制与社会发展》2022年第5期。

发，数字正义的核心内涵可被界定为：通过数字科技赋能法律治理，提升正义的效率与效果；通过法律治理数字科技应用引发的新问题，规范和引导数字经济与数字社会的健康发展。[1]六是张凌寒教授认为，数字正义是人类正义观的发展和进步，主要体现数字社会、数字经济的时代特征和正义需求，以满足数字经济高质量发展对司法的新需求、规范数字空间秩序和数字技术应用伦理为主要价值目标。其本质仍是社会公正，其在司法领域可进一步细化分解为司法效率、司法公正和司法公信等要素。[2]七是马明亮教授与李伟博士则提出，基于不同的生产力与技术支撑，司法分为不同形态并应对应不同的程序性正义理论与评价体系，即线下司法应适用传统正当程序理论，强调裁判者的独立、中立、公开、参与等核心要素；互联网司法应适用技术性正当程序理论，通过数据公开、算法透明和建立归责机制等，与传统正当程序理论相互支持，共同实现数字时代的数字司法正义；区块链司法应适用分布式正义理论，旨在利用区块链技术，高效、公平地解决数字时代新型争议。[3]

综合上述学者的观点，笔者认为，其一，从本质上看，数字正义应当是人的正义，尤其是在数字司法领域中，"'身披法袍的正义'终究是人的正义，而非机器的正义"。[4]因此，数字司法中的数字正义必须坚持以人民为中心或者说以当事人为中心的思想理念，即以人本身为目的。其二，从历史演变上看，数字正义既延续着传统的正义观，又是对传统正义观的转型升级，正义的形态和实现方式都发生了重大变革。它是人类社会发展进入数字时代后，对公平正义的更高水平需求。其三，从时空场域上看，民事司法数字化的运行发生了从"场域化"到"场景化"的变革，相应的数字正义也应当从"场域化"迈向"场景化"，并确立"场景化的数字正

〔1〕　孙跃："元宇宙法律治理中的数字正义及其实践路径"，载《湖北社会科学》2023 年第5 期。

〔2〕　张凌寒："数字正义的时代挑战与司法保障"，载《湖北大学学报（哲学社会科学版）》2023 年第3 期。

〔3〕　马明亮、李伟：《链上正义　区块链司法的中国方案》，社会科学文献出版社 2023 年版，第 300-304 页。

〔4〕　雷磊："司法人工智能能否实现司法公正？"，载《政法论丛》2022 年第4 期。

义观",〔1〕而这种"场景化的数字正义观"又通过庭审直播、裁判文书上网公开等可视化的数字技术得以实现,又呈现出一种"可视化的数字正义"。其四,从原则或者构成要素上看,数字正义应当包括数字平等、数字自由、数字公开、数字公平、数字效率等。在数字司法领域,数字正义应当包括数字司法能力、数字司法平等、数字司法公开、数字司法效率、数字司法公平等。其五,从事物所固有的正负向并存的一体两面看,数字司法过程中,在促进实现数字正义的同时,必须同时防范和治理数字非正义。换言之,要最大限度地实现增进和发展数字正义,最大程度地避免威胁和侵蚀数字正义。比如,要防范"数字赋能"不当演化为"数字负担","数字自主"不当演化为"数字控制","数字监督"不当演化为"数字监控","数字公开"不当演化为"数字黑箱","数字平等"不当演化为"数字歧视","数字共享"不当演化为"数字垄断","数字普惠"不当演化为"数字霸权","数字诚信"不当演化为"数字虚假","数字保护"不当演化为"数字侵害","数字扩展"不当演化为"数字限缩","数字文明"不当演化为"数字冷漠",等等。

(二) 认真落实官方"数字正义"观

在我国官方,最早是在《最高人民法院工作报告——2020 年 5 月 25日在第十三届全国人民代表大会第三次会议上》中正式提出"数字正义"的概念,报告中强调要"巩固拓展疫情期间智慧法院建设应用成果,完善互联网司法模式,以精准司法推动数字正义,努力实现新时代更高水平的公平正义"。〔2〕此后,最高人民法院又多次在正式场合和文件中提到"数字正义"。2020 年 1 月,最高人民法院时任院长周强发文指出,"在数字社会中,自由、平等、民主以及法律、秩序和正义都将被重新定义,数字正义将是最高的正义"。〔3〕2020 年 10 月,最高人民法院原副院长张述元在贵

〔1〕 马长山:"数字时代的人权保护境遇及其应对",载《求是学刊》2020 年第 4 期。

〔2〕 周强:"最高人民法院工作报告——2020 年 5 月 25 日在第十三届全国人民代表大会第三次会议上",载中国法院网,https://www.chinacourt.org/article/detail/2020/06/id/5253643.shtml,最后访问时间:2022 年 5 月 1 日。

〔3〕 周强:"深入学习贯彻党的十九届四中全会精神 不断推进审判体系和审判能力现代化",载《人民司法》2020 年第 1 期。

州调研智慧法院建设工作时提出，要努力为人民群众创造更高水平的数字正义。[1]最高人民法院于 2020 年 10 月 15 日发布的《关于人民法院加强民事审判工作依法服务保障经济社会持续健康发展情况的报告》提出，"加强互联网法院建设，构建中国特色、世界领先的互联网司法模式，创造更高水平的数字正义"。2021 年 1 月 11 日，最高人民法院时任院长周强在全国高级法院院长会议上强调，要以数字正义推动实现更高水平的公平正义。[2]此后最高人民法院立案庭相关负责人在 2021 年 2 月 20 日举行的"最高人民法院人民法院调解平台应用成效暨《中国法院的多元化纠纷解决机制改革报告（2015—2020）》新闻发布会"，以及 2021 年 3 月 4 日的"相关负责人就一站式多元解纷和诉讼服务体系建设有关情况答记者问"中均提到，要"增强在线解决纠纷能力水平，以数字正义推动实现更高水平的公平正义"。[3]2021 年 3 月 10 日，最高人民法院国际合作局时任副局长何帆在 2021 年《最高人民法院工作报告》解读系列全媒体直播访谈中认为，国内外的关于"数字正义"主要观点，就是适应时代变化和科技发展，推动以在线化、智能化方式预防与化解纠纷，最大限度便利当事人，并降低诉讼成本。而"数字正义"应当是指公平正义在数字时代、数字应用、数字空间实现的方式与程度，包括但不限于在线解决纠纷，还涵盖数字空间治理、数字技术伦理、数字安全保护等各个方面。[4]

此后，最高人民法院先后于 2021 年 6 月举行《人民法院在线诉讼规则》新闻发布会，2021 年 12 月立案庭相关负责人就《人民法院在线调解规则》答记者问，2022 年 2 月发布《人民法院一站式多元纠纷解决和诉讼

〔1〕　沈重阳："努力为人民群众创造更高水平的数字正义　张述元赴贵州调研智慧法院建设工作"，载《人民法院报》2020 年 11 月 2 日，第 1 版。

〔2〕　张素："最高法部署'以数字正义推动实现更高水平的公平正义'"，载中国新闻网，https://www.chinanews.com/gn/2021/01-11/9383912.shtml，最后访问时间：2022 年 5 月 1 日。

〔3〕　"《最高人民法院人民法院调解平台应用成效暨〈中国法院的多元化纠纷解决机制改革报告（2015—2020）〉》新闻发布会"，载中国法院网，https://www.chinacourt.org/article/subjectdetail/id/MzAwNMgzNoABAA.shtml，最后访问时间：2022 年 5 月 1 日；"相关负责人就一站式多元解纷和诉讼服务体系建设有关情况答记者问"，载中国法院网，https://www.chinacourt.org/article/detail/2021/03/id/5831538.shtml，最后访问时间：2022 年 5 月 1 日。

〔4〕　参见"《最高人民法院工作报告》解读系列全媒体直播访谈第五场"，载中国法院网，https://www.chinacourt.org/chat/chat/2021/03/id/52779.shtml，最后访问时间：2022 年 5 月 1 日。

服务体系建设（2019—2021）》，2022 年 5 月发布《关于加强区块链司法应用的意见》，2022 年 10 月举行"人民法院智慧法院建设工作成效新闻发布会"，2022 年 12 月发布《关于规范和加强人工智能司法应用的意见》，以及在 2023 年 3 月《最高人民法院工作报告——2023 年 3 月 7 日在第十四届全国人民代表大会第一次会议上》中，均一再强调要"促进实现或努力创造更高水平的数字正义"。"创造更高水平的数字正义"，就是要在诉讼服务和司法审判领域更好地运用"数字技术"，缩小"数字鸿沟"，建立"数字信任"，推动"数字治理"，服务"数字经济"，全方位让人民群众感受到公平正义。[1]其间，2021 年 9 月 16 日，北京互联网法院发布《数字正义视阈下的互联网司法白皮书》，认为数字正义是人类发展到数字社会对公平正义更高水平需求的体现，是数字社会司法文明的重要组成部分，是互联网司法的最高价值目标。2022 年 7 月，中共中央宣传部就新时代人民法院工作举措与成效举行发布会，指出司法公正与数字科技的融合为人民群众在三个方面带来了极大的便利，即在线服务有效提升群众的司法获得感，网上办案显著增强实现公正的效能，互联网司法模式引领世界潮流，并提出要"让人民群众在数字时代更好地享受数字正义的红利"。

综上，数字正义是数字社会的正义范式与价值规范。在未来的民事司法数字化重塑过程中，或者电子民事诉讼实践中，应当积极吸纳学界"数字正义"论，认真落实官方"数字正义"观，明确民事司法领域的"数字正义"内涵，努力实现"从线下司法的传统正当程序理念到互联网司法的技术性正当程序理念与区块链司法的分布式正义理念"，以及"从传统的场域正义理念到数字正义理念"的转变，切实树立"数字正义"理念，以"数字正义"为主导构建数字化民事司法新模式，将"数字正义"的理论和理念真正融入数字民事司法实践之中，努力让人民群众在每一个司法案件中感受到数字正义。

---

〔1〕 参见"《最高人民法院工作报告》解读系列全媒体直播访谈第五场"，载中国法院网，https://www.chinacourt.org/chat/chat/2021/03/id/52779.shtml，最后访问时间：2022 年 5 月 1 日。

三、树立商谈司法理念

在哈贝马斯看来，唯有以对话商谈为内涵要旨的交往行为才能构成社会关系整合和社会秩序得以可能的真正功能担当。因此，哈贝马斯将商谈理论引入司法裁判领域，它意味着双方当事人和法官都是商谈的主体，他们相互之间通过交往行为的实践来发现事实和寻找法律，并以形成关于裁判内容的共识为目标。[1]哈贝马斯认为，任何处于交往活动中的人，在施行任何言语行为时，必须满足若干普遍的有效性要求并假定他们可以被验证。这些有效性要求，就是言语的有效性基础，它包括四个方面：表达的可领会性、陈述的真实性、表达的真诚性、言说的正当性。这四点是保证语言交流或话语沟通的基本原则，只有这四条原则得以兑现，理解与共识才能达成。理想的言谈情景需辅以有效的交往行为，它要求鼓励法官和当事人选择交往行为，抑制或避免出现策略行为。[2]

（一）法官要树立商谈司法理念

具体而言，在法官和诉讼参与人之间的商谈中，法官要选择交往行为，抑制策略行为。在鼓励法官选择交往行为方面，如我国《民事诉讼法》第 90 条就规定，必须征得受送达人同意，才能进行电子送达。实践中，法官应当按照商谈论的精神，在要求当事人填写法律文书送达地址确认书时，征询受送达人是否同意适用电子送达，并进行书面确认。[3]还比如，就特定类型案件是否适用在线诉讼模式，也应将商谈作为前提条件，进行充分释明并征得当事人同意。[4]在抑制法官策略行为方面，理论界普遍认为，法官应做到心证公开，避免搞诉讼突袭。其中心证公开，就要求

---

〔1〕　段厚省：《诉审商谈主义　基于商谈理性的民事诉讼构造观》，北京大学出版社 2013 年版，第 164 页。

〔2〕　[德] 尤尔根·哈贝马斯：《交往行为理论：行为合理性与社会合理化》，曹卫东译，上海人民出版社 2004 年版，第 100 页；刘少杰主编：《国外社会学理论》，高等教育出版社 2006 年版，第 389 页。

〔3〕　段厚省："程序法的内在张力"，载《北方法学》2017 年第 2 期。

〔4〕　王琦、安晨曦："时代变革与制度重构：民事司法信息化的中国式图景"，载《海南大学学报（人文社会科学版）》2014 年第 5 期；李峰："远程审理程序裁量权与程序选择权的关系"，载《中国审判》2020 年第 19 期。

在民事司法数字化过程中，通过庭审直播等形式实现庭审过程的公开。除此之外，还应加强裁判文书说理，充分阐明法律观点，在未来应以附带意见等形式上网公开不同裁判意见。[1]这就要求，法官还需对依靠人工智能生成的裁判文书认真进行补充修改，做到说理充分。此外，法官还要避免诉诸"唯我论"式的信息技术智慧，而无视外在的交往理性。[2]比如，在类案智能推送与运用中，法官就要避免基于绩效考核驱动考量，而出现策略性地、选择性地参照类案进行裁判的现象。

（二）法官要促进当事人的商谈

司法的过程，也是双方当事人在司法程序轨道内的理性商谈过程。[3]法官要引导当事人之间进行充分商谈，努力做到多一些商谈，少一些对抗，多一些交往行为，少一些策略行为。比如，在法律商谈上，2012年修正的《民事诉讼法》第157条第2款就增加规定，允许当事人合意选择适用简易程序。《民事诉讼程序繁简分流改革办法》第5条亦增加规定，对超过小额诉讼程序适用标的额一定幅度的案件，也允许当事人之间合意约定适用小额诉讼程序。因此，数字化民事司法中，一是要赋予当事人之间法律商谈的权利。比如，应当允许当事人之间事先或者事后约定选择或者不选择在线诉讼的纠纷解决方式，更有甚者也应当允许当事人之间约定，一方当事人选择在线诉讼方式，另一方当事人选择线下诉讼方式。二是要强化当事人之间的法律商谈义务。比如，在线庭审中，当事人应选择有利于弱化或淡化对抗的环境作为庭审场所，对一些在物理现实法庭中可能发生冲突对抗的特定纠纷，法官也可以引导当事人选择在线开庭，利用虚拟网络空间来稀释当事人之间的对抗情绪，促使当事人更加冷静理性地处理纠纷。三是强化法官促进当事人之间法律商谈的意识。比如，针对虚拟场景化的远程庭审更容易出现违反诚实信用原则的行为，更要求法官通过释明法律要求和强调在线庭审纪律等，促使当事人遵守交往行为理性，做到陈述真实，表达真诚。

---

〔1〕参见［美］德沃金：《法律帝国》，李常青译，中国大百科全书出版社1996年版，第273页。

〔2〕陈洪杰："从技术智慧到交往理性：'智慧法院'的主体哲学反思"，载《上海师范大学学报（哲学社会科学版）》2020年第6期。

〔3〕李广德："裁判文书上网制度的价值取向及其法理反思"，载《法商研究》2022年第2期。

第二节　确立民事司法数字化的核心原则

在现代汉语中，"原则"是指"说话或行事所依据的法则或标准"。[1] 而法律原则，则是指可以作为规则的基础或本源的综合性、稳定性原理和准则。[2] 按照学者对法律原则的理解和认识，大体上可分为核心原则、基本原则和具体原则。其中，核心原则是最稳定的部分，它往往被奉为公理性原则，无论是否在法律条文中明确写明，人们都必须遵守。"在诉讼原则中，核心原则是位阶最高的一层含义，它是指诉讼法中直接体现诉讼程序价值要求或最低限度的价值准则。"[3] 因此，民事司法数字化重塑过程中，除了要遵守或修正或加强传统民事司法的一些基本原则和具体原则，还必须重申并坚守一些最低限度的核心原则。本书认为，考虑到在线诉讼的特殊性，这些核心原则至少应包括重大变革合法性原则、安全与真实并重原则以及当事人权利保障原则。

一、重大变革合法性原则

习近平总书记早在 2014 年 2 月 28 日中央全面深化改革领导小组第二次会议上就强调提出，"凡属重大改革都要于法有据。在整个改革过程中，都要高度重视运用法治思维和法治方式，发挥法治的引领和推动作用，加强对相关立法工作的协调，确保在法治轨道上推进改革"。因此，民事司法数字化变革和重塑过程中，首先必须坚守重大变革合法性原则，确保在法律的框架下进行，不能在没有授权或新的细化规定的情况下轻易突破，而且所有的探索都应在正当程序原则下展开，不得减损当事人的合法权利。

（一）跟进修改现行法律或授权试点

2021 年 12 月，全国人大常委会虽然对《民事诉讼法》进行了修正，

---

〔1〕　中国社会科学院语言研究所词典编辑室编：《现代汉语词典》，商务印书馆 2016 年版，第 1611 页。

〔2〕　张文显：《法哲学范畴研究》，中国政法大学出版社 2001 年版，第 53-54 页。

〔3〕　杨荣馨主编：《民事诉讼原理》，法律出版社 2003 年版，第 98 页。

赋予在线诉讼与线下诉讼同等法律效力，并将电子送达范围扩大到判决书、裁定书、调解书。但是，由于线下诉讼行为在内容上不能完全涵括线上诉讼行为，且某些在线诉讼行为，如异步审理、人工智能司法等原生型在线诉讼行为也无法与线下诉讼行为相对应，[1]目前我国电子诉讼实践还存在着既有法律没有明文规定、突破既有法律规定或者与既有法律规定相冲突的情况，导致电子诉讼合法性不足或者效力等级不高问题。

一是虽然2021年修正后的《民事诉讼法》第16条第2款明确规定，在线民事诉讼活动与线下民事活动具有同等法律效力，但并未明确电子诉讼材料是否可以替代纸质诉讼材料、电子庭审笔录是否可以替代书面庭审笔录、电子档案是否可以替代纸质档案。最高人民法院公布的《互联网法院审理案件若干问题规定》《人民法院在线诉讼规则》虽然对此作出了肯定回答，但仍缺乏"法律"这一更高层级方面的规定。而庭审录音录像替代庭审笔录亦仍缺乏上位法依据。[2]二是《民事诉讼法》在2021年修正前，以及全国人大常委会授权法院进行民事诉讼程序繁简分流改革试点之前，在线诉讼并没有法律层面的明确规定，只有2015年最高人民法院的司法解释依据，且限于适用简易程序的案件。[3]2021年修正后的《民事诉讼法》虽明确民事诉讼活动可以通过信息网络平台在线进行，但仍强调须经当事人同意。但《互联网法院审理案件若干问题规定》对这一适用前提进行了一定程度上的突破，表现为当事人仅可以就部分诉讼环节而非全部诉讼环节申请线下进行，且是否准许决定权在法院。[4]三是2021年修正前后的《民事诉讼法》均规定，证人应当出庭作证，特殊情形下允许网络

〔1〕 张卫平："在线民事诉讼的法律规制——基本框架与思路"，载《法学评论》2022年第2期。

〔2〕 张兴美："庭审记录方式电子化改革的反思与建构"，载《法学杂志》2019年第1期。

〔3〕《民事诉讼法解释》第259条规定，当事人双方可就开庭方式向人民法院提出申请，由人民法院决定是否准许。经当事人双方同意，可以采用视听传输技术等方式开庭。

〔4〕《互联网法院审理案件若干问题规定》第1条规定，互联网法院采取在线方式审理案件，案件的受理、送达、调解、证据交换、庭前准备、庭审、宣判等诉讼环节一般应当在线上完成。根据当事人申请或者案件审理需要，互联网法院可以决定在线下完成部分诉讼环节。第12条规定，互联网法院采取在线视频方式开庭。存在确需当庭查明身份、核对原件、查验实物等特殊情形的，互联网法院可以决定在线下开庭，但其他诉讼环节仍应当在线完成。

视频作证。[1]即网络视频作证并不能直接适用，仅仅是作为证人无法线下出庭作证时的补充方式。但问题是网络视频作证具有独立的工具价值，能否与线下出庭作证并列适用还有待明确。四是电子诉讼对传统民事司法的基本原则、诉讼制度与程序规则带来的冲击与影响，如何进行规制，亦需要提升到法律层面予以明确。

"涉及审理方式的重大变化，尤其是可能冲击审理原则的情形，应当通过法律加以明确。对于审理方式，即使当事人双方都同意，也不能随意改变，这一原则在理论上被称为'禁止随意诉讼原则'。"[2]且由于2021年对《民事诉讼法》的修正系属于针对民事诉讼程序繁简分流改革试点工作所作的专项修正，并非全面修正，因此，在没有制定出台专门的"电子诉讼法"前，对上述问题，仍需适时跟进，由全国人大及其常委会及时修改法律或者以原则性、框架性授权试点的方式予以解决。[3]

（二）尽早制定专门的"电子诉讼法"

民事电子诉讼作为民事司法的一场数字化的深刻变革，虽然不改变民事司法的本质，尤其是未改变民事司法权的本质属性，却难以避免地对传统线下民事司法制度和诉讼程序规则造成重大冲击，甚至一些根本性的变革，也必将对诉讼当事人以及当事人之间的权利义务产生重大影响。根据《立法法》第11条第10项规定，涉及诉讼制度的事项只能制定法律，即诉讼制度的创设应遵循"法律保留主义"。因此对民事司法数字化实践中出现的诸多新情况、新问题，应由全国人大或其常委会通过制定专门的"电子诉讼法"，进行系统性地规范。

从电子诉讼专门立法的必要性和可行性看，首先，虽然2021年修正后

---

[1]　2021年、2023年《民事诉讼法》第76条（同2012年、2017年《民事诉讼法》第73条）规定："经人民法院通知，证人应当出庭作证。有下列情形之一的，经人民法院许可，可以通过书面证言、视听传输技术或者视听资料等方式作证：（一）因健康原因不能出庭的；（二）因路途遥远，交通不便不能出庭的；（三）因自然灾害等不可抗力不能出庭的；（四）其他有正当理由不能出庭的。"

[2]　张卫平："民事诉讼智能化：挑战与法律应对"，载《法商研究》2021年第4期。

[3]　张卫平："改革开放四十年民事司法改革的变迁"，载《中国法律评论》2018年第5期；张兴美："中国民事电子诉讼年度观察报告（2017）"，载《当代法学》2018年第6期。

的《民事诉讼法》对在线诉讼活动作出了与线下诉讼活动等效性的原则规定，但从上文分析看，仍然无法满足在线诉讼实践的规范需求。而且，司法实践中的在线诉讼活动还无法与线下诉讼活动完全对应，找到可以参照适用的依据，如在线异步审理模式，并没有相对应的线下异步审理模式可以参照。[1]在线诉讼中的身份认证也没有对应的线下诉讼行为，都不是派生于线下诉讼行为的在线诉讼行为，而是起初就产生于网络在线诉讼的诉讼行为。[2]还如，区块链存证的效力及审核规则等具体在线诉讼制度，都已经不是对线下诉讼的复刻，而是原本就发端于线上生活，因而必须用新的规则予以规范。[3]其次，制定专门的"电子诉讼法"，"更容易让人们体系化、整体地把握在线诉讼，有利于人们适用和理解在线诉讼程序的特殊性。在规范修改和调整方面也相对比较容易"。[4]最后，目前我国已经具备了专门制定"电子诉讼法"的实践基础，且立法时机已经成熟。一是无论从传统法院来看，还是从三家互联网法院来看，我国电子诉讼实践的常态化都为立法调整提供了稳定对象。二是无论是从全国各地法院自行制定各类电子诉讼规范性文件来看，还是从最高人民法院不断出台电子诉讼相关司法解释与指导性文件来看，都表明电子诉讼实践亟须进行法律规范，而且电子诉讼实践中出现的一系列问题，尤其是涉及基本诉讼制度和当事人基本诉讼权利的改变，都需要基本法律层面的明确规定或者制定新的法律，这也为电子诉讼专门立法提供了客观基础。[5]

目前，最高人民法院、地方法院以及一些全国人大代表和学者都已经开始呼吁要尽快制定"电子诉讼法"。例如，最高人民法院原副院长李少平主张，未来应当在民事诉讼程序繁简分流改革试点基础上，适时总结评估，修改完善相关电子诉讼规则，条件成熟时推动立法机关出台"电子诉

〔1〕 张卫平："在线诉讼：制度建构及法理——以民事诉讼程序为中心的思考"，载《当代法学》2022 年第 3 期。

〔2〕 谢登科："在线诉讼的中国模式与未来发展"，载《中国应用法学》2022 年第 4 期。

〔3〕 刘哲玮："迈入 2.0 时代的在线诉讼"，载《人民法院报》2021 年 7 月 3 日，第 2 版。

〔4〕 张卫平："在线民事诉讼的法律规制——基本框架与思路"，载《法学评论》2022 年第 2 期。

〔5〕 侯学宾："我国电子诉讼的实践发展与立法应对"，载《当代法学》2016 年第 5 期。

讼法"，完善互联网司法程序规则体系，推动互联网技术与审判方式、诉讼制度深度融合。[1]浙江省高级人民法院院长李占国认为，制定"电子诉讼法"有着坚实的民事司法实践基础和法学理论支撑，应当尽快制定"电子诉讼法"。[2]全国人大代表法蒂玛认为，合法性问题日益成为制约电子诉讼发展完善的"瓶颈"，建议制定"电子诉讼法"，规范网上诉讼行为。[3]2021年全国两会期间，全国人大代表、最高人民法院副院长杨临萍亦认为，电子诉讼立法具有必要性和可行性，并建议可先专门立法，明确电子诉讼的内涵、原则、适用范围、程序规则等问题。[4]在学术界，时建中教授针对互联网法院的发展，认为有必要制定专门的"电子诉讼法"。[5]谢登科教授认为，电子诉讼在实践中面临立法滞后或缺失的困境，有必要专门制定"电子诉讼法"，以解决电子诉讼实践探索中的制度困境，规范电子诉讼科学、有序开展。[6]刘品新教授认为，应在《民事诉讼法》中全面增加"电子诉讼"或者"智慧诉讼"的独特程序，一旦条件成熟即另行推出专门的"电子诉讼法"或者"智慧诉讼法"。[7]张卫平教授认为，考虑线下民事、行政、刑事三大诉讼法分立的传统立法模式，且刑事诉讼涉及人权保障、行政诉讼涉及公权力行使，不宜采取《人民法院在线诉讼规则》将民事、行政、刑事在线诉讼合并规范的做法，应就在线民事诉讼单独制定"在线民事诉讼特别程序法"。[8]中国法学会景汉朝副会长认为，"线上纠纷线上审"这种"双线诉讼"对传统诉讼理论、原则、规则带来的颠覆性的司法革命，不是对传统诉讼规则的简单复制，而是理念的重塑

---

[1]　李少平："最高法院副院长谈互联网法院五大发展趋势"，载彭湃新闻网，https://m-thepaper. cn/baijiahao-8751084，最后访问时间：2022年5月1日。

[2]　李占国："应当尽快制定电子诉讼法"，载《法制日报》2019年3月2日，第3版。

[3]　隋云雁："法蒂玛代表建议　制定电子诉讼法　规范网上诉讼行为"，载《新疆日报》2019年3月11日，第A06版。

[4]　魏晓雯："杨临萍代表建议加强电子诉讼立法"，载《中国审判》2021年第5期。

[5]　时建中："互联网法院的核心使命、时代挑战和发展建议"，载《人民法院报》2020年10月10日，第2版。

[6]　谢登科："关于我国电子诉讼立法的若干建议"，载《团结》2021年第2期。

[7]　刘品新："智慧司法的中国创新"，载《国家检察官学院学报》2021年第3期。

[8]　张卫平："在线诉讼：制度建构及法理——以民事诉讼程序为中心的思考"，载《当代法学》2022年第3期。

以及原则、规则的重构，需要对诉讼程序进行根本性的现代化改造，因此应适时制定"互联网民事诉讼法"或"互联网诉讼法"。[1]

最高人民法院公布的《人民法院在线诉讼规则》，虽以三大类诉讼为整体视角，但主要适用于民事诉讼领域，且较为全面地对当前在线民事诉讼进行了规范。笔者认为，应在及时总结《人民法院在线诉讼规则》施行情况的基础上，结合我国最新的民事司法数字化实践，同时积极借鉴德国、韩国等国家的电子诉讼立法经验和有益成果，尽早制定符合中国实际、具有中国特色的"民事电子诉讼法"。不过，鉴于在线诉讼是一种新型诉讼方式，并非为了替代或者补充线下诉讼，在线诉讼方式与线下诉讼方式之间、在线诉讼规则与线下诉讼规则之间是平行关系，并非一般与特殊关系，[2]将来制定的在线民事诉讼法律名称，似乎不应命名为"在线民事诉讼特别程序法"，而应考虑命名为"在线民事诉讼程序法"。

二、安全与真实并重原则

习近平总书记早在 2014 年 2 月 27 日召开的中央网络安全和信息化领导小组第一次会议上就强调指出，"网络安全和信息化是一体之两翼、驱动之双轮，必须统一谋划、统一部署、统一推进、统一实施"。此后，总书记又多次强调网络安全。而无论是民事司法数字化的基础运用，还是人工智能的司法应用，依托的信息技术基础都是网络、数据和算法等。民事司法关乎着社会公平正义和人民群众切身利益，因此，同时确保数字化环境下的在线诉讼行为的安全和真实，理所当然地应成为民事司法数字化的核心原则。

（一）确立安全性原则

随着互联网、大数据、人工智能、区块链等数字技术在民事司法中广泛应用，且由于互联网等数字技术自身所具有的开放性、交互性、分布式等特点，在线诉讼中所产生的各类信息和数据，如当事人身份信息、案件信息、证据信息，甚至包括国家秘密、商业秘密和个人隐私，都存在网络

---

[1] 景汉朝："互联网法院的时代创新与中国贡献"，载《中国法学》2022 年第 4 期。

[2] 程睿："双轨并行模式中在线诉讼的同意规则"，载《现代法学》2023 年第 5 期。

传输泄露，以及与第三方合作技术公司开发与运维过程中泄露等风险。[1]虽然最高人民法院多次强调，各级法院要按照《人民法院信息系统安全保障总体建设方案》要求，确保信息化建设与信息安全体系同步发展，确保网络安全、数据安全。但2018年8月，仍然出现了多地法院感染"勒索病毒"的现象，中国裁判文书网也遭受过数以亿计的网络攻击，利用"爬虫技术"抓取裁判文书信息的情况令人触目惊心。[2]因此，"安全可靠"是在线诉讼的基础保障，[3]也是遵守《网络安全法》《数据安全法》《个人信息保护法》的要求。[4]

　　安全性原则突出地反映了在线诉讼规范的特殊性要求，主要针对的是在线诉讼中技术及技术运用与人的关系问题。[5]"各类信息技术的运用必须符合司法规律和技术伦理，保障数据信息安全，避免因技术不当使用或平台利益关联，影响司法公正性和公信力。"[6]为杜绝电子诉讼安全风险，世界各国都非常重视电子诉讼系统和电子诉讼行为安全问题。例如，法国在2005年修订《法国民事诉讼法典》时，就增加规定了电子法律交往安全保障条款，要求在诉讼主体身份识别、数据传输与保存、送达与通信等方面都要确保安全。[7]我国最高人民法院制定的《人民法院在线诉讼规

---

　　[1]　邓恒、杨雪："线上审判方式中信息与数据安全问题研究"，载《中国应用法学》2021年第1期。

　　[2]　中国社会科学院法学研究所法治指数创新工程项目组："2018年中国法院信息化发展与2019年展望"，载李林、田禾主编：《中国法院信息化发展报告No.3（2019）》，社会科学文献出版社2019年版，第24页。

　　[3]　刘峥、何帆、李承运："《人民法院在线诉讼规则》的理解与适用"，载《人民司法》2021年第19期。

　　[4]　《人民法院在线诉讼规则》第38条规定，参与在线诉讼的相关主体应当遵守数据安全和个人信息保护的相关法律法规，履行数据安全和个人信息保护义务。除人民法院依法公开的以外，任何人不得违法违规披露、传播和使用在线诉讼数据信息。出现上述情形的，人民法院可以根据具体情况，依照法律和司法解释关于数据安全、个人信息保护以及妨害诉讼的规定追究相关单位和人员法律责任，构成犯罪的，依法追究刑事责任。

　　[5]　张卫平："在线民事诉讼的法律规制——基本框架与思路"，载《法学评论》2022年第2期。

　　[6]　刘峥、何帆、李承运："《人民法院在线诉讼规则》的理解与适用"，载《人民司法》2021年第19期。

　　[7]　Viktória Harsági, Digital Technology and the Character of Civil Procedure, in Miklós Kengyel & Zoltán Nemessányi（eds.），Electronic Technology and Civil Procedure, Springer, 2012, p. 145. 转引自王福华："电子诉讼制度构建的法律基础"，载《法学研究》2016年第6期。

则》亦将"安全可靠"作为在线诉讼应当循序的原则。[1]但从权责利相一致的基本原理看,《人民法院在线诉讼规则》并未规定违反"安全可靠"原则的责任追究规则,也未明确在线诉讼数据信息的权利主体,缺失进一步加强数据信息保护规则制定的方向。对于当事人而言,电子诉讼系统的安全与否主要涉及隐私保护和诉讼材料安全问题。对于人民法院而言,既要确保大数据、区块链、人工智能等智能辅助办案系统安全,又要防止诉讼材料流失,尤其需要警惕的是,技术外包公司一旦涉诉,由它们所掌握的证据数据存在被隐匿和销毁的风险。因此,人民法院既要加强对审判工作人员的安全教育和职业伦理规制,又要加强对技术业务外包公司的资质审查和安全责任规制,防止"安全可靠"原则浮在空中,确保"安全可靠"原则落到实处。此外,在线诉讼尤其是在线庭审,一般应当在人民法院建设的电子诉讼平台上进行,不能通过腾讯会议、微信、QQ 等第三方在线通信工具进行。

(二) 确立真实性原则

诉讼主体真实,不仅直接关乎诉讼行为的效力,更是诉讼正常运行的源头性问题。然而,在线诉讼突破了线下诉讼的物理时空限制,诉讼行为由物理空间的"面对面"交互转变为虚拟空间的"屏对屏"交互,无疑增加了诉讼主体真实性与同一性的风险。[2]因此,早在 2014 年 12 月,最高人民法院就在《关于全面推进人民法院诉讼服务中心建设的指导意见》中明确提出,"探索建立诉讼行为真实性识别机制,实现立案法官在线登记立案"。但没有规定识别诉讼行为真实性的技术手段,如未明确规定电子送达的技术平台,也未指定当事人接受电子送达的电子邮箱等电子媒介,更未明确其安全标准。因此,当前亟待解决电子诉讼的诉讼主体和诉讼行为的真实性问题,并确立真实保障原则。为此,2021 年 8 月 1 日施行的

---

[1] 《人民法院在线诉讼规则》第 2 条第 5 项规定,人民法院开展在线诉讼应当遵循安全可靠原则,依法维护国家安全,保护国家秘密、商业秘密、个人隐私和个人信息,有效保障在线诉讼数据信息安全。规范技术应用,确保技术中立和平台中立。

[2] 张兴美:"电子诉讼中的诉讼参与人真实性问题——基于外观主义的分析",载《广东社会科学》2016 年第 4 期。

《人民法院在线诉讼规则》第 7 条规定了参与在线诉讼的诉讼主体应当进行实名注册，通过证件比照等多种方式核实诉讼主体的身份信息，确认诉讼主体的身份真实性，并在在线调解、证据交换、庭审等重要环节，进行再次验证，必要时，还需线下核实。当然，对实践中出现的虚假认证行为，应当依法加大制裁和惩戒力度。

针对司法实践中已经出现的儿子冒充父亲参加在线庭审的现象，可以借鉴美国、德国的立法经验，规定当事人负有保管诉讼平台用户名、密码以及电子签名的义务。此外，电子诉讼中的电子诉讼材料的真实性问题，也是亟待解决的问题。从技术角度出发，可以构建如下电子诉讼材料真实性规则：当事人和诉讼参与人必须先对电子诉讼材料进行电子签名认证，方可向人民法院提交，经过电子签名的诉讼材料与私人证书法律效力相同。[1]或者可借鉴德国的"德邮"等做法，寻找更好的可替代的技术安全手段。

真实性原则还要求保障在线诉讼中的案件信息等数据真实准确，如电子证据的真实性问题，可以积极运用区块链存取证技术予以保障。但由于维护不善或者程序代码不完善等因素，都可能导致数据输入发生错误，不准确的数据被添加到区块链分类账中。在司法链智能合约中，则存在着错误的案件信息被自动执行的风险。因此，还必须以"技术性正当程序"理念、分布式正义理论为指针，加强司法区块链技术治理，确立司法区块链技术标准，建立健全司法区块链技术安全评估与测评体系。

三、当事人权利保障原则

习近平总书记多次强调，要坚持"以人民为中心"的发展思想。具体到数字化民事司法实践中，就是要基于当事人主义理论，坚持"以当事人为中心"，[2]科学合理地界定司法权力与当事人权利，以及双方当事人之间的权利范围和边界，更好地保护当事人的程序与实体权利。2016 年 11 月 17

---

〔1〕 王福华："电子诉讼制度构建的法律基础"，载《法学研究》2016 年第 6 期。

〔2〕 陈锦波："论信息技术对传统诉讼的结构性重塑——从电子诉讼的理念、价值和原则切入"，载《法制与社会发展》2018 年第 3 期；张兴美："中国民事电子诉讼年度观察报告（2017）"，载《当代法学》2018 年第 6 期；张兴美："电子诉讼制度建设的观念基础与适用路径"，载《政法论坛》2019 年第 5 期。

日，第三届世界互联网大会智慧法院暨网络法治论坛达成的"乌镇共识"亦明确指出，司法信息化的基本宗旨是保障人民权利与提升人民福祉。如今，人类已经迈入了"数字人类"时代，"数字人权"已经发展成为"第四代人权"，其中蕴含着数字平等、数字自主等新兴人权诉求。[1]因此，民事司法数字化的目的，应当是更好地实现"接近正义"，更好地增加当事人的权利并保护当事人的合法权益，更好地保障当事人的"数字人权"，不能因数字化而减少诉讼环节或者减损当事人诉讼权益。因此，民事司法数字化还要强化提示、说明、告知义务，确立当事人权利保障原则这一核心原则。

（一）保障当事人的程序选择权

"程序的可选择性极大地满足了当事人程序上的利益追求，为实现实体公正和裁判的可接受性奠定了程序基础。"[2]赋予当事人程序主体地位和当事人程序选择权，既是正当程序理念的应有之义，也是当事人程序自治理念的体现，符合限制公权、保障私权的法治原则。也就是说，在法律没有强制性的规定情形下，对于自己的诉讼事务，当事人有权决定或选择自己认为合法而且合适的诉讼程序，人民法院不得强制干预。如果当事人同意适用在线诉讼，则可能会增加裁判的可接受性。因为"对从自己选择的程序中产生的判决结果，当事人理当会比从强加于他们的程序中产生的结果有更多的认同感"。[3]

在线诉讼中，当事人的程序选择权属于"程序形成权"，即一旦当事人行使该权利，无须法院进行实质审查即发生法律效力。它具体包括两个方面：一是选择线上或者线下诉讼方式的权利，既有选择适用在线诉讼的权利，也有不选择适用在线诉讼的权利。当事人是否同意或者选择，产生的是诉讼法上之法律效力。当事人不主动选择或者经法院征询后当事人不同意适用在线诉讼方式的，则法院不得对具体案件采取在线诉讼方式进行审理。二是选择在线诉讼具体程序或者诉讼环节的权利，具体包括是否选

---

〔1〕 马长山："数字人权的'中国图景'"，载《人权》2023年第4期。

〔2〕 唐力："司法公正实现之程序机制——以当事人诉讼权保障为侧重"，载《现代法学》2015年第4期。

〔3〕 李浩："民事程序选择权：法理分析与制度完善"，载《中国法学》2007年第6期。

择诉讼全程在线、部分诉讼环节在线以及在线异步审理程序等。当事人是否同意或者选择，产生的是在线诉讼案件之具体程序上的法律效力。即当事人不主动选择或经法院征询后当事人不同意某一具体程序或环节适用在线诉讼方式的，则法院亦不得在相应环节采取在线诉讼方式进行审理。因此，即使在法院征得当事人同意或者选择适用在线诉讼时，也不宜推定当事人同意诉讼全程在线，在具体诉讼程序或环节上还需再次征得当事人同意。当事人主动概况性选择适用在线诉讼的，一般可以推定当事人同意诉讼各环节均适用在线诉讼方式，但也要防止滥用推定概况性同意规则，如对是否适用在线异步审理程序等特别程序，还需再次征得当事人同意。最后需要强调的是，无论是明示同意还是默示同意，无论是积极性同意还是消极性同意，无论是概况性同意还是具体性同意，都必须遵循当事人的自主自愿原则，不得强制或者变相强制当事人同意，确保同意是当事人的真实意思表示。[1]

在民事司法数字化实践中，要充分尊重和保障当事人的程序选择权，避免出现下列因电子诉讼方式的强制运用或者不当运用而损害当事人权利的现象。比如，实践中有的法院为了推广网上立案，提升网上立案率，而片面要求当事人和代理律师采用网上立案方式，甚至可能出现拒绝代理律师到法院窗口立案的现象。还如，有的法院出于解决送达难的良好初衷，创新性地运用短信弹屏方式，强制当事人进行阅读以达到确认收悉电子送达的目的，殊不知此举可能对被送达人的合法权益造成损害。[2]此外，线下诉讼方式和线上诉讼方式，并非原则与例外，主次或辅助补充关系，而是平行关系，应当交由当事人自行选择。[3]即使当事人主动选择适用在线诉讼，也可能因其法律知识与诉讼经验欠缺等原因，而不能够准确清晰认识到其程序选择的法律后果和可能存在的法律风险。因此，为彻底地、平等地、真正地保障当事人的程序选择权，无论是当事人选择适用在线诉讼，还是法院引导当事人选择适用在线诉讼，都必须向当事人进行充分的

---

〔1〕　程睿："双轨并行模式中在线诉讼的同意规则"，载《现代法学》2023 年第 5 期。

〔2〕　段厚省："远程审判的双重张力"，载《东方法学》2019 年第 4 期。

〔3〕　肖建国："在线诉讼的定位与《民事诉讼法》的修改"，载《北京航空航天大学学报（社会科学版）》2022 年第 2 期。

提示和释明，告知适用在线诉讼的具体环节、主要形式、权利义务、法律后果和操作方法等。[1]也就是说，保障当事人的程序选择权，其实际上隐含了必须保障当事人的程序知情权，以及程序异议权和程序变更权。

（二）保障当事人的平等参与权

从内容上看，数字平等权是数字人权的二阶权利之一。[2]"接近正义"亦明确要求，司法不仅要容易地为当事人所接近，而且要平等地为所有当事人所接近。美国学者杰里·马修（Jerry L. Mashaw）的"尊严价值理论"（Dignitary Theory）亦强调在法律程序的设计与运作中应使那些利益受到直接影响的人获得基本的公正对待，从而具有人的尊严，并认为获得胜诉与获得公正对待是被裁判者的双重愿望。无论是原告抑或被告，都既希冀裁判者作出公正且符合其自身合法权益的裁判，又有着获得平等参与庭审的期望，当事人参与公正、平等审理愿望的实现，从人的本质来看，那便是人受到了尊重且其尊严获得了维护。[3]

电子诉讼旨在为当事人提供另一种线上的司法救济方式，方便当事人使用现代数字技术进行跨地域、远距离、无障碍地诉讼。然而现实中还存在着大量的"数字鸿沟"现象，主要表现为我国还存在着大量的非网民，尤其是一些老年人还不会上网，而且在网民中也存在着"数字能力"差异问题。这种"数字鸿沟"传导至民事司法中，必然将造成双方当事人在电子诉讼资源、电子诉讼武器以及电子诉讼能力等方面不平等的问题，并进而影响当事人的诉讼平等参与权，导致产生"数字正义鸿沟"，既不利于当事人平等地"接近正义"，也不利于维护诉讼当事人和诉讼参与人的尊严。这要求人民法院在开发电子诉讼系统时，要努力做到技术公平，即使双方当事人掌握和运用现代数字技术的能力不同，也要确保不因一方当事人的技术弱势而遭受诉讼上的不平等对待。例如，《美国联邦司法部门信息技术长期规划（2019—2023）》就提出要开发证据展示技术，防止因一

---

〔1〕 谢登科："论在线诉讼中的当事人程序选择权"，载《南开学报（哲学社会科学版）》2022年第1期。

〔2〕 高一飞："数字人权规范构造的体系化展开"，载《法学研究》2023年第2期。

〔3〕 陈瑞华："程序正义的理论基础——评马修的'尊严价值理论'"，载《中国法学》2000年第3期。

方当事人拥有先进的证据展示技术，而另一方当事人没有该技术而可能造成的法庭竞争环境不平衡问题。

2021 年 11 月，联合国教科文组织审议通过的《人工智能伦理问题建议书》也指出，要"减少因广泛采用人工智能系统而造成的数字鸿沟和数字获取方面的不平等"。[1]因此，人民法院还需在民事司法实践中，加强技术运用上的释明，国家层面还需在制度设计上为数字弱势群体提供数字技术法律援助，平衡诉讼双方数字能力不匹配、不对等问题，实现在线诉讼从"形式平等"走向"实质平等"，有效保障当事人实质性接近"数字司法正义"的权利。[2]如《人民法院在线诉讼规则》第 2 条第 4 项"便民利民原则"即明确规定，要求统筹兼顾不同群体司法需求，对未成年人、老年人、残障人士等特殊群体加强诉讼引导，提供相应司法便利。因此，应当加快建设公共法律服务体系，通过在基层公共法律服务平台等有条件的法律服务机构设立标准化的在线庭审室，配置在线诉讼法律服务志愿者，为特殊群体提供个性化的在线诉讼法律服务，弥补在线诉讼条件和能力不足等问题。[3]

(三) 保障当事人的相关实体权益

1. 保障当事人的知情权

知情权是获取信息的权利，一般又称"知悉权"，而"数据信息知情权"也是一项重要的"数字人权"。[4]民事诉讼当事人的知情权，主要对象是诉讼过程中应当向其公开的诉讼活动过程、诉讼证据、诉讼结果和作为这些结果的理由。[5]也即当事人有权要求司法活动公开透明，以便知晓司法活动的内容、方式和负载有关信息的材料与证据等。因此，要坚持可视正义理念，不断强化诉讼流程全节点可视和司法裁判全过程可视。首

---

〔1〕　参见"教科文组织第41届大会审议通过《人工智能伦理问题建议书》全文"，载网易网，https://www.163.com/dy/article/GQ849B30053874C1.html，最后访问时间：2022 年 11 月 26 日。

〔2〕　高翔："民事电子诉讼规则构建论"，载《比较法研究》2020 年第 3 期。

〔3〕　杨凯："在线诉讼入法正当性的公共法律服务理论支撑"，载《华东政法大学学报》2022 年第 5 期。

〔4〕　马长山："智慧社会背景下的'第四代人权'及其保障"，载《中国法学》2019 年第 5 期。

〔5〕　卞建林主编：《现代司法理念研究》，中国人民公安大学出版社 2012 年版，第 451 页。

先，要针对中国庭审公开网和中国裁判文书网存在的精准检索便利度不高问题，采取优化措施，让当事人和社会公众能够快速准确地找到需要观看的庭审直播和裁判文书，不断提升司法公开的质量和效能。其次，法官要在数字司法中充分行使释明权，这也是有效保障电子诉讼当事人程序选择权和程序变更权的前提和基础。比如，在适用在线庭审、在线异步审理、电子送达时都要充分行使释明权，让当事人知晓相应的权利义务与法律后果。最后，保障当事人的知情权还要求强化裁判文书说理，做到法官心证公开，充分展现法官对诉讼证据的审核认定、诉讼主张的采纳、事实认定的逻辑、法律的理解与适用过程。具体到司法人工智能应用场景中，最需要解决的是人工智能司法决策中的"算法黑箱"对当事人知情权的遮蔽问题。具体需要针对形成"算法黑箱"的三个主要原因，逐一采取解决措施，提升算法透明度。其一，针对商业秘密保护造成的"算法黑箱"问题，基于保护公共权利或者公共利益考量，应当适当降低算法商业秘密的保护标准，合理解决算法公开与商业秘密之间的冲突，尤其是在关涉诉讼当事人、社会公众对算法裁判的知情权和监督权时，应当采取合理的平衡和调整措施。其二，针对算法专业性和复杂性造成的"算法黑箱"问题，应当建立健全算法规则公开机制，即应当公开算法决策的依据和理由、算法设计和运行的逻辑规则，从而使得不具备人工智能司法决策专业知识的诉讼当事人和普通公众，不需要借助人工智能和算法专家，也能够理解这些规则，并通过这些规则，帮助人们用一种间接的外部评估的方式审视算法决策的公平性。[1]其三，针对机器深度学习的自主性和不确定性造成的"算法黑箱"问题，应当建立健全算法解释制度，还要建立健全算法评估、算法审计、算法问责、算法救济机制，赋予当事人算法解释请求权和算法结果异议权，充分保障当事人对算法规则和算法决策的知情权和监督权。[2]

2. 保障当事人的信息隐私权、被遗忘权、肖像权

从在线诉讼的全流程视角看，其一，当事人需要在电子诉讼平台进行

---

〔1〕 孙庆春：《人工智能司法决策研究》，中国社会科学出版社 2022 年版，第 189-200 页。

〔2〕 马靖云："智慧司法的难题及其破解"，载《华东政法大学学报》2019 年第 4 期；李婷："人工智能时代的司法公正：价值效用与风险防范"，载《江苏社会科学》2023 年第 1 期；龚善要："人工智能司法应用的实践审思与完善"，载《国家检察官学院学报》2023 年第 5 期。

实名注册和身份认证。实名注册一般必须填写身份信息，上传身份证件；身份认证阶段往往还采取人脸识别、指纹扫描、声音确认等方式。在注册认证过程中，收集的个人信息，既有身份证号码、手机号码、人脸、指纹、声纹等敏感个人信息，也有姓名、性别、职业等非敏感个人信息。其二，当事人在线提交起诉状、身份信息材料、证据材料、诉讼代理人身份信息材料、送达地址确认书、胜诉退费银行账号确认书等诉讼材料，而这些诉讼材料中往往包含多项个人信息。比如，机动车交通事故责任纠纷案件，则含有当事人车牌号、驾驶证等信息；医疗损害责任纠纷案件则含有当事人的疾病等个人健康信息；金融纠纷案件则含有当事人的银行账号、保险、基金、理财金等个人金融信息；婚姻家庭纠纷则含有家庭住址、子女情况、家庭财产状况等家庭信息。其三，在线庭审以及直播在线庭审过程中，除了上述诉讼材料中的个人信息，还包含证人、鉴定人等诉讼参与人的个人信息，以及当事人与诉讼参与人的肖像权、隐私权保护问题。其四，在裁判文书上网公开环节，又存在着裁判文书中记载的个人信息与隐私保护问题。其五，案件结案后，电子归档以及当事人在线远程阅卷过程中，也存在着个人信息与隐私保护问题。

　　如今，"数据和信息是关系到人格尊严和人身自由的一项基本人权"，"数据信息自主权""数据信息隐私权"已成为"数字人权"的重要组成部分。[1]因此，在线诉讼中，除了要保障当事人的程序权益，还要保障当事人和诉讼参与人的上述个人信息以及隐私权、被遗忘权、肖像权等实体权益。根据《民法典》《个人信息保护法》相关规定，人民法院在处理个人信息时，应当遵循合法、正当、必要、目的限制和诚信等原则。[2]首先，要坚持《个人信息保护法》确立的合理相关、影响最小以及范围最小原则，[3]合理平衡诉讼主体身份真实性审查需要与个人信息保护。也就是

---

〔1〕　马长山："智慧社会背景下的'第四代人权'及其保障"，载《中国法学》2019年第5期。

〔2〕　程啸："裁判文书与案例公开应注重个人信息保护"，载《人民法院报》2023年12月31日，第2版。

〔3〕　《个人信息保护法》第6条规定，处理个人信息应当具有明确、合理的目的，并应当与处理目的直接相关，采取对个人权益影响最小的方式。收集个人信息，应当限于实现处理目的的最小范围，不得过度收集个人信息。

说，个人信息收集的内容和范围，应依据在线诉讼中身份认证的最低标准来确定，不得过度收集个人信息内容或者不当扩大收集个人信息范围。但我国现行《民事诉讼法》和《人民法院在线诉讼规则》均未明确在线诉讼身份认证的具体标准，未来立法中应当予以明确。此外，根据《个人信息保护法》第 29 条规定："处理敏感个人信息应当取得个人的单独同意；……"因此，在线诉讼采集个人人脸信息、指纹信息、声纹信息等敏感个人信息时，应当通过短信推送、单独网页或者单独弹窗等方式告知并取得诉讼主体的个人同意。其次，要坚持正当性、必要性和合法性原则。在线诉讼过程中，对个人信息的收集与使用，应当仅限于核实诉讼主体身份、庭审举证质证等诉讼用途，不得用于其他目的，而且必须符合现行法律规定，属于履行法定审判权范畴。[1]大数据时代，个人的数字活动和信息数据面临着全部被留痕、全部被收集、全部被存储、全部被控制的风险，"数字技术已经让社会丧失了遗忘的能力，取而代之的则是完善的记忆"，由此形成了"遗忘已经变成了例外，而记忆却成了常态"的"一个没有遗忘的时代"，"完整的数字化记忆代表了一种更为严酷的数字圆形监狱"，"能够随时随地监视我们"，[2]而这正在挑战着所有人。而个人往往很难掌控自己的信息数据，于是，人人都成了大数据时代的"赤裸裸的人"[3]和"无隐私的公众"，[4]甚至成了"一个不被遗忘的人"。于是，除个人信息权和隐私权之外，"被遗忘权"应运而生，数据控制者应当承担妥善保护个人信息和删除个人信息的义务。因此，在线庭审或庭审直播过程中，应当对个人信息采取技术屏蔽措施进行保护，但对涉及商业秘密和个人隐私的案件，不应当公开审理，更不能进行在线庭审直播。此外，为充分保护当事人的被遗忘权，应当限定庭审直播视频的保留时间，逾期则应当自动撤

---

〔1〕 谢登科："论在线诉讼中的个人信息保护"，载《中国政法大学学报》2022 年第 1 期。

〔2〕 ［英］维克托·迈尔-舍恩伯格：《删除 大数据取舍之道》，袁杰译，浙江人民出版社2013 年版，第 6-18 页。

〔3〕 ［法］马尔克·杜甘、克里斯托夫·拉贝：《赤裸裸的人 大数据，隐私与窥视》，杜燕译，上海科学技术出版社 2017 年版，第 1 页。

〔4〕 ［英］约翰·帕克：《全民监控 大数据时代的安全与隐私困境》，关立深译，金城出版社 2015 年版，第 1 页。

回或者删除。对涉及个人隐私或者敏感信息的，还应当允许当事人申请撤回或者删除其参与的庭审直播视频。结合域外裁判文书公开对个人信息进行匿名化处理的司法实践，未来我国在裁判文书和案例上网公开前，可以对个人信息进行匿名化处理，因为它并不影响公开的目的。[1]如果特定情形不予匿名化处理，根据正当程序原则，也应当告知当事人并听取当事人意见。同时还要充分运用司法人工智能等措施加强监管，对上网公开的文书和案例进行自动巡查，一旦发现应当匿名而未匿名或者应当删除而未删除个人信息的情况，人民法院应当及时妥善处理。最后，应在未来立法中吸纳最高人民法院《关于人民法院庭审录音录像的若干规定》第 11 条的合理规定，即应允许法律规定的具有依法查阅复制权限的当事人及其诉讼代理人等可以复制庭审录音录像的录音部分以及誊录庭审录音录像，但应明确禁止当事人及其诉讼代理人复制庭审录像以及对在线庭审进行录屏，以避免对当事人、证人等肖像权可能造成的损害。[2]

第三节　优化民事司法数字化的解纷机制

民事司法数字化的一项最重要的目标或者说价值，就是更好地实现"数字化接近正义"。其实，"接近正义"（又译为"触达司法"）还包括"纠纷解决""纠纷控制""纠纷避免"和"法律状态改善"四层含义。[3]用于解决小额民事诉讼的"英国线上法院"的设计思路即按照上述"接近正义"前三层含义，提供一种分三层的法院服务：一是"线上评估"服务，提供法律指导，助益"纠纷避免"；二是"线上调处"，防止纠纷升级，助益"纠纷控制"；三是"线上裁判"，法官在线审理，助益"纠纷解

---

〔1〕 程啸："裁判文书与案例公开应注重个人信息保护"，载《人民法院报》2023 年 12 月 31 日，第 2 版。

〔2〕 胡仕浩、刘树德、刘淑丽："规范庭审活动　提升审判质效　深化司法公开——《最高人民法院关于人民法院庭审录音录像的若干规定》的理解与适用"，载《人民法院报》2017 年 2 月 23 日，第 5 版。

〔3〕 ［英］理查德·萨斯坎德：《线上法院与未来司法》，何广越译，北京大学出版社 2021 年版，第 66-69 页。

决"。[1]据我国 2023 年《最高人民法院工作报告——2023 年 3 月 7 日在第十四届全国人民代表大会第一次会议上》数据，2018 年至 2022 年，最高人民法院受理案件 14.9 万件，审结 14.5 万件。地方各级人民法院和专门人民法院受理案件 1.47 亿件，审结、执结 1.44 亿件，比上一个五年分别上升 64.9%、67.3%。法官人均办案从 2017 年的 187 件增至 2022 年的 242 件。可见，人民法院受理的案件居高不下，案多人少矛盾依然突出。然而数字时代的人们不仅要求更加容易地"接近正义"，还要求高效便捷地解决纠纷。对于人民法院来说，如何在有限的司法资源下，满足人民群众日益增长的司法解纷需求，不仅需要利用现代数字技术提升解纷能力，更需要优化数字化的纠纷预防、纠纷控制等解纷体系，切实提升解纷质量和效率。笔者认为，根据纠纷烈度由小到大的程度，纠纷的解决方式一般也按照当事人自行和解、第三方居中调解、法院裁判三种方式螺旋上升。因此，可以借鉴上述从"纠纷避免"到"纠纷控制"再到"纠纷解决"的思路，除了重大疑难复杂案件，可以按照"数字化的纠纷预防—数字化的非诉控制—数字化的诉讼快审"这一分层递进的顺序，来优化重塑民事司法数字化的在线多元解纷机制，努力从源头上预防减少纠纷，并实现纠纷的非诉控制和快速处理，更好地实现"数字化接近正义"。

一、数字化的纠纷预防机制

随着互联网的几何式增长和数字技术普通应用，数字经济蓬勃发展，随之而来的电子商务、电子消费、电子教育等在线纠纷的数量也呈现井喷之势。例如，eBay 平台每年需要解决买卖双方之间的纠纷数量大约 6000 万件。[2]面对如此巨量的在线纠纷，恐怕世界上任何国家的法院可能都没有能力处理。对此，习近平总书记指出，"法治建设既要抓末端、治已病，更要抓前端、治未病。我国国情决定了我们不能成为'诉讼大国'。我国

---

〔1〕 ［英］理查德·萨斯坎德：《线上法院与未来司法》，何广越译，北京大学出版社 2021 年版，第 101—102 页。

〔2〕 ［美］伊森·凯什、［以色列］奥娜·拉比诺维奇·艾尼：《数字正义 当纠纷解决遇见互联网科技》，赵蕾、赵精武、曹建峰译，法律出版社 2019 年版，第 6 页。

14 亿人口，大大小小的事都要打官司，那必然不堪重负！要推动更多法治力量向引导和疏导端用力，完善预防性法律制度"。[1]2021 年 2 月通过的《关于加强诉源治理推动矛盾纠纷源头化解的意见》，强调完善预防性法律制度，从源头上减少诉讼增量。虽然纠纷预防可能无法直接增加"接近正义"的机会，但可以减少不正义情况的存在比例，减少阻碍正义情况的发生概率。[2]因此，必须从传统的以纠纷解决为主，转向以纠纷预防为主。但传统的纠纷预防方式已经无法适应数字时代的发展，必须充分运用现代数字技术建立纠纷预防机制。

（一）充分运用区块链技术预防纠纷

2019 年 10 月，习近平总书记在中央政治局第十八次集体学习时强调，要发挥区块链在建设可信体系方面的作用。因此，必须充分运用区块链技术预防纠纷。一是依托区块链技术，可以使网络作家、电子商务交易双方等各类互联网主体通过区块链系统或平台自主或自动方式，对自身网络活动进行"去中心化"的全链路加密可信记录，从源头上培养行为主体的守法意识，做到依法行为，从而避免产生纠纷。[3]二是在互联网时代，人与人的数字连接和交往更加紧密，信任度却可能降低。而区块链的主要技术特点是一种去中心化的信任机制，基于区块链技术的智能合约，则有利于建构人与人相互信任的网络空间，从而避免或减少纠纷的产生，起到纠纷预防作用。例如，杭州互联网法院通过上线司法链智能合约技术，打造网络行为"自愿签约—自动履行……智能扣款"等环节全流程闭环系统，从源头上减少了违约的可能。还如北京互联网法院联合多家机构形成的"e 贷诉源共治体系"，通过告知当事人其借款合同及逾期还款信息均已存储于区块链平台，并将通过区块链纳入征信共享，促使尽快主动还款，取得

---

[1]　习近平："坚定不移走中国特色社会主义法治道路　为全面建设社会主义现代化国家提供有力法治保障"，载《求是》2021 年第 5 期。

[2]　［美］伊森·凯什、［以色列］奥娜·拉比诺维奇·艾尼：《数字正义　当纠纷解决遇见互联网科技》，赵蕾、赵精武、曹建峰译，法律出版社 2019 年版，第 75 页。

[3]　张春和、林北征："司法区块链的网络诉源治理逻辑、困惑与进路"，载《中国应用法学》2019 年第 5 期。

了较好效果。[1]三是区块链所具有的防篡改、高透明和可追溯等优势，使得它可以广泛应用于金融信贷、版权管理及交易等领域。实践中，完全可以将这些领域纳入法院的司法区块链系统，从而避免或减少原先因欺诈、隐瞒、误解甚至故意篡改信息等导致的纠纷。例如，在知识产权纠纷预防方面，区块链的分布式账簿所具有的高透明性，能在全网快速检索专利申请是否具有新颖性。一旦专利申请被通过，时间戳技术能保证知识产权归属的唯一性，既可提升确权机制的效率，又可避免权属纠纷的发生。因此，人民法院应当加强司法区块链证据平台和司法区块链信用共治平台建设，充分发挥区块链技术的纠纷预防作用。

（二）充分运用大数据技术预防纠纷

2017 年 12 月，习近平总书记在中共中央政治局第二次集体学习时强调，"要运用大数据提升国家治理现代化水平。要建立健全大数据辅助科学决策和社会治理的机制"。大数据的全样本优势以及混杂性和相关性分析特点，可以收集全部纠纷数据并进行交叉比对分析，从而得出不同时期、不同群体、不同类型纠纷产生的主要原因。大数据所拥有的这种单纯人工所达不到的能力，既可以帮助解决纠纷，也可以用来预防纠纷。"司法大数据可快速反应社会矛盾焦点，为国家有关部门立法和政策制定提供依据。"[2]如法院运用大数据发现特定类型的纠纷突然激增，比如针对狗咬人的侵权赔偿请求突然增多，表明可能需要建议有关部门针对养狗者出台新的规制措施，以预防纠纷发生。例如，上海市浦东新区人民法院通过分析 2020 年至今受理的饲养动物损害责任民事纠纷，发现在 97 件"狗伤人"案件中，84.5%的案件都是由于未给狗拴绳子或者戴嘴套所致，这引起了地方立法机构的重视，2011 年 5 月出台的《上海市养犬管理条例》的修订工作已经被作为预备项目被纳入《上海市十六届人大常委会立法规划（2023—2027 年）》中。而且，有了数据，法院就能为推出新程序提供依据，发现诉讼请求的来源，与其他公共机构合作，防止将来产生纠纷并再

---

[1] 伊然："区块链技术在司法领域的应用探索与实践——基于北京互联网法院天平链的实证分析"，载《中国应用法学》2021 年第 3 期。

[2] 孙晓勇："司法大数据在中国法院的应用与前景展望"，载《中国法学》2021 年第 4 期。

次被诉诸法院。[1]例如，杭州市余杭区人民法院通过与公安机关、鉴定机构、调解机构、保险公司等合作，研发了道路交通事故纠纷一体化处理平台。法院通过这个平台并运用大数据分析技术，就可以掌握全市道路交通事故的纠纷来源，分析纠纷发生的起因，为道路交通事故纠纷预防提供参考建议。[2]此外，运用大数据识别特定诉讼请求类型的重复模式，建议纠纷发生前及时阻止或填补纠纷发生的漏洞，也可以预防纠纷。因此，人民法院应当建立健全司法大数据系统，通过大数据分析重点领域、主要行业多发高发诉讼纠纷成因特点和变化趋势，及时有针对性地向有关单位或部门发出司法建议，填补治理漏洞，形成治理闭环，将矛盾纠纷最大限度地消弭于萌芽状态。

二、数字化的非诉控制机制

虽然经过纠纷预防已经减少了大量的纠纷诉诸法院，但目前仍有大量民事纠纷进入法院。为避免成为"诉讼大国"，还必须从"强调诉讼与非法诉讼纠纷解决机制有机衔接"为主，转向"坚持把非诉讼纠纷解决机制挺在前面"为主，切实从源头上减少诉讼增量。然而如何有效防止纠纷升级转化为诉讼案件，实现纠纷控制，并提高纠纷非诉解决效率，实现司法公正与效率的有机统一，还需在诉前对纠纷当事人进行智能法律指导等，助力纠纷智能熔断，并根据案件的性质和繁简程度等因素，运用现代数字技术对案件进行非诉分流和非诉解纷处理。

（一）对纠纷进行诉前智能熔断

全球范围内诉讼爆炸的不断升级，导致陌生主体之间纠纷频发，且又因不熟悉法律规则而诉诸法院"讨说法"，其本质上是一个行为规则确认的过程，而不是行为规则争议的过程。换言之，只要当事人事前知悉相关

---

〔1〕［美］伊森·凯什、［以色列］奥娜·拉比诺维奇·艾尼：《数字正义 当纠纷解决遇见互联网科技》，赵蕾、赵精武、曹建峰译，法律出版社2019年版，第247-248页。

〔2〕龙飞："从大数据理念看大数据时代纠纷的预防与解决"，载新浪网，http://news.sina.com.cn/pl/2016-10-27/doc-ifxxfysn7850077.shtml，最后访问时间：2022年5月1日。

法律规则，要么这类纠纷不会发生，要么诉讼就不会发生。[1]因此，从纠纷存在的命名、归咎、索赔升级过程来看，[2]如果法院能够利用数字智能技术在诉前为当事人提供普遍的法律指导，帮助当事人熟悉和确认法律规则，就可以有效减少很多本不应该进入诉讼的纠纷，实现纠纷诉前智能熔断，不仅能有效防止纠纷升级，还能节省司法资源。正如有国外学者所言，司法体制不仅要有效解决、控制和避免纠纷，还要帮助人们理解法律授予他们的权利，只有这样才当得起维护正义之名。但这可能受到"法院不应该提供法律意见"的质疑，实际上，这并没有改变法官的角色——作出独立和有约束力的判决，更宽广的法院服务也可以存在并服务于法院的用户，而且，线上法院的主要组成部分之一就是"扩展法院"——正是要利用技术来拓宽法院职能，帮助不熟悉法律的当事人。因为即使这些当事人手上已经有了核心法律焦点问题的概要总结，他们也不大可能已经充分知悉相关法律法规和习惯做法等，或理解了他们的权利和义务，以及他们可选择的救济途径。因此，法院可以通过推广运用程序法律智能指导系统和实体法律智能指导系统，来帮助人们形成法律观点——理解他们的法律权利和义务，协助他们判断自身情况可能有哪些有利因素，以及是否有必要继续下去。[3]"如果事先可以较为可靠地预知案件结果，意味着当事人不会冒着极大的败诉风险继续推进诉讼或者上诉，而是会选择和解、放弃诉讼等其他纠纷解决方式。"[4]因此，首先，应推广运用程序法律智能指导系统，帮助纠纷当事人识别其准备诉诸诉讼的纠纷，是否属于法院的受理范围、是否符合起诉受理条件，以及是否构成重复起诉等。如果经智能识别提示，纠纷不属于法院受理范围，或者不符合起诉受理条件，或者已经构成重复起诉的，即使向法院起诉，法院也不会受理。此时，当事人经

---

〔1〕 程金华："人工、智能与法院大转型"，载《上海交通大学学报（哲学社会科学版）》2019 年第 6 期。

〔2〕 William L. F. , Richard L. Abel & Austin Sarat, "The Emergece and Transformation of Dispute：Maming, Blaiming, Claiming", Law and Society Review, Vol. 15, No. 3-4, 1980, pp. 631-654.

〔3〕 ［英］理查德·萨斯坎德：《线上法院与未来司法》，何广越译，北京大学出版社 2021 年版，第 121-134 页。

〔4〕 曹建峰："'人工智能+法律'十大趋势"，载《机器人产业》2017 年第 5 期。

慎重衡量，可能不再诉诸诉讼。其次，应推广运用实体法律智能指导系统，如利用诉讼风险评估系统可帮助纠纷当事人在诉前评估诉讼风险，辅助当事人决策是否提起诉讼。再如，前置利用类案智能推送系统和裁判结果预测系统，向起诉到法院的纠纷当事人推送类似案例、预测裁判结果，可帮助当事人对纠纷解决结果形成合理预期，有效助力双方当事人自行和解，避免纠纷再升级为需要第三方调解或法院裁判的纠纷，有效实现纠纷诉前智能熔断。[1]

（二）对纠纷进行智能繁简分流

为科学配置和高效运用审判人力资源，提高司法效率，缓解案多人少矛盾，还需对经过纠纷预防流程、诉前智能熔断后进入法院的纠纷，进行繁简分流，以便对简单案件尽量采取诉前调解的方式予以化解。2019 年 1 月，习近平总书记在中央政法工作会议上亦指出，要"推进案件繁简分流、轻重分离、快慢分道"。法院在繁简分流上的传统做法是，各法院在立案庭或者审判业务庭设立程序分流员，人工进行分流。但这种传统的精确性差、效率低的分流方式已经不能适应数字时代的发展需求。为此，2019 年 7 月，最高人民法院在《关于建设一站式多元解纷机制一站式诉讼服务中心的意见》中就明确要求，要考量案由、诉讼主体、诉讼请求、法律关系、诉讼程序等要素，普遍应用系统算法加人工识别，确定简案范围，实现精准分流。当前全国多地法院也都建立了相应的繁简分流电子系统，如广西法院的智慧审判系统，把所有已立案和已结案的案件作为基础库，利用大数据和人工智能技术，对当事人立案时提交的起诉状和证据材料等信息进行智能比对分析，自动判断案件是否适用简易程序进行审理，

---

〔1〕　例如，四川省崇州市人民法院研发的智能机器人"小崇"，可为当事人提供法律问答、诉讼风险评估、类案推送等服务，并依托政府大联动平台、横向连接"蜀信"平台、司法局人民调解平台、融合社会征信平台，实现既能查询案件，又能采集机构信用、工商信息，从而实现矛盾纠纷的多元化解。参见易凌波："四川崇州市法院机器人'小崇'助推诉讼服务工作"，载《人民法院报》2017 年 12 月 21 日，第 4 版。再如，杭州互联网法院诉讼平台在诉前向当事人推送相关可参照的法律条文和类似案件，帮助当事人了解类似案件如何处理，如果其案件继续进行下去，结果如何，胜诉或败诉机会多大。参见侯猛："互联网技术对司法的影响——以杭州互联网法院为分析样本"，载《法律适用》2018 年第 1 期。

并将判断结果和建议推送给法官，为案件进行简化审还是精审提供参考依据。[1] 还如，上海市第一中级人民法院于2018年10月上线"案件繁简分流分类处置平台"，通过设立要素库、规则库及案件权重系数库等方式系统构建案件要素模型，形成繁案、简案、调解及参考要素四类规则库，分别针对民商事等类型案件特点，综合案由权重系数、标的金额、诉请数量、当事人构成、证据情况要素等对案件进行精细化标签处理，由人工智能对案件繁简进行精确识别。[2] 下一步，人民法院应当从智能分流标准、模式、大数据等方面进一步完善智能繁简分流机制。[3]

（三）对纠纷进行在线非诉分流

2019年1月，习近平总书记在中央政法工作会议上指出，要坚持把非诉讼纠纷解决机制挺在前面，从源头上减少诉讼增量。2021年2月通过的《关于加强诉源治理推动矛盾纠纷源头化解的意见》再次强调要加强前端化解。"诉讼"和"非诉讼"虽然都是矛盾纠纷化解的重要方式，但司法自身存在着功能的有限性和局限性，人民法院只能成为解决各类纠纷的"有限责任公司"，而不是"无限责任公司"，而非诉讼纠纷解决机制可以充分借助民间机构、群众组织、行业协会、调解组织甚至大型电子商务平台等社会力量化解矛盾纠纷，而且与诉讼所具有的对抗性、周期长、成本高等特性相比，非诉讼纠纷解决方式天然地具有弱对抗、周期短、低成本、高保密等诸多优点。因此应重视发挥非诉讼纠纷解决机制的作用，为人民群众提供更多的纠纷解决渠道，通过在诉前向当事人前置智能推送类案，或者通过司法大数据进行诉讼风险评估与结果预判，帮助当事人分析

---

〔1〕 中国社会科学院法学研究所法治指数创新工程项目组："建设'智慧法院'助力司法改革的实践与展望（2017）"，载李林、田禾主编：《中国法院信息化发展报告No.2（2018）》，社会科学文献出版社2018年版，第68页。

〔2〕 参见"构建要素模型 优化资源配置——上海一中院启用案件繁简分流分类处置平台"，载上海法院网，http://shfy.chinacourt.gov.cn/article/detail/2018/10/id/3533021.shtml，最后访问时间：2022年5月1日。

〔3〕 刘新生、郭敏："案件繁简分流智能化改造——基于G市19个基层法院之实践考察"，载《司法体制综合配套改革中重大风险防范与化解（上）——全国法院第31届学术讨论会获奖论文集》，人民法院出版社2020年版，第395-400页。

判断，决定是调解、撤诉还是继续请求诉讼立案，[1]引导更多纠纷在诉讼外解决，让人民法院真正回归到维护社会公平正义的最后一道防线的职能定位上来。实践中，大量的纠纷诸如家事、劳动争议、道路交通事故、消费者权益、相邻关系、医疗、物业等适宜调解的纠纷，以及经过智能化繁简分流识别出来的简单案件，应当在诉前委派或者诉中委托调解组织进行调解。传统的做法是，法院将调解组织或调解员引进来参与调解或者线下将纸质案卷材料交由调解员进行调解，但这种方式受制于场地空间和人员数量的限制，发挥的作用相对有限。因此，在数字时代，应顺应 ODR 发展趋势，积极借鉴域外 ODR 的有益经验，升级完善最高人民法院统建的人民法院调解平台，通过在线方式突破场地、人员的限制，在线链接人民调解、行业调解、行政调解等调解组织，最大限度汇聚非诉讼解纷资源，并将案卷材料在线发送给调解组织或调解员进行调解，实现纠纷在线非诉分流，走向"大司法"和"社会的司法化"，并非"司法的社会化"，[2]因为从系统论的角度看，法院居于法律系统的中心地位。[3]同时要利用数字技术手段支持、规范、保障非诉解纷机制发展，[4]如入驻人民法院调解平台的调解员"通过大数据智能比对与分析，可以快速获得当事人画像、精准调解案例参考、精准法条推荐、精准裁判文书参考等，从而汲取大数据智慧，使每一个调解员拥有了'军师''智囊'"。[5]还如，可利用司法链智能合约实现纠纷的自动解决，提升在线非诉解纷机制的便利性和解纷效能，切实防止纠纷升级演变为对抗式诉讼，以此来平衡数字化民事诉讼

---

〔1〕　侯猛："互联网技术对司法的影响——以杭州互联网法院为分析样本"，载《法律适用》2018 年第 1 期。

〔2〕　陆宇峰："走向'社会司法化'——一个'自创生'系统论的视角"，载《华东政法大学学报》2012 年第 3 期。

〔3〕　[德]尼可拉斯·卢曼："法院在法律系统中的地位"，陆宇峰译，载《清华法治论衡》2009 年第 2 期。

〔4〕　例如，笔者 2019 年参与建成的"上海法院一站式多元解纷平台"，对调解员调解不成进入诉讼的案件，在裁判文书生效上网后，平台利用人工智能技术自动比对筛选，将判决书推送给调解员，让调解员及时知道自己调解不成案件的判决情况，方便调解员分析查找调解不成可能存在的法律业务问题，以此提高法院对调解业务工作指导的针对性和精准性。

〔5〕　孙晓勇："司法大数据在中国法院的应用与前景展望"，载《中国法学》2021 年第 4 期。

便利性可能带来的鼓励诉讼之嫌，或者说用以抑制喜讼文化的形成。[1]

三、数字化的诉讼快审机制

司法实践中，大批量而且相对简单的诸如金融借款合同、银行信用卡、证券虚假陈述责任纠纷等案件，如何利用人工智能等现代数字技术实现简案快办，节省案件办理时间，提升解纷效率，降低解纷成本，也是民事司法数字化重塑过程中需要着重解决的问题。实践中，已经出现了非常成熟的"智能化电子支付令""在线纠纷示范化解""类案批量智能审理"等诉讼快审机制，因此有必要在制度层面上予以进一步完善推广。

（一）完善推广"智能化电子支付令"机制

电子督促程序具有省时、高效、低费等优点，有助于司法减负和司法分流，实现诉讼效率和诉讼经济等目标。[2]为缓解互联网金融案件快速上升带来的审判压力，2015 年 5 月 25 日，杭州市西湖区人民法院对一起网络小额贷款纠纷案件的当事人发出全国首例电子督促程序支付令。2016年，最高人民法院《关于人民法院进一步深化多元化纠纷解决机制改革的意见》第 15 条、《关于进一步推进案件繁简分流优化司法资源配置的若干意见》第 4 条明确提出建立电子督促程序信息平台，推广使用电子支付令。经过多年的实践发展，电子督促程序如今已经插上了智能化的翅膀。例如，广州互联网法院于 2020 年 6 月上线的"在线督促程序"，在传统督促程序的基础上，利用互联网 5G、大数据失联修复、区块链存证、人工智能等现代数字技术，实现支付令的在线申请、在线立案审查、自动生成指令、自动获取被申请人手机号码、电子邮箱等电子地址并送达，以及实现全流程区块链存证防篡改，人工智能自动化批量化处理，极大地提升了海量互联网金融纠纷处理效率。在国外，推行电子支付令的德国，也引入了人工智能技术对支付令申请进行审查，由电子读卡器或者数据交换系统对

---

〔1〕 孙笑侠："论司法信息化的人文'止境'"，载《法学评论》2021 年第 1 期。
〔2〕 周翠："电子督促程序：价值取向与制度设计"，载《华东政法大学学报》2011 年第 2 期。

当事人提交的支付令申请进行处理，取得较好效果。[1]下一步，我国可以考虑借鉴德国等国家的经验，对电子支付令的配套程序规则进行完善，如设置小额金钱给付案件强制前置电子支付令、变实质审查为可信形式审查，并建立滥用申请权和异议权的防范和惩戒机制等。[2]

（二）完善推广"在线纠纷示范化解"机制

据公开报道，2019 年 9 月 15 日，广州互联网法院运用在线纠纷示范化解机制，在线开庭审理一起互联网金融借款合同纠纷，同时还有看不到的 158 起同类型案件当事人在线参与。庭审结束后两个小时内，上述 158 个同类型案件中，被告即时履行还款义务的有 14 件，主动致电要求还款的有 9 件；庭审次日，又有 35 件案件的被告联系原告协商还款事宜。被告自动履行和主动和解的案件占比高达 37%，在线纠纷示范化解机制取得了宣判一件，化解一批的良好效果。[3]2020 年 10 月，广州互联网法院发布了《关于在线纠纷示范化解若干问题的规定》，明确要通过对示范案件在线调解、在线庭审及发布示范案例的方式，引导同类型案件当事人通过多元化解手段快速解决纠纷。其中示范案件从当事人均已在线认证关联的案件中选取，用于向同类型案件当事人公开展示解纷过程。上海金融法院也创造了类似的在线纠纷示范化解机制，早在 2019 年 1 月，该院发布的全国首个《关于证券纠纷示范判决机制的规定》第 2 条第 1 款就明确规定，"在处理群体性证券纠纷中，选取具有代表性的案件先行审理、先行判决，通过发挥示范案件的引领作用，妥善化解平行案件的纠纷"。后来，该院又在示范判决机制基础上，形成了"在线示范判决＋在线专业调解＋在线司法确认"的在线纠纷示范多元化解机制，即在示范判决基础上，对同批案件在线委派或委托专业调解组织进行参照调解，调解达成协议后，由法院在线进行

---

〔1〕 吴懿："从三个面向展开电子督促程序体系构建"，载《人民法院报》2021 年 1 月 29 日，第 2 版。

〔2〕 周翠："再论督促程序电子化改革的重点"，载《当代法学》2016 年第 6 期；周翠："中国民事电子诉讼年度观察报告（2016）"，载《当代法学》2017 年第 4 期。

〔3〕 王蕾："一周年特辑｜宣判一宗，化解一批！广互全国首创的这个庭审机制太太太高效了！"，载百度网，https://baijiahao.baidu.com/s? id = 1644289278344968171&wfr = spider&for = pc，最后访问时间：2022 年 5 月 1 日。

司法确认，赋予调解协议强制执行力。需要指出的是，有观点认为，司法确认属于非讼程序，其决策过程甚为简单，既不涉及案件事实认定与权利义务争议，也不涉及对法理人情的细致感受与妥帖处理，对人工智能代替法官自主决策的质疑在司法确认领域并不成立，而且，即使人工智能自主审查司法确认申请存在错判风险，也完全可以通过加强算法和数据监管、加大虚假诉讼打击力度等若干风险防控措施来解决。因此，从长远来看，人工智能机器代替法官对在线司法确认申请自主作出裁判结果并非完全不能实现。[1]笔者认为，此观点有一定的合理性，但忽视了最重要的一项内容，即是否违背公序良俗乃是司法确认必须审查的情形之一，[2]这就回避不了人工智能机器无法进行价值判断的问题。因此，可以将人工智能积极运用于司法确认之中，但从必须坚守人类中心主义和法官主体性的角度看，仍然需要把人工智能在司法确认中的应用定位在辅助角色上。

（三）完善推广"类案批量智能审理"机制

在人工智能辅助裁判上，法律人工智能能够很好地适用于权利义务关系清楚、争议不大的简单案件。[3]而且，人工智能以标准一致的要素抽取、相同的算法建模以及流水化的操作流程，对相同的信息输入给出相同的算法输出，非常有利于实现同案同判和类案法律适用统一。[4]据报道，重庆市高级人民法院于 2018 年 12 月开通了"民事类案智能专审系统"，系统具备格式文书、裁判文书的批量生成、批量审批、批量签章、批量送达等功能，实现集团案件的批量处理，减少法官重复劳动。还如，广州互联网法院于 2019 年 8 月上线了"类案批量智审系统"，并与相关企业区块链存证系统互联互通，对案件能够全流程批量化办理。系统利用人工智能

---

〔1〕 钟明亮："'人工智能+在线司法确认'的实践观察与前景展望"，载《法律适用》2020年第 15 期。

〔2〕《民事诉讼法解释》第 358 条第 3 项规定，"经审查，调解协议有下列情形之一的，人民法院应当裁定驳回申请：……（三）违背公序良俗的。"《最高人民法院关于深入开展虚假诉讼整治工作的意见》第 8 条亦强调，当事人诉前达成调解协议，申请司法确认的，应当着重审查调解协议是否存在违背公序良俗等情形。

〔3〕 刘国华、沈杨："人工智能辅助司法裁判的实践困境及其应对策略"，载《学术交流》2021 年第 9 期。

〔4〕 马长山："司法人工智能的重塑效应及其限度"，载《法学研究》2020 年第 4 期。

技术，自动识别并抓取案件同一原告或者被告信息，形成批量案件清单以及对应的诉讼材料，然后原告可以在系统上一键批量提交起诉，并推送给立案法官，由立案法官进行在线审查，首先实现起诉立案批量化处理。此后，法官可以对该批案件后续每一个审理节点进行批量化处理，如批量存证调证、批量送达、批量宣判等。再如，西安市雁塔区人民法院于2020年5月上线"金融类案智审系统"，可实现在线批量智能处理涉金融案件纠纷，诉讼参与人可通过线上批量提交证据，发起立案申请，直至完成全部诉讼事项。法官可实现从立案审查、排期、在线庭审、生成裁判文书、送达结案归档全流程在线批量办理，送达全程区块链留痕，可实时追踪送达时间、地点、签收人等关键节点信息，达到办案自动化、批量化、智能化的目的，有效满足大规模金融纠纷案件快速解决的司法需求。[1] 因此，应在全国法院层面系统总结上述类案批量智能审理机制，并有针对性地进行完善推广，充分借助人工智能强大的算法和算力，以及标准化、流程化、重复性等优势，辅助法官完成诸如立案、证据审查、送达、要素式裁判文书生成等工作，以变革生产工具的方式，大幅提升司法效率，有效缓解传统司法案多人少的困境。[2]

第四节　重塑民事司法数字化的诉讼规则

　　"网络行为或纠纷与线下行为或纠纷有很大不同，诉讼管辖、事实认定和法律适用均打上了互联网烙印，需要建立全新的诉讼规则和裁判标准。"[3]"线上诉讼不是线下诉讼的在线化，而是一种有着相对独立管辖范围和独立诉讼规则的诉讼体系。"[4]因此，在线诉讼规则与线下诉讼规则

---

〔1〕　参见"金融类案批量智审系统在雁塔法院上线啦"，载"西安中院"微信公众号，最后访问时间：2020年5月29日。

〔2〕　陈锐、王文玉："司法人工智能与人类法官的角色定位辨析"，载《重庆大学学报（社会科学版）》，网络首发日期：2021年7月27日。

〔3〕　胡萌："互联网司法规则的中国模式"，载《人民法院报》2022年5月12日，第8版。

〔4〕　刘艳红："人工智能技术在智慧法院建设中实践运用与前景展望"，载《比较法研究》2022年第1期。

是一种平行关系，并非特殊与一般的关系。[1]司法实践中，在线诉讼对传统的线下诉讼规则已经造成了明显的冲击和挑战，因此，国家在设立互联网法院，以及全国人大常委会授权最高人民法院在部分地区开展民事诉讼程序繁简分流改革试点工作时，就明确其中一个目的就是，健全在线诉讼规则。2019年12月5日，最高人民法院主办通过的《世界互联网法治论坛乌镇宣言》亦提出，"完善在线诉讼体系，探索建立在线庭审、电子证据、电子送达及电子卷宗等在线诉讼规则，推动完善信息化时代的诉讼制度"。[2]因此，为确保在线诉讼合法、规范、统一、高效、有序运行，避免司法实践中已经或者将来可能出现的随意突破、混乱、无序状态，应在总结传统法院和互联网法院在线审判工作实践的成功经验和不足之处的基础上，系统化重塑和构建民事司法数字化的诉讼规则。

一、适用与管辖规则的重塑

（一）重塑在线诉讼适用规则

1. 在线诉讼的适用条件

2021年修正后的《民事诉讼法》第16条第1款和《人民法院在线诉讼规则》均规定，适用在线诉讼要经当事人同意。但未规定例外情况，也未明确同意的具体方式以及法官的释明义务，更未明确是否鼓励在线诉讼。

一是鉴于民事司法数字化变革的世界潮流与电子诉讼的发展趋势，"一旦线上法院部署完毕，那么我相信，考虑到分配正义和比例正义原则，大多数案件一般都会被要求采用线上而不是传统方式来解决"。[3]也就是说，在线诉讼所具有的高效低成本节省司法资源优势，可以让更多的人更好地接触司法，更符合分配正义原则和比例原则。此外，一些事实争议不大、查明要求比较低的案件，采取线下庭审方式并不必然优越于在线诉

---

〔1〕 肖建国："在线诉讼的定位与《民事诉讼法》的修改"，载《北京航空航天大学学报（社会科学版）》2022年第2期；胡萌："互联网司法规则的中国模式"，载《人民法院报》2022年5月12日，第8版。

〔2〕 参见"世界互联网法治论坛乌镇宣言"，载《人民法院报》2019年12月6日，第1版。

〔3〕 ［英］理查德·萨斯坎德：《线上法院与未来司法》，何广越译，北京大学出版社2021年版，第108页。

讼，但当事人由于对在线诉讼不够了解而产生或存在数字化排斥，以及对线下庭审存在惯性依赖心理，导致"征得当事人同意"适用条件被盲目性滥用，导致在线诉讼不能够适用，在线诉讼在提升司法效率、节省司法资源等方面的优势也就无从发挥。[1]因此，除了不适宜在线诉讼的案件，未来应在制度上强化法官的释明义务，告知当事人适用在线诉讼的具体环节、主要形式、权利义务、法律后果等，对适宜在线诉讼的案件，引导鼓励当事人选择在线诉讼。但并非替代当事人决定或选择，而是提醒当事人充分了解自己选择的法律后果。[2]此外，可考虑借鉴德国的做法，赋予法官一定的自由裁量权，[3]由法官根据诉讼主体的电子诉讼能力强弱和具体案件情况决定是否适用在线诉讼，对具备较强的在线诉讼能力且负有主动推进电子诉讼发展的责任与义务的国家机关、企事业单位、互联网公司、律师、仲裁员、公证人员等特定主体，可强制适用或者优先适用在线诉讼，[4]因为这并未减损这类当事人的相关权益。

二是经当事人同意，可分为单方同意和双方合意同意。根据"当事人权利保障原则"和促进"接近正义"理念，在线诉讼的适用条件应以当事人不反对为条件，即只要有一方当事人同意适用，就可以单独对其适用，另一方如不同意可以选择线下诉讼，不必非得经过双方当事人同意。[5]此外，"帕累托最优"理论认为，"社会的改革，在增加一部分利益的情况下，又不损害他人的利益，这才是最优的"。"博弈论昭示人们，个人利己的合理追求并不导致社会最优结果，'囚徒困境'就是典型例证。"[6]"'纳什均衡'告诉我们，只有在利他中才能真正利己，也只有在使他人充分受益中才能使个人利益最大化，在受益者各方的共同努力下实现'双

---

〔1〕　长友吉："民事案件在线诉讼中'征得当事人同意'之突破与细化——基于在线诉讼的功能挖掘与比例正义"，载《山东法官培训学院学报》2022年第5期。

〔2〕　王亚新、陈杭平、刘君博：《中国民事诉讼法重点讲义》，高等教育出版社2017年版，第23-24页。

〔3〕　周翠："德国司法的电子应用方式改革"，载《环球法律评论》2016年第1期。

〔4〕　谢登科："关于我国电子诉讼立法的若干建议"，载《团结》2021年第2期。

〔5〕　张兴美："电子诉讼制度建设的观念基础与适用路径"，载《政法论坛》2019年第5期。

〔6〕　何柏生："数学方法能否证明法律问题"，载《华东政法大学学报》2022年第3期。

赢'。"[1]因此，只有允许单方当事人适用在线诉讼使其充分受益，如节省路途遥远而造成线下诉讼的交通费用等成本，正是因为这种利他，可能促成及早开庭审理化解双方矛盾纠纷，进而节省双方当事人的成本，最终实现利他的同时利己与促进诉讼协作，使双方当事人的博弈结果趋于和谐，为建设和谐社会与和谐中国作出贡献。但在线异步审理应经双方当事人合意同意，因为在线异步审理的非同时、非同步的特性容易造成诉讼程序的延宕，影响当事人的诉讼时间成本。

三是经当事人同意，可分为当事人主动选择同意和法官依职权决定后征求当事人同意，即包括当事人主动同意（积极性同意）和被动同意（消极性同意），因为消极性同意可以弥补当事人因法律知识或诉讼经验欠缺而导致无法行使程序选择权的问题。

四是经当事人同意，还可分为概况性同意和具体性同意。概况性同意，即当事人未明确适用在线诉讼的具体哪一个环节，而是概况性选择和同意适用在线诉讼，包括积极性概况同意和消极性概况同意，都会产生推定当事人同意所有诉讼环节适用在线诉讼的法律效力，可避免当事人多次选择和法官多次征询。具体性同意，即当事人只对具体哪些诉讼环节选择或同意适用在线诉讼，此时则不能产生推定当事人同意其余诉讼环节也自动适用在线诉讼的法律效力。[2]

2. 适用在线诉讼的案件和程序范围

2021年修正后的《民事诉讼法》第16条第1款虽规定"经当事人同意，民事诉讼活动可以通过信息网络平台在线进行"，但未细化明确可以适用在线诉讼的案件性质、类型和审级程序，以及排除适用的案件范围。由于技术的介入，随着线上和线下活动之间的边界变得越来越模糊，法院诉讼程序自身正在经历着变革，挑战着关于什么适合、什么不适合在线解决和裁判的既有假设。[3]因此，未来的在线诉讼除了应当绝对排除适用的

---

〔1〕 程祖瑞：《经济学数学化导论》，中国社会科学出版社2003年版，第103页。

〔2〕 谢登科："论在线诉讼中的当事人程序选择权"，载《南开学报（哲学社会科学版）》2022年第1期。

〔3〕 ［美］伊森·凯什、［以色列］奥娜·拉比诺维奇·艾尼：《数字正义 当纠纷解决遇见互联网科技》，赵蕾、赵精武、曹建峰译，法律出版社2019年版，第249页。

案件，只要当事人同意，可以不受案件的类型、审理程序等因素限制。也就是说，在时机成熟时，可以将所有案件类型以及一审、二审、再审、简易、小额、特别等所有审理程序的案件纳入在线诉讼的适用范围。[1]全国各地法院在线诉讼实践，尤其是新冠疫情防控期间在线诉讼实践，对此可以予以有力的佐证。[2]《人民法院在线诉讼规则》第3条即原则性和概况性地规定了，对民事案件、民事特别程序、督促程序、破产程序等案件，可以综合考虑案件情况、当事人意愿和技术条件等因素，适用在线诉讼。但未明确是阶段性适用在线诉讼，还是全程性适用在线诉讼。因此，在当前，比较务实的做法是，应考虑案件的复杂程度、实物证据举证质证需要等因素，对简易程序、小额诉讼程序、督促程序等案件事实比较清楚、案情比较简单的案件以及需要强化司法公开、在线诉讼能够更好地接近正义的案件优先纳入全程性在线诉讼适用范围，对案情复杂、对证据在线举证质证效果较差的案件以及二审、再审程序需要谨慎适用或排除适用全程性在线诉讼，尤其是谨慎适用或者排除适用在线庭审。需要强调的是，涉及国家秘密、个人隐私等依法不公开审理的案件，应当绝对不得适用在线庭审，否则在技术上很难保证不泄密国家秘密或者个人隐私。[3]对此，《人民法院在线诉讼规则》第21条第1款即将"需要通过庭审现场查明身份、核对原件、查验实物的""疑难复杂、证据繁多，适用在线庭审不利于查明事实和适用法律的""涉及国家安全、国家秘密的"等案件排除适用在线庭审。未来，在电子诉讼立法中可在此基础上进一步完善吸收。

（二）重塑在线诉讼管辖规则

1. 重塑地域管辖规则

针对涉网案件地域管辖连接定位难问题，如果一味机械地适用基于传统线下诉讼制定的地域管辖规则，则非常不利于保障原告特别是经济和技术困难的弱势群体的诉讼权利。由于确立涉网案件的管辖因素，已经不同

---

[1]　陈锦波："在线庭审的实践检视与规则重塑"，载《安徽大学（哲学与社会科学版）》2021年第1期。

[2]　左卫民："中国在线诉讼：实证研究与发展展望"，载《比较法研究》2020年第4期。

[3]　刘峥："数字时代背景下在线诉讼的发展路径与风险挑战"，载《数字法治》2023年第2期。

于传统线下地域管辖的确定因素，而且当事人对管辖法院的选择也不一定是其重要考量因素，因此在未来制定"电子诉讼法"时，应当予以考虑对传统的地域管辖中的"原告就被告"规则进行优化调整，可以考虑授权起诉人在原告所在地或者被告所在地法院之间进行选择。[1]比如，对网络购物合同纠纷案件，根据《民事诉讼法解释》第20条规定，以信息网络方式订立的买卖合同，通过信息网络交付标的的，以买受人住所地为合同履行地；通过其他方式交付标的的，收货地为合同履行地。合同对履行地有约定的，从其约定。当收货地与网络消费者住所地不一致时，赋予网络消费者住所地法院管辖权，减少异地诉讼带来的不便。还如，网络侵害名誉权纠纷，原告名誉的受损在其住所地会有明显表现，因此可以赋予原告有权选择其住所地法院诉讼，更符合两便原则。

2. 重塑协议管辖规则

针对协议管辖自愿和生效难问题，应当倡导大型电子商务平台在用户注册时，应允许用户就约定管辖条款进行补充，即注册时允许用户补充约定其他管辖法院，这样发生纠纷后，双方都可以选择到意愿的法院进行起诉，以平衡双方的管辖利益。如果不允许用户对约定管辖条款进行补充的，应在司法解释或司法裁判中明确此类约定管辖因违反自愿原则而无效。对用户不需要补充其他管辖法院的，应要求平台对管辖协议条款进行单独设置，并采取弹窗告知等提示方式，避免因格式条款提示不到位而难以认定有效。[2]

3. 重塑互联网法院管辖规则

2019年1月，中央全面深化改革委员会审议通过《关于政法领域全面深化改革的实施意见》，将"推动完善互联网法院管辖"作为重点任务。首先，在《人民法院组织法》等现行法律未将互联网法院定性为专门法院前，互联网法院在案件上实行的并非专门管辖。"在线法院与传统物理法院

---

〔1〕 肖建国、庄诗岳："论互联网法院涉网案件地域管辖规则的构建"，载《法律适用》2018年第3期。

〔2〕 郑旭江："互联网法院建设对民事诉讼制度的挑战及应对"，载《法律适用》2018年第3期。

并非一一对应，因此不应适用传统物理法院的管辖规则。"[1]根据最高人民法院《互联网法院审理案件若干问题规定》，目前互联网法院在案件管辖上实行集中管辖制度，其效力并不必然高于《民事诉讼法》规定的专属管辖。但如果双方当事人将本应当由互联网法院集中管辖的案件约定由三家互联网法院所在地的其他基层法院管辖，则容易导致法律解释与法律适用的困境。[2]因此，应当明确协议管辖也不得违反互联网法院集中管辖规定，否则就难以实现涉网案件由互联网法院集中管辖的目的。

其次，应早日在法律上确定互联网法院的专门法院地位，实行专门管辖。在互联网法院是否应当定位为专门法院上，存在反对论和支持论两种观点。反对论认为，不宜定位为传统法院之中的专门法院。其一，从现有的海事法院、知识产权法院、金融法院等专门法院的设置来看，其专门性主要体现为所管辖案件性质的专门性，即所管辖案件的实体法律关系类型上存在专门性或者专业性。而互联网法院所管辖的案件，主要是发生于互联网上的纠纷，类型十分广泛，并不具有专门性或专业性。其二，互联网法院实行的"网上审理"，与传统法院实行的"在线审理"相比，并无明显创新和突破而显示其独特性。[3]此外，从现有专门法院与互联网法院的产生时代背景与面向空间领域看，前者主要是工业时代的产物，主要面向物理空间；后者则是数字时代的产物，面向网络空间。因此，互联网法院应是与传统法院并行比肩的信息化时代的新型法院。[4]支持论认为，从设立专门法院的专业性标准看，互联网法院设立之初，其专业性主要体现为在线审理和技术创新上，并不具备专门法院的属性，但随着在线诉讼普遍推行，互联网法院依托集中管辖特定类型互联网案件的优势，作出了一大批具有填补空白、树立规则、先导示范意义的裁判，目前已经具备了转型

---

〔1〕　寇枭立、李洪琳："传统物理法院的技术革新之路：互联网时代纠纷解决机制的进阶发展"，载《人民司法》2019 年第 22 期。

〔2〕　任昊："智慧司法新技术下民事司法的革新"，载上海市法学会编：《上海法学研究　2020 年　第 4 卷》，上海人民出版社 2021 年版，第 342-356 页。

〔3〕　段厚省："论互联网法院的功能定位与程序创新"，载《上海师范大学学报（哲学社会科学版）》2020 年第 6 期；郝晶晶："互联网法院的程序法困境及出路"，载《法律科学（西北政法大学学报）》2021 年第 1 期。

〔4〕　景汉朝："互联网法院的时代创新与中国贡献"，载《中国法学》2022 年第 4 期。

为专门法院的条件，下一步，应考虑将其转型"升格"为中级法院层次的专门法院。[1]互联网法院目前管辖的"涉网案件"范围，无法体现专业化审判职能，应回归审判专业性案件的专门法院定位，而非审判特殊案件的跨行政区划法院。[2]互联网法院并非传统法院的网络版和替代品，而是与传统法院并立的具有独特功能的专门法院。[3]此外，有学者认为，从涉网案件事实生存空间、案件证据与载体、网络法庭布局、在线诉讼规则、网络法院运行环境与产生效能的特殊性来看，互联网法院是一种新型的专门法院。[4]笔者赞同支持论。虽然在 2018 年《人民法院组织法》修订时，有观点认为互联网法院的特色在于互联网审判，而互联网审判方式最多只是一种新的审判方式，并且涉及互联网的纠纷也只是普通纠纷转换了一下形态，并不像其他专门法院一样具有专门性。[5]但从《关于设立杭州互联网法院的方案》和《关于增设北京互联网法院、广州互联网法院的方案》看，设立互联网法院的初衷之一是，当好互联网空间依法治理的孵化器、互联网司法规则制定的试验田。即互联网法院的核心功能在于探索依托于互联网技术的诉讼程序规则和探索建构互联网空间治理的实体法律规则。[6]"互联网法院并非简单的'互联网+审判'，而是综合运用互联网新兴技术，推动审判流程再造和诉讼规则重塑，是对传统审判方式的一次革命性重构。"[7]因此，从互联网法院功能的专门性，管辖网络空间领域的专门性来看，应将互联网法院定位为一种新型的专门法院。至于其管辖案件的专业性，可通过调整管辖案件类型和范围，来凸显案件的专业性和

---

〔1〕 何帆："新时代专门人民法院的设立标准和设置模式"，载《中国应用法学》2022 年第 3 期。

〔2〕 杨秀清："互联网法院定位之回归"，载《政法论丛》2019 年第 5 期。

〔3〕 肖建国、庄诗岳："论互联网法院涉网案件地域管辖规则的构建"，载《法律适用》2018 年第 3 期。

〔4〕 刘树德："关于《人民法院组织法》专门法院设置的若干思考——立足互联网时代网络强国战略的背景"，载《法治研究》2017 年第 4 期。

〔5〕 段厚省、屠琳舒："论互联网法院的专门化"，载《河北法学》2022 年第 7 期。

〔6〕 段厚省："论互联网法院的功能定位与程序创新"，载《上海师范大学学报（哲学社会科学版）》2020 年第 6 期。

〔7〕 乔文心："规范互联网空间秩序 实现互联网审判体系创新发展——最高人民法院司改办负责人就互联网法院审理案件司法解释答记者问"，载《人民法院报》2018 年 9 月 8 日，第 3-4 版。

专门性。

最后，应适当调整互联网法院管辖案件类型与范围。鉴于互联网法院的功能定位，其更大使命在于推动网络空间治理法治化，因此应将新型、疑难、复杂的互联网案件，[1]或者与互联网经济健康发展密切相关的其他民事案件[2]纳入互联网法院管辖范围。至于是否应将案件量较大、规则意义不强的案件调整出去交由传统法院管辖，反对论认为，从有利于参与互联网经济变革，维护互联网经济发展，推进互联网行业纠纷诉源治理，探索大数据司法人工智能等角度看，以及为避免将数量巨大的涉网类案纠纷交由传统法院管辖可能带来的更大的成本损害，现有司法解释规定的各类案由纠纷仍应由互联网法院继续管辖，以避免纠纷分散转移到传统法院。支持论认为，互联网法院的案件管辖应当与其专门法院定位相匹配，体现出类型化、专门化特点，且为避免过多占用互联网法院审判资源，影响依法治网功能发挥，其审判重心应聚焦于审理数据权属、虚拟财产、算法规制、平台治理等互联网特性突出、[3]规则治理意义较强的"强互联网案件"或"互联网专属案件"，应将一般性、普遍性、批量简单且互联网特性不突出、规则意义不强的"泛互联网案件"交由传统法院审理。[4]笔者赞同支持论，主要理由如下：其一，随着数字时代线上线下的边界日益模糊，"人民法院受理的各类民商事纠纷，或多或少都带有一定的互联网色彩，如果将所有涉互联网案件都交由互联网法院审理，既不合理，也不可行"。[5]其二，随着全国范围内智慧法院建设的不断推进，尤其是杭

---

〔1〕　乔文心："推动互联网法院建设迈向新阶段——互联网法院工作座谈会侧记"，载《人民法院报》2020年9月24日，第1版；郝晶晶："互联网法院的程序法困境及出路"，载《法律科学（西北政法大学学报）》2021年第1期；吕子逸："论互联网法院的导向模式与实现路径"，载《北京航空航天大学学报（社会科学版）》2022年第4期。

〔2〕　景汉朝："互联网法院的时代创新与中国贡献"，载《中国法学》2022年第4期。

〔3〕　侍孝祥："互联网法院案件管辖范围的实践与探析"，载《中国审判》2021年第17期；何帆："数字司法的时代之问与未来发展"，载《数字法治》2023年第1期。

〔4〕　乔文心："推动互联网法院建设迈向新阶段——互联网法院工作座谈会侧记"，载《人民法院报》2020年9月24日，第1版；刘峥："推进互联网司法建设的四个重点"，载《学习时报》2021年10月27日，第A2版。

〔5〕　胡仕浩、何帆、李承运："《关于互联网法院审理案件若干问题的规定》的理解与适用"，载《人民司法》2018年第28期。

州、北京、广州三家互联网法院所在省市法院智慧法院建设程度都比较高，如浙江法院正在深入创建"全域数字法院"，上海法院正在打造"全流程网上办案体系"和"数字法院"，而且上海市长宁区人民法院还专门设立了互联网审判庭，因此，这些地方的传统法院有足够的软硬件能力开展涉网案件审判，将批量简单涉网案件交由传统法院审理，并不会增加成本损害。其三，从司法改革目标来看，也应当适时将简单批量等"泛互联网案件"分散到传统法院审理，以便互联网法院法官"能够集中精力尽好责、办好案，提升司法质量效率和公信力"。此外，有观点认为，可根据实际情况，主要行为在线上的，由互联网法院管辖，主要行为在线下的，由传统法院管辖。[1]对此，笔者认为，实践中，很多情况下并不容易区分主要行为在线上还是在线下，这必将带来很多不必要的管辖争议，这也与民事司法数字化旨在帮助当事人更好地接近正义的目标不相符合。

二、证据与送达规则的重塑

（一）重塑电子证据规则

1. 适当调整要求优先提供电子数据原件的限制

实践中，为推广在线诉讼，无论是传统法院还是互联网法院均要求当事人将传统的证据形式采用翻拍、扫描、转录等方式进行电子化后上传至电子诉讼平台，以方便在线举证、质证。首先需要在法律上界定此类证据是否属于电子证据，笔者认为，此类证据完全符合电子数据的性质和形式，应当认定为属于"电子数据"证据。但是此类传统证据经过电子化后形成的电子证据，再上传至电子诉讼平台已经不是原件而是复制件了。而根据 2019 年修正后的《民事诉讼证据规定》第 23 条规定，当事人应当优先提供电子证据原件，只有在提供原件有困难时，方可提供复制件。这与在线诉讼中电子证据大量出现的需求和现状都不相适应，在未来制定"电子诉讼法"时应当针对此类情形予以适当调整。《人民法院在线诉讼规则》

---

〔1〕 景汉朝："互联网法院的时代创新与中国贡献"，载《中国法学》2022 年第 4 期。

第12条已经规定，当事人提交的电子化材料，经人民法院审核通过后，可以直接在诉讼中使用，除特殊情形外，不再要求提供原件、原物，[1]未来立法时应对此予以合理吸收。

2. 对电子证据的真实性审查认定问题

2019年修正后的《民事诉讼证据规定》在《互联网法院审理案件若干问题规定》规定基础上，对电子证据的审查方式等进行了细化完善，[2]而且《人民法院在线诉讼规则》还建立了区块链存储的电子数据上链前真实性和上链后真实性审查规则，[3]应当在未来制定"电子诉讼法"时予以合理吸收转化。

3. 创新应用区块链存证

司法实践中创新应用区块链存证，较好地解决了电子证据真实性、合法性难以认定问题，同时也推动了证据理论中"原件"认定标准的革新。传统观点认为，电子证据原件不能脱离原始载体，2019年以前的司法实践也受此影响，82.94%的涉区块链存证案件举证方因无法证明上链的电子数据为原件而未得到法院采信。[4]但从技术角度看，完全可以做到原件和复制件的同一性，并不影响其证明力。从国内外立法例来看，我国的《电子签名法》第5条[5]和《美国联邦证据规则》第1001条、第

---

〔1〕《人民法院在线诉讼规则》第12条规定："当事人提交的电子化材料，经人民法院审核通过后，可以直接在诉讼中使用。诉讼中存在下列情形之一的，人民法院应当要求当事人提供原件、原物：（一）对方当事人认为电子化材料与原件、原物不一致，并提出合理理由和依据的；（二）电子化材料呈现不完整、内容不清晰、格式不规范的；（三）人民法院卷宗、档案管理相关规定要求提供原件、原物的；（四）人民法院认为有必要提交原件、原物的。"

〔2〕 参见《民事诉讼证据规定》第93条、第94条规定，《互联网法院审理案件若干问题规定》第11条。

〔3〕 参见《人民法院在线诉讼规则》第17条、第18条。

〔4〕 张春和、林北征："司法区块链的网络诉源治理逻辑、困惑与进路"，载《中国应用法学》2019年第5期。

〔5〕《电子签名法》第5条规定："符合下列条件的数据电文，视为满足法律、法规规定的原件形式要求：（一）能够有效地表现所载内容并可供随时调取查用；（二）能够可靠地保证自最终形成时起，内容保持完整、未被更改。但是，在数据电文上增加背书以及数据交换、储存和显示过程中发生的形式变化不影响数据电文的完整性。"

1003 条〔1〕规定，对原件还是复制件，都不再严格要求区分。而且美国还将打印的电子信息也视为原件。对此，2019 年修正后的《民事诉讼证据规定》第 15 条第 2 款采纳了上述做法，〔2〕《民事诉讼程序繁简分流改革试点问答口径（一）》亦明确，经过人民法院审核通过的电子化材料，具有"视同原件"的效力。这共同更新了包括区块链存证在内的电子证据规则，在未来的"电子诉讼法"中也应当予以吸收。综上，我国应构建一种新型的符合网络技术特征、满足在线审查要求的线上证据审查认定规则。〔3〕

（二）重塑电子送达规则

首先，2021 年修正前后的《民事诉讼法》均规定，电子送达的适用条件是经受送达人同意。然而实践中，除不具备接受电子送达技术条件和能力的当事人外，原告起诉时一般都会同意适用电子送达，被告如果主动应诉的，一般也会同意适用电子送达。电子送达难主要系由部分案件被告出于躲避或逃避送达等原因造成的，主要表现为被告初次送达难或庭前送达难。因此，对不同情况一律强调当事人同意原则，提高了电子送达的适用门槛，降低了电子送达适用率，不利于发挥电子送达作为新型送达方式在破解送达难与整体上提升诉讼效率方面的作用。〔4〕尤其是在线诉讼中，如果仍然采取传统线下方式送达裁判文书，则在线诉讼运行的连续性和高效性将会大打折扣。〔5〕因此，在未来的法律修订或者专门

---

〔1〕《美国联邦证据规则》第 1001 条、第 1003 条规定："……就存储的电子信息而言，如果能够精确地反映该信息内容，无论该电子的打印输出件还是其复制件，都视为该电子信息的原件……""文件的副本与原件具有程度相同的采信度，除非对原件无法排除合理怀疑或者使用副本会导致法律审判的不公。"参见伊然、董学敏："互联网审判中区块链存证技术的应用进路"，载《人民司法》2020 年第 31 期。

〔2〕《民事诉讼证据规定》第 15 条第 2 款规定，当事人以电子数据作为证据的，应当提供原件。电子数据的制作者制作的与原件一致的副本，或者直接来源于电子数据的打印件或其他可以显示、识别的输出介质，视为电子数据的原件。

〔3〕张玉洁："区块链技术的司法适用、体系难题与证据法革新"，载《东方法学》2019 年第 3 期。

〔4〕韩学艳、王旺："电子送达当事人同意原则的检视与完善"，载《人民司法》2021 年第 25 期。

〔5〕谢登科："在线诉讼的中国模式与未来发展"，载《中国应用法学》2022 年第 4 期。

立法中，有必要对电子送达受送达人同意原则进行审视和完善，建立受送达人同意例外原则。"对国家机关、商主体、金融机构等特定主体而言，具有较强的互联网应用能力，在网络强国战略背景下，特定主体负有推动电子诉讼发展的责任，应明确其优先适用电子诉讼的义务。"〔1〕例如，德国联邦最高法院早在 2001 年就规定，"该院管辖的案件中所有形式上以律师为送达人的，都采用电子送达"。〔2〕《德国民事诉讼法》第 174 条第 3 款亦规定，法院对律师、公证人员等专业用户适用电子送达，无须征得其同意。〔3〕因此，我国可考虑借鉴德国立法经验，对国家机关、律师、互联网企业等具有较强适用电子送达能力的特定主体，赋予其适用电子送达的法定义务，无须征得其同意。〔4〕因为这不仅不会减损其程序利益，反而方便其参加诉讼。当然，可以考虑借鉴德国"德邮"账户的做法，为特定主体设置特定电子地址，并向社会公开公示，方便法院和对方当事人查询。此外，涉互联网案件因纠纷起因于当事人在互联网的交易等法律行为，当事人都具有使用网络的条件和能力，自然具备接收电子送达的条件和能力，因此，对涉互联网案件的当事人进行电子送达，亦无须征得其同意。〔5〕

其次，2021 年修正前后的《民事诉讼法》对受送达人同意原则，均未明确具体的同意规则。而同意包括明示同意和默示同意，默示同意又包括送达前和送达后默示同意。因此，除受送达人口头或书面方式明示同意适用电子送达外，还应建立细化推定默示同意规则。最高人民法院的《互联网法院审理案件若干问题规定》和《人民法院在线诉讼规则》对默示同意

---

〔1〕　高翔："民事电子诉讼规则构建论"，载《比较法研究》2020 年第 3 期。

〔2〕　张陈果："德国民事送达改革研究——写在德国《民事送达改革法》颁行十年之际"，载《民事程序法研究》2014 年第 2 期。

〔3〕　郝晶晶："互联网法院的程序法困境及出路"，载《法律科学（西北政法大学学报）》2021 年第 1 期。

〔4〕　周翠："中国民事电子诉讼年度观察报告（2016）"，载《当代法学》2017 年第 4 期。

〔5〕　吴逸、裴崇毅："我国民事诉讼电子送达的法律问题研究——以杭州互联网法院诉讼规程汇编为例"，载《北京邮电大学学报（社会科学版）》2018 年第 5 期；陈锦波："电子送达的实践图景与规范体系"，载《浙江学刊》2020 年第 1 期。

进行了细化规定，[1]但还应当在此基础上进行完善。例如，当事人同意适用电子诉讼程序的，应当视为其同意接受电子送达。当事人在电子诉讼平台注册进行电子诉讼的，可推定当事人同意法院在该平台向其进行电子送达；[2]企业在注册登记公示信息中向社会公开电子联系方式的，可视为该企业对外发生纠纷涉诉时同意通过该电子联系方式进行电子送达；[3]等等。尤其需要强调的是，对非涉互联网案件的被告初次送达，法官判断被告具有接收电子送达的条件和能力的，也可以直接先行电子送达，被告在送达后默示同意的，则视为有效送达。被告提出异议的，应当通过建立异议审查机制依法审查。此外，当事人明示同意电子送达的，一般都会主动提供接收电子送达的电子地址。而在默示同意的情况下，尤其是对被告首次送达情况下，就需要法院主动收集被告的电子地址。实际上，送达难并不在于送达方式上，而在于当事人有效送达地址难找和难以确定。因此，可以在互联网法院和部分法院运用大数据挖掘锁定当事人有效电子送达地址等成功经验基础上，由最高人民法院联合有关部门、机构、通信运营商等，在国家层面配套建设全国统一的电子送达地址大数据库和电子送达平台，[4]或者在国家层面上开发全国统一的居民电子身份证，作为法定电子送达地址。[5]此外，应推动落实电子送达的诉讼文书和送达回执在司法区块链平台统一存储和互联网端查验，保证送达全流程安全可靠，维护司

---

[1]《互联网法院审理案件若干问题规定》第 15 条第 2 款规定，当事人未明确表示同意，但已经约定发生纠纷时在诉讼中适用电子送达的，或者通过回复收悉、作出相应诉讼行为等方式接受已经完成的电子送达，并且未明确表示不同意电子送达的，可以视为同意电子送达。《人民法院在线诉讼规则》第 29 条第 2 款规定："具备下列情形之一的，人民法院可以确定受送达人同意电子送达：……（二）受送达人在诉讼前对适用电子送达已作出约定或者承诺的；（三）受送达人在提交的起诉状、上诉状、申请书、答辩状中主动提供用于接收送达的电子地址的；（四）受送达人通过回复收悉、参加诉讼等方式接受已经完成的电子送达，并且未明确表示不同意电子送达的。"

[2] 王福华："电子诉讼制度构建的法律基础"，载《法学研究》2016 年第 6 期。

[3] 北京互联网法院课题组："'互联网+'背景下电子送达制度的重构——立足互联网法院电子送达的最新实践"，载《法律适用》2019 年第 23 期。

[4] 韩学艳、王旺："电子送达当事人同意原则的检视与完善"，载《人民司法》2021 年第 25 期。

[5] 郑旭江："互联网法院建设对民事诉讼制度的挑战及应对"，载《法律适用》2018 年第 3 期。

法权威。[1]如可以利用区块链技术，对拟送达的电子地址近期活跃状态进行分析、验证和存证后，依法送达并将电子送达情况上链，之后可再通过区块链记录被送达的电子账号使用状况及活跃程度，为推定受送达人是否收悉提供验证。[2]

最后，应当完善电子送达生效标准。2021 年修正前后的《民事诉讼法》均规定，以送达信息达到受送达人特定系统为送达日期。即"到达生效主义"。从立法本意看，这应当是建立在受送达人明示同意且主动提供电子地址的基础上的。然而实践中，对于法院依职权获取当事人电子地址的，在法院向其进行电子送达时，其本人事前可能并不知悉，因此，为保障当事人的事前电子送达方式选择权和诉讼程序选择权，不能仅以送达信息到达特定系统即推定为生效，而应当在电子送达后及时通过电话、短信等有效方式同步提醒受送达人查收送达信息，并通过受送达人是否回复收悉，或者作出特定诉讼行为表明收悉，或者经与受送达人核实确认收悉的，方可推定送达完成并生效，即应采取"收悉生效主义"。《人民法院在线诉讼规则》对电子送达标准即采用"到达生效主义"和"收悉生效主义"相结合的方式，[3]可在实践基础上再行完善吸收到将来的立法中。此外，即使受送达人主动提供电子送达地址，在法院发送的电子送达信息到达受送达人指定系统时，受送达人也不一定第一时间查收而知悉。因此，人民法院对此类情况，也可以采取同步告知的方式，提醒当事人查收。从实质正义以及兼顾保护当事人诉讼权利与确保司法效率的角度出发，也可以考虑借鉴韩国立法经验，即对受送达人主动提供电子送达地址的，亦以受送达人确认收悉的日期或者能够确定受送达人确已收悉的日期为送达日期，但应限制一定期限，如超过 7 日即使受送达人未确认收悉的，仍视为送达。[4]

---

〔1〕　参见《关于加强区块链司法应用的意见》。

〔2〕　李晓丽："论区块链技术在民事司法应用中的价值、风险和进路"，载《中国应用法学》2021 年第 3 期。

〔3〕　刘峥、何帆、李承运："《人民法院在线诉讼规则》的理解与适用"，载《人民司法》2021 年第 19 期。

〔4〕　周鸿飞："'互联网+'背景下电子送达制度的革新与探析"，载《河南财经政法大学学报》2022 年第 1 期。

三、法庭与程序规则的重塑

（一）重塑在线庭审法庭规则

1. 重塑在线庭审法庭仪式规则

在线诉讼使庭审场域从物理实体剧场化的法庭变成了网络虚拟场景化的法庭，庭审的仪式感、威严感等剧场化效应一定程度上有所减弱，并对民事司法的诚信原则、直接言词原则、辩论原则等带来影响。因此，要尽量还原和符合线下物理法庭的舞台设置，重塑在线庭审法庭仪式规则，确保在线庭审司法礼仪和法庭纪律得到有效遵守。此外，要明确规定在线庭审仍然适用《人民法院法庭规则》。同时，在线法庭的布置应当和线下法庭的布置保持一致，确保国徽、审判台、法槌等环境要素齐全，而且庭审时应将在线法庭的全部要素展现至庭审视频画面中。对于法官而言，在线庭审的场所应当首先选择在线下实体法庭里进行，如果确需居家或在其他地点在线开庭的，也应通过技术手段，如广州互联网法院的虚拟"YUE法庭"，虚拟呈现法庭的全部要素。对于当事人等出庭人员而言，应当尽量选择能够达到线下庭审效果要求的环境场所，如场所应当相对封闭、安静庄重等。必要时，应当要求出庭人员到人民法院指定的场所参加在线庭审。笔者认为，应优先选择就近的人民法院或者人民法庭作为在线庭审场所。其次，可以推广浙江法院创新"共享法庭"机制，在街镇、村居、群团组织、行业组织设立"共享法庭"，[1]有效解决移动端开庭时存在的环境嘈杂、庭审不严肃、违规录制、截取庭审音视频或图文资料、借故中断在线庭审寻求庭外帮助等问题。此外，还要对在线庭审的着装、纪律等方面进行细化规范。

2. 重塑在线庭审公民旁听规则

经在最高人民法院"法信"平台检索，目前我国民事诉讼法及其司法解释，以及最高人民法院发布的与在线诉讼相关的司法解释和规范性文件均无在线庭审旁听方面的规定。经检索三家互联网法院发布的相关在线庭

---

[1] 方斯剑、高敏："我省全面加强'共享法庭'建设"，载《浙江法制报》2021年9月30日，第1版、第3版。

审规范性文件，也没有这方面的规定。而庭审旁听权来源于公民的政治监督权、言论自由权等基本政治权利，是公民行使基本政治权利的表现。[1] 因此必须对在线庭审旁听进行保障和规制，做到既保障好公民的庭审旁听权，又维护好旁听秩序。一是根据《人民法院法庭规则》第 17 条规定，在线庭审旁听一般应要求旁听人员到人民法院的法庭内进行现场旁听，如果允许其在当事人自己的场所进行远程旁听，也应做到将旁听人员与当事人进行物理区隔，否则难以防止旁听人员不进入审判活动区、不随意站立走动，也难以防止旁听人员对当事人可能出现的诉讼干扰。[2] 根据 2019 年《民事诉讼证据规定》第 72 条第 2 款规定，[3] 对证人不应允许远程旁听，否则很难在技术上确保"证人作证前不得旁听"的规定能够得到落实。二是要运用数字技术对远程旁听人员进行身份验证和双向视频旁听，并告知旁听人员遵守庭审纪律和法庭礼仪。

（二）重塑在线审理程序规则

"与具有悠久历史的线下诉讼相比，线上诉讼无疑是一个新生事物。它的顺利健康发展，既需要解决观念更新问题，更需要解决程序的规制与保障问题。"[4]

1. 要规范身份认证制度规则

实践中各地法院对在线诉讼当事人身份认证做法不一，有官方诉讼平台认证方式，也有通过支付宝、微信等第三方平台认证方式。为确保诉讼主体身份真实性，可以借鉴国外的做法，规定使用国家统一的身份认证系统或者经过官方认可的身份认证系统。

2. 建立线上与线下诉讼的程序异议与转换制度

基于"数字鸿沟"的现实存在，在线诉讼可能减损当事人程序权益

---

〔1〕 高一飞、贺红强："庭审旁听权及其实现机制"，载《社会科学研究》2013 年第 1 期。

〔2〕 任昊："智慧司法新技术下民事司法的革新"，载上海市法学会编：《上海法学研究 2020 年 第 4 卷》，上海人民出版社 2021 年版，第 342-356 页。

〔3〕《民事诉讼证据规定》第 72 条第 2 款规定，证人作证前不得旁听法庭审理。

〔4〕 李浩："从理念革新到制度变革：在线诉讼规则体系初步建立"，载《人民法院报》2021 年 6 月 29 日，第 2 版。

等，应当建立当事人程序异议和转换制度，[1]尤其对法官行使自由裁量权决定线上或线下审理的案件，应当允许当事人提出异议，并由法官依法审查决定异议是否成立，异议成立的，应当及时转换审理方式。此外，程序异议还应包括一方当事人选择或者同意在线诉讼的，而另一方当事人提出异议要求转为线下诉讼的情形。例如，《人民法院在线诉讼规则》第5条第3款即明确规定，"在调解、证据交换、询问、听证、庭审等诉讼环节中，一方当事人要求其他当事人及诉讼参与人在线下参与诉讼的，应当提出具体理由。经审查，人民法院认为案件存在案情疑难复杂、需证人现场作证、有必要线下举证质证、陈述辩论等情形之一的，相应诉讼环节可以转为线下进行"。该条规定属于当事人同意规则的例外，但同时法院也享有是否需要程序转换的审查权和决定权，以合理平衡法院与当事人、当事人与当事人之间的关系与利益。当然，基于诚信原则，以及诉讼效率、双方当事人利益平衡考量等，对当事人已经选择或者同意在线审理后又反悔的，除非出现案件不再适宜在线审理等法定情形，一般不应准许，以免浪费有限的司法资源，并损害对方当事人的信赖预期利益。[2]对于当事人申请将线下审理转为线上审理的，如果是双方当事人共同申请，除非存在法定排除适用在线诉讼或者其他严重不妥情形，原则上应予准许。如果是单方当事人提出申请，应根据对方当事人是否提出异议等情况综合衡量决定。

3. 要规范完善在线异步审理模式

实践中，杭州互联网法院最早实行远程异步审理，并制定了《杭州互联网法院涉网案件异步审理规程（试行）》。此后，北京、广州互联网法院均在各自制定的在线审理规程中对异步审理进行了专门规定，只是北京互联网法院将之称为"非同时庭审"，广州互联网法院将之称为"在线交互式审理"而已。异步审理虽然遭受着去在场性与去仪式性、证人异步回应、跨国远程异步审理缺乏程序正当性的拷问，但从哈贝马斯的交往行为

---

〔1〕 高翔："民事电子诉讼规则构建论"，载《比较法研究》2020年第3期。

〔2〕 陈锦波："在线庭审的实践检视与规则重塑"，载《安徽大学学报（哲学社会科学版）》2021年第1期。

理论来看，与传统的线下庭审相比，其言语交往之陈述的真实性和表达的真诚性，可通过强化妨碍民事诉讼的强制措施予以保障。[1]而且，这些可能存在的问题也不是在线异步审理所独有的，在线同步审理也可能存在。因此，虽然在线异步审理还受到"可能带来程序正义虚无化、传统庭审方式颠覆化"的质疑，[2]但异步审理具有自身历史正当性、降低诉讼成本、提升司法效率、增加程序选择权等正当性支撑，[3]以及存在应当嵌入虚实一体生活立场的现实司法需求，[4]应当在未来立法中予以保留。但异步审理作为一种新型审理方式，且可能弱化直接言词原则，因此，首先应将其定位为在线同步审理的补充方式，即作为双方当事人同时在线参与庭审确实困难的一种补充庭审方式。

从理论上看，其适用正当性基础应来源于当事人意思自治原则、当事人程序主体性原则之程序处分权和选择权，以及诉讼经济原则。因此，为充分保障当事人诉讼权利，异步审理应以双方当事人同意为适用前提，并以当事人主动申请适用方可启动，不适宜适用当事人默示同意或者推定当事人同意。其适用合理性应当来源于不影响案件事实查明，以及不造成庭审的过度拖沓。[5]适用的案件范围应以简单性为主要标准，并非以案件标的额大小为标准。因此，《人民法院在线诉讼规则》第20条将适用异步审理的案件范围限定为简易程序案件具有合理性，但限定为小额诉讼案件并不十分妥当。同时，该条规定将异步审理限定于诉讼程序案件也不够合理，从异步审理的性质看，应当纳入非讼程序案件。此外，为兼顾维护诚信诉讼原则和诉讼效率原则，还应将当事人人数众多、容易发生虚假诉讼

---

〔1〕　段厚省："远程审判的程序正当性考察——以交往行为理论为视角"，载《政法论丛》2020年第2期。

〔2〕　张卫平："在线诉讼：制度建构及法理——以民事诉讼程序为中心的思考"，载《当代法学》2022年第3期。

〔3〕　王庆宇："民事异步审理的性质及其正当性证成"，载《贵州师范大学学报（社会科学版）》2021年第4期。

〔4〕　马长山："数字法学的理论表达"，载《中国法学》2022年第3期。

〔5〕　林洋："互联网异步审理方式的法理思辨及规则构建"，载《甘肃政法学院学报》2020年第4期；陶杨、付梦伟："互联网法院异步审理模式与直接言词原则的冲突与协调"，载《法律适用》2021年第6期。

以及有重大影响、疑难复杂、需要证人或鉴定人出庭、涉及身份确认需要当事人本人到庭等案件排除适用异步审理。[1]为避免异步审理程序拖沓，应适度强化法官的主导权和引导权。

需要特别指出的是，为强化言词原则，有效防止可能出现的冒名代替参加在线异步审理问题，在线庭审必须以能够达到现场效果的视频的方式进行，以满足庭审的现场感、仪式感、秩序感。[2]因此，在线异步审理应以"视频留言"的方式进行，不得通过"文字留言"或"语音留言"等非视频方式进行，以尽可能减少在线异步审理对直接言词原则的冲击。此外，还应当在总结异步审理司法实践基础上，合理设定异步审理发问、回答、辩论等审理环节的时限。[3]最后，异步审理也应当遵守审判公开原则，应通过事后的异步审理笔录公开等方式弥补审理过程不公开可能带来的外部监督缺失等不足。

4. 要完善证人在线出庭作证制度规则

鉴于线上诉讼方式与线下诉讼方式系平行关系，而且在线出庭作证具有独立的工具价值，因此，在线出庭作证不应再作为一种例外或补充替代选择，而应作为一种通用的作证方式，供证人自主选择。[4]在适用在线诉

---

〔1〕 肖建国、丁金钰："论我国在线'斯图加特模式'的建构——以互联网法院异步审理模式为对象的研究"，载《法律适用》2020年第15期；自正法："互联网法院的审理模式与庭审实质化路径"，载《法学论坛》2021年第3期；谢登科、赵航："论互联网法院在线诉讼'异步审理'模式"，载《上海交通大学学报（哲学社会科学版）》2022年第2期；林剑锋、张喜彪："在线诉讼视域下的民事异步审理：性质定位、问题反思与规则建构"，载《南海法学》2023年第3期。

〔2〕 张卫平："在线诉讼：制度建构及法理——以民事诉讼程序为中心的思考"，载《当代法学》2022年第3期。

〔3〕 例如，《杭州互联网法院涉网案件异步审理规程（试行）》第6条规定，经法官许可，案件进入发问环节。发问以交互式发问框的方式进行。各方当事人相互发问应于24小时之内完毕，发问不分先后，提问与回答可同时进行。发问结束后的24小时，当事人不能问只能答。法官发问不受时间限制。法官认为无需发问的，可以直接进入辩论环节。第7条规定，各方当事人在上述调查结束后48小时之内不分先后发表辩论意见。第8条规定，各方当事人在辩论结束后24小时之内不分先后陈述最后意见，同时勾选是否同意调解。第9条规定，发问与辩论由法官决定可以合并进行。被告未进行答辩及举证的，一般合并进行。原、被告可在发问开始的24小时之内直接发表全部辩论意见。

〔4〕 张鸿绪："论我国远程作证中情态证据的程序保障——兼评《人民法院在线诉讼规则》"，载《政法论丛》2021年第4期；张卫平："民事诉讼智能化：挑战与法律应对"，载《法商研究》2021年第4期。

讼程序的案件中，需要证人作证的，原则上应当采用在线作证。同时，应建立当事人对证人在线出庭作证异议与转换制度，确有必要线下出庭作证的，应当要求证人线下出庭作证。为落实证人作证隔离和真实规则，应当借鉴全国法院跨域立案诉讼服务工作机制做法，建立全国法院证人在线出庭作证协作机制，由受诉人民法院指定或者由证人选择到就近的人民法院或者人民法庭在线出庭作证，或者可以借鉴浙江法院"共享法庭"设计机制，在街道、村居委等建立符合法庭环境规范的在线参审点或者在线作证室，并配备相应的志愿者或者督导员，以保障作证环境的隔离性、作证的现场秩序与司法礼仪。[1]此外，为方便证人在线出庭作证，应当允许证人"在线异步出庭作证"，作为"在线同步出庭作证"原则的补充和例外。[2]

第五节　防范民事司法数字化的潜在风险

2018年10月，习近平总书记在中共中央政治局第九次集体学习时强调，"要加强人工智能发展的潜在风险研判和防范，维护人民利益和国家安全，确保人工智能安全、可靠、可控"。民事司法数字化虽然一定程度上能够更好地实现"接近正义"和"实质正义"，并带来全新的"可视正义"，以及更加精准的"数字正义"，但就像任何一枚硬币都有两面一样，民事司法数字化尤其是人工智能司法，也可能带来本书第三章第四节所分析的司法权责分化风险、司法自主弱化风险、司法伦理失却风险、司法人文流失风险，最终可能反噬"司法正义"和"数字正义"。为最大程度地减少民事司法数字化的不当影响或不利因素或不正义因素，在未来的数字化民事司法中，还需积极防范上述可能存在的风险。

一、司法权责分化风险的防范

"法官主体就是在诉讼过程中，只能由办案法官完整地享有对案件的

---

〔1〕　何帆："数字司法的时代之问与未来发展"，载《数字法治》2023年第1期。

〔2〕　谢登科："在线诉讼中证人出庭作证的场域变革与制度发展"，载《法制与社会发展》2023年第1期。

审理权和裁判权，并由办案法官承担责任。"〔1〕对此，2022年12月，最高人民法院发布《关于规范和加强人工智能司法应用的意见》，明确表明"坚持对审判工作的辅助性定位和用户自主决策权，无论技术发展到何种水平，人工智能都不得代替法官裁判，人工智能辅助结果仅可作为审判工作或审判监督管理的参考，确保司法裁判始终由审判人员作出，裁判职权始终由审判组织行使，司法责任最终由裁判者承担"。也就是说，"我们应当将技术视为司法的辅助而非主导"。〔2〕

2022年11月30日，美国OpenAI发布了通用人工智能产品ChatGPT。2023年1月30日，哥伦比亚法官胡安·曼努埃尔·帕迪拉·加西亚（Juan Manuel Padilla Garcia）首次使用ChatGPT在一起儿童医疗权利案件中，裁决被诊断患有孤独症的男孩免于支付医疗费、交通费等相关费用，由他的医疗计划即保险公司承担，被称为"全球AI审判第一案"。在该案审理过程中，保险公司提出，与治疗孤独症相关的费用并非均属于医疗费用，也不应由保险公司全部承担。针对保险公司的抗辩，法官在已经初步形成裁判意见后，向ChatGPT提出了一系列问题来核实案件中的信息。其中法官向ChatGPT问道，"孤独症患者在治疗中是否可以免除支付治疗费用？"ChatGPT回答说："是的，这是正确的。根据哥伦比亚法律规定，被诊断患有孤独症的未成年人可以免除治疗费用。"法官在判决书中写道，他已就此事咨询了ChatGPT，并将与ChatGPT的对话在判决书中进行了引用，但未具体说明在多大程度上依赖ChatGPT作出裁判。〔3〕

该名法官在接受采访时表示，"ChatGPT工具可以'缩短司法系统的响应时间'，并且它'以有组织、简单和结构化的方式'提供信息，有助于

---

〔1〕 卞建林、王帅："审判权的理论展开与科学配置"，载《新疆社会科学》2018年第1期。

〔2〕 刘峥："数字时代背景下在线诉讼的发展路径与风险挑战"，载《数字法治》2023年第2期。

〔3〕 Purvish M. Parikh, Dinesh M. Shah, Kairav P. Parikh, Judge Juan Manuel Padilla Garcia, ChatGPT, and a Controversial Medicolegal Milestone, Indian Journal of Medical Sciences, Volume 75, Issue 1, 4（2023）.

节省时间和'促进文本的起草',但'并非以取代法官为目的'"。〔1〕人工智能监管和治理专家胡安·大卫·古铁雷斯(Juan David Gutierrez)表示,他向 ChatGPT 提出了同样的问题,却得到了不同的回应。他在 Twitter 写道:"按照法官在相关裁决中的意图使用 ChatGPT,当然是不负责任或不道德的。"尽管受到了批评,哥伦比亚最高法院法官奥克塔维奥·特杰罗(Octavio Tejeiro)还是赞扬了帕迪拉法官使用 ChatGPT 的决定,他告诉《卫报》,司法系统"应该充分利用技术作为工具"。他补充说,"它必须被视为一种工具,可以帮助法官提高他的判断力"。〔2〕

2023 年 12 月 12 日,英国的司法官网发布了《人工智能司法人员使用指南》,指出人工智能司法存在着一些关键的局限:一是公开可用的人工智能聊天机器人并不会给出来自权威数据库的回答;二是人工智能工具可能更适合被视作一种获得对某些信息非决定性确认的途径,而并非直接提供正确的事实;三是即使使用最好的提示,人工智能回答的信息也可能是不准确、不完整、具有误导性或者存在偏见的;等等。此外,基于大型语言模型的人工智能工具根据它们赖以训练的数据集生成回答,人工智能生成的信息会不可避免地反映其训练数据中的错误和偏见。目前公开可用的人工智能聊天机器人无法生成可信的分析或推理,司法人员要对以其个人名义生成的材料承担个人责任。

2023 年 12 月 31 日,美国联邦最高法院首席大法官约翰·罗伯茨(John G. Roberts, Jr.)发布了《美国联邦法院 2023 年年终工作报告》,强调:"人工智能的任何使用都需要谨慎和谦卑。""机器无法完全取代法庭上的关键角色。例如,法官在宣判时会衡量被告陈述的诚意。细微差别均有影响:握手、颤抖的声音、变化的语调、一滴汗水、片刻的犹豫、短暂的眼神交流都会带来很多变化。大多数人仍然相信人类比机器更能够感知

---

〔1〕　Eric Hal Schwartz：Colombian Judge Writes Legal Ruling With ChatGPT,载 https://voice-bot. ai/2023/02/06/colombian-judge-writes-legal-ruling-with-chatgpt,最后访问时间：2023 年 12 月 11 日。

〔2〕　Luke Taylor in Bogotá：Colombian judge says he used ChatGPT in ruling,载 https://www.theguardian. com/technology/2023/feb/03/colombia-judge-chatgpt-ruling,最后访问时间：2023 年 12 月 11 日。

并从这些线索中得出正确的推论。”“至少目前，研究表明公众普遍认为人类与人工智能在公平的实现上始终存在差距。这反映出即使人类作出的司法裁判存在缺陷，但其始终比机器得出的结果更加公平。”“上诉法院法官也需要使用人类特有的判断权。”“人工智能主要是基于现有大量信息产生的技术，我们可以应用人工智能来提供信息，但不能让其代替人类来决策。”

因此，从中外司法实践和司法态度来看，为防范智能裁判可能对司法权责的分化风险，必须坚守法官司法权力主体地位和法官司法责任主体地位，坚持人工智能工具主义功能定位。

（一）坚守法官司法权力主体地位

坚守法官司法权力主体地位，笔者认为，主要源于两个方面原因：一是人工智能还无法完全胜任人类的司法裁判工作，二是坚守人类中心主义和人类自身主体性的需要。正如国内外学者所言，在司法中起主导和决定作用的永远是人，我们不应将裁判的决定权拱手让给机器或人工智能。[1]让计算机完全取代法官的工作，技术上不可能，道理上也不应该。[2]也就是说，人工智能法官存在着技术困境和正当性困境。

1. 技术上不可能

"司法的本质在于，它是一种依靠人类理性通过争辩和对话获致裁判结论的过程"，[3]在论证上它并不是一个简单的形式逻辑三段论推理，在一些案件的事实认定和法律适用环节都需要进行价值判断，如事实认定中的排除合理怀疑标准和严重违背公序良俗的方法取得的非法证据排除规则适用，[4]以及当法律规则漏洞或空白、法律冲突、法律价值冲突以及裁判结果可能不正义时，都需要进行价值判断。[5]最重要的是，"法庭审判是法官依据法律和证据进行的法律裁判，而不是科学家根据计算结果进行的

---

〔1〕 孙海波：“反思智能化裁判的可能及限度”，载《国家检察官学院学报》2020 年第 5 期。

〔2〕 [英] 理查德·萨斯坎德：《法律人的明天会怎样？——法律职业的未来》，何广越译，北京大学出版社 2019 年版，第 119 页。

〔3〕 孙海波：“反思智能化裁判的可能及限度”，载《国家检察官学院学报》2020 年第 5 期。

〔4〕 王琦：“民事诉讼事实认定的智能化”，载《当代法学》2021 年第 2 期。

〔5〕 彭中礼：“司法人工智能中的价值判断”，载《四川大学学报（哲学社会科学版）》2021 年第 1 期。

科学裁判"。而且从法官需要具备的素养看，"既然连人类的科学家和国王都不能担任或代替法官，那么，智能机器即使超过科学家和国王，也不能独立担任或代替法官"。[1]"一套智能系统，储存、搜索、运算、学习功能再强大，也不一定能成为一名合格的'机器人法官'。"[2]当前人工智能裁判的基本原理和步骤是，将已经开放的司法数据通过自然语言处理后，输入机器学习算法，通过分析各参数间的相关性，得出一种或多种预测司法决策模型。[3]具体应用时只需输入待决案件各类数据，系统则输出裁判结论。而其中的机器学习算法主要有符号学派的逆向演绎、联结学派的反向传播学习、进化学派的基因编程、贝叶斯学派的概率推理和类推学派的相似性推导支持向量机五大类型。[4]其中算法决策所涉及的法律推理主要包括基于规则的推理、基于案例的推理和可废止性推理（非单调逻辑）。[5]其中基于规则的推理前提是规则明确，没有漏洞和冲突；[6]基于案例的推理主要从数据库中找出相似案例，作出类案类判的司法决策，其难题在于如何判断相似性；可废止推理，主要应对法律规则的可废止性。因此，从人工智能裁判的运作原理与司法的过程与本质对比，结合目前的研究成果看，人工智能在替代法官裁判上还存在技术上的诸多限制性因素，集中体现在以下四个方面：一是司法大数据的非充分性，主要表现为案例数据的全样本数量不全、对潜在影响因素标记不足、存在一定规模低质数据。[7]二是司法裁判的逻辑是因果关系，而人工智能的决策逻辑是基于大数据的

---

〔1〕　张保生："人工智能法律系统：两个难题和一个悖论"，载《上海师范大学学报（哲学社会科学版）》2018 年第 6 期。

〔2〕　盛学军、邹越："智能机器人法官：还有多少可能和不可能"，载《现代法学》2018 年第 4 期。

〔3〕　郭锐：《人工智能的伦理和治理》，法律出版社 2020 年版，第 156 页。

〔4〕　[美]佩德罗·多明戈斯：《终极算法　机器学习和人工智能如何重塑世界》，中信出版社 2017 年版，第 65-260 页。

〔5〕　冯洁："人工智能对司法裁判理论的挑战：回应及其限度"，载《华东政法大学学报》2018 年第 2 期；伍茜："智能司法演进历程与方法建构"，西南政法大学 2020 年博士学位论文；周世中、吕桐烨："人工智能法律系统推理的方法论审思"，载《湖南社会科学》2021 年第 3 期。

〔6〕　於兴中：《法理学前沿》，中国民主法制出版社 2015 年版，第 105-106 页。

〔7〕　聂友伦："人工智能司法的三重矛盾"，载《浙江工商大学学报》2022 年第 2 期。

概率统计以及相关性。[1]"仅仅确定相关关系对于司法裁判是不够的",[2]"算法并不必然等同对法律推理的复现,依靠当前的大数据技术分析处理案件中的因果关系,得到的仅是量化关系的强度和正负性质"。[3]"法官自由裁量权的存在,致使人工智能难以对此建立案例之间的因果关系,进而无法实现万无一失的类案配对与类比裁判。"[4]符合因果逻辑的实质正义很难依靠计算概率和相关性逻辑实现。[5]三是法律语言无法被精准无歧义地转换为计算机语言,算法也不等于法律,人工智能也无法精确无歧义阐释或者理解一些原则性、模糊性的法律原则和法律规范。[6]四是人工智能缺乏自我意识、目的和立场,[7]也不会产生意向性,难以或无法进行司法裁判中无法回避的价值判断,[8]因为"价值权衡并非计算,无法被量化处理,也无法被代码化",[9]故而司法人工智能缺乏人类法官的"心证"能力。[10]即使人工智能能够进行价值判断,但"当把主体的主观性问题作为大数据分析的对象时,便会产生各种问题"。[11]因此,"人工智能一旦统治了审判,那么它会将价值判断彻底驱逐出去,这在事实上会贬低道德判断的重要

---

〔1〕 陈育超:"ChatGPT会否冲击司法底层逻辑?",载《人民法院报》2023年3月31日,第6版。

〔2〕 冯洁:"大数据时代的裁判思维",载《现代法学》2021年第3期。

〔3〕 孙晓勇:《中国司法大数据应用与展望》,法律出版社2022年版,第46页。

〔4〕 解锟:"生成式人工智能在司法审判实践中应审慎利用",载《人民法院报》2023年6月1日,第5版。

〔5〕 马长山:"司法人工智能的重塑效应及其限度",载《法学研究》2020年第4期。

〔6〕 张玫瑰:"司法裁判中人工智能应用的限度及规制",载《政法论丛》2023年第5期。

〔7〕 蔡曙山、薛小迪:"人工智能与人类智能——从认知科学五个层级的理论看人机大战",载《北京大学学报(哲学社会科学版)》2016年第4期。

〔8〕 罗维鹏:"人工智能裁判的问题归纳与前瞻",载《国家检察官学院学报》2018年第5期;孙海波:"反思智能化裁判的可能及限度",载《国家检察官学院学报》2020年第5期;罗洪洋、李相龙:"智能司法中的伦理问题及其应对",载《政法论丛》2021年第1期;魏斌:"智慧司法的法理反思与应对",载《政治与法律》2021年第8期。

〔9〕 雷磊:"司法人工智能能否实现司法公正?",载《政法论丛》2022年第4期。

〔10〕 解锟:"生成式人工智能在司法审判实践中应审慎利用",载《人民法院报》2023年6月1日,第5版。

〔11〕 沈寨:"个案正义视角下司法人工智能的功能与限度",载《济南大学学报(社会科学版)》2019年第4期。

性，严重挑战了人的道德主体的地位"。[1]

笔者认为，人工智能在技术上无法替代人类法官的最根本在于人工智能机器人无法具有人之为人的最根本东西，即意识和灵性。正如有学者所言，尽管未来可能有越来越多的人类工作被机器人替代，甚至到最后人不能被替代的东西不多了，而这最后剩下的却恰好正是最能标志出人与动物的根本差别的东西，是人之为人最特殊，也是最为重要的东西，这也就是人的意识，包含了理性、感情和意志的精神意识。而就凭这一点，人就可能大大地超越于物。[2]而事实上，算法不会有任何意识，也没有理由相信人工智能会获得意识，因为智能和意识是天差地别的两种概念。智能是解决问题的能力，意识则是能够感受痛苦、喜悦、爱和愤怒等情绪的能力。[3]人工智能如要超越人类，必须具有心性和灵性，只有智性是远远不够的，而根据目前的研究来看，机器人是否会具有心性和灵性依然是一个可想而不可即的问题。[4]即使越来越多的决策可以通过人工智能程序作出，但法官捍卫法律底线、维护公众良知、弥合社会冲突的精神永远无法被替代。[5]因此，智能裁判永远无法满足婚姻家庭等纠纷当事人的情感诉求和人文需求。而且从裁判文书和案例等司法数据本身所具有的"书不尽言、言不尽意"以及文字本身所具有的局限性来看，以文字为载体的裁判文书无法做到完整呈现法官作出裁判时所作的伦理、道德、价值、利益等多方面的权衡和考量。这就导致机器算法学习的先天不足，即使裁判文书能够一定程度上呈现法官对案件所作的伦理、道德和价值衡量，而无论是一般人工智能，还是生成式人工智能可能都无法精确理解裁判文书中所隐含或所呈现的伦理、道德和价值衡量。

---

〔1〕　陈景辉："人工智能的法律挑战：应该从哪里开始？"，载《比较法研究》2018年第5期。

〔2〕　何怀宏："何以为人　人将何为——人工智能的未来挑战"，载《探索与争鸣》2017年第10期。

〔3〕　[以色列] 尤瓦尔·赫拉利：《今日简史》，林俊宏译，中信出版集团2018年版，第64-65页。

〔4〕　於兴中："算法社会与人的秉性"，载《中国法律评论》2018年第2期。

〔5〕　傅雯："人工智能与法官精神"，载《人民法院报》2023年3月17日，第6版。

2. 原则上不应该

"应该指出，现有的关于人工智能以及互联网的法律，基本上都是建立在人类中心主义的基础之上的，其立法的主旨是非常明确的，那就是保护人的权利、利益与福祉不受人工智能和互联网的侵犯。"[1]笔者认为，在司法审判中，也必须坚守人类中心主义，坚持人工智能为人类服务、保护人类权利和福祉的理念。也即坚持智能裁判系统只是辅助法官更好地行使审判权，并不能允许其替代法官，否则将引发人类法官主体性危机，造成司法失控、失序等难以想象的社会风险。[2]正如有学者所指出的，"即便是强人工智能时代的奇点到来，人类也会重新规划自身主体的发展蓝图"，[3]从而将人类的命运牢牢掌握在自己手中，并将司法审判权牢牢掌握在人类法官手中。

具体可从以下三个角度进行论证：一是人工智能的初衷是替代人的重复劳动，并非替代人本身。同样人工智能司法的初衷也是通过智能裁判系统辅助增强人类法官的司法能力，替代法官的简单重复劳动，并非替代人类法官或者让法官对技术产生依赖。否则将造成人类法官某些方面的认知能力和决策能力的退化和弱化，进而消减法官良好的裁判能力，这明显违背了人工智能司法的初衷。[4]也就是说，坚守法官司法权力主体地位，既是坚守人工智能司法增强法官司法能力初衷的需要，也是防止法官产生技术依赖弱化司法能力的需要。二是人工智能的初衷是增加人类福祉，并非放弃人类权益或者增加人类负担。人工智能司法的初衷亦是更好地增加当事人的权益和福祉，并非放弃当事人权利或者增加当事人的负担。根据我国《宪法》和现行法律规定，司法权是属于人民所有的一种国家权力，法院和法官是经过人民授权并代表人民行使审判权。如果将法官决策权让渡

---

[1] 高全喜："虚拟世界的法律化问题"，载《现代法学》2019年第1期。

[2] 有学者认为，如果使用强人工智能作为法官，人工智能很可能运用不同于人类的"自己的方法"来解释、适用法律，将造成一定程度的不可控。如果使用超级人工智能作为法官，机器将以机器自身创造的法律理论来审判人类，将造成完全失控的局面。参见梁庆："人工智能于法官绩效考核之应用——以程序法视角为中心"，载《重庆社会科学》2021年第11期。

[3] 马长山："司法人工智能的重塑效应及其限度"，载《法学研究》2020年第4期。

[4] 左卫民："AI法官的时代到来吗——基于中外司法人工智能的对比与展望"，载《政法论坛》2021年第5期。

给智能裁判系统，放弃司法裁判的最终决定权，则意味着放弃了属于人民所有的国家权力，并增加了人民接受智能裁判的义务，这也明显违背了人工智能司法的初衷。[1]需要指出的是，"法官之所以能够裁判案件，还在于法官的民主正当性，所以，即使人工智能可以带来极好的司法裁判体验，也并不能推导出公民有服从人工智能之法律义务"。[2]哈佛法学院特赖布教授亦认为，数学审判在政治上是不适当的。[3]三是在人工智能输入的数据和其输出的答案之间，存在着我们无法洞悉的"隐层"，它被称为"黑箱"（black box）。[4]也就是说，当事人只知道算法裁判的结果，而无法得知算法裁判的具体原理、原因、逻辑和过程。这种不公开不透明可能导致的结果是，既无法促进"可视正义"，也无法迈向"说得出的正义"，[5]即使算法裁判的结论是正确的，但因为缺乏公开说理而难以被当事人信服和接受。对此，有观点认为，可通过建立算法公开和算法解释权制度，解决算法黑箱带来的上述问题。[6]但是，算法公开和解释的只是算法的运行原理和逻辑，并不是司法公开和心证公开制度要求下的裁判说理公开和裁判结果解释，如果没有立法授权算法裁判或者法官补充说理，很难让当事人信服和接受，而立法授权允许算法裁判的话，又需以可接受性为前提，且违反了人类法官主体性原则。因此，算法黑箱下的算法裁判结论的正确性并不等于司法正义要求下的裁判结论可接受性。"人工智能系统所能做的是预测法官的行为，而不是进行判断，人们需要的是法官对自己的案件作出判决。"[7]

（二）坚守法官司法责任主体地位

根据权责一致原则，坚守法官司法权力主体地位的同时，也就必须坚

〔1〕 刘雁鹏："智慧司法中的忧虑：想象、剖析与展望"，载《理论与改革》2020年第3期。

〔2〕 江秋伟："论司法裁判人工智能化的空间及限度"，载《学术交流》2019年第2期。

〔3〕 Laurence H. Tribo, Trial by Mathematics: Precision and Ritual in the Legal Process, 84 Hav. L. Rev. (1971), pp. 1329-1393.

〔4〕 许可："人工智能的算法黑箱与数据正义"，载《社会科学报》2018年3月29日，第6版。

〔5〕 王玉薇："智能裁判风险的技术正当程序控制"，载《求是学刊》2022年第4期。

〔6〕 徐娟、杜家明："智慧司法实施的风险及其法律规制"，载《河北法学》2020年第8期。

〔7〕 陈玉英、李辉："法律的未来：人工智能会取代律师和法官吗？"，载《人民法治》2023年第22期。

守法官的司法责任主体地位。因为"现代的法官绝不是一台法律机器，而是在很大程度上充当立法者的助手，有着更高的自由，但相应地也负有较重的责任"。[1]而且，"机器人无论以何种方式承担责任，最终的责任承担者都是人"。[2]因此，必须否认司法人工智能的责任主体资格与责任主体地位。而且，实际上司法人工智能也无法成为司法责任的主体。

首先，根据《最高人民法院关于完善人民法院司法责任制的若干意见》规定，法官要对案件的事实认定和法律适用承担全部责任。[3]从司法责任的程序和性质上看，司法审判责任是人民法院对具体行使审判权的法官按照内部程序依法追究的一种违法审判责任和纪律责任，它并不是司法审判程序下对算法问责的一种民事责任。而且，算法问责的责任承担主体也并非算法本身，而是算法的设计者、开发者或使用者等主体。司法责任制能够对人类法官发挥作用，主要在于责任追究的"谴责"机制会给人类法官带来身体的、精神的、财产的剥夺性、限制性"痛苦"等，但这对"人工智能法官"而言毫无意义。[4]因此，一旦让人工智能完全替代法官进行司法裁判，届时如何实现"让审理者裁判、让裁判者负责"亦是难题。[5]

其次，从坚守法官司法权力主体地位角度看，人工智能司法的定位均为辅助，智能辅助裁判结果仅具有提示、建议和参考权限，是否采纳智能裁判结果的最终决定权仍然掌握在法官手中，裁判文书的署名仍然是审理案件的法官，而非人工智能机器人，因此，行使司法裁判权的人类法官必须是最终的，且是唯一的司法责任主体。[6]不过有观点认为，当法官参考

---

〔1〕 [德]菲利普·黑克:《利益法学》，傅广宇译，商务印书馆2016年版，第31页。

〔2〕 郑戈:"人工智能与法律的未来"，载《探索与争鸣》2017年第10期。

〔3〕 《最高人民法院关于完善人民法院司法责任制的若干意见》第29条规定，独任制审理的案件，由独任法官对案件的事实认定和法律适用承担全部责任。第30条规定，合议庭审理的案件，合议庭成员对案件的事实认定和法律适用共同承担责任。进行违法审判责任追究时，根据合议庭成员是否存在违法审判行为、情节、合议庭成员发表意见的情况和过错程度合理确定各自责任。

〔4〕 罗恬漩、段陆平:"'人工智能法官'的伦理思考"，载《民主与法制时报》2021年10月13日，第3版。

〔5〕 胡铭、宋灵珊:"'人工+智能':司法智能化改革的基本逻辑"，载《浙江学刊》2021年第2期。

〔6〕 刘国华、沈杨:"人工智能辅助司法裁判的实践困境及其应对策略"，载《学术交流》2021年第9期。

或者直接采纳智能裁判意见作出错误决策时，案件的最终决策则混合了法官决策和机器决策，此时，审判责任应当在法官、人工智能、研发人员之间合理分配，将主要责任分配给法官，次要责任分配给人工智能算法提供者或法院，避免出现两种极端情况，即完全由法官承担而导致法官拒斥人工智能辅助，或者完全由人工智能承担而导致智能辅助裁判的滥用。[1] 亦有观点认为，根据公平原则，对确因技术原因，如算法黑箱或大数据方案的错误引导而导致法官作出错误决策的，应当适当减免法官的责任。[2] 还有观点认为，当人工智能具备独立处理案件的能力时，法官可能会成为裁判监督者，当法官对人工智能裁判发生错误没有过错时，无须承担责任。[3]

　　笔者认为，实际上智能裁判意见应否参考或直接采纳仍系由审理案件的法官自己作出决定，实践中也不太可能出现法官不经审核判断直接采纳智能裁判意见的情形。也就是说，这种机器决策是否能得到采用仍是法官行使决策权的结果。因此从表面上看，上述情况是混合了法官决策和机器决策，实质上仍是单一的法官决策权，并不存在审判责任在法官和机器之间分配的基础。而且如果智能裁判意见是错误的，法官予以采纳的话，说明法官自己对智能裁判意见的审核判断也是错误的，或者说明法官在参考智能裁判意见之前作出了与智能裁判意见一样错误的决定。因此，此种情况并不存在减免法官责任的基础。如果说法官在参考智能裁判意见之前作出的判断是正确的，而未坚持自己的正确判断，采纳了智能裁判的错误意见，此种情况更不应当减免法官的责任，否则将给法官违法审判或者枉法裁判找到一个极好的推脱理由。至于不予适当减免法官责任，会否导致法

　　[1]　周尚君、伍茜："人工智能司法决策的可能与限度"，载《华东政法大学学报》2019年第1期；魏斌："智慧司法的法理反思与应对"，载《政治与法律》2021年第8期；陈锐、王文玉："司法人工智能与人类法官的角色定位辨析"，载《重庆大学学报（社会科学版）》，网络首发日期：2021年7月27日；高童非："数字时代司法责任伦理之守正"，载《法制与社会发展》2022年第1期。

　　[2]　田幸、成立、王平荣："人工智能带来的司法革命"，载《人民司法》2019年第7期；孙占利、胡锦浩："人工智能应用于司法审判的问题与应对"，载《浙江工业大学学报（社会科学版）》2021年第4期；雷婉璐："智能辅助审判技术下法官问责难题的破解路径"，载《哈尔滨工业大学学报（社会科学版）》2022年第2期。

　　[3]　李晓楠："可信赖AI司法：意义、挑战及治理应对"，载《法学论坛》2020年第4期。

官拒斥智能辅助裁判系统，则是不必要的担忧，因为人工智能在提高司法人员认知判断能力、司法推理能力、类案智能推送、提高司法效率等方面还存在着诸多正向功效，法官不会仅仅因为人工智能可能存在错误裁判意见且不予适当减免法官责任而拒绝使用。

退一步说，如果人工智能裁判意见错误率非常高，则说明人工智能裁判系统本身需要完善，此时法官可能确实不愿使用，但原因不是因为不予适当减免法官的审判责任，而是辅助裁判价值不高。如果经过完善智能裁判意见错误率非常低，具有很高的辅助裁判价值，则法官也没有拒斥的理由。从反向看，正因为人工智能辅助裁判可能出现错误意见或结果，才更加需要法官依法行使司法审判权，矫正错误的智能裁判意见，彰显人类法官的主体性地位的同时，不断完善智能裁判系统。因此，在人工智能司法实践中，"应当让法官意识到自己才是作出裁决结果的行动者，即便在人工智能辅助的情况下，作出有效力的决定仍然是通过'他自己的'行为，责任归属也在于法官自身"。[1]从而促使法官必须认真地对人工智能辅助裁判意见或结果进行全面的审核判断，慎重决定是否采纳智能裁判意见或结果。

二、司法自主弱化风险的防范

针对司法智慧管理可能引致法官放弃自主裁判，或者说出现司法自主弱化的风险，可以从改进法官绩效考评理念与机制、完善相关智能审判管理制度两个方面来进行防范和消解。

（一）改进法官绩效考评理念与机制

一是要建立"以人为主导、以人为主体"的考评理念与机制，真正尊重法官的主体性、主动性和主要性，让法官切实感受到自己是"法律帝国中的王侯"，从而更好地依法自主行使审判权，实现司法公正。[2]目前，民事司法实践中，将人工智能技术运用到对法官的绩效考评上，可能带来的最突出变化是，将"以人为主导、以人为主体"的考评变成了"以人工

---

〔1〕 高童非："数字时代司法责任伦理之守正"，载《法制与社会发展》2022年第1期。

〔2〕 张建："论法官绩效考评制度改革及其实践效果"，载《法学》2019年第11期。

智能为主导、以人为工具对象"的考评。也即将传统的把法官作为司法的主体并主要由司法管理者进行的考核评价机制，变成了把法官作为工具对象并主要由智能化审判管理系统进行的考核评价机制。这种改变可能导致的结果是，重客观性评价、轻主观性评价，重监控式考评、轻自主性考评。这虽然有其合理性，但也无意中强化了考核评价机制的机械性和强制性。因此，应当重新构建"以人为主导、以人为主体"的法官考核评价机制。具体而言，对法官的考评应以不影响法官的裁判自主权为前提，减少可能会干扰法官审理案件的评价指标，不得因为法官拒绝接受智能系统提示或者采用智能推送的类案等，对其施以负面评价。在考评体系设计上，可以加强司法执行性指标的考评，如裁判自动履行率、执行率等，但应尽量避免或者减少与裁判自主性有关的考评指标。在考评方法上，仍应坚持主客观相统一，避免因人工智能评价导致对主观评价的弱化，提升考评真实性与合理性。

二是要避免唯数据论。数字化的智慧审判管理有人工可能做不到的其大数据、人工智能等数据海量挖掘和分析优势，但管理学中普遍存在着"凡是存在数字管理的地方，就可能存在着数据不实"的现象，或者说存在着"反管理"现象，这也是作为个人趋利避害的本性所致，目前还无法杜绝。因此，智慧审判管理要清晰地认识到，对法官的绩效考评不能唯数据论。因为实践中不能排除某些法官每年办理的案件数量非常多，从表面和简单的逻辑推理看，该法官办案能力应当非常强。但实际上该法官办理的主要是简单案件，虽然案件数量大，但并不一定代表其司法能力强。对此问题，上海市高级人民法院早在2015年就开发了案件权重系数考评系统，以此克服长期以来法院对不同案由、不同类型案件采取同一标准评判、凭借"数据论"仅计算数量而忽视对案件实际办理中繁简程度进行区分的弊端，为合理测算、科学评价法官办案绩效提供依据。[1]虽然这种探索往前走了一步，但正如"不能将法律变成一个数学制度"[2]一样，也

---

〔1〕 卫健萍、谢钧："合理测算科学评价法官办案业绩　上海完成案件权重系数课题并成功应用"，载《人民法院报》2015年5月9日，第1版。

〔2〕 ［美］E. 博登海默：《法理学　法律哲学与法律方法》，邓正来译，中国政法大学出版社1998年版，第242页。

要防止将考评变成一种纯粹的数学制度。

（二）完善相关智能审判管理制度

"在现代法治体制面前，大数据、云计算、信息技术、人工智能都只是实现合法正义的辅助手段，切不可本末倒置，这是我们始终应该铭记的一条基本原则。"[1]因此，在相关智能审判管理制度中，既要坚持法官的主体地位，将大数据、人工智能等定位为辅助地位，[2]又要坚持以审判为本位，将智能司法管理技术定位为"服务审判"这一宗旨和目的。[3]以类案智能推送与运用制度为例，"要坚定地相信法官和法官的自主性，不能让貌似客观的类案推送结构化法官的思考"。[4]一是要赋予法官是否启动类案推送的自主决定权，[5]对于法官已经对案件在法律适用上没有疑惑，而且有了最优裁判方案时，应当允许法官不再启动类案推送，而不是一律强制性进行智能检索和推送。因为不能将人工智能新型技术权力凌驾于司法自主裁判权之上，也不能将法官的决策权让渡给智能系统。[6]此外，人工智能通常只对简单案件真正发挥作用，而对法官而言，简单案件往往并不需要人工智能辅助审判，因此对案件难易程度不加区分地设定类案强制检索义务，反而加大了法官的工作负担。[7]二是应当重点聚焦法官的司法认知和评价，形成法官对个案价值的公共判断，不必过分强调遵从类案推送对类案结果的参考建议。[8]因此，要赋予法官在拟作出与推送的类案不

---

〔1〕 季卫东："人工智能时代的司法权之变"，载《东方法学》2018 年第 1 期。

〔2〕 高一飞、高建："智慧法院的审判管理改革"，载《法律适用》2018 年第 1 期；孙记："论民事司法数字化的前景与限度"，载《民事程序法研究》2020 年第 1 期；魏斌："论法律人工智能的法理逻辑"，载《政法论丛》2021 年第 1 期。

〔3〕 刘艳红："大数据时代审判体系和审判能力现代化的理论基础与实践展开"，载《安徽大学学报（哲学社会科学版）》2019 年第 3 期。

〔4〕 高可："司法智能化的功能、风险与完善"，载《西安交通大学学报（社会科学版）》2020 年第 6 期。

〔5〕 左卫民："如何通过人工智能实现类案类判"，载《中国法律评论》2018 年第 2 期。

〔6〕 王禄生："司法大数据与人工智能技术应用的风险及伦理规制"，载《法商研究》2019 年第 2 期。

〔7〕 孙海波："反思智能化裁判的可能及限度"，载《国家检察官学院学报》2020 年第 5 期。

〔8〕 何春芽、管俊兵、陈国平："类案强制检索结果的司法适用规则研究——基于从类案到类判的功能主义视角"，载《法律适用》2020 年第 18 期。

一致的裁判时，可以自主决定是否提交合议庭、专业法官会议或者审委会讨论。对因此而可能引起的裁判错误，应通过二审、再审等程序进行监督或者救济，不能因为可能造成所谓的"同案不同判"而牺牲法官的自主裁判权。因为类案检索推送机制应当是一种辅助性的办案工具，并不能因为检索报告中的一千个案件都是 A 结果，就当然地抹杀了法官判决 B 结果的可能。三是引入监督机制，即类案智能推送应同时向双方当事人以及诉讼参与人开放，通过各诉讼主体的充分类案适用竞争博弈及对法官裁判的监督，推动类案适用规则的恰当运用。法院的类案智能推送向当事人开放，也是审判规范性资源公开的内在要求，因为类案的裁判规则或裁判要旨在某种程度上可能被参照，也即成为弥补成文法漏洞或指导性案例缺失的规范性依据，而法律必须被公开。四是基于商谈司法理念下的法官法律适用观点充分阐明义务和心证随时公开义务，[1]还应公开类案比附的过程，通过法官公开展示参考或不参考类案的理由，对"差异判决"或"类似判决"予以证成，矫正法官普遍存在的避免"言多语失"的心理偏好，确保类案参考的"能见度"，避免裁判者选择参照、包装参照、盲从参照等可能弱化裁判自主现象的发生。

此外，在强化不同审级法院和法官的司法自主性上，主要观点即人工智能辅助裁判系统，应当主要适用于一审案件，对重审、二审或再审案件不得适用或者限缩适用。主要理由如下：一是智能辅助裁判系统的主要目的或初衷是提高司法效率，缓解案多人少压力，但对于重审、二审或再审案件，应以纠偏为主要和首要功能，应优先于智能辅助裁判系统的效率功能。二是对重审、二审或再审案件再重复使用一次同一套智能辅助裁判系统，只能得出与之前裁判相同的结果，无法实现纠偏功能。三是重复使用智能辅助裁判系统只能为误差来源提供参考，并不能改变主审法官承担司法责任的责任分配形态。[2]笔者认为，上述观点和理由建立在一个假定的前提下，即一审案件的法官都使用了智能辅助裁判系统，且采纳了智能裁

---

〔1〕段厚省："论诉审商谈主义的民事诉讼构造观——兼及对民事诉讼法修订与完善的建议"，载《中国人民大学学报》2012 年第 4 期。

〔2〕秦汉："人工智能司法裁判系统的学理反思"，载《北方法学》2021 年第 3 期；刘国华、沈杨："人工智能辅助司法裁判的实践困境及其应对策略"，载《学术交流》2021 年第 9 期。

判意见，并作出了错误的裁判。显然这种假定并不一定成立，因为一审案件的法官未必一定使用了智能辅助裁判系统，且未必一定采纳了智能裁判意见，所作出的裁判也未必错误。因此，也就失去了对重审、二审或再审案件限制使用智能辅助裁判系统的基础。此外，即使上述假定成立，从找出智能辅助裁判系统是在事实认定还是法律适用等方面出现误差或错误，从进一步修正完善智能辅助裁判系统的角度看，也不应该对重审、二审或再审案件限制使用智能辅助裁判系统。解决问题的合理途径应当是，尊重和发挥法官的司法自主裁判权，即重审、二审或再审案件的法官在审理过程中，如果知晓一审案件法官使用了智能辅助裁判系统并参考了智能裁判意见，首先应当再次使用智能辅助裁判系统找出一审法官参考了哪些智能裁判意见，然后在对整个案件进行全面审查的同时，对这些被参考的智能裁判意见进行重点审查，以判断智能裁判意见与整个案件裁判的正确性，并及时将智能裁判意见的正确与否反馈给智能辅助裁判系统，为人工智能积累与人类法官相似的"司法经验"，以便升级完善智能辅助裁判系统算法，提升智能辅助裁判意见的正确率，更好地发挥智能辅助裁判作用。因此，理想的图景是，一审、二审、发回重审、再审案件的法官，都应当"依靠司法算法的技术决策，目光流连于司法算法的预测最优解与司法场域的法条、规范之间，反思均衡，最终作出一个体现公平正义的、人民群众满意的'满意解'裁决"，实现算法司法正义。[1]

三、司法伦理失却风险的防范

2017 年国务院《新一代人工智能发展规划》提出，加强人工智能相关法律、伦理和社会问题研究，建立保障人工智能健康发展的法律法规和伦理道德框架。2018 年 9 月，习近平总书记在致 2018 世界人工智能大会的贺信中亦指出，要处理好人工智能在道德伦理等方面提出的新课题。针对大数据、人工智能在民事司法运用过程中可能带来的算法偏见与算法歧视等伦理风险，以及个人数据中隐私泄露等伦理风险，可以从坚持人工智能应用

---

〔1〕 杜宴林、杨学科："论人工智能时代的算法司法与算法司法正义"，载《湘潭论坛》2019 年第 5 期。

通用伦理准则和加强个人数据保护制度建设两个方面予以防范。

（一）坚持人工智能应用通用伦理准则

国内外已经公开发布的人工智能准则或者人工智能伦理准则，普遍要求公平、透明、无偏见、可解释、可责性等，尤其是在系统研发方面的上述伦理要求。[1]如2019年5月发布的《人工智能北京共识》中就提出，人工智能的研发应采用符合伦理的设计方法，使系统尽可能公正，减少系统中的歧视与偏见；提高系统透明性，增强系统可解释度、可预测性，使系统可追溯、可核查、可问责等。2021年9月发布的《新一代人工智能伦理规范》第1条即明确，规范的宗旨是将伦理道德融入人工智能全生命周期，促进公平、公正、和谐、安全，避免偏见、歧视、隐私和信息泄露等问题。因此，当前最重要的是要防范人工智能司法系统研发过程中可能存在的伦理风险。一是要坚持系统研发与伦理准则有机结合，具体操作中有必要在系统研发过程中，除科技工作者、法学法律专家和法官外，还应引入人类学家、社会学家以及伦理学家等多方面的专家学者，甚至社会公众共同参与讨论研究。[2]二是要坚持司法中立的固有属性，避免算法偏见和算法歧视。首先要建立符合伦理要求的数据采集处理规范，以避免发生"人为造成的歧视"，因为在采样时选择这一个数据还是另一个数据的权衡偏差也可能存在伦理风险。其次要建立符合伦理要求的司法数据标注规范，无论是案例选择的标注，还是司法要素抽取的标注，都应经过法律、科技、伦理等多方面的专家共同论证，为机器学习提供无偏见无歧视的样本，防止发生"机器自我学习造成的歧视"。[3]三是要加强人工智能司法系统从设计到应用全过程的可解释性和可问责性建设，增强算法透明度，明确伦理风险责任主体。

〔1〕　国家人工智能标准化总体组："人工智能伦理风险分析报告"，载中国电子技术标准化研究院网，http://www.cesi.cn/images/editor/20190425/20190425142632634001.pdf，最后访问时间：2022年5月1日。

〔2〕　曹建峰："人工智能治理：从科技中心主义到科技人文协作"，载《上海师范大学学报（哲学社会科学版）》2020年第5期。

〔3〕　帅奕男："智能司法的潜在风险及其应对策略"，载《学术交流》2020年第1期。

（二）加强个人司法数据保护制度建设

个人信息的隐私权是信任和个人自由的根本，同时也是人工智能时代维持文明与尊严的基本方式。对个人隐私数据的保护，同样也是公认的人工智能伦理准则的内容。然而在公开上网的大量裁判文书中，可能存在个人隐私信息和个人敏感信息被识别、被重新使用的伦理风险。因此，在利用人工智能司法系统处理包含有个人信息的数据时，应当建立事先的过滤预防和风险评估制度，因为个人信息，特别是隐私信息和敏感信息一旦被识别后泄露出去，被他人非法利用或者恶意滥用，除了可能危害人身和财产安全，还可能导致个人名誉、身心健康受到损害或歧视性待遇等。对于诸如个人信息中的民族、政治观点、宗教信仰、征信信息、住宿信息、疾病历史、交易信息、个人身份、婚姻状况、个人收入、个人经历等敏感和隐私信息尤其要加强保护。首先要在数据处理过程中，坚持合法性原则，以最大限度避免或者减少司法数据处理过程中对当事人隐私权等基本权利形成的冲击。[1]其次要在人工智能司法系统研发过程中，采用对当事人和诉讼参与人的隐私信息和敏感信息侵害最小的方式进行，如要进行充分的数据脱敏清洗，应尽可能避免出现上述个人隐私信息和敏感信息。在进行大数据挖掘分析时，要在法院内部的保密网上进行，避免信息泄露。最后还要建立数据保密制度，明确系统研发者、司法管理者、系统运用者等相关人员的保密规范和责任要求，并禁止数据处理人员无论什么时候、无论什么原因都不得进行"反向匿名"操作，去反推识别相关当事人的身份。[2]此外，还应考虑借鉴法国立法禁止对法官身份数据进行大数据画像的做法，禁止对法官身份数据和裁判数据进行统计学画像，以保护法官隐私，避免预测裁判对法官自主审判造成干扰，维护司法公正与权威。[3]

---

〔1〕 郭锐：《人工智能的伦理和治理》，法律出版社 2020 年版，第 168 页。

〔2〕 王禄生："司法大数据与人工智能技术应用的风险及伦理规制"，载《法商研究》2019年第 2 期。

〔3〕 王禄生："司法大数据应用的法理冲突与价值平衡——从法国司法大数据禁令展开"，载《比较法研究》2020 年第 2 期；魏斌："智慧司法的法理反思与应对"，载《政治与法律》2021年第 8 期。

四、司法人文流失风险的防范

针对民事司法数字化过程中可能出现的崇尚技术主义，以及由此可能带来的司法人文流失风险，可从坚持技术辅助主义和保障司法人文需求两个方面予以防范，让数字化民事司法插上人性化的翅膀，充满人文化的关怀。换言之，要让数字化民事司法不断拥有智慧的光芒，更加拥有人性的光辉。

（一）坚持技术辅助主义

我们应当在数字化民事司法中，坚持以人为中心，以电子诉讼当事人为中心，反对以技术为中心，处理好人与技术的关系。[1]智能司法是民事司法数字化的典型代表，在民事司法实践中突出表现为人工智能诉讼服务、人工智能自动裁判、人工智能自动生成裁判文书等。实践表明，司法人工智能有助于提高司法效率，减少法官个人因素对裁判的影响，更有利于法官之间作出高效一致的裁判。但我们并不能因此认为，技术可以解决一切问题，也不能因此将人工智能上升到可以替代法官的地位，因为人工智能存在着无法进行价值判断等诸多限度而无法取代法官。即使人工智能能够替代法官作出裁判，但人工智能并不会倾听当事人的情感诉求，也不会与当事人进行心灵互动并理解当事人的心理活动，更不会计算当事人的情感，自然也不可能满足当事人在诉讼过程中的人文关怀需求。[2]事实上，现实中的法官裁判，并不是"你给我事实、我给你判决"的自动售货机式的、机械式的、缺乏温度的法律规则适用过程。法官不仅需要遵循法律规则，还要在听审过程中，倾听当事人的情感诉愿，尤其是在离婚纠纷中更要倾听了解双方当事人的感情现状以判断夫妻双方感情是否已经破裂，并且还要努力平复当事人的内心愤懑等不良情绪，再对人性和情理法进行综合权衡后作出最终裁判。否则，即使我们告诉当事人，人工智能法官比人类法官作出的裁判更接近正义，当事人也努力去接受不带有个人非

---

〔1〕　陈锦波："论信息技术对传统诉讼的结构性重塑——从电子诉讼的理念、价值和原则切入"，载《法制与社会发展》2018年第3期。

〔2〕　马长山："司法人工智能的重塑效应及其限度"，载《法学研究》2020年第4期。

理性因素的算法技术理性可能比带有个人情感因素的法官更能作出客观公正的裁判，但因为缺少了像当事人与法官之间一样的心理对话和沟通，当事人可能还是无法感受到裁判过程的公正。[1]即使人工智能法官作出的裁判确实比人类法官客观公正，当事人可能也难以接受。因此，在民事司法数字化过程中，要坚持技术辅助主义，明确人工智能司法的边界和限度，尽力杜绝或者努力减少技术中心主义可能带来的人文精神流失风险。"尤其在面对价值冲突、伦理挑战、阶层对立等具有争议性和隐喻性的案件时，往往需要法官充分运用个体的良知、正义感和同情心展开境遇想象和情感互融，从而体现司法的温度，避免司法的温情正义被冷冰冰的机械正义所取代。"[2]

（二）保障司法人文需求

司法人文，主要体现在对当事人的尊重和关怀上，因此在民事司法数字化过程中，还要努力满足和保障当事人的司法人文需求，让当事人感受到司法的温度和温暖。首先，在各类诉讼服务平台和智能诉讼系统开发过程中，就应当注意加强用户友好性和人性化建设，如可通过个性化的交互与双向认知技术，构建无障碍的人机交互，精准有效满足不同诉讼当事人的个性化诉讼服务需求。[3]例如，杭州互联网法院于 2020 年 12 月出台《关于为老年人提供优质诉讼服务切实保障诉讼权益的意见》，采取在线诉讼平台开启"长辈模式"，设立老年人诉讼服务专线等被称为"老年当事人诉讼拐杖"的多项暖心举措。需要指出的是，人民法院应当不断优化完善网上立案等电子诉讼平台功能和性能，如网上立案应当简洁，坚持最低限度必要性原则，尽量避免让当事人填写非必要信息和非必要的多项线上操作。还要确保系统稳定，避免因系统崩溃等原因造成当事人填写的信息丢失，而不得不重新填写，重复网上立案流程。换言之，要保障在线诉讼不额外增加当事人负担，避免将"数字赋能"不当演化成"数字负担"，

---

〔1〕 徐骏："智慧法院的法理审思"，载《法学》2017 年第 3 期。

〔2〕 陈锐、王文玉："司法人工智能与人类法官的角色定位辨析"，载《重庆大学学报（社会科学版）》，网络首发日期：2021 年 7 月 27 日。

〔3〕 周佑勇："智能技术驱动下的诉讼服务问题及其应对之策"，载《东方法学》2019 年第 5 期。

切实提升人民群众的获得感、幸福感和安全感。其次，要在数字化诉讼服务中保障当事人的司法人文需求。对不会使用现代数字技术的当事人，不应强制要求当事人接受数字化诉讼服务。对虽不会使用现代数字技术但愿意接受数字化诉讼服务的当事人，应当在技术上给予指导并提供应有的帮助。对同时提供人工诉讼服务和智能诉讼服务的事项，应当尊重当事人的自主选择。比如，上海法院 12368 智能诉讼服务平台可同时提供诉讼程序类人工咨询和智能咨询两种服务，由于智能知识库的强大功能，虽然智能服务可能比人工服务更能精准解答当事人的咨询，但在当事人通过 12368 热线电话进行咨询时，不愿意接受智能咨询服务的，应当及时转为人工咨询服务。2022 年 3 月，最高人民法院发布《关于为实施积极应对人口老龄化国家战略提供司法服务和保障的意见》，明确要求"开展网上立案、电子诉讼的同时，保留老年人易于接受的传统司法服务方式"。再次，要在数字化诉讼全过程中保障当事人的司法人文需求。因为在线诉讼相较于传统线下诉讼，某种程度上缺少了当事人和法官面对面直接的沟通和交流所具有的司法人文关怀，因此实践中，要满足当事人线下立案的心理需求，不得强制当事人选择网上立案；要满足当事人线下庭审的需求，特别是像婚姻家庭纠纷当事人情感诉求比较强烈的案件，更要满足当事人线下庭审的需求，不得强制此类当事人选择在线庭审。美国国家州法院中心于 2018 年年末所作的一项民意调查亦显示，绝大多数受访者认为，交通罚单、消费者债务和小额索赔等纠纷采取在线方式处理是一个不错的选择，而家庭事务纠纷比如离婚纠纷、儿童监护纠纷等并不适合在线处理。[1] 最后，保障当事人的司法人文需要，还关涉能否让当事人感受到公平正义的问题。实践中发现，一些案件虽然裁判结果公正，当事人却认为不公正而不断上访投诉，其中一个原因就是案件审理过程中可能没能关注到当事人的心理感受并进行有效沟通，当事人因此觉得裁判不公正。而在线庭审中，法官更应注意解决好这类问题，努力让人民群众在每一个司法案件中感受到公平正义和更高水平的数字正义。

---

〔1〕　See 2018 State of the State Courts-Survey Analysis，载 https：//www.ncsc.org/__data/assets/pdf_file/0020/16157/sosc_2018_survey_analysis.pdf，最后访问时间：2023 年 11 月 26 日。

结　语

　　正义的观念源远流长，虽然古今中外的先哲们都对"何为正义"，进行了系统的思考和论述，但一直也未能有一个定论。因为在马克思主义法律理论看来，实际上并不存在一种什么抽象的永恒不变的正义，正义从来就是具体的，正义概念的内容向来都具有时代性，并且是由一定社会的经济基础决定的。[1]也就是说，正义的概念内涵，应当是历史的、实践的、动态的、不断发展的。

　　当下智慧社会时代，随着互联网、大数据、人工智能、区块链、元宇宙等现代数字技术的迅猛发展和广泛应用，并走进人们的日常生产生活，一种全新的数字基础环境和数字经济已经或者正在形成。它带来的将不仅仅是科技产业层面的变革，更是经济基础层面的变革，进而推动上层建筑的变革。在上层建筑中的法律领域，全球信息化技术的快速发展也将对当代法律秩序带来巨大冲击，"它将使18世纪工业革命以来围绕能量与物质构建的法律秩序向围绕信息构建的法律秩序全面转型"。[2]智慧社会所呈现出的双层空间、虚实同构、人机共处、智慧互动以及算法主导、数字生态等方面的深刻变革，也将给司法体系带来极大冲击。[3]其在世界范围内的突出表现是，司法数字化已经成为共同的变革趋势。

　　可喜的是，我国法律人在智慧社会的时代变革和数字化转型大潮中，

---

　　〔1〕　杨一平：《司法正义论》，法律出版社1999年版，第19页。
　　〔2〕　余盛峰："全球信息化秩序下的法律革命"，载《环球法律评论》2013年第5期。
　　〔3〕　马长山："智能互联网时代的法律变革"，载《法学研究》2018年第4期。

早已及时转向，并主动适应这种变革，甚至已经开始引领这种变革。[1]在民事司法领域的突出表现是，除了传统法院民事司法加速转向数字化，国家还先后设立了三家互联网法院，并实行网上案件网上审，努力实现民事司法的全面数字化。由此，我国的民事司法也从物理空间的"场域司法"走向了虚拟空间的"数字司法"，并逐渐呈现出"全流程在线""线上线下相结合""分阶段、非同步"的数字化民事司法新样态。

　　然而从马克思主义法律理论来看，智慧社会的正义概念内涵，应当具有智慧社会的时代性，也即应该对传统的正义概念赋予新的时代内涵。其实这也是由智慧社会的数字经济基础决定的，也即智慧社会的正义概念必然具有新的时代内涵和新的时代特征。而数字正义理论正是互联网社会下的正义理论，[2]理应成为这个时代占主导地位的正义理论，或者说应从"场域正义"理论转向"数字正义"理论。相应地，作为上层建筑内容的民事司法，也应从追求"场域正义"转向追求"数字正义"，并以"数字正义"为主导，重构我国的数字化民事司法，积极打造中国特色、世界领先的数字化民事司法新模式，努力让人民群众在每一个司法案件中感受到更高水平的数字正义，具体可从以下三个方面入手。

　　第一，顺应民事司法数字化变革之势，确立数字正义主导地位。所谓数字正义，笔者认为就是顺应时代变革和科技发展，利用数字化、网络化、智能化的现代技术，增强正义的实现途径，改变正义的生产方式，更加高效、便捷、经济地预防纠纷和解决纠纷，同时积极防范数字技术应用本身可能带来的诸如算法歧视、算法偏见等数字不正义，推动实现更高水平的公平正义。[3]在民事司法领域，它具体包括"数字化的接近正义"

---

　　〔1〕　最高人民法院国际合作局时任副局长何帆在 2021 年《最高人民法院工作报告》解读系列全媒体直播访谈中提出，中国互联网司法的发展已经从"跟跑"走向"领跑"。参见《最高人民法院工作报告》解读系列全媒体直播访谈第五场"，载中国法院网，https://www.chinacourt.org/chat/chat/2021/03/id/52779.shtml，最后访问时间：2022 年 5 月 1 日。

　　〔2〕　赵蕾、曹建峰："'数字正义'扑面而来"，载《检察日报》2020 年 1 月 22 日，第 3 版。

　　〔3〕　最高人民法院国际合作局时任副局长何帆在 2021 年《最高人民法院工作报告》解读系列全媒体直播访谈中总结提出，国内外的主要观点认为，"数字正义"就是适应时代变化和科技发展，推动以在线化、智能化方式预防与化解纠纷，最大限度便利当事人，并降低诉讼成本。但在他看来，"数字正义"应当是指公平正义在数字时代、数字应用、数字空间实现的方式与程度，包括但不限

"数字化的实体正义"和"数字化的可视正义"三个方面内容。也就是说，要通过民事司法的数字化变革，更好地促进和实现"接近正义""实体正义"和"可视正义"。与传统的"场域正义"相比，"数字正义"可以让"接近正义"不再依赖于传统物理的、面对面的场域环境，让当事人足不出户就可以完成所有的诉讼事项；"数字正义"可以更好地帮助法官发现事实、寻找法律、提升能力，作出更为高效一致、更为客观公正的司法裁判；"数字正义"可以通过诉讼流程全节点的数字化可视、司法裁判全过程的数字化可视、司法监督全时空的数字化可视，不仅能更好地实现传统意义上的"看得见的正义"，而且从本质上丰富和发展了这种"看得见的正义"，将之升华成为一种数字化民事司法所特有的新型"可视正义"。《韩非子·心度》篇云，"法与时转则治"。意思是说，法度要保持与不断变化的现实同步发展，社会就会治理得好。同样地，面对智慧时代正义理论内涵的发展和更新，数字化的民事司法也要与时俱进，理应将比"场域正义"具有更多优势的"数字正义"作为主要的价值追求，如此方能更好地重构数字化的民事司法。

第二，借助民事司法数字化变革之力，推动数字正义更好实现。现在，世界上能访问互联网的人已经比能触达司法的更多。据经济合作与发展组织（OCED）调查，只有46%的人生活在法律的保护之下，而现在有超过50%的人是互联网的活跃用户。据说每年有10亿人需要基本司法关怀，但在许多国家，接近30%的问题所有者甚至没有采取行动。在大多数国家，民事案件的法律援助在很大程度上得不到满足。同时，一些司法管辖区的法院正因积压的案件而苦于工作。即使是在那些被称为"发达"的司法体制，法院体系的资源也不足，而且解决民事纠纷总是要花很长的时间和很高的成本，而且这个过程对普通人也难以理解。这在不同程度上，说明我们这个世界的法院体系并不能为绝大多数人所接触。[1]英国首席大法官 IT

（接上页）于在线解决纠纷，还涵盖数字空间治理、数字技术伦理、数字安全保护等各个方面。参见"《最高人民法院工作报告》解读系列全媒体直播访谈第五场"，载中国法院网，https://www.chinacourt.org/chat/chat/2021/03/id/52779.shtml，最后访问时间：2022年5月1日。

　　[1]　[英]理查德·萨斯坎德：《线上法院与未来司法》，何广越译，北京大学出版社2021年版，第26页。

顾问理查德·萨斯坎德教授在《线上法院与未来司法》一书中列举了上述司法数字化变革的一些理由。虽然司法数字化变革已经成为共识和趋势，上述理由好像无须赘述，但正是因为还存在着除上述理由之外的诸多问题，所以才更需要借助民事司法数字化变革之力，着力解决人们依靠传统"场域正义"所不能解决或者不能更好地解决的问题，推动数字正义更好实现。比如，在接近正义上，可借助诉讼服务网、人民法院在线服务等诉讼平台以及智能审判系统，方便群众诉讼，降低诉讼成本，提升审判效率；在实体正义上，可借助大数据智能法律知识库、智能辅助办案系统等帮助法官提升司法能力、准确认定事实、正确适用法律；在可视正义上，可借助审判流程信息公开网、庭审语音智能转录、庭审直播网、中国裁判文书网、人民法院案例库，让当事人实时知悉诉讼进展、看见庭审过程、知道裁判结果，甚至让更多的社会公众能够上网旁听。

第三，重塑民事司法数字化变革之路，彰显数字正义应有光芒。在借助民事司法数字化变革之力的过程中，虽然能够创新正义形态，增强正义实现途径以及实现正义本身，特别是新冠疫情防控期间，数字化的民事司法实现了"审判执行不停摆、公平正义不止步"，但也存在着本书所分析的可能负面阻碍正义实现途径以及减损正义本身等诸多数字非正义情况。因此，本书提出了五条重塑与构建路径，以彰显数字正义万丈光芒，不让数字正义暗淡无光。一是更新民事司法数字化的基本理念，即树立数字司法理念、数字正义理念和商谈司法理念；二是确立民事司法数字化的核心原则，即重大变革合法性原则、安全与真实并重原则、当事人权利保障原则；三是优化民事司法数字化的解纷机制，即构建"数字化的纠纷预防—数字化的非诉控制—数字化的诉讼快审"分层递进的解纷机制；四是重塑民事司法数字化的诉讼规则，即要重塑在线诉讼的适用与管辖规则、在线诉讼的证据与送达规则以及在线诉讼的法庭与程序规则；五是防范民事司法数字化的潜在风险，即防范司法权责分化风险、司法自主弱化风险、司法伦理失却风险以及司法人文流失风险。最后，需要强调的是，其一，诉诸正义不仅包括提供获得正义的途径、更好的纠纷处理方法和解决争议本身，更重要的是避免争议的发生。[1]因此要充分利用大数据、区块链等数字技术更好地预防纠纷，从源头上减少不正义的发生。其二，诉诸法院不应再是解决现代纠纷的主要途径，那些由于不断发展的科技环境产生的诸多纠纷，至少不是线下实体的法院所能够解决的。[2]随着 ODR 的兴起，人民法院的中心地位已然改变。人民法院也应当加快推进审判理念现代化，坚持"抓前端，治未病"，把在线非诉讼纠纷解决机制挺在前面，加强数字化源头治理，让那些大量适宜通过和解、调解等非诉方式解决的纠纷能够及时通过 ODR 机制解决，让那些真正需要诉诸司法的纠纷能够及时进入法院，不再长时间徘徊在法院的门前，切实彰显数字正义应有的时代光芒。

---

〔1〕 ［英］理查德·萨斯坎德：《线上法院与未来司法》，何广越译，北京大学出版社 2021年版，第 66-69 页。

〔2〕 ［美］伊森·凯什、［以色列］奥娜·拉比诺维奇·艾尼：《数字正义 当纠纷解决遇见互联网科技》，赵蕾、赵精武、曹建峰译，法律出版社 2019 年版，第 256 页。

参考文献

一、著作及译著类

1. 杨一平：《司法正义论》，法律出版社 1999 年版。

2. 帅奕男：《智慧社会的司法范式转型》，知识产权出版社 2021 年版。

3. 韩德明：《司法现代性及其超越》，人民出版社 2011 年版。

4. 刘薇、孙占利、王婧：《智慧司法的理论与实践研究》，中国政法大学出版社 2021 年版。

5. 马明亮、李伟：《链上正义 区块链司法的中国方案》，社会科学文献出版社 2023 年版。

6. 刘艳红等：《大数据与审判体系和审判能力现代化研究》，人民法院出版社 2023 年版。

7. 郑世保：《电子民事诉讼行为研究》，法律出版社 2016 年版。

8. ［意］M. 卡佩莱蒂等：《当事人基本程序保障权与未来的民事诉讼》，徐昕译，法律出版社 2000 年版。

9. ［美］伊森·凯什、［以色列］奥娜·拉比诺维奇·艾尼：《数字正义 当纠纷解决遇见互联网科技》，赵蕾、赵精武、曹建峰译，法律出版社 2019 年版。

10. 陈瑞华：《看得见的正义》，北京大学出版社 2013 年版。

11. ［德］哈贝马斯：《在事实与规范之间 关于法律和民主法治国的商谈理论》，童世骏译，生活·读书·新知三联书店 2003 年版。

12. 陈瑞华：《论法学研究方法》，法律出版社 2017 年版。

13. ［美］E. 博登海默：《法理学 法律哲学与法律方法》，邓正来译，中国政法大学出版社 1998 年版。

14. 马长山：《国家、市民社会与法治》，商务印书馆 2002 年版。

15. ［美］约翰·罗尔斯：《正义论》，何怀宏、何包钢、廖申白译，中国社会科学出版社 2009 年版。

16. ［英］齐格蒙·鲍曼：《立法者与阐释者——论现代性、后现代性与知识分子》，洪涛译，上海人民出版社 2000 年版。

17. ［美］罗斯科·庞德：《普通法的精神》，唐前宏、廖湘文、高雪原译，法律出版社 2001 年版。

18. 丁波涛等：《新时代智慧社会建设研究》，上海社会科学院出版社 2019 年版。

19. 马骏等：《数字化转型与制度变革》，中国发展出版社 2020 年版。

20. ［美］欧文·戈夫曼：《日常生活中的自我呈现》，冯钢译，北京大学出版社 2008 年版。

21. ［美］约书亚·梅罗维茨：《消失的地域：电子媒介对社会行为的影响》，肖志军译，清华大学出版社 2002 年版。

22. ［美］罗伯特·斯考伯、谢尔·伊斯雷尔：《即将到来的场景时代》，赵乾坤、周宝曜译，北京联合出版公司 2014 年版。

23. 陈敏光：《极限与基线 司法人工智能的应用之路》，中国政法大学出版社 2021 年版。

24. ［英］维克托·迈尔-舍恩伯格、肯尼思·库克耶：《大数据时代 生活、工作与思维的大变革》，盛杨燕、周涛译，浙江人民出版社 2013 年版。

25. 崔亚东：《人工智能与司法现代化》，上海人民出版社 2019 年版。

26. ［德］黑格尔：《法哲学原理》，范扬、张企泰译，商务印书馆 1961 年版。

27. ［美］尼古拉·尼葛洛庞帝：《数字化生存》，胡泳、范海燕译，电子工业出版社 2017 年版。

28. ［英］理查德·萨斯坎德：《线上法院与未来司法》，何广越译，北京大学出版社 2021 年版。

29. ［美］哈罗德·J. 伯尔曼：《法律与宗教》，梁治平译，生活·读书·新知三联书店 1991 年版。

30. 姜世明：《民事程序法之发展与宪法原则》，元照出版有限公司 2003 年版。

31. 孙晓勇：《中国司法大数据应用与展望》，法律出版社 2022 年版。

32. 相庆梅等：《互联网环境下的司法公开制度研究》，中国政法大学出版社 2022 年版。

33. ［法］米歇尔·福柯：《规训与惩罚》，刘北成、杨远婴译，生活·读书·新知三联书店 2012 年版。

34. ［美］卢克·多梅尔：《算法时代 新经济的新引擎》，胡小锐、钟毅译，中信出版社 2016 年版。

35. 郭锐：《人工智能的伦理和治理》，法律出版社 2020 年版。

36. 段厚省：《诉审商谈主义 基于商谈理性的民事诉讼构造观》，北京大学出版社 2013 年版。

37. ［德］尤尔根·哈贝马斯：《交往行为理论：行为合理性与社会合理化》，曹卫东译，上海人民出版社 2004 年版。

38. ［美］德沃金：《法律帝国》，李常青译，中国大百科全书出版社 1996 年版。

39. 张文显：《法哲学范畴研究》，中国政法大学出版社 2001 年版。

40. 孙庆春：《人工智能司法决策研究》，中国社会科学出版社 2022 年版。

41. ［英］维克托·迈尔-舍恩伯格：《删除 大数据取舍之道》，袁杰译，浙江人民出版社 2013 年版。

42. ［法］马尔克·杜甘、克里斯托夫·拉贝：《赤裸裸的人 大数据，隐私与窥视》，杜燕译，上海科学技术出版社 2017 年版。

43. ［英］约翰·帕克：《全民监控 大数据时代的安全与隐私困境》，关立深译，金城出版社 2015 年版。

44. 王亚新、陈杭平、刘君博：《中国民事诉讼法重点讲义》，高等教育出版社 2017 年版。

45. 程祖瑞：《经济学数学化导论》，中国社会科学出版社 2003 年版。

46. ［英］理查德·萨斯坎德：《法律人的明天会怎样？——法律职业的未来》，何广越译，北京大学出版社 2019 年版。

47. ［美］佩德罗·多明戈斯：《终极算法 机器学习和人工智能如何重塑世界》，中信出版社 2017 年版。

48. 於兴中：《法理学前沿》，中国民主法制出版社 2015 年版。

49. ［以色列］尤瓦尔·赫拉利：《今日简史》，林俊宏译，中信出版集团 2018 年版。

50. ［德］菲利普·黑克：《利益法学》，傅广宇译，商务印书馆 2016 年版。

二、编著类

1. 马长山主编：《法理学导论》，北京大学出版社 2014 年版。

2. 张文显主编：《法理学》，高等教育出版社、北京大学出版社 2003 年版。

3. 汪习根主编：《司法权论——当代中国司法权运行的目标模式、方法与技巧》，武汉大学出版社 2006 年版。

4. 卞建林主编：《现代司法理念研究》，中国人民公安大学出版社 2012 年版。

5. 杨荣馨主编：《民事诉讼原理》，法律出版社 2003 年版。

6. 吴如巧编著：《美国联邦民事诉讼规则的新发展》，中国政法大学出版社 2011 年版。

7. 齐树洁主编：《美国民事司法制度》，厦门大学出版社 2011 年版。

8. 齐树洁主编：《英国民事司法制度》，厦门大学出版社 2011 年版。

9. ［意］莫诺·卡佩莱蒂编：《福利国家与接近正义》，刘俊祥等译，法律出版社 2000 年版。

10. ［美］彼得·G. 伦斯特洛姆编：《美国法律辞典》，贺卫方等译，中国政法大学出版社 1998 年版。

11. ［英］戴维·M. 沃克：《牛津法律大辞典》，北京社会与科技发展研究所组织翻译，光明日报出版社 1988 年版。

14. ［英］伊丽莎白·A. 马丁编著：《牛津法律词典》，蒋一平、赵文伋译，上海翻译出版公司 1991 年版。

15. 任仲文编：《智慧社会——领导干部读本》，人民日报出版社 2019 年版。

16. 崔亚东主编：《12368：诉讼服务平台建设的上海样本》，法律出版社 2019 年版。

17. 李林、田禾主编：《中国法院信息化发展报告 No. 1（2017）》，社会科学文献出版社 2017 年版。

18. 李林、田禾主编：《中国法院信息化发展报告 No. 2（2018）》，社会科学文献出版社 2018 年版。

19. 陈甦、田禾主编：《中国法院信息化发展报告 No. 3（2019）》，社会科学文献出版社 2019 年版。

20. 陈甦、田禾主编：《中国法院信息化发展报告 No. 4（2020）》，社会科学文献出版社 2020 年版。

21. 陈甦、田禾主编：《中国法院信息化发展报告 No. 5（2021）》，社会科学文献出版社 2021 年版。

22. 陈国平、田禾主编：《中国法院信息化发展报告 No. 6（2022）》，社会科学文献出版社 2022 年版。

23. 陈国平、田禾主编：《中国法院信息化发展报告 No. 7（2023）》，社会科学文献出版社 2023 年版。

24. 中华人民共和国最高人民法院编：《中国法院的互联网司法》，人民法院出版社 2019 年版。

25. 茆荣华主编：《全流程网上办案体系的探索与实践》，人民法院出版社 2021 年版。

26. 田平安主编：《民事诉讼法学》，法律出版社 2015 年版。

三、论文类

1. 陈国猛："互联网时代资讯科技的应用与司法流程再造——以浙江省法院的实践为例"，载《法律适用》2017 年第 21 期。

2. 李占国："'全域数字法院'的构建与实现"，载《中外法学》2022 年第 1 期。

3. 舒国滢："从司法的广场化到司法的剧场化——一个符号学的视角"，载《政法论坛》1999 年第 3 期。

4. 杨秀清："互联网法院定位之回归"，载《政法论丛》2019 年第 5 期。

5. 肖建国、庄诗岳："论互联网法院涉网案件地域管辖规则的构建"，载《法律适用》2018 年第 3 期。

6. 肖建国、丁金钰："论我国在线'斯图加特模式'的建构——以互联网法院异步审理模式为对象的研究"，载《法律适用》2020 年第 15 期。

7. 刘峥、何帆、李承运："《人民法院在线诉讼规则》的理解与适用"，载《人民司法》2021 年第 19 期。

8. 林洋："互联网异步审理方式的法理思辨及规则建构"，载《甘肃政法学院学报》2020 年第 4 期。

9. 陶杨、付梦伟："互联网法院异步审理模式与直接言词原则的冲突与协调"，载《法律适用》2021 年第 6 期。

10. 谢登科、赵航："论互联网法院在线诉讼'异步审理'模式"，载《上海交通大学学报（哲学社会科学版）》2022 年第 2 期。

11. 郝晶晶："互联网法院的程序法困境及出路"，载《法律科学（西北政法大学学报）》2021 年第 1 期。

12. 占善刚、王译："互联网法院在线审理机制之检讨"，载《江汉论坛》2019 年第 6 期。

13. 郑旭江："互联网法院建设对民事诉讼制度的挑战及应对"，载《法律适用》2018 年第 3 期。

14. 李鑫："智慧法院建设的理论基础与中国实践"，载《政法论丛》2021 年第 5 期。

15. 徐骏："智慧法院的法理审思"，载《法学》2017 年第 3 期。

16. 郑戈："在法律与科技之间——智慧法院与未来司法"，载《中国社会科学评价》2021 年第 1 期。

17. 刘艳红："大数据时代审判体系和审判能力现代化的理论基础与实践展开"，载《安徽大学学报（哲学社会科学版）》2019 年第 3 期。

18. 陈洪杰："从技术智慧到交往理性：'智慧法院'的主体哲学反思"，载《上海师范大学学报（哲学社会科学版）》2020年第6期。

19. 胡昌明："中国智慧法院建设的成就与展望——以审判管理的信息化建设为视角"，载《中国应用法学》2018年第2期。

20. 高一飞、高建："智慧法院的审判管理改革"，载《法律适用》2018年第1期。

21. 冯姣、胡铭："智慧司法：实现司法公正的新路径及其局限"，载《浙江社会科学》2018年第6期。

22. 马靖云："智慧司法的难题及其破解"，载《华东政法大学学报》2019年第4期。

23. 刘品新："智慧司法的中国创新"，载《国家检察官学院学报》2021年第3期。

24. 魏斌："智慧司法的法理反思与应对"，载《政治与法律》2021年第8期。

25. 徐娟、杜家明："智慧司法实施的风险及其法律规制"，载《河北法学》2020年第8期。

26. 刘雁鹏："智慧司法中的忧虑：想象、剖析与展望"，载《理论与改革》2020年第3期。

27. 王禄生："大数据与人工智能司法应用的话语冲突及其理论解读"，载《法学论坛》2018年第5期。

28. 王禄生："司法大数据与人工智能技术应用的风险及伦理规制"，载《法商研究》2019年第2期。

29. 陈锐、孙庆春："人工智能司法决策的合法性辨疑"，载《西安交通大学学报（社会科学版）》2021年第3期。

30. 马长山："司法人工智能的重塑效应及其限度"，载《法学研究》2020年第4期。

31. 孙海波："反思智能化裁判的可能及限度"，载《国家检察官学院学报》2020年第5期。

32. 宋旭光："论司法裁判的人工智能化及其限度"，载《比较法研究》2020年第5期。

33. 刘艳红："人工智能的可解释性与AI的法律责任问题研究"，载《法制与社会发展》2022年第1期。

34. 张琳琳："人工智能司法应用的责任归结困境与解决路径"，载《当代法学》2023年第5期。

35. 郑曦："生成式人工智能在司法中的运用：前景、风险与规制"，载《中国应用法学》2023年第4期。

36. 王玉薇："智能裁判风险的技术正当程序控制"，载《求是学刊》2022年第4期。

37. 吴习彧："裁判人工智能化的实践需求及其中国式任务"，载《东方法学》2018年第 2 期。

38. 程凡卿："我国司法人工智能建设的问题与应对"，载《东方法学》2018 年第 3 期。

39. 冯洁："人工智能对司法裁判理论的挑战：回应及其限度"，载《华东政法大学学报》2018 年第 2 期。

40. 雷磊："司法人工智能能否实现司法公正?"，载《政法论丛》2022 年第 4 期。

41. 郑曦："人工智能技术在司法裁判中的运用及规制"，载《中外法学》2020 年第 3 期。

42. 高可："司法智能化的功能、风险与完善"，载《西安交通大学学报（社会科学版）》2020 年第 6 期。

43. 张凌寒："智慧司法中技术依赖的隐忧及应对"，载《法制与社会发展》2022 年第 4 期。

44. 王勇旗："人工智能在司法审判领域的融合应用——现状、难题与应对"，载《法理——法哲学、法学方法论与人工智能》2021 年第 1 期。

45. 江苏省高级人民法院课题组："数字经济背景下人工智能的司法应用"，载《法律适用》2023 年第 5 期。

46. 史明洲："区块链时代的民事司法"，载《东方法学》2019 年第 3 期。

47. 张玉洁："区块链技术的司法适用、体系难题与证据法革新"，载《东方法学》2019 年第 3 期。

48. 张春和、林北征："司法区块链的网络诉源治理逻辑、困惑与进路"，载《中国应用法学》2019 年第 5 期。

49. 曹建军："在线诉讼规则与民事诉讼法典化"，载《河北法学》2022 年第 8 期。

50. 张卫平："在线诉讼：制度建构及法理——以民事诉讼程序为中心的思考"，载《当代法学》2022 年第 3 期。

51. 肖建国："在线诉讼的定位与《民事诉讼法》的修改"，载《北京航空航天大学学报（社会科学版）》2022 年第 2 期。

52. 左卫民："中国在线诉讼：实证研究与发展展望"，载《比较法研究》2020 年第 4 期。

53. 陈锦波："论信息技术对传统诉讼的结构性重塑——从电子诉讼的理念、价值和原则切入"，载《法制与社会发展》2018 年第 3 期。

54. 段厚省："远程审判的双重张力"，载《东方法学》2019 年第 4 期。

55. 段厚省："远程审判的程序正当性考察——以交往行为理论为视角"，载《政法论丛》2020 年第 2 期。

56. 洪冬英："司法如何面向'互联网+'与人工智能等技术革新"，载《法学》2018年第11期。

57. 张兴美："电子诉讼制度建设的观念基础与适用路径"，载《政法论坛》2019年第5期。

58. 高翔："民事电子诉讼规则构建论"，载《比较法研究》2020年第3期。

59. 陈锦波："在线庭审的实践检视与规则重塑"，载《安徽大学学报（哲学社会科学版）》2021年第1期。

60. 张卫平："在线民事诉讼的法律规制——基本框架与思路"，载《法学评论》2022年第2期。

61. 谢登科："在线诉讼的中国模式与未来发展"，载《中国应用法学》2022年第4期。

62. 谢登科："在线诉讼中证人出庭作证的场域变革与制度发展"，载《法制与社会发展》2023年第1期。

63. 刘峥："数字时代背景下在线诉讼的发展路径与风险挑战"，载《数字法治》2023年第2期。

64. 杨继文："在线诉讼场景理论的建构"，载《法制与社会发展》2023年第3期。

65. 章扬、谢子柔："在线诉讼制度的检视与完善"，载《法律适用》2023年第4期。

66. 程睿："双轨并行模式中在线诉讼的同意规则"，载《现代法学》2023年第5期。

67. ［英］布里格斯勋爵："生产正义方式以及实现正义途径之变革——英国在线法院的设计理念、受理范围以及基本程序"，赵蕾编译，载《中国应用法学》2017年第2期。

68. 赵琪编译："规范人工智能在司法系统的应用"，载《中国社会科学报》2023年6月30日，第3版。

69. ［美］李本："美国司法实践中的人工智能：问题与挑战"，载《中国法律评论》2018年第2期。

70. 董慧、李菲菲："大数据时代：数字活力与大数据社会治理探析"，载《学习与实践》2019年第12期。

71. 冯洁："大数据时代的裁判思维"，载《现代法学》2021年3期。

72. 张生、李妮："区块链的'司法化'：发展、挑战与应对"，载《西安交通大学学报（社会科学版）》2021年第1期。

73. 左卫民："后疫情时代的在线诉讼：路向何方"，载《现代法学》2021年第6期。

74. 孙晓勇："司法大数据在中国法院的应用与前景展望"，载《中国法学》2021年第4期。

75. 刘哲玮："审判流程信息网上公开的功能与结构"，载《法律适用》2018 年第 17 期。

76. 左卫民："反思庭审直播——以司法公开为视角"，载《政治与法律》2020 年第 9 期。

77. 姚建军："我国在线诉讼平台规则之完善——以'人民法院在线服务'为例"，载《数字法治》2023 年第 3 期。

78. 李广德："裁判文书上网制度的价值取向及其法理反思"，载《法商研究》2022 年第 2 期。

79. 吴宏耀："司法裁判文书公开及其限度"，载《人民法治》2022 年第 9 期。

80. 左卫民："热与冷：中国法律人工智能的再思考"，载《环球法律评论》2019 年第 2 期。

81. 左卫民："从通用化走向专门化：反思中国司法人工智能的运用"，载《法学论坛》2020 年第 2 期。

82. 寇枭立、李洪琳："传统物理法院的技术革新之路：互联网时代纠纷解决机制的进阶发展"，载《人民司法》2019 年第 22 期。

83. 刘哲玮、李晓璇："互联网法院管辖规则评述"，载《经贸法律评论》2019 年第 5 期。

84. 侍孝祥："互联网法院案件管辖范围的实践与探析"，载《中国审判》2021 年第 17 期。

85. 段厚省、屠琳舒："论互联网法院的专门化"，载《河北法学》2022 年第 7 期。

86. 韩旭至："司法区块链的复合风险与双层规制"，载《西安交通大学学报（社会科学版）》2021 年第 1 期。

87. 段莉琼、吴博雅："区块链证据的真实性认定困境与规则重构"，载《法律适用》2020 年第 19 期。

88. 赵杨："人工智能时代的司法信任及其构建"，载《华东政法大学学报》2021 年第 4 期。

89. 魏斌："司法人工智能融入司法改革的难题与路径"，载《现代法学》2021 年第 3 期。

90. 孟醒："智慧法院建设对接近正义的双刃剑效应与规制路径"，载《中国政法大学学报》2020 年第 6 期。

91. 郭丰璐："论在线诉讼的功能定位"，载《法律适用》2023 年第 5 期。

92. 曹建峰："'人工智能+法律'十大趋势"，载《机器人产业》2017 年第 5 期。

93. 田幸、成立、王平荣："人工智能带来的司法革命"，载《人民司法》2019 年第 7 期。

94. 陈锐、王文玉："司法人工智能与人类法官的角色定位辨析"，载《重庆大学学报 （社会科学版）》，网络首发日期：2021 年 7 月 27 日。

95. 钟明亮："'人工智能+在线司法确认'的实践观察与前景展望"，载《法律适用》 2020 年第 15 期。

96. 马长山："数字社会的治理逻辑及其法治化展开"，载《法律科学（西北政法大学 学报）》2020 年第 5 期。

97. 谢登科："论在线诉讼中的当事人程序选择权"，载《南开学报（哲学社会科学 版）》2022 年第 1 期。

98. 张卫平："元宇宙与纠纷解决：应用图景及规制想象"，载《政法论丛》2022 年第 2 期。

99. 曹建军："'元宇宙'司法与纠纷解决的智能化"，载《政法论丛》2022 年第 2 期。

100. 胡昌明："'司法的剧场化'到'司法的网络化'：电子诉讼的冲击与反思"，载 《法律适用》2021 年第 5 期。

101. 张鸿绪："论我国远程作证中情态证据的程序保障——兼评《人民法院在线诉讼规 则》"，载《政法论丛》2021 年第 4 期。

102. 齐延平："论人工智能时代法律场景的变迁"，载《法律科学（西北政法大学学 报）》2018 年第 4 期。

103. 陈敏光："善假于物与审判异化：司法人工智能的辩证思考"，载《重庆大学学报 （社会科学版）》2021 年第 3 期。

104. 侯猛："互联网技术对司法的影响——以杭州互联网法院为分析样本"，载《法律 适用》2018 年第 1 期。

105. 郑飞、杨默涵："互联网法院审判对传统民事证据制度的挑战与影响"，载《证据 科学》2020 年第 1 期。

106. 张卫平："民事诉讼智能化：挑战与法律应对"，载《法商研究》2021 年第 4 期。

107. 张凌寒："数字正义的时代挑战与司法保障"，载《湖北大学学报（哲学社会科学 版）》2023 年第 3 期。

108. 周光权："打造'升级版'裁判文书网 精准展示法治自信"，载《人民法院报》 2023 年 12 月 25 日，第 2 版。

109. 车浩："实现裁判文书网的三个功能 需要优化更应保持公开"，载《人民法院 报》2023 年 12 月 26 日，第 2 版。

110. 马长山："数字法学的理论表达"，载《中国法学》2022 年第 3 期。

111. 季卫东："人工智能时代的司法权之变"，载《东方法学》2018 年第 1 期。

112. 陈敏光："司法人工智能的理论极限研究"，载《社会科学战线》2020 年第 11 期。

113. 秦汉："人工智能司法裁判系统的学理反思"，载《北方法学》2021 年第 3 期。

114. 周尚君、伍茜："人工智能司法决策的可能与限度"，载《华东政法大学学报》2019 年第 1 期。

115. 钱大军："司法人工智能的中国进程：功能替代与结构强化"，载《法学评论》2018 年第 5 期。

116. 刘国华、沈杨："人工智能辅助司法裁判的实践困境及其应对策略"，载《学术交流》2021 年第 9 期。

117. 李晟："略论人工智能语境下的法律转型"，载《法学评论》2018 年第 1 期。

118. 高童非："警惕'异案同判'——类案裁判机制的功能越位与归位"，载《南通大学学报（社会科学版）》2022 年第 1 期。

119. 孙占利、胡锦浩："人工智能应用于司法审判的问题与应对"，载《浙江工业大学学报（社会科学版）》2021 年第 4 期。

120. 马长山："人工智能的社会风险及其法律规制"，载《法律科学（西北政法大学学报）》2018 年第 6 期。

121. 左卫民："关于法律人工智能在中国运用前景的若干思考"，载《清华法学》2018 年第 2 期。

122. 王禄生："司法大数据应用的法理冲突与价值平衡——从法国司法大数据禁令展开"，载《比较法研究》2020 年第 2 期。

123. 孙笑侠："论司法信息化的人文'止境'"，载《法学评论》2021 年第 1 期。

124. 高童非："数字时代司法责任伦理之守正"，载《法制与社会发展》2022 年第 1 期。

125. 周翠："互联网法院建设及前景展望"，载《法律适用》2018 年第 3 期。

126. 朴顺善："强制适用电子诉讼义务制度研究"，载《西南政法大学学报》2022 年第 2 期。

127. 相庆梅、刘兆月："裁判文书网上公开与隐私权保护的冲突与衡平"，载《司法改革论评》2021 年第 1 期。

128. 段厚省："论互联网法院的功能定位与程序创新"，载《上海师范大学学报（哲学社会科学版）》2020 年第 6 期。

129. 景汉朝："互联网法院的时代创新与中国贡献"，载《中国法学》2022 年第 4 期。

130. 曹磊、刘晓燕："类案检索应用的困境与破解——以助力法官裁决与文书撰写为视角"，载《中国应用法学》2021 年第 5 期。

131. 贾宇："论数字检察"，载《中国法学》2023 年第 1 期。

132. 顾全："数字化转型背景下对互联网案件审判理念的几点反思与建议"，载《法律适用》2022 年第 1 期。

133. 张军："深入学习贯彻习近平法治思想加快推进审判工作现代化"，载《学习时报》2023 年 12 月 6 日，第 A1 版。

134. 卞建林："立足数字正义要求，深化数字司法建设"，载《北京航空航天大学学报（社会科学版）》2022 年第 2 期。

135. ［美］玛丽·安妮·弗兰克斯："反思数字正义：正义如何超越争议——评《数字正义 当纠纷解决遇见互联网科技》"，赵精武、袁影倩译，载《网络信息法学研究》2022 年第 1 期。

136. 周尚君、罗有成："数字正义论：理论内涵与实践机制"，载《社会科学》2022 年第 6 期。

137. 张吉豫："数字法理的基础概念与命题"，载《法制与社会发展》2022 年第 5 期。

138. 孙跃："元宇宙法律治理中的数字正义及其实践路径"，载《湖北社会科学》2023 年第 5 期。

139. 马长山："数字时代的人权保护境遇及其应对"，载《求是学刊》2020 年第 4 期。

140. 李峰："远程审理程序裁量权与程序选择权的关系"，载《中国审判》2020 年第 19 期。

141. 张兴美："庭审记录方式电子化改革的反思与建构"，载《法学杂志》2019 年第 1 期。

142. 邓恒、杨雪："线上审判方式中信息与数据安全问题研究"，载《中国应用法学》2021 年第 1 期。

143. 马长山："数字人权的'中国图景'"，载《人权》2023 年第 4 期。

144. 高一飞："数字人权规范构造的体系化展开"，载《法学研究》2023 年第 2 期。

145. 杨凯："在线诉讼入法正当性的公共法律服务理论支撑"，载《华东政法大学学报》2022 年第 5 期。

146. 马长山："智慧社会背景下的'第四代人权'及其保障"，载《中国法学》2019 年第 5 期。

147. 李婷："人工智能时代的司法公正：价值效用与风险防范"，载《江苏社会科学》2023 年第 1 期。

148. 龚善要："人工智能司法应用的实践审思与完善"，载《国家检察官学院学报》2023 年第 5 期。

149. 程啸："裁判文书与案例公开应注重个人信息保护"，载《人民法院报》2023 年 12 月 31 日，第 2 版。

150. 谢登科："论在线诉讼中的个人信息保护"，载《中国政法大学学报》2022 年第 1 期。

151. 伊然："区块链技术在司法领域的应用探索与实践——基于北京互联网法院天平链的实证分析"，载《中国应用法学》2021 年第 3 期。

152. 程金华："人工、智能与法院大转型"，载《上海交通大学学报（哲学社会科学版）》2019 年第 6 期。

153. 刘艳红："人工智能技术在智慧法院建设中实践运用与前景展望"，载《比较法研究》2022 年第 1 期。

154. 何柏生：《数学方法能否证明法律问题》，载《华东政法大学学报》2022 年第 3 期。

155. 何帆："新时代专门人民法院的设立标准和设置模式"，载《中国应用法学》2022 年第 3 期。

156. 吕子逸："论互联网法院的导向模式与实现路径"，载《北京航空航天大学学报（社会科学版）》2022 年第 4 期。

157. 胡仕浩、何帆、李承运："《关于互联网法院审理案件若干问题的规定》的理解与适用"，载《人民司法》2018 年第 28 期。

158. 伊然、董学敏："互联网审判中区块链存证技术的应用进路"，载《人民司法》2020 年第 31 期。

159. 韩学艳、王旺："电子送达当事人同意原则的检视与完善"，载《人民司法》2021 年第 25 期。

160. 北京互联网法院课题组："'互联网+'背景下电子送达制度的重构——立足互联网法院电子送达的最新实践"，载《法律适用》2019 年第 23 期。

161. 李晓丽："论区块链技术在民事司法应用中的价值、风险和进路"，载《中国应用法学》2021 年第 3 期。

162. 周鸿飞："'互联网+'背景下电子送达制度的革新与探析"，载《河南财经政法大学学报》2022 年第 1 期。

163. 自正法："互联网法院的审理模式与庭审实质化路径"，载《法学论坛》2021 年第 3 期。

164. 何帆："数字司法的时代之问与未来发展"，载《数字法治》2023 年第 1 期。

165. 王琦："民事诉讼事实认定的智能化"，载《当代法学》2021 年第 2 期。

166. 彭中礼："司法人工智能中的价值判断"，载《四川大学学报（哲学社会科学版）》2021 年第 1 期。

167. 张保生："人工智能法律系统：两个难题和一个悖论"，载《上海师范大学学报（哲学社会科学版）》2018 年第 6 期。

168. 盛学军、邹越："智能机器人法官：还有多少可能和不可能"，载《现代法学》2018 年第 4 期。

169. 伍茜："智能司法演进历程与方法建构"，西南政法大学 2020 年博士学位论文。

170. 周世中、吕桐戎："人工智能法律系统推理的方法论审思"，载《湖南社会科学》2021 年第 3 期。

171. 聂友伦："人工智能司法的三重矛盾"，载《浙江工商大学学报》2022 年第 2 期。

172. 张玫瑰："司法裁判中人工智能应用的限度及规制"，载《政法论丛》2023 年第 5 期。

173. 罗维鹏："人工智能裁判的问题归纳与前瞻"，载《国家检察官学院学报》2018 年第 5 期。

174. 罗洪洋、李相龙："智能司法中的伦理问题及其应对"，载《政法论丛》2021 年第 1 期。

175. 解锟："生成式人工智能在司法审判实践中应审慎利用"，载《人民法院报》2023 年 6 月 1 日，第 5 版。

176. 陈景辉："人工智能的法律挑战：应该从哪里开始？"，载《比较法研究》2018 年第 5 期。

177. 何怀宏："何以为人　人将何为——人工智能的未来挑战"，载《探索与争鸣》2017 年第 10 期。

178. 於兴中："算法社会与人的秉性"，载《中国法律评论》2018 年第 2 期。

179. 高全喜："虚拟世界的法律化问题"，载《现代法学》2019 年第 1 期。

180. 梁庆："人工智能于法官绩效考核之应用——以程序法视角为中心"，载《重庆社会科学》2021 年第 11 期。

181. 左卫民："AI 法官的时代会到来吗——基于中外司法人工智能的对比与展望"，载《政法论坛》2021 年第 5 期。

182. 江秋伟："论司法裁判人工智能化的空间及限度"，载《学术交流》2019 年第 2 期。

183. 许可："人工智能的算法黑箱与数据正义"，载《社会科学报》2018 年 3 月 29 日，第 6 版。

184. 郑戈："人工智能与法律的未来"，载《探索与争鸣》2017 年第 10 期。

185. 陈玉英、李辉："法律的未来：人工智能会取代律师和法官吗?"，载《人民法治》
  2023 年第 22 期。

186. 胡铭、宋灵珊："'人工+智能'：司法智能化改革的基本逻辑"，载《浙江学刊》
  2021 年第 2 期。

187. 李晓楠："可信赖 AI 司法：意义、挑战及治理应对"，载《法学论坛》2020 年第
  4 期。

188. 孙记："论民事司法数字化的前景与限度"，载《民事程序法研究》2020 年第
  1 期。

189. 魏斌："论法律人工智能的法理逻辑"，载《政法论丛》2021 年第 1 期。

190. 左卫民："如何通过人工智能实现类案类判"，载《中国法律评论》2018 年第
  2 期。

191. 何春芽、管俊兵、陈国平："类案强制检索结果的司法适用规则研究——基于从类
  案到类判的功能主义视角"，载《法律适用》2020 年第 18 期。

192. 杜宴林、杨学科："论人工智能时代的算法司法与算法司法正义"，载《湖湘论
  坛》2019 年第 5 期。

193. 曹建峰："人工智能治理：从科技中心主义到科技人文协作"，载《上海师范大学
  学报（哲学社会科学版）》2020 年第 5 期。

194. 帅奕男："智能司法的潜在风险及其应对策略"，载《学术交流》2020 年第 1 期。

195. 周佑勇："智能技术驱动下的诉讼服务问题及其应对之策"，载《东方法学》2019
  年第 5 期。

196. 马长山："智能互联网时代的法律变革"，载《法学研究》2018 年第 4 期。

四、外文著作及论文类

1. Jasper Ulenaers, "The Impact of Artificial Intelligence on the Right to a Fair Trial: Towards
  a Robot Judge?" *Asian Journal of Law and EconomicsVolume* 0, Issue 0. 2020.

2. Tania Sourdin, "Judge V. Robot: Artificial Intelligence and Judicial Decision-Making",
  University of New South Wales Law Journal, （2018）41. pp. 1114-1133.

3. Ryan Calo. Robots as legal metaphors［J］. Harvard Journal of Law&Technology, 2016
  （1）：209-237.

4. Rincon Cardenas Erick; Martinez Molano Valeria, "A Study on the Possibility of Applying

Artificial Intelligence in Judicial Decisions", *Revista Direito GVVolume* 17, Issue 1. 2021.

5. Richard Susskind, *Online Courts and the Future of Justice*, Oxford University Press （2019）.

6. Alexander Wilhelm, "BlockchainTechnology and the Development of African Economies： Promises, Opportunities, and the Legal Issues at Stake", *Law in Africa*, Vol. 22, No. 1, 2019, p. 8.

7. Elizabeth C. Wiggins, "what we Know and need to Know about the Effete of Courtroom Technology", *William&Mary Bill of Rights J.*, Vol. 12, 2004.

8. James E. Cabral et al., "Using Technology to Enhance Access to Justice", *Harvard Journal of Law and Technology* 26, 2012.

9. Kimberly Koscielniak, Brian Wassom, "Cyber Court", *Michigan Bar Journal*, Vol. 82, 2003.

10. Nicolas W. Vermeys, Karim Benyekhlef, "*ODR and the Courts*", *in Online Dispute Resolution： Theory and Practice* （*edit. By Mohamed S. Abdel Wahab, Ethan Katsh and Daniel Rainey*）, Eleven International Publishing, 2012.

11. Faye Fangfei Wang, *Online Dispute Resolution： Technology, Management and Legal Practice from an International Perspective*, *Chandos Publishing*, 2009.

12. Gabrielle Kaufmann-Kohler , Thomas Schultz, *Online Dispute Resolution： Challenges for Contemporary Justice*, Kluwer Law International, 2004.

13. Orna Rabinovich-Einy, Ethan Katsh, "*The New Courts*", American University Law Review, 2017.

14. Laurence H. Tribo, "Trial by Mathematics： Precision and Ritual in the Legal Process", 84 Hav. L. Rev. （1971）, pp. 1329–1393.

15. Purvish M. Parikh, Dinesh M. Shah, Kairav P. Parikh, Judge Juan Manuel Padilla Garcia, "ChatGPT, and a Controversial Medicolegal Milestone", *Indian Journal of Medical Sciences*, Volume 75, Issue 1, 4 （2023）.

五、外文网站类

1. 美国联邦法官法院官方网站，Long Range Plan for Information Technology（信息技术长期规划），https：//www. uscourts. gov/statistics-reports/publications/long-range-plan-information-technology。

2. "第一届在线法院国际论坛" 官方网站，https：//www. scl. org/events/532-first-inter-

national-forum-on-online-courts-the-cutting-edge-of-digital-reform-monday-3-and-tuesday-4-december-2018-london。

3. Legal I-Can 官方网站，About I-CAN! Legal，I-CAN! LEGAL，http://www. legali-can. com/about。

4. 美国联邦法院官方网站，Electronic Filing（CM/ECF），https://www. uscourts. gov/court-records/electronic-filing-cmecf。

5. 美国最高法院官方网站，Supreme Court of The United States Office of The Clerk Washington，D. C. 20543，https://www. supremecourt. gov/filingandrules/ElectronicFilingGuidelines. pdf。

6. 美国联邦法院官方网，About us，https://pacer. uscourts. gov/about-us。

7. 美国联邦法院官方网站，Find a Case（PACER），https://www. uscourts. gov/court-records/find-case-pacer。

8. 美国联邦法院官方网站，Policy & Procedures，https://pacer. uscourts. gov/policy-procedures。

9. 美国代表在第一届"在线法院国际论坛"上的发言 PDF 文档，Paul Embley，NCSC. "US Courts and Online Dispute Resolution"，https://assets. publishing. service. gov. uk/government/uploads/system/uploads/attachment_ data/file/761379/US. pdf。

10. 英国女王陛下法院和法庭服务处发布的《在线金钱索赔》用户指南，《Money Claim Online（MCOL）-User Guide for Claimants》，https://assets. publishing. service. gov. uk/government/uploads/system/uploads/attachment_ data/file/762843/mcol-userguide-eng. pdf。

11. 韩国电子诉讼官方网站"电子诉讼使用指南"，https://ecfs. scourt. go. kr/ecf/ecf400/ECF430. jsp。

12. 韩国电子诉讼官方网站"电子诉讼用户手册"，https://ecfs. scourt. go. kr/ecfdocs/install/pdf/ecfs_ scourt_ manual_ v1. 1. pdf。

13. 韩联社官方网站，Choi Soo-hyang："S. Korean court uses video technology to question remote witnesses"，https://en. yna. co. kr/view/AEN20161116011500315。

14. 美国联邦法院官方网站，Fiscal Year 2021 Update，Long Range Plan for Information Technology in the Federal Judiciary（2021 年财年《美国联邦司法信息技术长期规划》），https://www. uscourts. gov/sites/default/files/it_ long_ range_ plan_ fy_ 2021. pdf。

15. 英国法院和法庭服务处官方网站，Online Dispute Resolution AdvisoryGroup：Online Dispute Resolution For Low Value Civil Claims，https://www. judiciary. uk/wp-content/uploads/2015/02/Online-Dispute-Resolution-Final-Web-Version1. pdf。

16. 韩国最高人民法院官方网站《韩国电子诉讼法》全文，https://glaw. scourt. go. kr/
   wsjo/lawod/sjo190. do？contId＝2142623#1615599471156。

17. Eric Hal Schwartz：Colombian Judge Writes Legal Ruling With ChatGPT，https://voice-
   bot. ai/2023/02/06/colombian–judge–writes–legal–ruling–with–chatgpt.

18. Luke Taylor in Bogotá：Colombian judge says he used ChatGPT in ruling，https://
   www. theguardian. com/technology/2023/feb/03/colombia–judge–chatgpt–ruling.

19. 2018 State of the State Courts–Survey Analysis，https://www. ncsc. org/＿＿data/assets/
   pdf＿file/0020/16157/sosc＿2018＿survey＿analysis. pdf.

关键词索引

后　记

本书是我在博士论文基础上，在我的博士生导师马长山教授，以及本套"新技术法学研究丛书"主编张保生教授、郑飞副教授和编辑老师们的关爱指导下，在工作之余不断打磨、反复修改，历时2年多扩充完善而成的。

两年前，我在博士论文的后记中写道：当在键盘上敲下博士论文最后一个字符，已是夜深人静时分。执笔掩卷，思绪万千。因为我知道，三年的博士研究生学习生涯行将画上句号。因为我知道，这还提醒着我，不仅要倍加珍惜当下，而且要及时总结过往；不仅要不忘初心、牢记使命，而且要躬身实践、担当使命。

回首2018年攻读法学理论专业博士研究生的初心，我在向单位递交的"上海法院在编干警参加研究生教育申请表"中"申请学习理由"一栏写道，当今中国，依法治国、司法改革持续强力推进，民族复兴的中国梦充满无限希望，吾辈青年当立志担当中华民族伟大复兴的历史使命。然言志定需正确的价值理念、完善的道德人格、足够的智慧能力以及具体的平台载体，方能实现。然作为青年法官，智慧能力的提升，尤其是法学理论素养的厚植、法律思维水平的提升、司法实务能力的提高，都离不开进一步的系统学习和深造，以进一步提升境界、开拓视野、训练思维、研习方法、升级自我。

其实，之所以坚定选择攻读法学博士研究生，还有另外一个动因。我乃半路出家，非法本出身，在获得工学学士学位后，转而攻读法律硕士。2006年硕士毕业考入上海市基层人民法院工作，随着走上审判工作岗位，常感法律功底尚较薄弱。后通过法院系统遴选有幸调入上海市高级人民法院工作，随着工作岗位和工作职责的变换，更加深感法律功底薄弱，亟须系统性地充电学习。于是经单位批准，我于2018年3月参加了华东政法大学博士研究生入学考试，非常幸运地圆了这个充电学习梦。

记得有人说过，离开单位平台和众人帮助，一个人即使一点点成就，恐怕也难以取得；即使一点点贡献，恐怕也难以作出。应当说，能够得以顺利考取博士研究生到完成博士学位论文，每一步都离不开亲友师长和多方善缘的大力支持和关心厚爱。这都使我内心深处既充满了无限的信心、力量和希望，又充满了无尽的感谢、感激和感恩。

衷心感谢父母、家人和亲人，使我能够得以安心工作，深修学业。树高千尺，离不开根。一路走来，父母不仅辛苦生养了我，而且时刻教育着我，全心支持着我。岳父母虽不是生父母，却犹如生父母，多年来一直无私无我地接济着我们这个小家，无怨无悔地照料着我们这个小家。执子之手，与子偕老。自相识以来，太太不仅一直坚定不移地鼓励着我，不遗余力地支持着我，而且在我博士学习一年级时又辛苦孕育生下我们的又一个孩子，并一边努力工作，一边用心承担着绝大部分家务和养育重担。兄弟姐妹，手足情深。我自读大学始，便离开家乡，至上海工作后，更无法常伴父母左右，在家乡的哥哥姐姐便承担起更多的照顾父母之责。人和事成，家和事兴。博士生入学考试前一天，长女默默地在微信中发了一张父女合照，并配了一条信息："祝爸爸考试成功"，且在第一天考试结束即来电与太太一道为我加油鼓劲。小宝的诞生，又为我平添了无穷的乐趣和动力。在博士学习期间，我的家人和亲人都给予了全力支持，尤其是论文写作期间，我的家人默默地帮我分担了几乎所有家务。

衷心感谢单位、领导和同事，使我能够得以多有余力，完成学业。正如曾经刷屏微信朋友圈的一篇文章《善待你所在的单位》所言，如果你是一只小鸟，单位就是你的天；如果你是一株小草，单位就是你的地；如果你是一条小鱼，单位就是你的海。从批准攻读博士申请到签署委托培养协议，立案庭、干培处、干部处、政治部、分管院领导，都一路绿灯给了我最大支持。从博士备考到博士学习期间，分管院领导和庭领导等的满怀关爱给了我最大鼓励，部门同事的无私分担给了我最大帮助。

衷心感谢导师、老师和专家，使我能够得以茅塞渐开，终成拙论。三尺讲台育桃李，一支粉笔写春秋。我的导师，也是我的恩师马长山教授，不仅学问广博精深，著述荣誉等身；而且道德淳厚高尚，获授献血铜奖。

不仅不懈追求学术，传道授业解惑；而且满腔家国情怀，构筑法治道路。我本资质平平，且又基础一般。导师于我而言，不仅没有半点嫌弃将我纳至门下，反而更多的是宽容厚爱与谆谆教诲。至今记得，在博士新生入学师生见面会上，导师代表华东政法大学法理学科和学报编辑部全体老师，教育我们不仅要固化法律职业伦理，而且要恪守法律职业底线；教育我们不能仅仅停留于多学些知识点、拓宽些知识面，拿到一个博士文凭，而是要不断自我升级，努力成长为一名能够产出大思想大精神的优秀学子；教育我们博士学位论文要努力做到"新""深""谨""畅"，即选题要新颖、理论要深刻、逻辑要严谨、表达要流畅。文以载道则久，法与时转则治。在日常授课中，导师不仅教授我们学问之术，更加教授我们学问之道；不仅教授我们要学习过往思想、传承过往精神，更加教授我们要提炼时代命题、解决时代课题。在日常交流中，导师还经常幽默风趣地教导我们要"重情义、干事业、乐天派"等做人做事的正道和大道。在论文写作上，从选题到构架再到写作全过程，导师都以敏锐的问题意识、精准的命题意识、严谨的治学态度，给了我精心的点拨、细致的指导、极大的鼓励和充分的信任。

法理学科的各位老师和其他授课老师也是各怀绝技，学问深厚。何明升教授、李桂林教授、苏晓宏教授、陆宇峰教授等老师分别在法社会学、法哲学、法律方法论、系统论法学等方面造诣颇深、富有影响。何明升教授的"法律实证研究方法"、李桂林教授的"法理学——从古希腊到后现代"、苏晓宏教授的"法律方法研究"、陆宇峰教授的"社会中的法"等课程，都使我受益颇丰，不仅让我懂得了什么叫"博观约取，厚积薄发"，而且让我深深感受到了法社会学的魅力、法哲学的深刻、法律方法论的严密、系统论法学的精妙。

博士论文开题和预答辩的各位评议专家亦是认真负责、不吝指教。论文开题的评议专家宋方青教授、张志铭教授、何明升教授、苏晓宏教授，分别从问题意识与主题意识、概念界定与结构体系、思想主线与学术层次、写作方法与逻辑论证等方面给予了全面的指导和把关。论文预答辩的评议专家张志铭教授、谢海定研究员、何明升教授、李桂林教授、章志远教授，亦分别从题目斟酌与命题论证、语词界定与框架结构、论述角度与正义导向、论文创新与学术规范、时代背景与论文价值等方面给予了细致的指正和建议。这些宝贵的学术意见，都使得论文的主题更加清晰、观点更加明确、论证更加有力。

衷心感谢同门、同学和朋友，使我能够得以平增信心、顺利学业。博士学习和论文写作过程中，还得到了同门兄弟姐妹、同专业的博士生同学以及很多热心朋友的鼓励、帮助和支持。马金芳教授、张文龙博士后、韩旭至博士后、孟高飞博士、李金枝博士、姜永伟博士、帅奕男博士、骁克博士、贺季敏博士、李嘉真同学等，也都或在精神上予以支持鼓励，或在资料上予以收集提供，或在写作上予以探讨建议。冷建兵、张志玲、丁福金、谢婧辰、余圣琪、韩新远等博士生同学，也都或相互切磋，或相互加油，或相互提点。同济大学法学院赵蕾副教授、中国司法大数据研究院陈志宏研究员、上海金融法院徐玮庭长等都帮助提供了很多有价值的外文文献与建议，还有论文开题秘书李露雅博士、预答辩秘书邱小航博士，以及一些没有或不便列名的尊长和朋友，亦都多有帮助。

今天，我还要衷心感谢"新技术法学研究丛书"的编审老师、中国政法大学出版社的各位老师以及在本书修改过程中给予诸多帮助的各位师友。丛书主编张保生教授先后几次提出极为详细且又极为珍贵的修改意见，丛书副主编郑飞副教授亦多次给予方法论指导，出版社牛洁颖主任、崔开丽副主任、责任编辑阳杰老师在本书修改和编辑过程中亦不吝给予精神鼓励，并耐心沟通、认真核校。我的博士后同学张玉洁、王玉薇等都给予了一些很好的文献支持和探讨启发。我的导师马长山教授长期以来对我更是关爱有加，指导鼓励并欣然为本书作序，对我而言既是激励鼓舞，更是督促鞭策。

完成博士论文和博士学业，并将博士论文修订完善付梓，虽是一个阶段性的句号，但更多的是一个新的开始。站在新起点，也由衷期望自己能够学以致用，像自己的微信名从"中国袋鼠"更改为"中国戴曙"一样，有朝一日能成为中国司法界的"国宝"，努力为中国的司法事业作出一些积极的贡献，并以此来回报所有我必须感谢、感激和感恩的人。

戴　曙

2024 年 8 月